I0266672

www.ingramcontent.com/pod-product-compliance
Lightning Source LLC
Chambersburg PA
CBHW071001160426
43193CB00012B/1864
* 9 7 8 1 7 3 3 1 0 8 3 3 1 *

Werner Heisenberg
Schritte über Grenzen
Gesammelte Reden und Aufsätze

ورنر هایزنبرگ

آن‌سوی مرزها

مجموعهٔ گفتارها و نوشته‌ها، پی‌پر، ۱۹۸٤

A Series in Philosophy and History of Science in Persian
San Francisco, USA, 2017

مجموعه کتاب‌هایی در «تاریخ و فلسفهٔ علم»

۱. ورنر هایزنبرگ: فیزیک و فلسفه
۲. ورنر هایزنبرگ: جزء و کلّ
۳. نیلس بور: فیزیک اتمی و شناخت بشری
٤. ژاک مونو: تصادف و ضرورت
٥. فون وایتسکر: اهمیّت علم
٦. ورنر هایزنبرگ: فهم از طبیعت در فیزیک امروزی
۷. نیلس بور: فیزیک اتمی و شناخت بشری (نسخهٔ فون مه‌ین)
۸. در فلسفه و دین (مجموعه‌ای از نوشته‌های مهم در فلسفه و دین)
۹. نیلس بور: فیزیک اتمی و شناخت بشری، جلد اوّل
۱۰. ورنر هایزنبرگ: آن‌سوی مرزها (چاپ اوّل)
۱۱. ورنر هایزنبرگ: آن‌سوی مرزها (چاپ دوم)

Najafizadeh.org Series in Philosophy and History of Science in Persian

1. Werner Heisenberg: Physik und Philosophie
2. Werner Heisenberg: der Teil und das Ganze
3. Niels Bohr: Atomphysik und menschliche Erkenntnis, Band II
4. Jacques Monod: Le hasard et la nécessité
5. C.F. von Weizsäcker: Die Tragweite der Wissenschaft
6. Werner Heisenberg: Das Naturbild der heutigen Physik
7. Niels Bohr: Atomphysik und menschliche Erkenntnis (mit einem Vorwort zur Neuausgabe von Karl von Meyenn)
8. On the Philosophy and Religion (a collection of important lectures on philosophy and religion)
9. Niels Bohr: Atomphysik und menschliche Erkenntnis, Band I
10. Werner Heisenberg: Schritte über Grenzen (First Edition) Gesammelte Reden und Aufsätze
11. Werner Heisenberg: Schritte über Grenzen (Second Edition) Gesammelte Reden und Aufsätze

The series editor would like to thank **Nicholas S. Thompson**, Professor Emeritus of Clark University, in Worcester, MA, USA, **Professor Petr Viscor** of Alexander Dubček University of Trenčín, Slovakia, for consultations during the development of this series.

Title
Schritte über Grenzen (Second Edition)
Gesammelte Reden und Aufsätze, Piper 1984

Copyright © 2020

Najafizadeh.org, San Francisco, USA, 2020

All rights reserved.

ISBN-13: 978-1-7331083-3-1
ISBN-10: 1-7331083-3-5

فهرست مطالب

پیشگفتار v

شخصیّت‌های علمی vii

- کارهای علمی آلبرت اینشتین ۱
- کشف پلانک و پرسش‌های بنیادین فلسفه در نظریّهٔ اتمی ۷
- دیدگاه‌های فلسفی ولفگانگ پاؤلی ۲۵
- یادگارهایی از نیلس بور از سال‌های ۱۹۲۲ تا ۱۹۲۷ .... ۳۳

فیزیک به معنای وسیع ۴۹

- مفهوم نظریّهٔ کامل در علم جدید ۵۱
- آموزش سنّتی، علم و مغرب‌زمین ۵۷
- فهم از طبیعت در فیزیک امروزی ۶۹
- فیزیک اتمی و قانون علیّت ۸۵
- سخنرانی به مناسبت جشن هشت‌صدمین سال بنانهادن شهر مونیخ ۹۷
- علم و فنّاوری در سیاست امروز ۱۱۳
- انتزاع در علوم جدید ۱۱۷
- وظایف و مشکلات کنونی در پیشبرد پژوهش علمی در آلمان ۱۳۳
- قانون طبیعی و ساختار ماده ۱۴۷
- فهم گوته از طبیعت و دنیای علم و فنّاوری ۱۶۱
- گرایش به انتزاع در هنر و علم جدید ۱۷۷
- تغییر انگاره‌های فکری در سیر پیشرفت علم ۱۸۷
- مفهوم زیبایی در علوم دقیق ۱۹۷
- آیا فیزیک پایان یافته است؟ ۲۱۱
- علم در دانشگاه‌های امروزی ۲۱۷
- حقیقت علمی و حقیقت دینی ۲۳۳

اعلام ۲۴۷

پیشگفتار

کتاب مجموعهٔ گفتارها و نوشته‌ها، که از کار نویسنده در فیزیک اتمی، مستقیم یا غیرمستقیم، برآمده است، بازهم بیش‌ازپیش به مرزهایی فراتر از این رشته می‌انجامد. این کار به‌سبب خصلت عامّ علم به اتم است. آن‌که همهٔ تبعات این علم، در فلسفه، فنون، و سیاست را به‌جدّ می‌نگرد، با اندیشیدن به این پیامدها ناگزیر است تا از مرزهای خاصّ به رشتهٔ فیزیک فراتر رود. جهاتی، که در آن‌ها چنین امری، در نوشته‌ها و گفتارهای گوناگون در هر یک به‌تنهایی، روی می‌دهد، به‌اندازه‌ای متفاوت است که نمی‌توان به تقسیم‌بندی نظام‌مندی بر اساس موضوع دست زد. در این مجموعه هم به‌این سبب توالی زمانی را برگزیدیم، و تنها نوشته‌هایی را که به شخصیّت‌های خاصّی می‌پرداخت، در آغاز کتاب نهادیم. ترتیب زمانی خود تاحدودی نمایانگر آن تکاملی است که در فکر نویسنده پدیدار شده است، به‌ویژه آنکه گزینش موضوع نوشته‌ها هرازگاه به‌سبب مناسبتی تصادفی بوده است. ذیل پرسش‌های گوناگون هم، به‌این‌دلیل افکار یکسانی به‌دفعات تکرار می‌شود؛ و ما هم نکوشیدیم تا آن چندبارگفتن‌ها را حذف کنیم.

مهم‌ترین موضوع‌ها را می‌توان با این پرسش‌ها نمایاند: این فنّاوری سیل‌آسا، پس از رهاکردن همهٔ مرزهای پیشین انرژی اتم، ما را به‌کجا می‌برد؟ مدّعاهای علمی چه میزان از حقیقت را با خود دارد؟ آیا دربارهٔ نتایج پژوهش‌های علمی می‌توان به توافق رسید، و آیا این اتّفاق رأی می‌تواند به فهم بهتر ملّت‌ها از یکدیگر کمک کند؟ آیا میان علم جدید و هنر امروزی پیوندی است؟ برای حلّ پرسش‌های فلسفی کهن، از علوم جدید چه‌چیز می‌توان آموخت؟ امّا ما هم نکوشیدیم تا به این پرسش‌ها به‌طور نظام‌مند پاسخ دهیم. آنچه بیشتر در نظر داریم این است تا بازهم از قلمرو فیزیک اتمی به آن چیزهایی عمیقاً بیندیشیم، که در آنجا به‌سبب اهمیّت زیاد مسائل مطرح شده، دیگر نمی‌توان در چارچوب آن مرزهایی پابرجا ماند که علوم تخصّصی ترسیم کرده است.

بیشتر گفتارها و نوشته‌های این مجموعه هر یک پیش‌تر در جای دیگری منتشر شده است. امّا گردآوری آن‌ها در یک مجموعه به‌صورت کتاب، این ویژگی را روشن‌تر می‌نمایاند که در هر متنی به‌تنهایی آن‌قدرها آشکار نیست: بدین معنا که آموخته‌های ما از تکامل فیزیک اتمی تقریباً به‌خودی‌خود به شیوه‌ای از تفکّر با شرایط بنیادین واحدی انجامیده است که در برخی از جاها از اساس با فکر علمی پیشین تفاوت دارد. این یک‌پارچگی به‌این سبب پدیدار می‌شود که به‌جای بدیل‌های محض، با دشواری‌های خاصّ خود، که گاه واقعیّت را به‌درستی نمی‌نمایاند، شیوهٔ نگرش مکمّلی‌ای پدیدار می‌شود، که این کار را بسیار ساده‌تر می‌کند تا به مسئله‌ای از جهات مختلف بنگریم، و شتابزده از تناقضاتی حرف به‌میان نیاوریم که

v

نمی‌توان زدود. در اینجا از زدودن چارچوب‌های روشن فکر علمی پیشین حرفی در میان نیست، بلکه حرف از تن‌دردادن باظرافت به امکاناتی است که در این فکر پنهان است. به هریک از این نوشته‌ها به‌تنهایی می‌توان چنین نگریست، که می‌کوشد تا این فکر را در حوزه‌های دیگری در بیرون از قلمرو مضیق علمی به‌کار بندد.

ورنر هایزنبرگ، ژوئیّهٔ ۱۹۷۱

۱

شخصیّت‌های علمی

۱

کارهای علمی آلبرت اینشتین[۱]

آلبرت اینشتین نامدارترین دانشمند علوم‌طبیعی زمان ماست. شاید در تاریخ علم پژوهشگری نیامده باشد که مانند آلبرت اینشتین آن‌قدر در زمان حیاتش بر مردم شناخته‌شده باشد، امّا همان مردم کارش را، مانند نظریّهٔ نسبیّت را، آن‌قدر کم فهمیده باشند. امّا این شهرت کاملاً به‌حقّ است. درست مانند آنچه در هنر با لئوناردو یا با بتهوون پیش آمده است، اینشتین هم در علم در آن نقطهٔ چرخشی‌ای از زمان ایستاده بود که در کارهایش این چرخش بیان شده است، به‌طوری‌که این‌طور به‌نظر می‌رسد که او خود سبب آن چرخشی بوده است که ما در نیمهٔ اوّل سدهٔ خود شاهد آن بودیم.

در میان فیزیک‌دانان، اینشتین با حرکتی شناخته می‌شود که در فاصلهٔ سال‌های ۱۹۰۵ تا ۱۹۰۷ در چهار حوزهٔ متفاوت فیزیک با کارهای پیشروی تازه‌اش انجام داد. یکی از آن کارها تفسیر اتم‌گرایانهٔ نظریّهٔ حرارت بود. از مدّت‌ها پیش می‌دانستیم که ذرّات ظریف معلّق در مایعات، که فقط در میکروسکوپ‌های دقیق دیده می‌شود، در حرکت نامنظّم دائم است؛ پدیده‌ای که با نام «حرکت براونی» علاقهٔ فیزیک‌دانان را به‌طرف خود کشانده بود. اینشتین، به‌همراه فیزیک‌دان لهستانی اسمولوخووسکی، توانست این حرکت را با حرکت گرمایی اتم‌ها و مولکول‌ها توضیح دهد و نشان دهد که چگونه می‌توان از حرکت نامنظّم این ذرّات به حرکت گرمایی و از همین راه به‌طور غیرمستقیم به اندازهٔ مولکول‌ها پی برد. این کار به استحکام اعتماد به فرضیّهٔ اتمی در فیزیک جدید کمکی قاطع کرد.

اینشتین در کار دومش به سراغ مطالعات فیزیک‌دان هلندی، لورنتس، دربارهٔ الکترودینامیک اجسام متحرّک رفت. پیش‌تر در همان زمان‌ها، فیزیک‌دان آمریکایی، مایکلسون، با آزمایش مشهور خود دربارهٔ تداخل نشان داده بود که حرکت زمین در فضا – یا شاید آن‌طورکه آن روزها می‌گفتیم، حرکت نسبت به اتر – در آزمایش‌های نوری مشهود نیست. لورنتس پس از آن در سال ۱۹۰۴ بر اساس تحلیلی ریاضی از وضعی که از آزمایش مایکلسون به‌دست آمده بود، برخی از صورت‌های تبدیل را، همان‌هایی را که «تبدیل لورنتس» نامیده می‌شود، گسترش داد که از آن‌ها به این نتیجه رسید که اجسام متحرّک در جهت حرکت به‌ظاهر

---

[۱] نوشتهٔ ورنر هایزنبرگ که برای اوّلین بار در مجلّهٔ اونیورسیتاس، در دفتر نهم، (از صفحهٔ ۸۹۷ تا ۹۰۲)، دورهٔ دهم، سال ۱۹۵۵، منتشر شده است (شرکت نشر علمی، با مسئولیّت محدود، اشتوتگارت).

به‌شیوهٔ معیّنی کوتاه می‌شود و ساعت‌های متحرّک به‌ظاهر زمانی را نشان می‌دهد که کندتر از زمان واقعی سپری می‌شود. لورنتس گرچه توانست، ذیل چنین شرایطی، نتایج مایکلسون را تفسیر کند، ولی فرمول‌های لورنتس در کلیّت خود ازنظر فیزیکی فهم‌شدنی نبود و درنتیجه رضایت‌بخش هم نبود. در اینجا بود که اینشتین ورود پیدا کرد و با حرکتی شگفتی‌آور همهٔ دشواری‌ها را زدود. اینشتین پذیرفت که اجسام در جهت حرکت به‌واقع کوتاه می‌شود و زمان ظاهری فرمول‌های لورنتس همان زمان حقیقی است؛ یعنی اینکه این فرمول‌ها خود شناختی نو از فضا و زمان به‌دست می‌دهد. با این کار بنیانی بر نظریّهٔ نسبیّت فراهم آمد.

فهم این نکته هم همیشه دشوار است که چرا این تغییرات به‌ظاهر کوچک نتایجی با گسترهٔ بسیار زیاد به‌همراه می‌آورد. نخست باید بر این نکته تأکید کنیم که این تغییرات توان فکری غیرمعمولی را می‌طلبد، چون تا آن زمان این نکته از پیش‌شرط‌های بدیهی علم بود که فضا و زمان دو نظام متفاوت از هم از نظر کیفی است، صورت‌هایی از ادراک است که جهان در آن صورت‌ها خود را بر ما می‌نمایاند، امّا به‌طور مستقیم هم با یکدیگر هیچ کاری ندارد. و درهرصورت هم به‌نظر می‌رسد که تنها زمان واحد وجود دارد که در همهٔ عالم، برای موجود زنده گرفته تا مادّهٔ بی‌جان، یکی است. ذیل چنین شرایط بدیهی‌ای، فیزیک از زمان نیوتون تاکنون به‌پیش رفته بود، و کامیابی‌های بزرگ این علم، خود باید دلیلی بر درستی این پیش‌شرط‌ها باشد – شاید امروز ازسراحتیاط بیشتر بگوییم: درستی همه‌جانبه‌تر این پیش‌شرط‌ها.

اینشتین با شهامت غیرمعمول خود به همهٔ این پیش‌شرط‌ها شکّ کرد، و آن توان فکری را داشت تا بیندیشد تا با پیش‌شرط‌های دیگری به همان نظام بی‌ابهام رویدادها برسد. همین‌جا بود که یکی از مهم‌ترین نتایج در سال ۱۹۰۶ عایدش شد، که همان لختی انرژی بود، یا آن‌طورکه گاهی هم شتاب‌زده می‌گوییم، برابری جرم و انرژی. شاید در آغاز همین نتیجهٔ نظریّهٔ نسبیّت بود که درمیان فیزیک‌دانان برای آن اعتبار و تحسین آورد. چون از مدّت‌ها پیش از مطالعهٔ خواص الکترون می‌دانستیم که انرژی‌الکترومغناطیسی‌ای که در درون الکترون انباشته است، آن هم به لختی الکترون، یعنی به جرم الکترون، کمک می‌کند؛ امّا به‌نظرمی‌رسید که رابطهٔ میان لختی و انرژی به‌شیوه‌ای پیچیده به فرض‌هایی دربارهٔ شکل الکترون وابسته باشد. نظریّهٔ نسبیّت در اینجا با یک حرکت روابطی روشن و ساده به‌وجود آورد. در آن‌زمان به‌واقع این نوعی تحمیل به‌حساب می‌آمد که ناگزیر بپذیریم که اگر چیزی مثل ساعت را کوک کنیم، سنگین‌تر می‌شود؛ و درعمل هم بنابرقاعده حرف از مقدار جرم کوچکی بود که اندازه‌گرفتنی نبود؛ چون به مقدار بسیار کوچک جرم بنا بر نظریّهٔ

نسبیّت مقدار بسیار زیاد انرژی مطابقت دارد. امّا دراین‌میان هم رابطهٔ میان جرم و انرژی، اثری شد که انرژی‌اش باتقریب زیاد اندازه‌پذیر است. تفاوت جرم میان هسته‌ای از اتم اورانیوم، و هردو پاره‌اش پس از شکافت، همان انرژی‌ای است که با انفجار بمب اتمی آزاد می‌شود که باتأسّف نمود آن را به‌روشنی دیدیم. در همین‌جا در درستی نظریّهٔ نسبیّت دیگر جایی برای شک باقی نمی‌ماند.

در سال‌های ۱۹۰۵ تا ۱۹۰۷ دو کار مهم دیگر اینشتین در حوزهٔ نظریّهٔ کوانتومی ارائه می‌شود. پس از آنکه پلانک در سال ۱۹۰۰ این فرض را مطرح کرد که نور از اتم به‌طور پیوسته گسیل نمی‌شود، بلکه به‌طور ناپیوسته در کوانتوم‌هایی با شمار محدود گسیل یا جذب می‌شود، بسیار هم کوشید تا این فرض را با همهٔ تناقضات ظاهریش با نظریّهٔ موجی نور که از زمان هویگنس می‌شناختیم، آشتی دهد. اینشتین به این کوشش‌ها پایان داد؛ درست مثل همان کاری که در نظریّهٔ نسبیّت کرده بود، آن دشواری‌ها را به‌نحوی هستهٔ اصلی نظریّه‌اش قرار داد و در برابر نظریّهٔ موجی، فرضیّهٔ دراصطلاح کوانتوم‌های نوری را قرار داد. بر اساس این فرضیّه نور از موج درست نشده است، بلکه از ذرّاتی کوچک، که به‌سرعت حرکت می‌کنند، درست شده است که به آن‌ها بسته‌های نوری می‌گوییم، یا همان‌طورکه اینشتین خود تصوّر می‌کرد، به آن‌ها بسته‌های انرژی می‌گفت. اینشتین خود کاملاً می‌دانست که با این تصوّر نمی‌توان پراش و تداخل نور را عجالتاً تفسیر کرد؛ امّا او به این نکته هم آگاهی داشت که وجود کوانتوم نوری بازهم به‌نحوی‌که آن را هنوز نمی‌دانیم به پدیدهٔ «نور» تعلّق دارد. سال‌ها پس از تکمیل نظریّهٔ کوانتومی در میانهٔ سال‌های بیست بود که توانستیم رابطهٔ میان نظریّهٔ موجی و فرضیّهٔ کوانتومی نور را به‌درستی فهم کنیم.

اینشتین سرانجام از فرض‌های بنیادین نظریّهٔ کوانتومی باکامیابی استفاده کرد تا گرمای ویژهٔ اجسام صلب را، که وابسته به دما بود، تفسیر کند. در اینجا هم کار اینشتین اوّلین برتری قطعی خود را نسبت به احکام پیشین نظریّهٔ کلاسیک حرارت نشان داد.

با این چهار کار، که گواهی بر توانی غیرمعمول و قدرت تمرکز بود، شهرت اینشتین مانند یکی از دانشمندان علوم‌طبیعی پیشتاز زمان ما تثبیت شد. نظریّهٔ نسبیّت، باوجود انتقاداتی که از همه‌سو بر آن وارد می‌شد، خود را بیش‌ازپیش چون بنیان استواری که تزلزل در آن راه نمی‌یابد، در همهٔ فیزیک امروزی تثبیت کرد.

در برابر آن بخش از نظریّهٔ نسبیّت که تاحال حرف از آن در میان بود، که در فیزیک «نظریّهٔ نسبیّت خاص» نامیده می‌شد، اینشتین در سال ۱۹۱۶ آن تعمیمی را قرار داد که خود آن را تکمیل کرده بود. در این «نظریّهٔ نسبیّت عام» حرف از این اقدام است تا

پدیده‌های گرانشی را با نسبت‌های ابعادی در دنیای فضا-زمانی چهاربعدی مرتبط کنیم. در این مطالعات اینشتین بنای کارش را بر برابری میان جرم گرانشی و جرم لختی قرار داد که تجربه درستی آن را تضمین کرده بود. او در آن رابطه‌ای که ازسر شهامت میان افکار فیزیکی خود و افکار ریمان دربارهٔ هندسه می‌دید، میدان‌های گرانشی را انحراف هندسه در پیوستار چهاربعدی فضا-زمان از هندسهٔ اقلیدسی می‌دید، و با این فرضیّه هم توانست نه‌تنها مکانیک سماوی معمول را، بلکه برخی نکات ظریف را هم در حرکت سیّارات به‌دور خورشید توضیح دهد که تاکنون بر ما نامفهوم بود. و بازهم در شمار بزرگ‌ترین کارهای این اندیشمند بزرگ است، که به انتزاع در فکر گرایش داشت، تا به این نکته پی‌ببرد که حتّی در اینجا هم می‌توان، فرض هندسه‌ای نااقلیدسی را، با رویدادهایی که مشاهده کرده‌ایم سازوار کرد، و شاید هم کیهان اندازه‌ای پایان‌دار داشته باشد - که البته هنوز مشاهدات ما تا آنجا نمی‌رسد.

در دههٔ آخر عمرش، اینشتین نوشته‌هایی با محتوای فلسفی یا سیاسی را در مرتبهٔ اوّل منتشر کرد، که هرچند درواقع در شمار کارهای علمی‌اش مستقیماً به‌حساب نمی‌آید، امّا تصویری از آن عالم خلّاق را از گسترده‌ترین فضای فکری‌اش به‌دست می‌دهد. کارهای اینشتین در فیزیک، انقلابی در بالاترین میزان خود بود. این کارها، که خود مقدّمتاً به حوزهٔ علم تعلّق داشت، در نتایج خود از حوزهٔ علم بسیار فراتر می‌رفت، گرچه اینشتین در مهم‌ترین خصلت‌های وجودی‌اش، فکری محافظه‌کار داشت - و این شاید دیگر تضادی آشکار باشد. او در سال‌های رشد فکری‌اش به عقیدهٔ پیشرفت علمی در سدهٔ نوزدهم دلبستگی پیدا کرده بود، به‌طوری‌که در نوشته‌هایش آن تصویری از جهان بازتاب دارد که درواقع به‌دلیل بی‌خردی انسان کاملاً ناقص بود، امّا اگر بشر حاضر بود خود را از پیش‌داوری‌های قدیم خود برهاند و خود را به عقل بسپارد، این تصویر می‌توانست بهتر شود. اینشتین باوجود آن تجربه‌های ناگوار، خود حاضر نبود تا از آن تصویر آرمانی دل بکند.

در حوزهٔ سیاسی، این نظر در آن عقیدهٔ شاید ساده بیان می‌شود، که این امکان وجود دارد تا مسائل سیاسی را تنها با حسن‌نیّت حلّ کرد. او به ارزش‌های ملّی زمان‌های پیش‌تر اعتنایی نداشت، از جنگ‌طلبی بیزار بود، و خود را ازروی‌میل صلح‌طلبی می‌دانست، که بیانگر آن امیدی بود که خاص آن زمان بود، که می‌توانست از تضادهای میان انسان‌ها بکاهد، مشروط برآنکه تغییر در طبقه‌بندی اجتماعی، قدرت را به گروه‌های تازه بدهد و دولت‌های ملّی را با این کار وادار به چشم‌پوشی از توسّل به‌قهر در جنگ کند. این تصویر از دنیایی آرام، که آکنده از فکر پیشرفت بود، در بسیاری از نوشته‌های او بازتاب دارد، و به‌همین دلیل در شمار مصیبت بزرگ زندگی‌اش این است، که او، آن که از جنگ بیزار بود،

تحت‌تأثیر فجایعی که ناسیونال‌سوسیالیسم در سال ۱۹۳۹ انجام داده بود، نامه‌ای به رئیس‌جمهور روزولت بنویسد تا ایالات متّحده با همهٔ توان دست به ساخت بمب اتمی بزند؛ و البتّه اولّین کسانی را که این بمب‌ها کشتند، آن چندهزار زن و کودک، به‌همان‌اندازه در این ماجرا بی‌تقصیر بودند، که آن انسان‌هایی که اینشتین میل داشت در دفاع از آنها برخیزد. و به‌یقین کاری است عبث تا این واقعه انگیزه‌ای شود تا در حسن‌نیّت بی‌غش اینشتین شک کنیم. آن که اینشتین را می‌شناخت، می‌داند که او آدمی بود جدّی و خوش‌قلب، که در پی نفع شخصی نبود، که همواره در پی حق بود. امّا این واقعه نشان می‌دهد که آن تصویر جهان از سدهٔ نوزدهم، که اینشتین خود را فقط در فیزیک از آن رهانیده بود، دیگر کفایت نمی‌کرد تا به آن پرسش‌های سیاسی‌ای پاسخ دهیم، که بر زمانهٔ ما مطرح می‌شود. اینکه چنین سیری اینشتین را عمیقاً ناآرام کرده باشد، بسیاری از نوشته‌های خود او از سال‌های آخر عمرش بر آن گواهی می‌دهد. و به‌یقین جایی هم برای شک نیست، که این ناآرامی گه‌گاه او را به آن نارضایتی‌ای می‌پیوند که از سیر فیزیک پس از پایان سال‌های دههٔ بیست در دل داشت. یک‌بار دیگر به‌همین دلیل نتایج آثار علمی اینشتین در فیزیک را به‌یاد می‌آوریم. اینشتین تصوّر از فضا–زمان در فیزیک کلاسیک را با تصوّری نو و درست‌تر از آن جایگزین کرد. او همچنین نشان داد که بنیان فیزیک کهن چندان که گمان می‌کردیم استوار و تغییرنکردنی نبود. اینشتین چنین هم گمان می‌کرد که با افکارش دربارهٔ ارتباط هندسه با میدان ماده، بنیانی استوارتر به‌وجود آورد که مانند بنیان پیشین، تشریحی عینی از طبیعت به‌دست دهد که مستقلّ از انسان باشد.

امّا در اینجا اینشتین امکانات زمان خود را، بیش از آنچه بود، ارزیابی کرده بود. پس از آنکه یک‌بار بنیان‌های تشریح طبیعت به حرکت درآمده بود، دیگر حتّی توان اینشتین هم کفایت نمی‌کرد تا آنها را در جای تازهٔ خود محکم نگاه دارد. و در مورد نظریّهٔ کوانتومی هم، که اینشتین خود سهم زیادی در پیشبرد آن داشت، از تفسیر فرجامین آن در پایان سالهای بیست چنین برآمد که ماده، فضا و زمان خود چندان هم واقعیّات مستحکمی نیست که مستقلّ از انسان باشد، آن‌چنان‌که سدهٔ نوزدهم به ما آموخته بود، و اینشتین هم خود آن را پذیرفته بود. امّا حالا دیگر اینشتین این آمادگی را هم نداشت تا این جابه‌جایی در آن بنیان‌ها را بپذیرد. شاید دست‌کم ناآگاه چنین احساس می‌کرد که با چنین تفسیری از نظریّهٔ کوانتومی، آن حرکت‌های فکری‌ای هم اهمیّت بیشتری پیدا می‌کرد که آن‌ها را «روبنای مرامی» در برابر واقعیّت سخت ماده می‌خواستیم ارزیابی کنیم. به‌همین سبب هم این سیر دیگر بر او غریب می‌آمد.

در اینشتین، در سال‌های آخر عمر، جای ناآرامی را، آن دانایی‌ای در کهن‌سالی گرفت، که به تسلیم وامی‌دارد، که درکمال خونسردی با این فکر کنار می‌آید که جهان سرانجام آن‌گونه تغییر می‌کند که دیگر نمی‌توان آن را با تصاویر دوران جوانی تفسیر کرد. و ازقضا این فکر نزد پژوهنده‌ای که بیش از دیگران با فکر خود به تغییر در جهان کمک کرده بود، به‌ویژه خصلت آشتی‌جویانهٔ وجودی او را در چشممان می‌نمایاند.

۲

کشف پلانک و پرسش‌های بنیادین فلسفه در نظریّهٔ اتمی[۲]

اگر قرار باشد در آنچه در زیر می‌آوریم حرف از تأثیر فلسفی کشف پلانک باشد، پس باید در آغاز این سؤال مطرح شود که چگونه می‌تواند کشفی خاص در علم به‌شیوه‌ای با مسائل کلّی فلسفه مرتبط باشد. آشکار است که این کار فقط زمانی ممکن است که با آن کشف به پرسش‌هایی پاسخ دهیم یا پرسش‌هایی را مطرح کنیم که از نوعی کاملاً کلّی باشد؛ یعنی پرسش‌هایی که خیلی هم حوزهٔ خاصی از علم را در نظر ندارد، بلکه بیشتر به روش علمی فی‌نفسه یا پیش‌شرط‌های همهٔ علم توجّه دارد. آن نمونهٔ مشهور بر این کار که چنین چیزی ممکن است همان است که مکانیک نیوتونی در فیزیک ارائه می‌دهد، که در آغاز دوران جدید این پرسش را ازنو مطرح کرد که اصلاً از کلمهٔ فهمیدن «طبیعت» یا «تبیین» آن چه منظوری داریم. تأثیر فوق‌العادهٔ «اصول» نیوتون بر فکر سده‌هایی که پس از آن می‌آید تنها، نه بر آن اصول موضوعهٔ خاص یا نتایج مکانیک نیوتونی – همان فرمول مشهور: نیرو = جرم x شتاب – استوار بود، بلکه بر این واقعیّت که برای اوّلین‌بار پدیده‌های طبیعی در سیرزمانی خود به‌زبان ریاضی تشریح می‌شد، که خود دلیلی بود بر اینکه اصولاً تشریح طبیعت به زبان ریاضی ممکن است.

اگر کشفیّات خاصی در علم می‌تواند به‌این‌صورت بر تفکّر همهٔ سده‌ها تأثیر بگذارد، این تأثیر در این نیست که کشفیّاتی ازاین‌نوع مثلاً می‌تواند به تصمیمی دربارهٔ انتخاب میان نظام‌های مختلف فلسفی که با یکدیگر تعارض دارد، بینجامد، یا آنکه آن‌ها بنیان مطمئنی بر نظامی تازه ازاین‌نوع فراهم می‌آورد. رابطهٔ میان علم و فلسفه، پس دیگر هیچ‌گاه نمی‌تواند بیش از این نزدیک شود. و ازاین تأمّلات هم نباید به‌نادرست چنین برداشت کرد که با نظریّهٔ کوانتومی یا نظریّهٔ اتمی هم می‌توان در این جایگاه بود تا به‌سود یا به‌زیان یکی از نظام‌های فلسفی پیشین یا کنونی ورود پیدا کرد. دلبستگی دانشمند علوم‌طبیعی به شیوه‌های تفکّر فلسفی از نوعی دیگر است. دانشمند علوم طبیعی بیشتر به طرح سؤال دل بسته است، و در مرحلهٔ دوم به پاسخ. پرسش‌ها هم زمانی در چشم او ارزشمند است که بر

---

[۲] سخنرانی ایرادشده در جشنوارهٔ اتّحادیّه انجمن‌های فیزیک آلمان به‌مناسبت یک‌صدمین سالروز تولّد ماکس پلانک در بیست‌وپنجم آوریل ۱۹۵۸ در تالار کنگره در شهر برلین غربی. انتشار نخست در: سالنامهٔ ۱۹۵۸ انجمن ماکس پلانک برای پیشبرد علم (شرکت ثبت‌شده). سپس در: دگرگونی‌هایی در بنیان علم. اشتوتگارت (انتشارات اس. هیرتسل) ۱۹۵۹، صفحهٔ ۲۶ تا ۵۲.

رشد فکر انسان ثمربخش باشد. پاسخ‌ها می‌تواند در بیشتر موارد مشروط به زمان باشد؛ آن‌ها به‌ناگزیر با گسترش شناخت ما از واقعیّات در سیر زمان اهمیّت خود را ازدست می‌دهد. و به‌خصوص اگر بکوشیم تا پاسخ‌های معیّنی را تاحدّ جزمیّات بالا ببریم، این کار با روح علم مغایرت پیدا می‌کند. پس باید به‌عکس بکوشیم بدون پیش‌داوری از واقعیّات تازه و کهن و از طرح پرسش‌های نو تاآنجاکه ممکن است چیزها بیاموزیم.

پس از این پیش‌مقدّمه باید این سؤال را دربارهٔ اهمیّت فلسفی کشف پلانک مطرح کنیم. چه پرسش‌هایی کلّی‌ای با شناخت ما از مسئلهٔ خاص تابش گرمایی در آن زمان مطرح شد؟ و اصلاً فرمول پلانک:

$$U_{\nu}{}^{0}(\nu.T) = \frac{8\pi h\nu^3}{c^3}\frac{1}{e\left(\frac{h\nu}{kT}\right) - 1}$$

چه اهمیّتی برای فلسفه دارد؟ شاید بتوان خصلت بنیادی این نوآوری را که در سال ۱۹۰۰ با کشف پلانک در علوم جدید وارد شد به‌بهترین صورتی با این یادآوری روشن کنیم که در اینجا آن مسئله‌ای دوباره به بحث گذاشته شد که نزدیک به دوهزاروپانصد سال پیش افلاطون و دموکریت بر سر آن جدال کرده بودند، یعنی آنچه نقطهٔ اصلی اختلاف‌نظر میان این دو فیلسوف را نشان می‌دهد.

در اینجا نگاهی کوتاه به تاریخچهٔ فلسفهٔ ذرّه‌ای در یونان می‌افکنیم. فکر نظام‌مند فیلسوفان طبیعت‌گرای یونانی از تالس تا دموکریت سرانجام به پرسش دربارهٔ کوچک‌ترین ذرّات ماده انجامید. دموکریت در آن جایی که دوقطبی هستی و نیستی در فلسفهٔ پارمنیدس به تضاد منتهی شد، دوقطبی پر و خالی، یعنی دوقطبی میان اتم و فضای خالی را قرار داد. موجود به‌نظر دموکریت بی‌کران بود، حتّی به‌صورت کوچک‌ترین آن، آن جزء سازندهٔ ماده که نه تغییرپذیر بود و نه تقسیم‌شدنی. تنوّع پیدایی در جهان را با تنوّع در جا و در حرکت ذرّات در فضای خالی می‌توان توضیح داد. درست همان‌طورکه تراژدی و کمدی با یک حروف الفبا نوشته می‌شود، درست به‌همان ترتیب هم رویدادهای بسیار پرتنوّع را، به‌نظر دموکریت، ذرّات یکسانی محقّق می‌کند. امّا دربارهٔ ماهیّت این ذرّات که چرا این‌طور است و طور دیگر نیست، دیگر سؤال نمی‌شد. ذرّه فی‌نفسه موجود بود، تقسیم‌نشدنی بود، تغییر نمی‌کرد، یعنی به‌واقع موجود بود، که با آن می‌توان هر چیزی را توضیح داد، امّا خود ذرّه دیگر نیازی به توضیح نداشت.

حتّی افلاطون هم عناصر اصلی نظریّهٔ ذرّه‌ای را پذیرفته بود. چهار عنصر او: خاک، آب، هوا، آتش، متناظر با چهار نوع از کوچک‌ترین ذرّات بود. این ذرّات بنیادی به‌نظر افلاطون ساختارهایی ریاضی با تقارن حدّاکثری بود. کوچک‌ترین جزء عنصر خاک همان مکعّب

بود، و از آن آب همان بیست‌وجهی، و از آن هوا هشت‌وجهی، و سرانجام از آن عنصر آتش چهاروجهی بود. امّا این ذرّات بنیادی به‌نظر افلاطون تقسیم‌شدنی نبود. این ذرّات می‌توانست به سه‌ضلعی‌هایی شکسته شود و با آن سه‌ضلعی‌ها دوباره ساخته شود. مثلاً از دو ذرّهٔ بنیادی هوا و از یک ذرّهٔ بنیادی آتش، می‌توان یک ذرّهٔ بنیادی آب دوباره به‌دست آورد. این سه‌ضلعی‌ها مادّه نیست، بلکه تنها صورت‌هایی ریاضی است. ازنظر افلاطون ذرّهٔ بنیادی چیزی نیست که فی‌نفسه وجود داشته باشد، تغییرپذیر نباشد، تقسیم‌شدنی نباشد. این نکته نیاز به توضیح دارد و هم پرسش دراین‌باره که چرا ذرّات بنیادی از نظر افلاطون به ریاضیات برمی‌گردد. ذرّات بنیادی صورتی را دارد که افلاطون به آن‌ها داده است، چون آن صورت ازنظر ریاضی زیباترین و ساده‌ترین صورت است. ریشهٔ نهایی رویدادها دیگر ماده نیست، بلکه قانون ریاضی است، تقارن است، صورت ریاضی است. نبرد بر سر تقدّم صورت، تقدّم شکل، تقدّم انگار ازیک‌سو بر ماده، آن موجود مادی، و ازسوی‌دیگر یا به‌عکس بر سر تقدّم مادّه بر صورت، یعنی نبرد میان انگارگرایی و مادّه‌گرایی در تاریخ فلسفه دوباره فکر انسان را به حرکت واداشت. این تفاوت میان دو نظر شاید گاهی هم در چشم دانشمند علوم طبیعی چندان مهم نباشد. امّا در چشم افلاطون آن نظر مخالف آن‌قدر مهم می‌آمد، که او این آرزو را به‌زبان آورده بود که روزی کتاب‌های دموکریت طعمهٔ آتش شود.

امّا کشف پلانک چه ارتباطی با این پرسش کهن دارد؟ در شیمی سدهٔ نوزدهم، اتم کوچک‌ترین جزء عناصر شیمیایی موجود بود. خود اتم هم دیگر موضوع پژوهش نبود. آن خصلت ناپیوستگی یا بی‌ثباتی، که خود را در ساختار اتمی مادّه نشان داده بود، با آن خصلت باید در آن زمان بی‌هیچ توضیحی کنار می‌آمدیم. کشف پلانک این نکته را آشکار کرد که همین عنصر ناپیوستگی بازهم در جاهای دیگری پدیدار می‌شود، مثلاً در تابش حرارتی، که آن را دیگر چندان آسان نمی‌توانستیم نتیجه‌ای از ساختار اتمی ماده بدانیم. به‌عبارت‌دیگر: کشف پلانک این فکر را پیش آورد که خصلت بی‌ثباتی در رویدادهای طبیعی را، که خود را در وجود اتم و در تابش گرمایی مستقلّ از یکدیگر نشان می‌دهد، باید نتیجهٔ قانون طبیعی خیلی کلّی‌تری دانست. و این‌طور شد که فکر افلاطون ازنو در علم ورود پیدا کرد، یعنی اینکه سرانجام در بنیان ساختار اتمی ماده، قانونی ریاضی، تقارنی ریاضی قرار دارد. اینکه وجود اتم را یا ذرّهٔ بنیادی را بیان ساختاری ریاضی بدانیم، این همان امکان تازه‌ای بود که پلانک با کشف خود آن را نشان داد؛ و در اینجاست که او با این کار به پرسش‌های اساسی فلسفه دست زد.

مسلّم است که هنوز راه درازی تا فهمی واقعی از این روابط در پیش بود. بیست‌وپنج سال پس از آن، زمان سپری شد تا توانستیم بر اساس نظریهٔ بور از ساختار اتم، صورت‌بندی

ریاضی بی‌ابهامی از نظریهٔ کوانتومی پلانک به‌دست دهیم. امّا حتّی با این کار هم هنوز تا فهم کامل ساختار مادّه راه زیادی در پیش بود.

باوجوداین با کشف پلانک نوع جدیدی از قانون طبیعی بر ما شناخته شد؛ و با این کار هم به پرسش‌های فیزیکی خاص‌تری می‌رسیم. قوانین طبیعی پیشین، که به‌زبان ریاضی صورت‌بندی شده بود، مثلاً در مکانیک نیوتونی یا در نظریهٔ حرارت، آن دراصطلاح «ثابت‌هایی» را درخود داشت، که تنها خواص آن اجسامی را دربر می‌گرفت که آن ثابت‌ها را در مورد آنها اعمال می‌کردیم. به‌این معنا ثابت‌هایی در آنها نبود که خصلت معیاری عام را داشته باشد. قوانین مکانیک نیوتونی برای مثال می‌توانست اصولاً در مورد حرکت سنگ درحال سقوط، مسیر ماه به دور زمین یا شوک ذرّه‌ای اتمی به‌کار گرفته شود. در همه‌جا هم به‌نظر می‌رسید که اساساً یک‌چیز روی می‌دهد. امّا نظریهٔ پلانک در خود دراصطلاح «کوانتوم کنش پلانک» را داشت. با این کار معیار مشخّصی بر طبیعت گذارده شد. این نکته هم روشن شد که پدیده‌ها درجایی که کنش‌های پیش‌آمده در برابر ثابت پلانک بسیار بزرگ‌تر باشد، اساساً طور دیگری جریان پیدا می‌کند تا زمانی که می‌توان این کنش‌ها را با کوانتوم کنش پلانک مقایسه کرد. ازآنجایی‌که تجربه‌های روزانه همواره با کنش‌هایی مرتبط است که در برابر ثابت پلانک بسیار بزرگ‌تر است، به این امکان اشاره رفت که پدیده‌ها در حوزهٔ اتمی خصلت‌هایی از خود نشان می‌دهد که به مشاهدهٔ مستقیم ما اصولاً در نمی‌آید. در اینجا می‌تواند حرف از رویدادهایی باشد که هرچند می‌توان آن‌ها را از روی تأثیرات تجربی‌شان مشاهده کرد و ازنظر منطقی با ابزارهای ریاضی تحلیل کرد، امّا از خود آن‌ها دیگر نمی‌توان تصوّری داشت. خصلت غیرمشهود فیزیک اتمی جدید در آخرین‌حدّ خود بر وجود کوانتوم کنش پلانک استوار است، بر وجود مقیاسی از کوچکی اتمی در قوانین طبیعی.

هنوز چندسالی از کشف پلانک نگذشته بود، که برای بار دوم قوانین طبیعی‌ای صورت‌بندی شد، که چنین مقیاس ثابتی را در خود داشت. این ثابت همان سرعت نور بود، که فیزیک‌دانان از خیلی پیش آن را می‌شناختند. امّا اهمیّت اصولی آن چون مقیاسی در قوانین طبیعی در آغاز با نظریهٔ نسبیّت اینشتین بر ما روشن شد. میان فضا و زمان، میان آن دو صورت مشاهده که به‌ظاهر کاملاً مستقلّ از یکدیگر است، که در آن‌ها رویدادها را درک می‌کنیم، میان این‌دو روابطی وجود دارد، به‌طوری‌که در صورت‌بندی ریاضی این روابط سرعت نور چون ثابت شاخص پدیدار می‌شود. تجربهٔ روزانهٔ ما کم‌وبیش همواره با رویدادهای حرکتی‌ای سروکار دارد که در مقایسه با سرعت نور آهسته‌تر جریان پیدا می‌کند. به‌این دلیل هم چندان جای شگفتی ندارد که مشاهدهٔ ما از رویدادهایی که با سرعتی

نزدیک به سرعت نور جریان پیدا می‌کند، دچار نقصان شود. سرعت نور آن مقیاسی است که طبیعت برما مقرّر کرده است، که نه‌فقط دربارهٔ‌چیزهای معیّنی در طبیعت اطّلاعاتی به ما می‌دهد، بلکه دربارهٔ ساختار کلّی فضا و زمان اخباری می‌دهد. امّا این ساختار دیگر به‌طورمستقیم برای مشاهدهٔ ما دست‌یافتنی نیست.

همین‌که اهمیّت اساسی این دو ثابت عام در طبیعت بر ما شناخته شد، یعنی کوانتوم کنش پلانک و سرعت نور، این پرسش هم چندان نابجا نبود تا سؤال کنیم که اصولاً چندتای دیگر از ثابت‌هایی از این نوع، مستقل‌از یکدیگر، وجود دارد؟ پاسخ این است که دست‌کم سه ثابت عام از این نوع باید وجود داشته باشد، امّا به‌احتمال دیگر ثابت‌های طبیعی، با روابط ریاضی‌ای که هنوز بر ما شناخته‌شده نیست، به این سه ثابت ارجاع داده می‌شود. اینکه اصلاً سه واحد اندازه‌گیری طبیعی مستقلّ از هم باید وجود داشته باشد، چیزی است که فیزیک‌دان یا کاردان فنّی به‌ساده‌ترین صورت با این فکر بر ما روشن می‌کند که همین‌حالا هم نظام‌های اندازه‌گیری متعارف یا فنّی همیشه این سه واحد اندازه‌گیری را درخود دارد، یعنی واحد طول، واحد زمان و واحد جرم: سانتی‌متر، ثانیه و گرم. اگر بخواهیم به‌جای این سه واحد اندازه‌گیری که آن‌ها را به‌طور قراردادی معیّن کرده‌ایم، واحدهای اندازه‌گیری طبیعی را قرار دهیم، پس ناگزیریم که به کوانتوم کنش پلانک و به سرعت نور ثابت دیگری را بیفزاییم. ساختار اتمی مادّه این واحد سوم را در دسترس ما قرار می‌دهد تا مثلاً طولی از مرتبهٔ بزرگی قطر هستهٔ اتمی ساده را برگزینیم. صورت‌بندی درستی از این واحد طول ولی وقتی ممکن است که توانسته باشیم آن قوانین طبیعی‌ای را ازنظر ریاضی بیان کرده باشیم که در آن‌ها این واحد طول چون کمیّتی اصلی پیش بیاید. پس بازهم باید انتظار داشته باشیم تا مفاهیم مشخّص ما تنها در مورد پدیده‌هایی کاربرد داشته باشد که در فضاهایی روی می‌دهد که در برابر آن واحد طول اتمی بزرگ باشد، به‌عکس، در حوزهٔ کوچک‌ترین طول، هرچه بخواهد نام آن باشد، رویدادها بنا به ماهیّت طور دیگری جریان پیدا می‌کند که با سیر آنها در دنیای معمول ما فرق دارد.

ولی با این تأمّلات از آن سیری که در دهه‌های پیش درواقع روی داده است، بسیار فراتر می‌رویم. کشف پلانک در آغاز تنها این امکان را پیش کشید تا ساختار اتمی مادّه را به قوانین طبیعی‌ای که به‌زبان ریاضی صورت‌بندی شده باشد، یعنی به صورت‌های ریاضی برگرداند. اگرچه در آن زمان اصلاً تصوّری از آن نداشتیم، که این صورت‌های ریاضی سرانجام چگونه خواهد بود، بر فیزیک اتمی بازهم هدفی گمارده شد. نگاه دانشمند علوم طبیعی به آن قلّهٔ نظریّهٔ اتمی دوخته شده بود که هنوز در آن دوردست‌ها بود، که از آنجا نه‌فقط به وجود ذرّات بنیادی و به همهٔ آن اشکالی که از آنها ساخته شده بود می‌توانستیم

پی ببریم، بلکه به‌طور غیرمستقیم به روابط کلّی موجود در جهان چون نتیجه‌ای از ساختارهای ریاضی ساده. اینجا بود که امید فیزیک‌دانان با خواسته‌های آلبرت اینشتین گره خورد که در سال‌های بیست این طرح را مطرح کرده بود تا از نظریّهٔ نسبیّت عام به‌سمت نظریّهٔ میدان واحد پیش برود. وجود درکنارهم میدان‌های به‌ظاهر مستقلّ از هم و متفاوت میدان‌های نیرو از همان زمان پیدایی نظریّهٔ گرانشی اینشتین چیزی بود که احساس نارضایتی فراهم آورده بود. از مدّت‌ها پیش بر فیزیک‌دانان نیروهای گرانشی یا میدان ثقل و نیروهای الکترومغناطیسی شناخته شده بود. در سدهٔ ما هم امواج مادی بر آن‌ها افزوده شد که آنها را می‌توان میدان‌های نیروی پیوندهای شیمیایی نامید؛ و سرانجام میدان‌های موجی بسیار متفاوت از هم در دهه‌های اخیر پدیدار شد که آنها را می‌توان در شمار ذرّات بنیادی به‌معنای نظریّهٔ کوانتومی به‌حساب آورد. امید اینشتین این بود که بتوانیم همهٔ این میدان‌های نیرو را همانند اخباری دربارهٔ ساختار هندسی آن فضا و زمانی درک کنیم که از جایی به جایی تغییر می‌کند، به‌طوری‌که آنها را بتوان از راه رابطهٔ میان هندسه و مادّه به ریشهٔ مشترکی برگرداند.

با این اقدام، اینشتین تفسیر میدان گرانش را، که در نظریّهٔ نسبیّت عمومی به آن پرداخته شده بود، بنیان هندسه‌ای می‌دانست که به فضا وابسته بود، درحالی‌که قانونمندی‌های نظریّهٔ کوانتومی را، که پلانک آنها را کشف کرده بود، ثانوی می‌پنداشت. نظریّهٔ کوانتومی پلانک، که صورت‌بندی ریاضی کاملاً متفاوتی داشت، که از آن بازهم باید پس‌ازاین بگوییم، در چشم اینشتین قطعی شمرده نمی‌شد، زیرا این نظریّه با تصوّرات فلسفی او از وظیفهٔ علوم دقیق سازگاری نداشت. او از چنین فکری خوشنود نبود که قوانین طبیعی به رویدادهای عینی باز نگردد، بلکه به امکانی، به احتمالی دربارهٔ این رویدادها ارجاع کند. امّا ازسویی هم در چشم فیزیک‌دانان، نظریّهٔ کوانتومی پلانک آن کلید خاصّ بر فهم این روابط می‌آمد. به‌همین سبب هم خود را ناگزیر می‌دیدند تا به‌سوی نظریّهٔ میدان واحد در راه فهم نظریّهٔ کوانتومی ذرّات بنیادی پیش بروند. آن تقابل میان نیرو و مادّه که در فلسفهٔ طبیعی سدهٔ نوزدهم کم‌وبیش اهمیّتی داشت، دیگر مدّت‌ها بود که در نظریّهٔ کوانتومی در آن دوگانگی میان موج و ذرّه یا میان میدان نیرو و ذرّات بنیادی مادی مستحیل شده بود، به‌طوری‌که از هم‌اکنون به‌بعد راه به‌سوی نظریّهٔ میدان واحد و نظریّهٔ مادّه اصولاً گشوده می‌نمود.

پیش از اینکه بخواهیم دربارهٔ این راه بگوییم که چه‌مقداری از آن را توانستیم بپیماییم، و با این کار پیشرفت در این ده‌سال اخیر را برشمریم، لازم است یک‌بار دیگر به آن وضع نظری شناخت بپردازیم که کشف پلانک و صورت‌بندی دقیق ریاضی آن در بیست‌سال

اخیر پدید آورد. از مدّت‌ها پیش حرف از نوع تازه‌ای از قانون طبیعی بود که در آن واحدهای اندازه‌گیری موجود در طبیعت پدیدار می‌شود. شاید بهتر باشد بگوییم که در اینجا حرف از ساختارهای اساسی در طبیعت است که ازنظر ریاضی می‌تواند صورت‌بندی شود، زیرا مفهوم قانون آن‌قدر مضیق است که نمی‌تواند این روابط کلّی را دربر بگیرد. در اینجا دو حوزه از چنین روابطی را ذکر می‌کنیم: نظریّهٔ کوانتومی و نظریّهٔ نسبیّت. هردوی این نظریّه‌ها در نگاه ما به جهان دگرگونی‌های مهمّی را برانگیخت، زیرا این نظریّه‌ها بر ما آشکار کرد تصوّرات روشنی که با آن‌ها چیزهای تجربهٔ زندگی روزانه را درک می‌کنیم، تنها در حوزهٔ تجربی محدودی درست است، یعنی آنکه آن‌ها به‌هیچ‌وجه از پیش‌شرطهایی در علم به‌حساب نمی‌آید که آن‌ها را نتوان رد کرد.

در نظریّهٔ کوانتومی به‌خصوص حرف از پرسش خاصّ تشریح عینی رویدادها در فیزیک است. پیش‌تر در فیزیک، اندازه‌گیری راهی به‌سوی مشخّص‌کردن عینی امر واقع بود که از خود اندازه‌گیری مستقلّ است. این امور واقع عینی می‌توانست ازنظر ریاضی روابط علّت و معلولی را به‌درستی مشخّص کند. در نظریّهٔ کوانتومی، اندازه‌گیری خود بازهم امر واقع است که عینیّت دارد، آن‌چنان‌که پیش‌تر هم در فیزیک این چنین بود؛ امّا نتیجهٔ اندازه‌گیری از سیر عینی رویداد اتمی مورد اندازه‌گیری، چیزی است که محلّ بحث است، زیرا اندازه‌گیری در رویداد مداخله می‌کند و نمی‌گذارد تا ما آن را از رویداد کاملاً جدا کنیم. تشریح مشخّص فرایندها، آن‌طورکه در فیزیک پنجاه‌سال پیش گمان می‌کردیم دیگر در اینجا ممکن نیست. رویدادهای طبیعی در حوزهٔ اتمی را دیگر نمی‌توان به‌همان صورتی که در حوزه‌های بزرگ است، فهمید. اگر همان مفاهیم معمول را به‌کار بگیریم، آن‌وقت دیگر استفاده از آن‌ها را آن چیزی محدود می‌کند که دراصطلاح «روابط عدم‌قطعیّت» می‌نامیم. بر آنچه در سیر بعدی رویداد اتمی خواهد گذشت، دیگر آن را تنها با احتمال می‌توان پیش‌بینی کرد. و در اینجا دیگر نمی‌توان رویدادهای عینی را با فرمول‌های ریاضی معیّن کرد، بلکه از احتمال پدیدارشدن برخی از رویدادها می‌توان حرف زد. در اینجا دیگر این خود رویدادها به‌واقع نیست که از قوانین طبیعی اطاعت می‌کند، بلکه احتمال پدیدارشدن آن‌هاست - اگر بخواهیم این مفهوم فلسفهٔ ارسطو را به‌کار ببندیم، می‌گوییم «به‌قوّه» - که از این قوانین طبیعی یک‌سره اطاعت می‌کند.

دربارهٔ این وجه نظریّهٔ کوانتومی به‌دفعات گفته‌ایم، و من هم نمی‌خواهم در اینجا به این موضوع چندان مشروح بپردازم. و چندان هم دلم نمی‌خواهد از تاریخچهٔ این پیشرفت، که در نگاه اوّل با نام کسانی چون بور، بورن، یوردان و دیراک پیوند خورده است، چیزی بگویم؛ و از پیشرفت مکانیک موجی بگویم که کار دوبروی و شرودینگر است.

اگر گامی را که از فیزیک کلاسیک به‌طرف نظریّهٔ کوانتومی برداشته‌ایم، قطعی بپنداریم، و اگر هم بپذیریم که علوم دقیق در آینده هم مفهوم احتمال را یا امکان را، یا مفهوم «قوّه» را، در اساسش حفظ خواهد کرد، آن‌وقت بر برخی از مسائل فلسفه در زمان‌های پیش دوباره نوری تازه تابانده می‌شود، و به‌عکس فهم از نظریّهٔ کوانتومی از راه مطالعهٔ آن پرسش‌های پیشین عمیق‌تر خواهد شد. به مفهوم «قوّه» در فلسفهٔ ارسطو پیش‌تر اشاره شد، امّا در فلسفهٔ دوران نو هم در نظام‌های مختلفش بسیاری از روابطی پیش می‌آید که به آن‌ها هم در اینجا به‌اجمال اشاره می‌کنیم. از پرداختن به آن‌ها به‌طور مشروح و ازسر دقّت هم در اینجا باید چشم‌پوشی کنیم.

در فلسفهٔ دکارت تقابل میان «شیء متفکّر» و «شیء ممتد» اهمیّتی قطعی دارد و آن تقسیمی که در جهان با این یک‌زوج مفهوم بیان شده است، بر فکر سده‌های بعدی بیشترین تأثیر را گذاشته است. در فیزیک نظری کوانتومی این تقابل با آنچه پیش‌تر به‌نظر می‌آمد، کمی فرق دارد. این تقابل در اینجا چندان حادّ نیست، زیرا این فیزیک ما را ناگزیر کرد تا به روابط در حوزه‌های متفاوت از هم توجّه کنیم که در آنجا این حوزه‌ها آن روابطی را با یکدیگر دارد که بور آن‌ها را با مفهوم «مکمّلیّت» بیان کرده است. این حوزه‌های روابط متفاوت از هم، ازطرفی یکدیگر را رد می‌کند، امّا ازطرفی دیگر هم یکدیگر را کامل می‌کند، به‌طوری‌که یکپارچگی کامل آن‌گاه به‌چشم می‌آید که این حوزه‌ها نخست در تعامل با یکدیگر قرار می‌گیرد. اینکه چگونه ممکن است چنین وضعی بدون کمترین ابهامی پدیدار شود، چیزی است که از ریاضیات نظری کوانتومی می‌دانیم. در قیاس با فیزیک کلاسیک، نظریّهٔ کوانتومی از آن چیزی به‌روشنی دور می‌شود که در فلسفهٔ دکارت همان تقسیم جهان به دو وجه حادّ است.

کانت در فلسفهٔ خود به آنچه دراصطلاح «احکام ترکیبی ماتقدّم» و اشکال شهودی ماتقدّم نامیده می‌شود، جایگاهی مهم داده است. در تفسیر تازه از نظریّهٔ کوانتومی هم مفاهیم بنیادین فیزیک کلاسیک درواقع عناصر ماتقدّم است؛ به‌این معنا نظریّهٔ کوانتومی بخش بزرگی از فلسفهٔ کانت را در خود دارد. امّا در اینجا دیگر به ماتقدّم درعین‌حال معنایی نسبی داده شده است، زیرا به‌عکس نظر کانت، حتّی مفاهیم ماتقدّم، دیگر اصول تغییرناپذیر در علوم دقیق نیست.

به عناصر اثبات‌گرای در نظریّهٔ نسبیّت و در نظریّهٔ کوانتومی هم اشاره‌های زیادی شده است. جای شکّ نیست که افکار ماخ از زمان کشف پلانک پیشرفت فیزیک را بیش‌ازپیش بارورتر کرده است. امّا دربارهٔ این تأثیر هم نباید به‌گزاف حرف زد. نظریّهٔ کوانتومی به‌خصوص در تفسیرش، که امروز در کلّیت خود پذیرفته شده است، به‌هیچ‌وجه به تأثّرات

حسّی چون داده‌های اوّلیّه، آن‌چنان‌که اثبات‌گرایی می‌پندارد، نمی‌نگرد. اگر چیزی را بتوان دادهٔ اوّلیّه به‌حساب آورد، آن چیز همان واقعیّت در نظریّهٔ کوانتومی است، که با مفاهیم فیزیک کلاسیک می‌تواند تشریح شود.

ازآنجایی‌که نظریّهٔ کوانتومی در ارتباط با نظریّهٔ اتمی پدیدار شده است، این نظریّه باوجود ساختار معرفت‌شناختی نظری خود پیوندی نزدیک با آن فلسفه‌هایی دارد که مادّه را در مرکز نظام خود قرار می‌دهد. امّا پیشرفت‌هایی که در سال‌های اخیر به‌دست آمده است، که از آن‌ها پس از این خواهیم گفت، آشکارا آن چرخشی را محقّق می‌کند - اگر اصلاً بخواهیم آن را با فلسفهٔ کهن قیاس کنیم - که با دموکریت و افلاطون دیدیم. و ازقضا کشف پلانک این تذکّر را دربر دارد که می‌توان ساختار اتمی مادّه را بیان صورت‌های ریاضی در قوانین طبیعی دانست.

به‌علاوه، تحلیل معرفت‌شناختی نظریّهٔ کوانتومی در آن شکلی که به‌خصوص بور ارائه کرده است، بسیاری از آن خصلت‌هایی را دارد که یادآور آن روش‌هایی است که در فلسفهٔ هگل به‌کار رفته است.

سرانجام هم مطالعات مختلفی صورت گرفته تا رابطهٔ نظریّهٔ کوانتومی با منطق را نشان دهد. من در اینجا به‌خصوص مطالعات فون وایتسکر را یادآوری می‌کنم. به‌نظر می‌رسد که تفسیر نظری کوانتومی از فرایندهای اتمی را می‌توان با بسطی از منطق مرتبط کرد، که شاید در آینده در علوم دقیق اهمیّت کلّی زیادی پیدا کند. با این کار هم تنها نگاهی به‌اجمال زیاد به آن روابط چندگانهٔ میان نظریّهٔ کوانتومی و دنباله‌ای از پرسش‌های فلسفی انداختیم، که به تک‌تک آن‌ها نمی‌توان بدبختانه در اینجا پرداخت.

و سرانجام هم باید در اینجا به مسئله‌ای که بیشتر فیزیکی است به‌طور مشروح‌تر بپردازیم که راه را بر پیشرفت نظریّهٔ کوانتومی و نظریّهٔ اتمی در سدهٔ ما نشان داد. نظریّهٔ نسبیّت و نظریّهٔ کوانتومی برخی از ساختارهای بنیادین طبیعت را بر ما آشکار کرد که پیش‌تر بر ما ناشناخته بود. در نظریّهٔ نسبیّت حرف از ساختار فضا و زمان است، در نظریّهٔ کوانتومی حرف از نتایج آن وضعی است که در آن بر هر اندازه‌گیری‌ای در حوزهٔ اتمی عملی لازم است، مداخله‌ای لازم است.

آن ساختاری از فضا و زمان را که در نظریّهٔ نسبیّت خاصّ یافتیم می‌توانیم به‌اختصار کم‌وبیش این‌طور تشریح کنیم: ذیل کلمهٔ «گذشته» همهٔ آن رویدادهایی را گرد هم می‌آوریم که دربارهٔ آن‌ها دست‌کم ازنظر اصولی می‌دانیم که چیزی دربارهٔ آن‌ها می‌توانیم بدانیم، و ذیل کلمهٔ «آینده» همهٔ آن دیگر رویدادهایی را مدّنظر داریم که بر آن‌ها می‌توانیم دست‌کم ازنظر اصولی تأثیر بگذاریم. در تصوّر شهودی ما این دو حوزه از رویدادها تنها با

لحظهٔ زمانی کوتاهی از هم جدا می‌شود که پایانی ندارد، که ما هم آن را «لحظهٔ حال» می‌نامیم. امّا با نظریّهٔ اینشتین حالا می‌دانیم که این حوزهٔ حال پایان‌دار است، یعنی ازنظر زمانی آن‌قدر بیشتر طول می‌کشد که هرچه مکان رویدادهای ما از مکان خود ما دورتر باشد. این امر به این سبب است که برهم‌کنش‌ها هرگز نمی‌تواند سریع‌تر از سرعت نور انتشار یابد. به‌این دلیل خطّفاصل کاملاً روشن زمانی-مکانی میان رویدادهایی وجود دارد، که می‌توانیم چیزی دربارهٔ آن‌ها بدانیم، و آن رویدادهایی که دربارهٔ آن‌ها دیگر نمی‌توانیم چیزی بدانیم، و خطّفاصل دیگر میان آن رویدادهایی است که هنوز می‌توانیم بر آن‌ها تأثیری بگذاریم و آن رویدادهایی که دیگر نمی‌توانیم بر آن‌ها تأثیری بگذاریم.

امّا وجود چنین خطّ فاصل روشنی با ساختار آن فرایندهای فیزیکی‌ای که نظریّهٔ کوانتومی بر ما آشکار کرده است، سازگار نیست. از روابط عدم‌قطعیّت این نکته را می‌دانیم که هرقدر بخواهیم مکان را با دقّت بیشتری تعیین کنیم، همان‌قدر هم مداخلهٔ بیشتری لازم است. تعیین مکان اگر بخواهد با دقّتی بی‌پایان انجام شود، حتّی مداخله‌ای را پیش می‌کشد که بی‌نهایت بزرگ باشد، و به‌همین دلیل نمی‌تواند محقّق شود. پس دیگر هم جای شگفتی ندارد که آن خطّ فاصل روشنی که نظریّهٔ نسبیّت پیشنهاد می‌کند، به عدم‌تجانس در کوشش ما بر صورت‌بندی نظری فرایندهای کوانتومی بینجامد. به جزئیّات این مسئله در اینجا هم دیگر نمی‌توان پرداخت. امّا مستندات فیزیک نظری در بیست‌وپنج سال اخیر مملوّ از آن بحث‌هایی دربارهٔ عدم‌تجانس‌ها و تضادهای ظاهریی است، که به‌دلیل آنچه دراصطلاح «واگرایی» می‌نامیم، برای مثال انرژی بی‌پایانی که الکترون در خود دارد، تشریح رضایت‌بخشی از فرایندهای ذرّات بنیادی را مدّت‌هاست معطّل گذاشته است. پس نظریّهٔ کوانتومی و نظریّهٔ نسبیّت را آشکارا نمی‌توان بی‌زحمت با یکدیگر جمع کرد.

بر اساس نتایجی که در سال‌های اخیر به‌دست آورده‌ایم، خود را کاملاً محقّ می‌بینیم تا فرض کنیم که تنها وقتی در جمع‌کردن این دو نظریّه باهم به کامیابی می‌رسیم که ساختار بنیادی ثالثی هم، که با وجود واحد طولی‌ای از مرتبهٔ بزرگی $۱۰^{-۱۳}$ پیوند دارد، در حوزهٔ ملاحظات خود وارد کنیم.

در آغاز باید به‌اختصار دراین‌باره بحث کنیم که اصلاً در اینجا حرف از چه پدیده‌های فیزیکی است. شیمی، چنانچه می‌دانیم، در آغاز کارش عناصر شیمیایی مختلف را بر اساس نوع اتم منظّم کرد. آزمایش‌های رادرفورد و نظریّهٔ بور بعدها نشان داد که آنچه را دراصطلاح، اتم شیمی‌دان‌ها می‌نامیم، از یک هسته و یک پوستهٔ الکترونی درست شده است. فیزیک هسته‌ای در سال‌های سی به ما آموخت تا هسته‌های اتمی را ساختارهایی از پروتون و نوترون بدانیم. چنین شد که سرانجام مهم‌ترین سه ذرّهٔ بنیادی را، یعنی پروتون، نوترون و

الکترون را، چون سه‌سنگ‌بنای نهایی مادّه پذیرفتیم. امّا آزمایش‌های بعدی هم نشان داد که برخی گونه‌های دیگر از ذرّات بنیادی‌ای وجود دارد که با آنچه دربالا به آن‌ها اشاره کردیم در نگاه نخست فرق دارد؛ این فرق در این است که این ذرّات زمان بسیار کوتاهی عمر می‌کنند، زیرا باسرعت زیاد به مواد پرتوزا فرو می‌پاشند، یعنی به ذرّات دیگری تبدیل می‌شوند. دراین راه مزون و های‌پرون را یافتیم، و امروز هم حدود سی نوع مختلف از این ذرّات بنیادی را می‌شناسیم که بیشتر آن‌ها طول عمر خیلی کوتاهی دارند.

این تجربه‌ها دو پرسش مهم مطرح کرد. اوّل اینکه: آیا این ذرّات بنیادی، به‌خصوص پروتون، نوترون و الکترون به‌واقع سنگ‌بناهای مادّه است که تقسیم‌شدنی نیست، یا آنکه باید آن‌ها را هم دوباره مرکّب از ذرّات کوچک‌تری دانست؟ امّا اگر این‌ها کوچک‌ترین سنگ‌بناهای مادّه است، چرا خود این‌ها را نمی‌توان بازهم تقسیم کرد؟ دوم اینکه: چرا اصلاً این ذرّات، که از راه تجربه به‌دست آوردیم، باید وجود داشته باشد، چرا این ذرّات آن خواصی را دارد که در مشاهده بر ما معلوم شده است. چه قوانین طبیعی‌ای وجود دارد که جرم آن‌ها و بار آن‌ها را معیّن می‌کند، چه نیروهایی وجود دارد که بر یکدیگر تأثیر می‌گذارد؟ بر پرسش اوّل، فیزیک امروز، این جواب مشخّص را دارد که ذرّات بنیادی به‌واقع آخرین، کوچک‌ترین واحدهای مادّه است؛ و برای این کار هم آن دلیلی که در آغاز می‌آورد کمی سبب شگفتی است. اصلاً چطور می‌توانیم مشخّص کنیم که این ذرّات بنیادی را دیگر نمی‌توان بیشتر تقسیم کرد؟ تنها روشی که می‌توان با آن به این تصمیم رسید این است که بکوشیم تا آن‌ها را با نیروهای قوی‌تری بشکافیم. و چون در اینجا مسلّماً نه چاقویی و نه ابزار دیگری وجود دارد، که با آن‌ها بتوانیم این تقسیم را انجام دهیم، تنها امکانی که برای ما می‌ماند این است که ذرّات بنیادی را به برخورد با یکدیگر با سرعت زیاد وادار کنیم. درعمل می‌توان برخورد ذرّات بنیادی با انرژی زیاد با یکدیگر را اجرا کرد. ماشین‌های شتاب‌دهندهٔ عظیم که امروزه در چهارگوشهٔ دنیا ساخته شده است، برای نمونه آنچه در ژنو کار جامعهٔ مشترک اروپاست، در آمریکا و در روسیّه، همگی همین هدف را دنبال می‌کند. تابش‌های کیهانی هم که در طبیعت پیش می‌آید، همین برخوردها را به‌وجود می آورد. از همین راه هم ذرّات بنیادی درعمل خرد می‌شود، به‌طوری‌که ذرّات زیادی به‌یکدیگر برخورد می‌کند؛ امّا آنچه خود جای شگفتی دارد این است که این ذرّات نه کوچک‌تر از ذرّات بنیادی است، یا سبک‌تر از آن ذرّاتی است که خرد شده است؛ چون آن انرژی جنبشی زیاد ذرّاتی که به‌هم برخورد می‌کند، که می‌تواند بر اساس نظریهٔ نسبیّت به جرم تبدیل شود، به این کار درعمل می‌آید تا ذرّات بنیادی تازه‌ای به‌وجود آورد. پس آنچه درعمل روی می‌دهد تقسیم ذرّات بنیادی نیست، بلکه تولید ذرّات تازه‌ای از این نوع به‌سبب انرژی حرکتی ذرّاتی

است که به‌یکدیگر برخورد می‌کند. و این همان معادلهٔ اینشتین است: $E=mc^2$ است که این امکان را فراهم می‌آورد تا بگوییم که آنچه امروز ذرّات بنیادی شناخته‌شده است درواقع کوچک‌ترین ساختارهای موجود است.

امّا درعین‌حال به این نکته هم پی می‌بریم که ذرّات بنیادی، یعنی همهٔ آن‌ها، از یک جنس است، یعنی آنکه همهٔ آن‌ها از جنس انرژی است. در اینجا می‌توان بازتاب‌هایی از فلسفهٔ هراکلیت را دوباره یافت که می‌گفت آتش مادّهٔ اصلی است، که همهٔ چیزها از آن به‌وجود آمده است. آتش درعین‌حال همان نیروی محرّکی است که جهان را در حرکتش پابرجا نگاه می‌دارد، و شاید بتوان - برای آنکه به نظر امروزی‌مان برگردیم - بگوییم که آتش و انرژی هردو باهم یکی است. ذرّات بنیادی فیزیک امروزی می‌تواند درست مانند آنچه در فلسفهٔ افلاطونی ذرّات بنیادی است، به‌یکدیگر تبدیل شود. این ذرّات خود مادّه نیست، بلکه آن صورت‌های یکتای ممکن مادّه است. انرژی مادّه می‌شود، با این کار که خود را در صورت یک ذرّهٔ بنیادی ارائه می‌دهد، با این کار که در این صورت پدیدار می‌شود. در اینجا رابطهٔ میان صورت و مادّه به‌گوش می‌رسد که در فلسفهٔ ارسطو آن‌قدر اهمیّتش زیاد بود. و حالا هم به آن پرسش دوم رسیدیم: چرا این ذرّات بنیادی مشخّص وجود دارد و نه ذرّات دیگری؟

این پرسش، با پرسش دربارهٔ قانون طبیعی یکی است، که خود خواص ذرّات بنیادی را معیّن می‌کند؛ و این قانون طبیعی هم ناگزیر است تا واحد اندازه‌گیری ثالثی را هم، یعنی آنچه دراصطلاح «کمترین طول» نامیده می‌شود، دربر بگیرد. آن مسائلی که در اینجا مطرح کردیم، درواقع به‌هیچ‌وجه حلّ نشده است، امّا همین‌حالاهم می‌تواند پیشنهادی بر نظریّه‌ای دربارهٔ ذرّات بنیادی را به‌بحث بگذارد که پژوهش در سال‌های پیش‌رو هم، هم آن را باید بیازماید و هم به‌پیش ببرد.

در آغاز باید در اینجا از پیشرفت‌هایی بگوییم که در سال‌های پیش به‌دست آمده است. درست پانزده‌سال پیش دیراک در انگلستان این امکان را پیش کشید که آن «دشواری‌های واگرایی» در نظریّهٔ کوانتومی را، که من هم پیش‌تر به‌اجمال از آن‌ها گفتم، می‌توان از این راه حلّ کرد که ریشهٔ دوم عدد ۱- را در نمایش ریاضی نظریّهٔ کوانتومی وارد کنیم، یا برای آنکه این نکته را هم به‌زبان ریاضی درست‌تر بیان کنیم، بگوییم که به فضای هیلبرتی نظریّهٔ میدان کوانتومی متریکی نامعیّن بدهیم. درواقع چنین ورودی، تغییر ساختاری عمیقی در نظریّه است؛ و کمی بعد هم پاؤلی در زوریخ نشان داد که این چنین نظریّه‌ای را نمی‌توان از نظر فیزیکی تفسیر کرد، زیرا آن کمیّت‌هایی که در جایی جز در نظریّهٔ کوانتومی احتمال پدیدارشدن رویدادی را معنا نمی‌دهد، می‌تواند در صورت‌بندی دیراک منفی شود؛ و احتمالی

هم که منفی باشد، مفهومی است که ازنظر فیزیکی بی‌معناست. باوجود این نکته، حدود پنج‌سال در گوتینگن به این امید به فکر دیراک پرداختیم تا شاید آن فرمالیسم ریاضی به این صورت که حالا می‌گویم به رشد خودش ادامه دهد: معادلهٔ کلّی مادّه، چنان‌که پیش‌تر چندبار به آن اشاره کردیم، باید آن واحد اندازه‌گیری‌ای را درخود داشته باشد که طولی از مرتبهٔ بزرگی ۱۰ $^{-۱۳}$ سانتی‌متر در آن وارد شده باشد. آیا این امکان وجود ندارد تا از آن متریک نامعیّن به‌شیوه‌ای استفاده کنیم که زمانی آن احتمالات منفی ورود پیدا کند که بخواهیم از رفتار فیزیکی در ابعاد فضایی از مرتبهٔ ۱۰ $^{-۱۳}$ چیزی بدانیم، امّا دربارهٔ سؤالاتی که به حوزه‌های زمانی بسیار بزرگ‌تری و فضاهای بسیار بزرگ‌تری مربوط شود، آن احتمالاتی را که محاسبه کرده‌ایم دوباره به‌خودی‌خود مثبت شود به‌طوری‌که آن فرمول‌ها به تفسیری فیزیکی اجازهٔ ورود بدهد؟ با این کار آن دشواری‌ها زدوده می‌شود، چون دیگر نمی‌توان از فرایندهایی حرف زد که در کوچک‌ترین حوزهٔ فضایی روی می‌دهد. و منظور ما هم این است: رویدادهای کوچک‌ترین حوزهٔ زمانی–فضایی نمی‌تواند به‌طورمستقیم مشاهده شود، و از مشاهدهٔ این رویدادها نمی‌توان با مفاهیم معمول فیزیک به نتایجی رسید. به‌همین سبب، رویدادها از هر تشریح عینی می‌گریزد. این امکان در ساده‌ترین صورت ریاضی‌اش با همهٔ جزئیّات آن مطالعه شد - من هم در اینجا به مطالعات می‌تر، کورتل و اسکونی در گوتینگن اشاره دارم - و چنین نتیجه داد که چنین استفاده‌ای از پیشنهاد دیراک درعمل بدون بروز تضادی ممکن است. و همچنین از این مطالعات برآمد که آن نمونه‌ای که در این‌حدّ ساده شده است بسیاری از خصوصیّات اساسی از آن نظریّهٔ میدان واحدی را نشان می‌دهد که هدف این مطالعه بوده است. برای مثال همانند نتیجه‌ای از میدان مادی، میدان‌های الکترومغناطیسی به‌دست آمد، و میدان مادی هم خود را در ذرّات بنیادی‌ای می‌نماید که همان خواصی را از خود نشان می‌دهد که درعمل از مشاهده به‌دست آمده بود.

کاری بسیار مهم دربارهٔ مسئلهٔ مادّه را آن دو فیزیک‌دان چینی، لی و یانگ با کشف خود انجام دادند؛ این کشف می‌گوید که میدان‌های الکترومغناطیسی به‌صورتی‌که اصلاً انتظار آن نمی‌رود با جهتی پیچ‌مانند مرتبط است که در درون ذرّات بنیادی جای دارد. برای مثال ذرّاتی با بار مثبت، همان‌هایی که دراصطلاح «مزون–پی» نامیده می‌شود که به مواد پرتوزا فرو می‌پاشد. آنچه در پی فروپاشی به‌وجود می‌آید، همان مزون‌های–مو و الکترون‌ها و نوترینوها، ازخود قطبشی نشان می‌دهد که به‌معنای خود آن‌ها با پیچ راست‌گرد مطابقه دارد. هیچ مزون–پی‌ای با بار مثبت وجود ندارد که از فروپاشی‌اش پیچی به‌دست آید که به‌عکس پیچ راست‌گرد باشد. امّا مزون‌های–پی‌ای با بار منفی‌ای وجود دارد که همان جرم

را دارد و به‌هنگام فروپاشی‌شان، ازقضا جهت عکس حرکت پیچ، قطبش را معیّن می‌کند. از راه بازتاب هم، از ذرّه‌ای، آن دراصطلاح «پادذرّه» به‌وجود می‌آید که بارش به‌عکس است. این کشف نتایجی به‌خصوص گفتنی بر فهم خواص ذرّه‌ای بنیادی به‌بار آورد، که پاؤلی مدّت‌ها پیش‌تر وجود آن را از راه تحلیل فروپاشی-بتای عناصر پیش‌بینی کرده بود، که همان دراصطلاح نوترینو است. با مطالعهٔ این نتایج، پاؤلی سال پیش به خواص ویژهٔ تبدیلی برخورد کرد، یعنی به تقارن ریاضی معادلهٔ موجی نوترینو برخورد کرد که تاکنون مشاهده نشده بود. امّا ازآنجایی‌که این تقارن‌های ریاضی در نظریّهٔ ذرّات بنیادی اهمیّت خاصی دارد - چنانکه در تشریح اجسام افلاطونی به آن‌ها اشاره کردیم - چندان هم غیرمنتظره نبود تا فکر کنیم که شاید اهمیّتی که برای تقارن ریاضی این معادلهٔ خاص نوترینو دارد، فراتر از این مورد باشد.

آن مصالحی که دربارهٔ ذرّات بنیادی طی بیست‌سال گذشته فراهم شد، اطّلاعاتی، هرچند غیرمستقیم، دربارهٔ خواص تقارن در معادلات کلّی مادّه در آنجایی به‌دست می‌دهد که در همان جا آن دراصطلاح «قواعد گزینش و گزاره‌های پایستگی» به ما می‌دهد. منظور ما هم از این حرف این است: وقتی از روی تجربه می‌دانیم که چه ذرّاتی می‌تواند کم‌وبیش به مواد پرتوزای دیگری تبدیل شود، آن‌وقت هم می‌توانیم نتایجی را دربارهٔ خواص تقارنی آن ذرّات و قوانینی را که در بنیان آن‌هاست استنتاج کنیم. در کاری که پیش‌تر از آن یاد کردیم، در گوتینگن، که در پی آن بودیم تا آن نمونهٔ ریاضی به‌دست آمده دربارهٔ نظریّهٔ ماده آن‌چنان تغییر صورت پیدا کند تا بتواند قواعد گزینش را هم به‌حساب بیاورد، به معادله‌ای برخورد کردیم که پاؤلی با آن نشان داد که این معادله آن خواص تقارنی‌ای را دارد که پاؤلی خود پیدا کرده بود. اندکی بعد، فیزیک‌دان اهل ترکیه، گورسی این نکته را یادآوری کرد که این تقارن پاؤلی آشکارا خاصیّتی شاخص از نظام ذرّات بنیادی را به‌دست می‌دهد، که بیست‌وپنج سال پیش‌تر کشف شده بود و با مفهوم «اسپین ایزوتوپی» یا «ایزوسپین»، که آن را در اینجا بیشتر توضیح نمی‌دهم، صورت‌بندی‌ای ریاضی یافته بود. به‌این‌ترتیب معادله‌ای به‌دست می‌آید، که - برای‌آنکه جانب احتیاط را هم بگیریم - در نگاه نخست طوری به نظر می‌رسد، گویی‌که می‌تواند همهٔ خواص شناخته‌شدهٔ ذرّات بنیادی را بر ما بنمایاند، گویی‌که معادلهٔ درست مادّه است. این معادله به‌صورت زیر است:

$$\gamma_\nu \frac{\partial}{\partial x_\nu}\psi \pm l^2 \gamma_\mu \gamma_5 \psi \left(\psi^+ \gamma_\mu \gamma_5 \psi\right) = 0$$

در این معادله Ψ (عملگر میدان که از مختصّات فضایی و زمانی مستقلّ است) مادّه است؛ γ_μ کمیّت‌های سادهٔ ریاضی‌ای است که دیراک از نظریّهٔ تبدیلات خطّی وارد کرده

است، l همان واحد طبیعی طول است، که پیش‌تر به‌دفعات از آن حرف زدیم. اینکه سرعت نور و ثابت پلانک هم دیگر دراین معادله دیده نمی‌شود، به‌این مربوط می‌شود که از هردوی این اندازه‌های بنیانی همانند واحد اندازه‌گیری استفاده شده است، پس آن‌ها را برابر یک دانستیم. اندازهٔ l را هم مسلّماً می‌توان به‌همین‌صورت چون واحد اندازه‌گیری به‌کار برد و مساوی با یک قرار داد، به‌طوری‌که دیگر در معادله دیده نشود.

در اینجا باید بر این نکته تأکید کنیم که این معادله عجالتاً یک پیشنهاد است، و تحلیل سادهٔ ریاضی نتایج آن در قیاس با تجربه‌های عملی است که می‌تواند مقدّمتاً پس از سپری‌شدن چندسالی، داوری درستی به ما بدهد که تاکجا با این معادله پیش می‌رویم.

شاید در این لحظه این نکته مهم‌تر باشد تا آن امکانات فکری‌ای را بررسی کنیم که با تکیه بر کشف پلانک پدیدار شده است، که همان راهی را که پیش‌تر به آن اشاره کردیم، پیموده است، تا به پیشرفت‌های سال‌های اخیر برسد. اگر امید فیزیک‌دانان در اینجا محقّق شود، فیزیک چه دورنمایی خواهد داشت؟ آن معادله‌ای که در بالا به آن اشاره کردیم، درکنار مقیاس‌های طبیعی اندازه‌گیری بازهم خواسته‌هایی مبنی بر تقارن ریاضی دارد. با این خواسته‌ها به‌نظر می‌رسد بر همه‌چیز پاسخ داده باشیم. درواقع، باید این معادله را نمایش خیلی ساده‌ای از خواسته‌های تقارن دانست، امّا خود این خواسته‌ها را هم باید هستهٔ اصلی آن نظریّه دانست. در اینجا هم، مانند آنچه نزد افلاطون می‌بینیم، چنین به‌نظر می‌رسد که ساختار ریاضی ساده و شفّافی در بنیان آن دنیای به‌ظاهر چنین پیچیده‌که متشکّل از ذرّات بنیادی و میدان‌های نیرو است، قرار دارد. همهٔ آن روابطی را که ما در جایی جز حوزه‌های مختلف فیزیک همانند قوانین طبیعی نمی‌شناسیم، باید از این ساختار یکتا نتیجه شود.

در اینجا مسلّماً نظر امروزی ما آن مرتبه‌ای از استحکام را دارد که فیلسوفان یونانی را فرسنگ‌ها پشت‌سر می‌گذارد، و برای آنکه راه را بر هر سوءفهمی ببندیم، لازم است به تفاوت‌های عمیق علم امروزی با علم دوران باستان تأکید کنیم. نخست آنکه این تفاوت اساسی در روش است، یعنی در اینکه ما تجربه‌ها را نظام‌مند اجرا می‌کنیم و نظریّه‌ها را آن وقتی می‌پذیریم که تجربه‌ها را در جزئیّات خود به‌واقع بنمایاند. امّا اختلاف بسیار مهمّ دیگری هم در اهمیّتی که مفهوم زمان در فیزیک از زمان گالیله و نیوتون تاکنون دارد، پدیدار می‌شود.

ذرّات بنیادی در فلسفهٔ افلاطون تقارن خود را در آنچه «گروه فضایی» می‌نامیم، می‌یابد، یعنی در گروه چرخش‌ها در فضای سه‌بعدی. در اینجا حرف از تقارنی ایستاست، حرف از تقارنی است که یک‌سره عینی است. امّا فیزیک دوران نو زمان را از همان آغاز در مشاهدهٔ خود از طبیعت وارد می‌کند. از زمان نیوتون تاکنون فیزیک به دینامیک رویدادها توجّه دارد.

فیزیک بر مبنای این نظر است که در دنیایی که همواره در تغییر است، آنچه می‌تواند پابرجا بماند صورت‌های هندسی نیست، بلکه قوانین است. قوانین هم در اصل درهمه‌حال تنها صورت‌های ریاضی انتزاعی است، که به‌نوبهٔ خود هم به فضا و زمان ارجاع می‌کند. پس فهم از مادّه به‌نظر می‌رسد که فقط وقتی ممکن باشد که از تجربیّات خود، ساختارهای ریاضی فهم‌شدنی‌ای را استنتاج کنیم که به فضا و زمان به‌شیوه‌ای یکسان مرتبط می‌شود. نظریّهٔ نهایی مادّه، درست مانند آنچه نزد افلاطون دیدیم، با رشته‌ای از تقارن‌های مهمّ مشخّص می‌شود، که پیش‌تر آن‌ها را برشمردیم. این تقارن‌ها را دیگر نمی‌توان به‌سادگی با اشکال و تصاویر نشان داد، چنانچه این کار با اشکال افلاطونی ممکن بود، بلکه با معادلات؛ و من هم در اینجا مایلم برخی از مهم‌ترین معادلات را ذکر کنم، هرچند که چنین نمایاندنی تنها بر ریاضی‌دانان فهمیدنی باشد.

اوّلین خاصیّت مهم تقارن همان «گروه ناهمگن لورنتس» است، که چنان‌که می‌دانید اساس نظریّهٔ نسبیّت خاص است. نمایشی که کمی ساده‌تر باشد، چنین است:

$$x' - x'_0 = \frac{x - vt}{\sqrt{1 - \left(\frac{v}{c}\right)^2}} \; ; \; t' - t'_0 = \frac{t - \frac{v}{c^2}x}{\sqrt{1 - \left(\frac{v}{c}\right)^2}}$$

دومین خاصیّت، که آن‌هم به‌همین اندازه مهم است، گروه تبدیلات لورنتس در فضای هیلبرت است، که روابط جابه‌جایی را ناوردا باقی می‌گذارد. این گروه اساس نظریّهٔ کوانتومی است. نمایشی که کمی ساده‌تر شده باشد به این صورت است:

$$\psi_i >= S_{ik}\psi_k >$$

آنچه را دراصطلاح «گروه ایزوسپین» می‌نامیم، و گروهی که با پایستگی عدد باریونی مرتبط است، آن‌ها هم به‌علاوه اهمیّت دارد، که چنان‌که از مطالعات پاؤلی و گورسی می‌توان گمان برد، با تبدیلات پاؤلی نشان داده می‌شود. و سرانجام هم تقارن‌های مهم آینه‌ای را باید ذکر کرد، ازآن‌جمله ناوردایی نظریّهٔ در وارونی نشانه‌ها در زمان و بازتاب تقارن فضایی و وارونی بار به‌طور هم‌زمان. همهٔ این تقارن‌ها را همان معادله‌ای که پیش‌تر ذکر کردیم نشان می‌دهد – اینکه به این صورت درست باشد، چیزی است که آینده به ما خواهد آموخت.

$$\psi' = a\psi + b_{\gamma 5}C - 1\psi^+ \; (|a^2| + |b^2| = 1)$$
$$\psi' = e^{la\gamma_5}\psi$$

نظریّه‌ای که با معادلهٔ سادهٔ مادّه، جرم و خواص ذرّات بنیادی را درست نشان دهد، خودش درعین‌حال همان نظریّهٔ میدان واحد است. این وضعی که از روی تجربه می‌شناسیم که همهٔ ذرّات بنیادی می‌تواند به‌یکدیگر تبدیل شود، اشاره به این نکته دارد که چنین چیزی

چندان ممکن نیست که گروهی معیّن از ذرّات بنیادی را دست‌چین کنیم و بعد برای همان گروه، نمایشی ریاضی پیدا کنیم. به‌دلیل همین تجربه و به‌دلیل اهمیّت اساسی خواص تقارن، هر کاری دربارهٔ نظریهٔ ذرّات بنیادی، برای نمونه آنچه معادله‌ای که پیش‌تر از آن حرف زدیم در خود دارد، خصلت خاص نظریهٔ کامل[۳] را دارد. در اینجا ساختارهایی داریم آن‌قدر درهم‌تنیده و تودرتو که درواقع در هیچ جای آن نمی‌توان تغییری داد، بی‌آنکه در کلّ آن روابط تشکیک کنیم.

در اینجا آن تزئینات هنری نوارمانند مساجد اسلامی[۴] به‌یادمان می‌آید که در آن‌ها آن‌قدر تقارن به‌کار رفته است که نمی‌توان در آن‌ها برگی را تغییر داد، بی‌آنکه جمع آن‌ها در کلّ به‌قطع ویران شود. و درست همان‌طورکه آن تزئینات نوارمانند روح دین را بیان می‌کند که از آن، آن تزئینات پدیدار شده است، در خواص تقارن نظریهٔ میدان کوانتومی هم روحیّهٔ عصر علمی بازتاب دارد که کشف پلانک آغازگر آن بود.

امّا ما هم در اینجا در میانهٔ آن پیشرفتی ایستاده‌ایم که تنها در سال‌های آینده می‌توانیم از نتایجش دورنمایی داشته باشیم. کشف پلانک در این پنجاه سالی که من مراحل آن را جزءبه‌جزء برایتان ترسیم کردم جایگاهی را پیدا کرد که گمان می‌کنیم هدف را، یعنی فهم ساختار اتمی ماده بر اساس خواص تقارن ساده را، روشن در کلیّتش می‌بینیم. حتّی اگر به پیشرفت‌های سال‌های اخیر که از آن‌ها برایتان گفتم به‌دیدهٔ شک بنگریم - کاری که از مهم‌ترین وظایف علم است - بازهم می‌توانیم به‌یقین بگوییم که در اینجا به ساختارهایی رسیده‌ایم که سادگی و کمالی و زیبایی‌ای غیرمعمول دارد، به ساختارهایی برخورد کرده‌ایم که ازاین‌سبب برای ما اهمیّت دارد که فقط به حوزهٔ خاصی از فیزیک مرتبط نمی‌شود، بلکه به همهٔ جهان مربوط است.

صدمین سالگرد تولّد ماکس پلانک با زمانی مصادف می‌شود که وقتی آن را با زمان‌های پیش مقایسه می‌کنیم از بسیاری از جهات، برای نمونه در حوزهٔ سیاست، هنر، معیارهای ارزشی، تصویری بسیار آشفته بر ذهن به‌جای می‌گذارد، امّا به‌سببی هم، اگر شخصیّت وزینی چون ماکس پلانک را به‌یاد آوریم، بسیار آرامش‌بخش است، زیرا دست‌کم در آن یک رشته‌ای که او همهٔ عمر خود را صرف آن کرده بود، هیچ‌چیز آشفته‌ای نمی‌بینیم، بلکه بیشتر آن سادگی و وضوح روشنی را می‌بینیم که همان‌قدر تعیین‌کننده است که در زمان افلاطون یا کپلر یا نیوتون اهمیّت داشت.

---

[۳] بنگرید به نوشتهٔ ما: مفهوم نظریهٔ کامل در علم جدید (یادداشت بر نسخهٔ فارسی).

[5.] Im Text arabisch (یادداشت بر نسخهٔ فارسی)

۳

دیدگاه‌های فلسفی ولفگانگ پاؤلی[۵]

کارهای ولفگانگ پاؤلی در فیزیک نظری تنها در چندجا آن زمینهٔ فلسفی‌ای را نشان می‌دهد که آن کارها از آن برخاسته است؛ پاؤلی در چشم همکارانش همواره آن فیزیک‌دان درخشانی را می‌مانست که بیش از هرچیز به دقیق‌ترین صورت‌بندی‌ها گرایش داشت، که با افکار پرمعنای تازهٔ خود، که با تحلیل‌های روشن خود در همهٔ جزئیّاتش از آنچه بر ما شناخته‌شده بود، و با نقد سخت‌گیرانهٔ خود از هر ابهامی و بی‌دقتی‌ای در نظریّه‌هایی که بر ما پیشنهاد می‌شد، بر فیزیک سدهٔ ما به‌قطع تأثیر گذاشت و آن را بارورتر کرد. اگر بخواهیم بر مبنای اظهارات علمی پاؤلی، بینشی فلسفی بسازیم، شاید در آغاز به این کار گرایش پیدا کنیم تا به خردگرایی‌ای افراطی و به نظری که در کلیّاتش شک‌گراست برسیم. درواقع در پس این نقد که به‌چشم می‌آید، و این شک‌گرایی، دلبستگی فلسفی عمیقی به حوزه‌های تاریک واقعیّت یا ذهن انسان نهفته است که از دسترس عقل بیرون است، و قدرت خیال که از تحلیل‌های فیزیکی پاؤلی از مسائل بیرون می‌تراود، شاید هم فقط در بخشی از آن وضوحی در صورت‌بندی‌ها بیرون می‌جهد که در جزئیّاتش یک‌سره روشن است، و در بخشی دیگر از آن ارتباط دائم با حوزهٔ رویدادهای سازندهٔ ذهنی که برای بیان آن‌ها هنوز صورت‌بندی عقلی‌ای وجود ندارد. پاؤلی درعمل آن راهی از شک‌گرایی را تابه‌آخر شتابان پیمود که بر عقل‌گرایی استوار بود، یعنی شک‌گرایی برضدّ شک‌گرایی را، و پس از آن کوشید تا عناصر آن فرایند شناخت را ردیابی کند که پیش‌ازاین مداخلهٔ عقلی می‌آید. این به‌خصوص آن دو نوشته‌ای است که از آن می‌توان به نکات اساسی دیدگاه فلسفی‌اش پی‌برد: یکی رسالهٔ «تأثیر تصوّرات نوعی کهن بر شکل‌گیری نظریّه‌های علمی نزد کپلر»[۶]، و دیگری سخنرانی دربارهٔ «علم و تفکّر غرب».[۷] در اینجا می‌کوشیم تا از این دو مدرک و

---

[۵] این نوشته برای اوّلین‌بار در مجلّهٔ علم، شمارهٔ ۴۶، سال ۱۹۵۹، دفتر ۲۴، صفحات ۶۶۱ تا ۶۶۳ (انتشارات اشپرینگر، برلین – گوتینگن – هایدلبرگ) منتشر شده است.

[۶] ک.گ. یونگ و و. پاؤلی، تبیین طبیعی و روان، مطالعاتی از مؤسّسهٔ ک.گ. یونگ، جلد چهارم، صفحهٔ ۱۰۹، زوریخ (انتشارات راشر) ۱۹۵۲.

[۷] مجلّهٔ اروپا – میراث و وظائف. کنگرهٔ بین‌المللی دانشمندان، ماینس، ۱۹۵۵، انتشارات ام. گورینگ، ویس‌بادن،(ف. اشتاینر) ۱۹۵۶، صفحهٔ ۷۱.

از دیگر حرف‌هایش در نامه‌هایش و در دیگر جاها به تصوّری از دیدگاه‌های فلسفی او برسیم.

اوّلین مسئلهٔ اصلی فکر فلسفی برای پاؤلی فرایند خود شناخت بود، به‌ویژه شناخت از طبیعت که سرانجام با ارائهٔ قوانین طبیعت در صورت‌بندی‌ای ریاضی بیان منطقی خود را می‌یابد. پاؤلی به نظری که مبتنی بر تجربه‌گرایی محض بود، رضایت نمی‌داد، یعنی آن نظری که قوانین طبیعی را منحصراً برگرفته از مصالح تجربی می‌دانست. او بیشتر به آن نظرهایی می‌گروید که بر «اهمیّت جهت‌گیری توجّه و شهود بر آن مفاهیمی و افکاری که لازم بود، تأکید داشت که به‌طورکلّی از تجربهٔ صرف بسیار فراتر می‌رفت تا نظامی از قوانین طبیعی را (یعنی نظریّه‌ای علمی را) برپا کند». پس او در جستجوی عنصر ارتباط میان ادراکات حسّی از یک‌طرف، و مفاهیم ازطرف دیگر برآمد: «همهٔ متفکّران منطقی به این نتیجه رسیدند که منطق محض اساساً در وضعی نیست تا این‌چنین ارتباطی را برقرار کند. به‌نظر می‌رسد که بیشترین رضایت‌مندی وقتی حاصل می‌شود که در اینجا آن اصل موضوعهٔ آن نظمی از کیهان را، که از ارادهٔ ما خارج است، وارد کنیم که با جهان رویدادها فرق دارد. چه حرف از «مشارکت چیزهای طبیعی در فکر» باشد، و چه حرف از «رفتار چیزهای متافیزیکی، یعنی آن چیزهایی که در خود فی‌نفسه واقعیّت دارد»، باشد، رابطهٔ میان ادراک حسّی و فکر نتیجه‌ای از این واقعیّت است که چه ذهن و چه آنچه ادراک می‌شناسد، از نظم عینی هدفمندی پیروی می‌کند.»

این پل ارتباطی به آن افکاری می‌انجامد، که در آغاز مصالحی تجربی و نامنظّم بوده است، در چشم پاؤلی تاحدودی در ذهن، صورت‌های نوعی‌ای است که ازپیش در ذهن موجود بوده است، نمونه‌های کهن به‌آن صورتی بوده که هم کپلر و هم روان‌شناسی امروزی بدان‌ها پرداخته است. این نمونه‌های کهن نه می‌تواند به آگاهی راه یابد، و نه به برخی از افکاری مرتبط شود که صورت‌بندی‌ای منطقی دارد - و در اینجا دیگر پاؤلی به افکار ک.گ. یونگ می‌پیوندد. در اینجا بیشتر حرف از صورت‌هایی از حوزهٔ ناآگاه ذهن انسان است، حرف از تصویرهایی است که محتوای احساسی بسیار زیادی دارد، که به آن‌ها فکر نشده است، بلکه درعین‌حال چون نقشی به چشم آمده است. آن شادی‌ای که از آگاهی‌یافتن به شناختی نو بر ما عارض می‌شود از آن مواجههٔ صورت‌های نوعی کهن، که ازپیش موجود بوده است، که به کار پوشش می‌آید، با رفتار عین‌های بیرونی می‌تراود.

این بینش از شناخت از طبیعت تاجایی‌که می‌دانیم در کلیّت خود به افلاطون برمی‌گردد و در تفکّر مسیحی در سیر خود تا نوافلاطونیان (فلوطین و پروکلوس) نفوذ کرده است. پاؤلی می‌کوشد تا آن را با این برهان روشن کند که بر پای‌بندی کپلر به نظریّهٔ کوپرنیک، که در

سرآغاز علم جدید نشسته است، برخی از صورت‌های نوعی، نمونه‌های کهن تأثیری قطعی گذاشته است. او از کتاب «رموز جهان» کپلر این جمله را نقل می‌کند: «تصویر خدای واحد سه‌گانه، در کرهٔ جهان است، یعنی پدر در مرکز، پسر در سطح بیرونی و روح‌القدس در یکنواختی ارتباط میان مرکز و فضای میانی یا پیرامون.» آن حرکت که از مرکز به سوی سطح می‌رود، نزد کپلر همان نماد آفرینش است. این نماد که با عدد مقدّس سه به‌تنگی گره خورده است - که ک.گ. یونگ هم آن را «ماندالا» می‌نامد - نزد کپلر تحقّقی ناقص از دنیای جسم است: به دور خورشید در مرکز نظام سیّارات، اجرام آسمانی می‌چرخد (که کپلر هنوز آن‌ها را صاحب جان می‌پنداشت). در اینجا پاؤلی عقیده دارد که قدرت یقین به نظام کوپرنیکی نزد کپلر در درجهٔ اوّل از مطابقه با آن نمادی می‌آید که از آن پیش‌تر گفتیم، و پس از آن در ردیف دوم از مصالح تجربی.

پاؤلی به‌علاوه عقیده دارد نشانهٔ کپلر آن نظری را به‌طورکلّی نمادینه می‌کند که علم امروزی از آن برخاسته است. «از مرکزی در درون این‌طور به‌نظر می‌رسد که روان به‌معنای برون‌گرایی‌ای به بیرون در دنیای جسم حرکت می‌کند، که در آن بنابه شرایط هر رویدادی، رویدادی به‌خودی‌خود است، به‌طوری‌که روح، این دنیای جسم را با انگاره‌های خود هردو را درعین‌حال آرام دربر می‌گیرد.» در علوم زمان ما هم حرف از این است تا «عرفان شفّاف» افلاطونی را در شکل مسیحی آن ارتقاء دهیم، که در آن در پی بنیان واحد روح و ماده در صورت‌های نوعی کهن برمی‌آییم و فهمیدن در درجات و شیوه‌های متفاوتش در حدّ شناخت از حقیقت نجات‌بخش جای خود را می‌یابد. پاؤلی درعین‌حال که هشدار می‌دهد، می‌افزاید: «این عرفان آن‌قدر شفّاف است که ورای بسیاری از تاریکی‌ها را می‌بیند، و این آن چیزی است که ما امروزی‌ها نه می‌توانیم، نه اجازهٔ آن را داریم.»

به‌همین سبب هم در برابر نظر اصولی کپلر، نظر یکی از معاصرین او را، یعنی نظر پزشک انگلیسی فلاد را می‌گذارد، که کپلر با او دربارهٔ استفاده از ریاضیات در تجربه‌ای که از راه اندازه‌گیری‌های کمّی پالوده شده بود، در جدالی داغ وارد شده بود. در اینجا فلاد نمایندهٔ کسانی است که به تشریح طبیعت از راه‌های کهن و رازآمیز می‌پردازند، آن‌طورکه کیمیاگری قرون‌وسطی و انجمن‌های سرّی به آن می‌پرداخت.

سیر رشد افکار افلاطون در مسیحیّت و افلاطون‌گرایی نو به اینجا انجامید که ماده با نبود فکر مشخّص شود و آنچه فهمیدنی است با خوبی و با بدی. امّا روح جهان هم سرانجام در علم دوران امروزی با قانون طبیعی جای‌گزین شد که هم انتزاعی است، هم ریاضی. در برابر این گرایش یک‌سویه به روحانی‌کردن، فلسفهٔ کیمیاگری، که در اینجا فلاد نمایندهٔ آن است، به‌نوعی وزنه‌ای به‌حساب می‌آید. از دیدگاه کیمیاگری «در ماده روحی جای دارد

که در پی رهایی است.» آن کیمیاگری که به آزمایش می‌پردازد همواره در سیر طبیعی به‌شیوه‌ای دخیل است که فرایندهای شیمیایی، به‌واقع یا به‌فرض در دستگاه قرع‌وانبیق با فرایندهای روانی در خود او ازنظر عرفانی یکی است و با همان کلمات بیان می‌شود. رهایی ماده به‌دست آن انسانی که در پی دگرگونی آن است، که به حصول حجرالفلاسفه در بالاترین مرحله‌اش می‌رسد، از دیدگاه کیمیاگری نتیجه‌ای از مطابقت دنیای کلان با دنیای خرد است که با دگرگونی نجات‌بخشی که اوپوس در انسان می‌دهد، که تنها «خدای بخشنده» در آن توفیق دارد، یکسان است. در این دیدگاه رمزآمیز طبیعی، نماد غالب عدد چهار است، همان‌که چهارتایی فیثاغورسیان نامیده می‌شود، که از دو قطب درست شده است. تقسیم، به وجه تاریک دنیا (ماده، شیطان) منتسب است، و آن دیدگاه رازآمیز از طبیعت، این حوزهٔ تاریک را هم دربر می‌گیرد.

هیچ‌یک از این دو خط‌سیر رشد، که آغازشان از افلاطون و فلسفهٔ مسیحیّت ازیک‌سو بوده است، و ازسوی‌دیگر برگرفته از کیمیاگری در قرون وسطی، نتوانست بعدها به نظام‌های فکری متضاد فروبپاشد. آن یکتایی روح و ماده که فکر افلاطونی ازآغاز به آن رو کرده بود، سرانجام به تقسیم تصویر از جهان به دو وجه علمی و دینی آن انجامید، و آن جهت فکری، که با عرفان و کیمیاگری مشخّص شده بود، ازیک سو شیمی علمی را به‌بار آورد، و ازسوی دیگر به آن رازورزی دینی‌ای که از رویدادهای مادی دوباره جدا می‌شود (برای مثال نزد یاکوب بومه) انجامید.

پاؤلی در این خط‌سیرهای رشد فکری، که هم ازیکدیگر دور می‌شود و هم بازهم به‌یکدیگر تعلّق دارد، روابط مکمّلی‌ای را می‌بیند که از همان آغاز، تفکّر غرب را مشخّص کرده است، که امروز فهمشان، پس از آنکه در مکانیک کوانتومی امکان منطقی چنین روابطی بر ما روشن‌تر شد، برای ما آسان‌تر از دوران‌های گذشته است. در تفکّر علمی، که به‌خصوص درمقیاسی شاخصهٔ غرب است، فکر رو به‌سوی بیرون دارد، فکر از چرا می‌پرسد. «چرا یکتا در چندتا بازتاب دارد، چه‌چیز بازتاب می‌دهد و چه‌چیز بازتاب است، چرا یکتا، تنها باقی نماند؟» عرفان به‌عکس، چه در غرب و چه در شرق، که در هر دوجا درعین‌حال در خانهٔ خود است، می‌کوشد تا یکتایی چیزها را تجربه کند، و در این کار کثرت را توهّمی می‌داند که به چشم می‌آید. اهتمام به شناخت علمی در سدهٔ نوزدهم به تصوّری مرزی از جهان مادی، که از هر مشاهده‌ای مستقلّ است، انجامید، و در پایان تجربهٔ عرفانی آن روحی پابرجاست که وضع مرزی‌ای است که از هر عینی کاملاً منتزع شده است، که با الوهیّت متّحد شده است. میان این دو تصوّر مرزی پاؤلی تفکّر غرب را می‌بیند که از هردو طرف درعین‌حال کشیده شده است. «در روح انسان همیشه هردو نظر جای دارد و هریک، بار

بذر مخالف را همواره در خود دارد. به‌همین سبب نوعی فرایند دیالکتیکی برمی‌خیزد که از آن چیزی نمی‌دانیم که ما را به‌کجا می‌برد. گمان می‌کنم که ما غربی‌ها باید خود را به این فرایند بسپاریم و این زوج متضاد را مکمّل یکدیگر بدانیم. - و برای اینکه تنش میان آن دو متضاد را پابرجا بگذاریم، باید این را هم بپذیریم که در هر راه شناختی یا در هر راه رهایی‌ای به عواملی وابسته‌ایم که از توان ما بیرون است و زبان دین همواره آن‌ها را رحمت خوانده است.»

همین‌که در ماه‌های اوّلیّهٔ سال ۱۹۲۷ تأمّلات ما دربارهٔ تفسیر مکانیک کوانتومی شکل منطقی خود را پیدا کرد، و بور مفهوم مکمّلیّت را ساخت، پاؤلی از اوّلین فیزیک‌دانانی بود که به‌صراحت این تفسیر تازه را برگزید. دیدگاه فلسفی پاؤلی به‌خودی‌خود با ویژگی‌های شاخص این تفسیر - یعنی اینکه در هر تجربه‌ای، در هر مداخله‌ای در طبیعت، این آزادی را داریم تا از خود بپرسیم که کدام وجه از طبیعت را می‌خواهیم روش کنیم، و اینکه امّا درعین‌حال هم باید از چیزی گذشت کنیم، یعنی از وجه دیگر طبیعت چشم‌پوشی کنیم -، با این بستگی میان «انتخاب و گذشت»[8] موافقت داشت. درست به‌این دلیل در مرکز فکر فلسفی پاؤلی همواره تمایل به فهم یکپارچه از جهان قرار دارد - یکپارچگی‌ای که تنش میان متضادها را در خود دارد؛ او با این‌کار تفسیر نظریّهٔ کوانتومی را امکان تازهٔ فکری‌ای می‌دانست که در آن شاید بتوان وحدت را به‌طرزی آسان‌تر از گذشته بیان کرد. در فلسفهٔ کیمیاگری، او می‌دانست که دست و پایش بسته است تا از فرایندهای مادی و فکری با یک زبان حرف بزند. پاؤلی به این فکر افتاد که در این حوزهٔ انتزاعی، که هم فیزیک اتمی جدید و هم روان‌شناسی به آن ورود پیدا می‌کند، بازهم می‌توان ازنو در پی چنین زبانی برآمد.«گمان می‌کنم که زبان واحد روان‌فیزیکی در تجربهٔ کیمیاگری به‌این سبب شکست خورده است که این زبان به واقعیّت عینی روشنی نظر داشت. امّا ما امروز در فیزیک واقعیّتی غیرمشهود داریم (اشیاء اتمی)، که ناظر در آن با درجه‌ای از آزادی کم‌وبیش مداخله می‌کند (یعنی در برابر بدیل «انتخاب و گذشت» قرار دارد). در روان‌شناسی ناآگاهی، رویدادهایی داریم که همواره نمی‌توان در برابر آن‌ها ذهن معیّنی قرار داد. اهتمام به یافتن یک‌گرایی روانی‌فیزیکی، اگر زبان واحد مربوطه‌اش (که هنوز ازنظر زوج خنثای متضاد روان‌فیزیکی بر ما شناخته‌شده نیست) به واقعیّت عمیق غیرمشهودی ارجاع دهد، در چشم من دورنمای بسیار بهتری می‌یابد. در آن‌زمان شیوهٔ بیانی بر وحدت همهٔ موجودات یافته‌ایم که از علّیّت در فیزیک کلاسیک به‌معنای تناظر (بور) فراتر می‌رود، به‌طوری‌که در آن ارتباط

---

[8] Wahl und Opfer در آلمانی و به پیشنهاد ما: choice and sacrifice در زبان انگلیسی (یادداشت بر نسخهٔ فارسی).

روان‌فیزیکی و مطابقهٔ صورت‌های غریزی ماتقدّم تصوّر با ادراکات ما از عالم خارج موارد خاصّ خواهد بود. - با این دیدگاه، هستی‌شناسی سنّتی و مابعدالطبیعه همان موضوع گذشت است، درحالی‌که انتخاب، چشم به وحدت در وجود دارد.»

از میان مطالعاتی که پاؤلی را به آن مطالعات فلسفی‌ای ترغیب کرد که از آن‌ها حرف زدیم، مطالعهٔ نمادگرایی در کیمیاگری تأثیری ماندگار بر او برجای گذاشت؛ این تأثیر گاه‌وبی‌گاه در حرف‌هایی که در نامه‌هایش به زبان می‌آورد، دیده می‌شود. برای مثال، در نظریّهٔ ذرّات بنیادی، آن تقارن‌های درهم‌پیچیده ومتفاوت چارتایی، او را برمی‌انگیزد، که او آن‌ها را به‌طور مستقیم با اعداد مثلّثی فیثاغورسیان مرتبط می‌کند، یا در جایی می‌نویسد: «تقسیم‌به‌دو و کاهش تقارن همان قضیّهٔ اصلی است. تقسیم‌به‌دو صفت بسیار کهن شیطان است (شک هم در اصل به‌معنای تقسیم به دو بوده است).»[۹] به آن نظام‌های فلسفی‌ای هم که پس از تقسیم دکارتی می‌آید، او چندان نزدیکی‌ای ندارد. استفادهٔ کانت از مفهوم «ماتقدّم» را هم به‌صورتی کاملاً خاص نقد می‌کند، زیرا کانت این اصطلاح را در مورد آن صورت‌های شهودی‌ای یا فکری‌ای به‌کار برده است که آن‌ها را ازنظر منطقی می‌توان مشخّص کرد. او به‌صراحت هشدار می‌دهد که «هیچ‌گاه نباید نظرهایی را که صورت‌بندی‌های منطقی آن‌ها را معیّن کرده است تنها پیش‌شرط‌های ممکن خرد انسان دانست.» عناصر ماتقدّم علم را پاؤلی در پیوند نزدیک با نمونه‌های کهن، با نمونه‌های نوعی روان‌شناسی یونگ قرار می‌دهد، که آن‌ها را الزاماً هم نباید غریزی دانست، بلکه عناصری است که هم به‌آرامی تغییر می‌کند و هم در برابر وضع داده‌شده‌ای از شناخت، نسبی است. در اینجا نظر پاؤلی و ک.گ.یونگ با نظر افلاطون فرق پیدا می‌کند. از نظر افلاطون آن نمونه‌های کهن، تغییرناپذیر است و مستقلّ از ذهن انسان وجود دارد. این نمونه‌های کهن نوعی، ولی درهمه‌حال نتایجی یا شواهدی بر نظام کلّی کیهانی‌ای است، که ماده و روح را به‌یک‌صورت دربر می‌گیرد.

باتوجّه به این نظام یک‌پارچهٔ کیهان، که عجالتاً نمی‌توان آن را ازنظر منطقی صورت‌بندی کرد، پاؤلی به آن دیدگاه داروینی هم، که در زیست‌شناسی جدید بسیار اشاعه دارد، به‌دیدهٔ شک می‌نگرد؛ بنا بر این نظر، تکامل گونه‌ها بر روی زمین تنها به‌سبب جهش‌های تصادفی و تأثیرات آنها بر اساس قوانین فیزیک و شیمی پدیدار شده است. در چشم او این گرده، تنگناهای بسیاری دارد و جایی برای روابط کلّی‌تری باقی می‌گذارد که نه در گردهٔ کلّی

---

[۹] همچنین بنگریدبه: نظریّهٔ میدان واحد، صفحهٔ ۲۷۳ در: Werner Heisenberg: Der Teil und das Ganze ورنر هایزنبرگ: جزء و کلّ (یادداشت بر نسخهٔ فارسی).

ساختارهای علّی می‌گنجد و نه با مفهوم «تصادف» آن را می‌توان به‌درستی تشریح کرد. در اینجا هم باز، نزد پاؤلی، با آن کوششی رودررو می‌شویم که رو به آن دارد تا مخمصه‌های فکری معمول را پشت‌سر بگذارد تا از راه‌های تازه‌ای به فهم از ساختار یک‌پارچهٔ جهان نزدیک‌تر شود.

این نکته که پاؤلی در کوشش‌هایش در راه یافتن «یکتا» ناگزیر بود تا پیوسته به مفهوم خدا بپردازد، نیاز به گفتن ندارد، و وقتی هم در نامه‌ای می‌نویسد که «در برابر متکلّمین در آن رابطهٔ نوعی کهن دشمنی میان برادران ایستاده است»، این حرف را هم به‌جدّ گفته است. و درست همان‌قدر که خیلی هم در وضعی نبود تا در چارچوب سنّت ادیان کهن زندگی و فکر کند، همان‌قدر هم ازطرفی دیگر چندان این آمادگی را نداشت تا پای در راه آن الحادی بگذارد که بر خردگرایی‌ای ازسر سادگی استوار بود. نظر پاؤلی را دربارهٔ این پرسش‌های کلّی شاید نتوان بهتر از آن نمایاند که او خود در بند پایانی سخنرانی‌اش دربارهٔ علم و تفکّر غرب بیان کرده است: «بااین‌حال عقیده دارم که برای آن که این خردگرایی مضیق قدرت یقین را از دست داده است، و برای آن که سحرِ نظر مبتنی بر رازورزی – که عالم خارج را باوجود کثرت بیدادگرش توهّم می‌داند – دیگر چندان اثری ندارد، دیگر راهی باقی نمی‌ماند جز آنکه خود را در معرض این تضادهای تند و مناقشهٔ آن‌ها با یکدیگر به این یا آن طریق قرار داد. و درست از این راه است که پژوهنده می‌تواند کم‌وبیش ازسر آگاهی پای در راه رهایی‌ای در درون بگذارد. پس به‌آرامی در دنیای بیرون آن تصاویر درونی‌ای پدیدار می‌شود که یکدیگر را جبران می‌کند، آن خیالاتی یا افکاری پدیدار می‌شود که نزدیکی قطب‌های آن زوج متضاد را ممکن جلوه‌گر می‌کند. و من که از ناکامی همهٔ آن کوشش‌ها در یافتن زودهنگام یکتایی در تاریخ فکر درس گرفته‌ام، جرئت آن را ندارم تا دربارهٔ آینده پیش‌گویی کنم. به‌عکس آن فعّالیّت فکر بشر از سدهٔ هفدهم تاکنون در راه جدانگاه‌داشتن سفت‌وسخت آن بخش‌ها در تقسیم به دو از یکدیگر، برای من تصوّر از هدف آن است تا بر این متضادها چیره شوم، و هم بر آن تألیف جامع آن‌ها با یکدیگر، که هم فهم منطقی از آنِ آن است و هم آن تجربهٔ یکتایی مبتنی بر رازورزی، که اسطورهٔ زمان خود ماست، چه بیان شده باشد، چه نشده باشد.»

٤

یادگارهایی از نیلس بور از سال‌های ۱۹۲۲ تا ۱۹۲۷[۱۰]

اوّلین دیدارم با نیلس بور در تابستان ۱۹۲۲ در شهر گوتینگن بود، چون بور در آن زمان به دعوت دانشکدهٔ ریاضی و علوم سلسله سخنرانی‌هایی در آنجا برگذار می‌کرد که بعدها ما نام «جشنوارهٔ بور» بر آن‌ها نهادیم. استادم زومرفلد من را همراه خود به گوتینگن برد، هرچند در آن زمان بیست‌سال بیشتر نداشتم و دانشجوی نیم‌سال چهارم بودم. زومرفلد همیشه دلش با دانشجویانش بود و احساس می‌کرد که من به بور و نظریّهٔ اتمی‌اش دلبستگی زیاد دارم. از شخص بور وقتی برای اوّلین بار او را دیدم، هنوز چیزهای زیادی را به‌روشنی به یاد دارم. پر از جنب‌وجوش جوانی، شاید هم کمی دست‌پاچه و کم‌رو، سرش کمی متمایل به طرفی، فیزیک‌دان دانمارکی روی کرسی سخنرانی تالار ایستاد؛ در آن روز آفتابی، نوری که از راه پنجره‌هایی که تمام‌قد باز بود، در آن تابستان گوتینگن، یک‌سره در آن می‌تابید. جمله‌هایش گاهی بریده‌بریده بود، صدایش ضعیف می‌شد، امّا در پس آن‌ها حرف‌هایی بود که ازسر دقّت انتخاب شده بود و رشته‌ای دراز از افکاری در آن‌ها نهفته بود که در پس آن‌ها نظری فلسفی بود که برایم شگفت بود.

در پایان دومین یا شاید سومین سخنرانی‌اش از محاسباتی حرف زد که همکار هلندی‌اش کرامرز دربارهٔ اثر میدان الکتریکی اتم هیدروژن انجام داده بود و بور حرفش را با این یادآوری ختم کرد که باوجود همهٔ دشواری‌های نظریّهٔ کنونی اتمی، می‌توان پذیرفت که نتایج کرامرز درست است و تجربه درستی آن‌ها را نشان خواهد داد. کار کرامرز را خیلی خوب می‌شناختم، چون در درس گروهی زومرفلد در مونیخ دربارهٔ محتوای آن کار کرده بودم. درست به‌همین دلیل کمی بعد از گفت‌وگوهایی که پس از سخنرانی آغاز شد، شهامت طرح ایرادی بر او را پیدا کردم. من هم اصلاً فکرش را نمی‌کردم که نتایج کرامرز دقیق باشد، چون مربّع اثر اشتارک را می‌توانستیم چون حدّ مرزی‌ای از پراکندگی نور با طول موج بسیار بلند بدانیم. امّا چون می‌دانستیم که محاسبهٔ پراکندگی اتم هیدروژن با روش‌های

---

۱۰ انتشار اوّلیّه به زبان دانمارکی در: Niels Bohr, hans liv og virke fortalt a fen kreds af venner og medarbejdere. T.J. Schltz Forlag, København 1964.

معمول فیزیک کلاسیک به نتایج نادرستی می‌انجامد و اثر تشدیدی خاص آن به همراه بسامد مداری الکترون و نه با بسامد تابشی اتم هیدروژن پدیدار می‌ شود، پس محاسبهٔ کرامرز هم اصلاً نمی‌توانست به نتایج درستی بینجامد. بور در ابتدا جواب داد که در اینجا باید اثر پس‌کنشی تابش بر روی اتم را کاملاً درنظر داشت، امّا درعین‌حال این اعتراض، او را به‌ظاهر کمی ناراحت کرد. پس از ختم جلسهٔ بحث، بور رو به من کرد و پیشنهاد کرد که با هم به گردشی دونفره به هاین‌برگ گوتینگن برویم. من طبیعتاً با علاقه آمادگی این کار را داشتم. این گفت‌وگو، که ما را هم این‌ور و آن‌ور به بلندی‌های جنگلی هاین‌برگ کشاند، تاجایی‌که به یاد دارم، اوّلین گفت‌وگوی مفصّل ما دربارهٔ مسائل بنیادی فلسفه و فیزیک در نظریّهٔ اتمی بود، و به‌یقین تأثیری عمیق بر زندگی من در سال‌های پیش رو بر جا گذاشت. برای نخستین‌بار هم متوجّه شدم که بور به نظریّهٔ خود با شکّ بیشتری می‌نگرد تا بسیاری دیگر از فیزیک‌دانان آن زمان، مثلاً زومرفلد، و شناخت او از کلّ بر تحلیلی ریاضی از فرض‌هایی که در بنیان آن است، سرچشمه نمی‌گیرد، بلکه از کار فشرده با رویدادهایی نشئت می‌گیرد که به او این امکان را می‌داد تا به روابط کلّی از راه علمی حضوری دست یابد و نه از راه استنتاج. در گام اوّل برای او شناخت از طبیعت حاصل می‌شود. در گام دوم توفیق می‌یابیم آنچه را شناخته‌ایم به زبان ریاضی بیان کنیم و به تحلیل کامل منطقی آن دست یابیم. بور در اصل فیلسوف بود و نه فیزیک‌دان؛ امّا این را هم می‌دانست که در زمان ما، فلسفهٔ طبیعی آن‌گاه توانمند است، که از همهٔ معیارهای درستی آزمون، در همهٔ جزئیّاتش ناگزیر اطاعت کند.

بور از من دعوت کرد تا سال بعد چند هفته‌ای به کپنهاگ بیایم، و شاید بعدها با دریافت کمک‌هزینهٔ تحصیلی زمان طولانی‌تری در آنجا کار کنم. این‌طور شد که برایم زمان همکاری دوستانه‌ای آغاز شد که سرشار از آموزندگی بود؛ و یاربودن بخت با من هم سبب شد تا این همکاری زمانی آغاز شود که فهم دشواری‌های نظریّهٔ کوانتومی بیش‌ازپیش سخت‌تر، و تضادهای درونی آن تحمّل‌ناپذیرتر می‌شد و به بحرانی دامن می‌زد که از راه سلسله اکتشافاتی شگفت چند سال بعد به حلّ اصولی مسئله انجامید.

تاآنجاکه یادم می‌آید، در ایّام تعطیلات عید پاک سال ۱۹۲۴ راهی کپنهاگ شدم. ورودم به مؤسّسه و به جمع مردان جوانی که در آن زمان دور بور بودند، خیلی زود و پس از چند روزی سبب نومیدی عمیقی در من شد. این فیزیک‌دانان جوان که هرکدام از گوشه‌ای از

دنیا آنجا آمده بودند، بسیار برتر از من بودند. بسیاری از آن‌ها چند زبان خارجی می‌دانستند، درحالی‌که من حتّی در یک زبان هم به‌درستی توان بیان نداشتم. دنیادیده بودند، فرهنگ‌های مختلف، و ادبیّات بسیاری از ملّت‌ها را می‌شناختند، با مهارت ساز می‌زدند، و به‌خصوص از فیزیک اتمی جدید بیشتر از من می‌دانستند. این فکر که بتوانم جایی برای خودم در این جمع بیابم، به نظرم ناامیدکننده می‌آمد. با‌همه‌احوال کم‌کم موازین دوستی با آن‌ها برقرار شد. اوّلین بحث با کرامرز، اهل هلند، اوری از آمریکا، و روسلند اهل نروژ را خوب به یاد دارم. به نظر می‌رسید آن‌ها بور را خوب می‌شناختند، برایش احترام زیادی قائل بودند، و سرشار از خوش‌بینی در به‌ثمررسیدن نظریّهٔ اتمی بور بودند.

بیشترین دستاورد آن هفته‌ها مسلّماً گفت‌وگوهایم با شخص بور بود و چون ادارهٔ مؤسّسه در آن زمان بار سنگینی برای او بود، پیشنهاد کرد در اطراف نوردسیه‌لند به پیاده‌روی چندروزه‌ای برویم؛ وقت هم خواهیم داشت، تا بتوانیم دربارهٔ همهٔ مسائل فیزیکی دونفره گفت‌وگو کنیم. بور درحقیقت از این لشاد بود که می‌توانست آن سرزمینی را به من نشان بدهد که خود با آن انس داشت، یعنی قصر کرون‌بورگ هملت را، در خروجی شمالی زوند میان دانمارک و سوئد، بنای هنری دوران نوزایی را، همان قصر آب فردریک‌بورگ در هیله‌روت را، کمی دورتر به سمت شمال، جنگل وسیع را، در کنار دریاچهٔ ارزوم را، و روستاهای ساحلی از کته‌گات فون لیله‌یه‌یه تا تیسویلدل‌یه‌یه. در کنار تیسویلدل‌یه‌یه بور خانهٔ وسیع خانوادگی برای ایّام تعطیلات داشت. در راه، بور قصّه‌های زیادی از آن مکان‌ها و قصرهایش برایم تعریف کرد، از رابطهٔ گذشته‌های دور با حماسه‌های ایسلندی که با آن‌ها خوب آشنا بود؛ و این‌طور شد که در کمتر از چند روز چیزهای زیادی از او دربارهٔ اسکاندیناوی یاد گرفتم که بیشتر از همهٔ دوران مدرسه‌ام بود. یاد گرفتم چگونه آن سرزمین نیک‌بخت و آرام را دوست داشته باشم، که از مصیبت‌های بزرگ سدهٔ ما تاحدّی در امان مانده بود، و من به‌عکس ناگزیر بودم از آن چیزهایی حرف بزنم که در کشور من در زمانی که به مدرسه می‌رفتم روی داده بود، یعنی از جنگ، انقلاب، گرسنگی و پریشان‌حالی. حرف‌های ما به حوزه‌های دیگری جز فیزیک و علم هم کشیده می‌شد، و من هم خوشحال بودم که بور برای همهٔ سبک‌سری‌های جوانی، گوشی شنوا داشت. کنار ساحل کارمان به شرط‌بندی می‌کشید، تا سنگی را هرچه دورتر به دریا بیندازیم یا میله‌های شناور روی آب را نشانه بگیریم. بور برایم تعریف کرد که روزی به همراه کرامرز مینی از زمان جنگ پیدا

کرده بودند و کارشان هم به شرطبندی کشیده بود تا به چاشنی مین نشانه‌روی کنند. پس از اینکه تیرشان چندبار خطا رفته بود، متوجّه می‌شوند که بخت با آن‌ها یار بوده، چون هرگز به فکرشان خطور نکرده بود که اگر مین منفجر می‌شد، اوّلین کارش این بود تا به زندگی هردوی آن‌ها پایان دهد، و به همین‌سبب هم دنبال هدف دیگری می روند. تمایل بور به تعمیم‌های فلسفی حتّی در بازی‌های ساده هم بروز پیدا می‌کرد. یک‌بار که در جادّه‌ای خلوت تیر تلفنی را در آن دوردست‌ها نشانه گرفته بودم و به‌عکس هر احتمالی، سنگم به تیر تلفن خورد، بور گفت: «نشانه‌روی به شیئی که این‌قدر از ما دور است و توفیق در این کار، مسلّماً غیرممکن است. امّا اگر آن‌قدر گستاخ باشیم که بی‌آنکه نشانه‌روی کرده باشیم، سنگی را در آن جهت پرتاب کنیم و پیش خودمان این‌طور به‌عبث تصوّر کرده باشیم که به هدف می‌خورد، بله، بازهم ممکن است که چنین چیزی اتّفاق بیفتد. تصوّر از اینکه چیزی ممکن است اتّفاق بیفتد، از تمرین و خواستهٔ ما قوی‌تر است.»

باری، حرف از دشواری‌های فیزیک اتمی هم البتّه زیاد به میان می‌آمد. تحلیل بور، این دشواری‌ها را بر من کاملاً آشکار می‌کرد و بحث‌هایمان شاید آن شکّ همیشگی موجود دربارهٔ وضع نظریّهٔ اتمی آن زمان را تقویت می‌کرد. از اینکه راه‌حلّی بر آن یافته باشیم، هنوز بسیار دور بودیم، و کشفیّات مهمی مثل اثر کامپتون که ازقضا در همان سال اعلام شده بود، بیشتر بر آن دشواری‌ها و ابهام‌ها می‌افزود. وقتی از گردش به کپنهاگ برگشتیم، احساسم این بود که از بور چیزهای زیادی بیشتر از گذشته دربارهٔ روح نظریّهٔ اتمی‌ای که در آینده باید حرف از آن باشد، یاد گرفته بودم. شاید این‌طور باشد، گویی ابرهای تیره‌ای که ما را احاطه کرده بود، کمی روشن‌تر می‌شد، به‌طوری‌که می‌توانستیم در حوالی آن کوه‌هایی را بشناسیم که قرار بود بعدها از آن‌ها بالا برویم تا از آنجا به ارتباط رویدادها با یکدیگر بر اساس نظریّهٔ اتمی پی ببریم.

در نیم‌سال تابستانی ۱۹۲۳ رسالهٔ دکتری‌ام را در مونیخ نوشتم که موضوعش کاملاً متعلّق به حوزهٔ دیگری از فیزیک، یعنی هیدرودینامیک بود. من سیر رشد فیزیک اتمی را دورادور دنبال می‌کردم. در پاییز همان سال دستیار بورن در دانشگاه گوتینگن شدم و در همان جا به جمعی پیوستم که به بحث‌هایی در مسائل فیزیک اتمی می‌پرداختند. درست در نیم‌سال زمستانی ۱۹۲۴/۲۵ بود که به توصیهٔ بور، بورسیهٔ بنیاد راک‌فلر شدم و دوباره به مؤسّسهٔ بلای‌دامس‌سوای در کپنهاگ نقل مکان کردم. از همان روز اوّل همکاری علمی میان بور،

همکار دیگرش کرامرز، و من آغاز شد، و گفت‌وگوهایی دونفره یا گاهی سه‌نفرهٔ ما خیلی زود کاری منظّم شد و برای من مهم‌ترین دستاورد روزانه بود که از شرکت در درس‌های گروهی و رسمی اهمیّتی بیشتر داشت.

بحث‌های ما در آن زمان بر نظریّهٔ پاشندگی، یعنی بر پراکندگی نور بر اتم، متمرکز بود که ازقضا کرامرز کار بسیار مهمّی دربارهٔ آن منتشر کرده بود. تأمّلات کرامرز باید به مورد مشهور اثر رامان (پراکندگی ذیل تغییر رنگ) تعمیم داده می‌شد، و آشکارا موضوعش این بود تا فرمول‌های ریاضی درست را با استفاده از روش قیاس حدس بزنند، امّا استنتاج نکند، زیرا اساس محاسبه در آن زمان هنوز پیدا نشده بود. من و کرامرز در آغاز نظر کاملاً واحدی نداشتیم، و برای برخی از موارد خاص صورتبندی‌های متفاوتی را درنظر می‌گرفتیم. بسیار برایم آموزنده بود که می‌دیدم چگونه بور دائم می‌کوشید تا با استفاده از تفسیر فیزیکی این فرمول‌ها، که حتّی به جزئیّات می‌پرداخت، پیش برود، و به حکمی دست پیدا کند، درحالی‌که برای من دلپذیرتر بود تا دیدگاه‌های رسمی ریاضی را، به معنایی، مثلاً با استفاده از معیارهای زیبایی‌شناختی، برای رسیدن به تصمیمی به کار بگیرم. از خوشبختی ما هم یکی این بود که در پایان کار هر دو نوع معیار به جواب یکسانی رسید، و من هم سعی می‌کردم در بور این یقین را ایجاد کنم که اگر نظریّه ساده و شفّاف باشد، باید هم نتیجه همین‌طور باشد. امّا متوجّه این نکته هم شدم که شفّافیّت ریاضی برای بور ارزش مسلّمی نداشت. بور از این بیم داشت که ساختار رسمی ریاضی، هستهٔ فیزیکی مسئله را بپوشاند، ولی به این نکته درهمه‌احوال عقیده داشت که تبیین فیزیکی تام باید مقدّم بر صورتبندی ریاضی باشد. شاید من در آن زمان به میزانی بیشتر از بور آمادگی داشتم تا از تصاویر عینی دل ببرم و گامی در جهت انتزاع ریاضی بردارم. بااین‌حال حسّ می‌کردم که در فرمول‌هایی که با کرامرز درست کرده بودیم ریاضیاتی دست‌اندرکار است که هرچند تاحدودی از تصوّرات فیزیکی دور است، امّا به‌خودی‌خود کار می‌کند. از این ریاضیات برای من نیرویی جادویی بر می‌خاست، و من هم مجذوب این تصوّر بودم که شاید در اینجا اوّلین سرنخ‌های شبکه‌ای گسترده از روابط بنیادین آشکار شده باشد.

درست به‌همین اندازه از نتیجهٔ بحثی که با بور و کرامرز انجام داده بودم و به قطبش نور فلوئورسانی مربوط می‌شد احساس دلگرمی می‌کردم. بور دربارهٔ آزمایش‌هایی که در مؤسّسهٔ فرانک انجام داده بودیم تذکار کوچکی داده بود؛ باوجوداین، من با نادیده‌گرفتن تصاویر

روشن، دیدگاه رسمی خودم را به مسئلهٔ بور اعمال کرده، و با این کار به نتایج کمّی‌ای رسیده بودم که اندکی از کار بور فراتر می‌رفت. با این کار، بور و کرامرز را عجالتاً از درستی فرمولم راضی کرده بودم. همینکه پس از صرف صبحانه دوباره به اتاق بور رفتم، متوجّه شدم که کرامرز و بور به توافق رسیده‌اند که فرمول من نادرست است و هردو سعی کردند دیدگاهشان را برایم روشن کنند. اینجا بود که بحث چندساعته و آتشین، شاید پرشور، در گرفت که تاجایی‌که به یاد دارم برای اوّلین بار در آن خواستهٔ «راه‌حلّی بر اساس تصاویر عینی» با همهٔ حدّت و شدّت به زبان می‌آمد و چون خطّ فکری‌ای برای کارهای آینده اعلام می‌شد. طرز فکر بور در تاریخ فیزیک، که شاید بیشتر به فارادی یا گیبس می‌مانست، همین اندازه بس بود تا اصل مسئله را تمام‌وکمال روشن کنیم. بور امّا از قدم‌گذاشتن در راه انتزاع ریاضی دودل بود، هرچند گامی نبود که حرفش را نقض کند. سرانجام دربارهٔ درستی صورتبندی توافق کردیم، و من هم احساس می‌کردم که به نظریّهٔ اتمی که در آینده مطرح خواهد شد، به گام بزرگی نزدیک‌تر شده‌ایم.

بور طبیعتاً در بسیاری از دیگر کارهای اعضای مؤسّسه مشارکت داشت، و چون همیشه هم خیلی دقیق بود، اشتغالش وقت زیادی از او می‌گرفت به‌طوری‌که غالباً کارهای شخصی خودش و امور اداری مؤسّسه دست‌وپای او را می‌بست. درست به همین دلیل بیشتر وقت‌ها خود را در تنگنا می‌دید، و دیگر برایش دشوار بود تا افکار خودش را کتبی صورتبندی کند. وقتی چنین چیزی پیش می‌آمد، عموماً طرح اوّلیّه را برایم قرائت می‌کرد و من هم دقّتش را تحسین می‌کردم که به هر کلمه‌ای چندین بار فکر می‌کرد تا آن را جای‌گزین کند

در زندگی علمی بور، خانهٔ ییلاقی‌اش در تیس‌ویلد، برای پذیرایی از مهمان، اهمیّت زیادی داشت. بسیاری از اوقات اجازه می‌یافتم تا همراه خانوادهٔ بور به آنجا بروم. به گردش در جنگل و کنار ساحل می‌رفتیم، از تماشای دریای شمال ار بالای تپّه‌های شنی‌ای که پوشیده از درخت بود، و یک‌سره آن دریای آبی‌روش را می‌دید، لذّت می‌بردیم؛ کشتی‌های بادبانی، که ازقضا کمی هم ازمدافتاده بود، هنوز بار جابه‌جا می‌کرد، و ما هم گاهی در دریا مسافت‌های نسبتاً طولانی را شنا می‌کردیم. یک‌بار بور شناکنان تا آن دوردست‌ها رفت، و وقتی هم که دنبالش می‌گشتم درحالی‌که خیلی ترسیده بودم، متوجّه شدم که موجی خودبه‌خود ما را از ساحل دور می‌کند. بور با آنکه با زحمت زیاد سعی می‌کرد خود را به ساحل نزدیک کند، نتوانست خود را به آنجا برساند و کاملاً خسته شده بود. لحظاتی

پراضطراب را سپری کردم، چون در آنجا کسی جز ما نبود و من هم دیگر نمی‌دانستم چه باید بکنم. ازسر خوش‌اقبالی، موج ما را نزدیک کپه‌شنی رساند که ما هم سرانجام خود را به آن رساندیم و بور مدّت زیادی روی آن استراحت کرد. از آن کپه‌شن تا ساحل هرچند راه زیادی بود، امّا پس از استراحت توانستیم هرچه سریع‌تر خود را بدون دشواری به ساحل نزدیک کنیم و سرانجام خود را به آنجا برسانیم. بور و خانواده‌اش اسب کوچکی و گاری‌ای هم داشتند؛ و چون من هم با بچه‌های بور خوب آشنا شده بودم، برایم افتخار بزرگی بود که روزی به من اجازه دادند با یکی از بچه‌ها تنها در جنگل گاری‌سواری کنیم. گاهی هم مهمان‌هایی از کپنهاگ یا از خارج به تیس‌ویلد می‌آمدند و به گفت‌وگوهای علمی ما سرزندگی می‌دادند، که ما را به سبب تأمّلات شخصی خودمان دربارهٔ دشواری‌های نظریّهٔ اتمی، یا اخباری که از نتایج تجربی به دستمان می‌رسید، بسیار نگران می‌کرد.

در نیم‌سال تابستانی ۱۹۲۵ تدریسم را در گوتینگن از سر گرفتم؛ به‌علاوه، بر روی طرح اولّیهٔ مکانیک کوانتومی، در آن چند روزی هم که به مرخصّی استعلاجی در ماه ژوئن به جزیرهٔ هل‌گولند رفته بودم، کار می‌کردم، که در چشمم تاحدودی چکیدهٔ گفت‌وگوهای ما در کپنهاگ، یعنی صورتبندی ریاضی «اصل تناظر بور» بود. امیدم این بود تا با برآورد ریاضی تازه‌ای، که در چشم خودم هم بسیار غریب می‌آمد، راهی به آن روابط شگفتی بیابم که گاهی هم در گفت‌وگوهای اولّیه‌ام با بور و کرامرز آشکارا دیده می‌شد. پس از دیداری از هلند و انگلستان و تعطیلات تابستانی‌ای که در پی آن می‌آمد، دوباره چندهفته‌ای به کپنهاگ رفتم تا با بور دربارهٔ وضع جدید گفت‌وگو کنم. بور دلبستگی زیادی از خود نشان می‌داد، و دیگر از روی‌گردانی افراطی من از تصاویر روشن اعتراضی به زبان نمی‌آورد. اینکه برآوردهای ریاضی من به نظریّهٔ کاملی بینجامد، در آن زمان حتّی برای خودم هم قطعیّت نداشت. خوب به یاد دارم توقّفی کوتاه در خانهٔ روستایی بور در آن هفته‌ها را که در آنجا غیر از من، سه ریاضی‌دان دیگر هم آمده بودند: هارالد بور، هاردی از کمبریج، و بسی‌کوویچ از روسیّه. به‌هم‌ریختگی‌های سیاسی در روسیّه بسی‌کوویچ را ناچار به ترک آنجا کرده بود؛ امیدش هم این بود تا در انگلستان کار تازه‌ای پیدا کند. گفت‌وگوها خیلی زود به سیر تازهٔ نظریّهٔ اتمی کشید و هرسه ریاضی‌دان، به‌شیوه‌ای که هیجان زیادی در من بر می‌انگیخت، دربارهٔ ماهیّت آن روابط ریاضی بحث کردند که در پس برآورد من پنهان بود. با تأسّف باید بگویم که چیز زیادی از ریاضیّات نمی‌دانستم تا بتوانم به‌واقع

حرف‌های آن‌ها را دنبال کنم. ته دلم این‌طور احساس می‌کردم که قسمت‌هایی از شبکه‌ای بزرگ از روابطی جامع درحال پدیدارشدن است. نزدیک غروب جلوی خانه یک‌دست بوچیای دوقسمتی بازی کردیم، و ازآنجایی‌که هارالد بور و هاردی هردو ورزشکارانی علاقه‌مند بودند، پیکار میان هردو طرف نفس‌گیر بود. فقط بسی‌کوویچ که چندان اهل ورزش نبود، کم‌توفیق بود. بازی امّا به‌طرزی غیرمعمول تمام شد. طرف نیلس بور چند امتیاز کم داشت، ولی پرتاب آخر با او بود. بسی‌کوویچ این کار را کرد. او که پیش خودش وضع را ناامیدکننده می‌دید، توپ را از بالای شانه‌اش به پشت سر در میدان بازی زد. به‌عکس انتظارش توپ به جای درست خورد و در میان شادی همه، بازی به نفع او تمام شد. من هم به یاد حرف بور در جادّه گیلل‌یه افتادم، بی‌آنکه بخواهم چندان هم فلسفه‌بافی کنم. در راه برگشت با قطار به کپنهاگ، هاردی «به‌عنوان تمرین» مسئله‌ای ریاضی پیشنهاد داد که نظریّهٔ بازی‌ای چینی بود که به‌درستی روی آن کار شده بود. من هم داشتم سعی می‌کردم با زحمت زیاد آن را حلّ کنم، که ناگهان هارالد بور سرزنش‌کنان رو به هاردی کرد و گفت: «تو نباید از توان ریاضی این مرد جوان برای حلّ چنین بازی‌هایی سوءاستفاده کنی.» درست در همین زمان هم قسمتی از نظریّه را پیدا کرده بودم و آن را برای هاردی نقل می‌کردم. هاردی رو به من کرد و خیلی خشک گفت: «بله، بله، این نظریّهٔ اتمی دست‌کم درمورد اتم هیدروژن درست است.»

در نیم‌سال تابستانی ۱۹۲۵/۲۶ بازهم در گوتینگن درس داشتم. به‌علاوه با بورن و یوردان بر روی بیان ریاضی مکانیک کوانتومی کار می‌کردم. بورن و یوردان به پیشرفت‌های چشمگیری در تحلیل ریاضی مکانیک تازه رسیده بودند، و مستقلّ از ما دیراک هم در کمبریج به این مسئله پرداخته بود و در کلیّات به همان نتایج رسیده بود که بورن و یوردان. و این کار هم سبب شد که همهٔ نیم‌سال زمستانی یک‌سره به کار مشغول باشیم، تا اکتشاف تازه را مهار کنیم و راه را هموار. و چون کرامرز هم دراین‌میان کرسی استادی در کشورش هلند را پذیرفته بود، بور به من سمت مدّرسی فیزیک نظری در دانشگاه کپنهاگ را پیشنهاد کرد، که پیشتر آن سمت را کرامرز داشت. این‌طور شد که دوباره از عید پاک ۱۹۲۶در کپنهاگ کار تمام‌وقت داشتم؛ گفت‌وگوهای روزانه‌ام با بور درست مثل سابق مهم‌ترین بخش زندگی علمی‌ام بود. نظریّهٔ اتمی حالا در جاهای مختلف در جنب‌وجوش بود. افکاری که دوبروی در سال ۱۹۲۴ دربارهٔ تصوّر از دوگانگی موج و ذرّه بیان کرده بود، حالا در

دست شرودینگر بود که مکانیک موجی‌اش را پیش می‌برد. اوّلین کارهای شرودینگر هم در همین زمان (عید پاک ۱۹۲۶) منتشر شد. امّا اینجا و آنجا هم می‌شنیدیم که گویا شرودینگر توانسته معادل ریاضی مکانیک موجی‌اش را با مکانیک کوانتومی، که به‌تازگی پیدا شده، اثبات کند. این پیشرفت‌ها حالا در مرکز بحث‌های ما در کپنهاگ بود. مطالعات شرودینگر به دو دلیل برای بور بسیار اهمیّت داشت: ازطرفی اعتماد به درستی گرتهٔ ریاضی را بیشتر می‌کرد، که به‌حق آن را مکانیک کوانتومی یا مکانیک موجی می‌توانستیم بنامیم؛ ازطرف دیگر این مطالعات این پرسش را مطرح می‌کرد که آیا نباید برای تفسیر این گرته، راه‌های کاملاً تازه‌ای را بیازماییم که پیشتر در جمع ما در کپنهاگ به آن‌ها فکر نکرده بودیم؟ بور به‌فوریّت به این نکته آگاه شد که در همین جا باید به تصمیمی دربارهٔ مسائل بنیادینی رسید که خودش از سال ۱۹۱۳ با آن‌ها یک‌سره در کشمکش بود. به‌همین سبب بور همهٔ فکرش را متمرکز کرد تا دلایلی که او را به مفاهیمی مانند حالت مانا، پرش کوانتومی و چیزهای دیگر رسانده بود، در پرتو شناختی که به‌تازگی به دست آمده بود، دوباره از اوّل نقد و بررسی کند. حالا تفسیر مکانیک کوانتومی موضوع مهم گفت‌وگوی ما بود. حقیقت این است که من در همان زمان هم حاضر نبودم برای نظریّهٔ شرودینگر تأثیری بر نظریّهٔ کوانتومی قائل باشم. من فقط به آن چون ابزار بسیار سودمندی می‌نگریستم که مسائل ریاضی مکانیک کوانتومی را می‌توانیم با آن حلّ کنیم، همین و بس. به نظر می‌رسید که بور به این کار تمایل داشت تا دوگانگی میان موج و ذرّه را پیش‌شرط بنیادین این نظریّه بداند.

نتیجهٔ این موضع اصولی این بود که عجالتاً کوششم را بر کاربرد عملی مکانیک کوانتومی بر طیف هلیوم صرف کنم. اندازه‌گیری‌های درستی که فوستر از اثر اشتارک طیف هلیوم به دست آورده بود، اهمیّت زیادی در این کار داشت. فوستر از کانادا برای چندوقتی به کپنهاگ آمده بود تا اندازه‌گیری‌هایش را با نظریّهٔ تازه مقایسه کند. بحث‌های ما بیشتر در خانهٔ روستایی خانم مار در آلس‌گارده در هلسینگ‌ار صورت می‌گرفت که بالای صخره‌های نوردزیه‌لند واقع شده بود. از روی نیمکت‌های باغچه، میان کرت‌های گل رز، در آن‌سوی سوند، که از آنجا غالباً دنبال کوه‌ها در ساحل سوئد می‌گشتیم، کار بر روی بزرگ‌ترکردن عکس‌های طیفی فوستر انجام می‌شد و خطوط عکس‌ها را با نتایج حاصل از نظریّهٔ مقایسه می‌کردیم. مطابقت کامل وجود داشت و ما هم خوشحال بودیم که می‌دیدیم جزئیّاتی از

آن فرمول‌های مکانیک کوانتومی عاید می‌شود که هم پیچیده‌ترین بود و هم به‌ظاهر گیج‌کننده‌ترین. حتّی بور هم ابراز خوشحالی می‌کرد که یک‌بار دیگر، درست مثل مورد ده‌سال پیش اتم هیدروژن، اثر اشتارک بهترین تصدیقی بود که نشان می‌داد در راه درست فهم از اتم بودیم. گاهی اوقات هم با بور دربارهٔ نظریّهٔ عمومی طیف هلیوم بحث می‌کردیم که من حالا با استفاده از از روش شرودینگر و روش گوتینگن از عهدهٔ آن برآمده بودم. هردوی ما ازته‌دل خوشحال بودیم، وجود هردو طیف ارتوهلیوم و پارهلیوم را از اصول اساسی نتیجه‌گیری کرده بودیم، و ربط‌دادن این امر واقع با «اصل پاؤلی» راه را برای ما بر فهم قطعی نظام تناوبی عناصر می‌گشود. در ماه ژوئن با همان کار نیمه‌تمام به نروژ رفتم، هشت‌روزی در لیله‌هامر در کنار میوزازه ماندم تا آن دست‌نویس را کامل کنم، و به تنهایی و پیاده از گودبراندزال از راه گبیرگ‌ولت در جوتن‌هایم در کنار زوگنه‌فیوت راه افتادم و با کشتی و قطار دوباره به کپنهاگ برگشتم. بور با کار من موافق بود و به همین سبب اندکی بعد آن را به مطبعه سپرد.

در ماه ژوئیّه به دیدار پدر و مادرم در مونیخ رفتم، و در همین فرصت هم به شنیدن سخنرانی‌ای رفتم که شرودینگر در مقابل فیزیک‌دانان مونیخ دربارهٔ کارش در مکانیک موجی برگذار می‌کرد. برای اوّلین بار هم آنجا بود که تفسیری را که شرودینگر از گرتهٔ ریاضی مکانیک موجی‌اش ارائه می‌داد شنیدم و کاملاً از این ابهام در مفهوم دچار سرگردانی شدم، که حالا به نظرم راه در نظریّهٔ اتمی پیدا کرده بود. هرچند کوشیدم در آن بحث مفاهیم را دوباره سر جای خودشان بگذارم، با تأسّف توفیقی نیافتم. دلایل من مبنی بر اینکه با تفسیر شرودینگر حتّی دیگر نمی‌توان قانون تابش پلانک را فهم کرد، گوش شنوایی نزد هیچ‌کس نیافت، و ویلهم وین، که فیزیک‌دانی تجربی از دانشگاه مونیخ بود، ازسر عصبانیّت جواب داد که دیگر دوران پرش‌های کوانتومی و همهٔ آن رازورزی‌های اتمی به سر آمده است، و دشواری‌هایی که من از آن‌ها حرف به میان آوردم با کار شرودینگر در چشم‌به‌هم‌زدنی حلّ می‌شود! نمی‌دانم که آیا در همان زمان بور را با نامه از وقایع گوتینگن مطّلع کردم یا نه؟ این را به یاد ندارم. درهرحال کمی پس از این سخنرانی، بور شرودینگر را به کپنهاگ دعوت کرد و از او درخواست کرد تا نه فقط دربارهٔ مکانیک موجی‌اش سخنرانی کند، بلکه کمی بیشتر هم در کپنهاگ بماند تا وقت کافی برای بحث دربارهٔ تفسیر نظریّهٔ کوانتومی باشد.

این بحث‌ها، تاجایی‌که یادم می‌آید در ماه سپتامبر ۱۹۲۶ در کپنهاگ برگذار شد، و بیشترین تأثیر را، به‌خصوص از شخص بور، بر من به‌جا گذاشت. بور هرچند آدمی بود که ملاحظهٔ دیگران را می‌کرد و کمک‌حال آن‌ها بود، در چنین بحث‌هایی که به مهم‌ترین مسائل شناخت مربوط می‌شد، در چشمم کسی را می‌آمد که با غیرتی افراطی و شاید با سرسختی‌ای ترسناک در همهٔ دلایل در پی نهایت وضوح بود. اصلاً میدان را خالی نمی‌کرد، حتّی اگر ساعت‌ها کشمکش ادامه پیدا می‌کرد، و آن‌قدر پافشاری می‌کرد تا سرانجام شرودینگر ناگزیر می‌شد بپذیرد که تفسیرش تکافو نمی‌کند تا حتّی قانون پلانک را تبیین کند. هر کوششی که شرودینگر می‌کرد تا از تبعات تلخ استدلالش بگریزد، در گفت‌وگوهایی که ازسر حوصله نقطه‌به‌نقطه دنبال می‌شد، درهم شکسته می‌شد. شاید در پی همین تلاش‌های بیش از اندازه بود، که شرودینگر پس از چند روز بیمار شد و به مهمانی می‌مانست که در خانهٔ بور ناچار بود در رختخواب بماند. امّا همین‌جا هم بور از تختخواب شرودینگر دور نمی‌شد و مرتّب این جمله را به زبان می‌آورد: «بله، بله، شما، شرودینگر، ناچارید قبول کنید که ...» یک بار شرودینگر شاید ازسر ناامیدی فریاد زد: «ای کاش اصلاً این جهش کوانتومی لعنتی پیش نمی‌آمد، پشیمانم که زمانی سراغ نظریّهٔ اتمی رفتم!» بور در جواب گفت: «امّا ما و دیگران از شما خیلی ممنونیم، که این کار را کردید و با انجام آن نظریّهٔ اتمی را به‌قطع یک قدم جلوتر بردید.» شرودینگر سرانجام ازسر نومیدی کپنهاگ را ترک کرد، درحالی‌که ما در مؤسّسهٔ بور احساسمان این بود که تفسیر شرودینگر از نظریّهٔ کوانتومی، که شاید کمی هم از روی نظریّهٔ کلاسیک درست شده بود، حالا دیگر نقض شده و هنوز برای فهم کامل نظریّهٔ کوانتومی نظرهای مهمّی را کم داریم.

گفت‌وگوهای بور با همکاران کپنهاگی‌اش ازاین‌به‌بعد بیشتر متمرکز براین پرسش اصلی نظریّهٔ کوانتومی بود، که چگونه فرمالیسم ریاضی آن را به رویدادهای تجربی منفرد اعمال کنیم و چگونه تناقضاتی را،که پیشتر حرف از آن‌ها بود، برای مثال ابهام‌های ظاهری میان تصوّر موجی و تصوّر ذرّه‌ای را، می‌توان تبیین کرد. باز به تجربه‌های فکری‌ای دست می‌زدیم تا تضّادهای ظاهری را به‌خصوص نمایان‌تر کنیم، و ما هم می‌کوشیدیم حدس بزنیم طبیعت در چنین تجربه‌ای چه پاسخ احتمالی خواهد داد. درست به‌این دلیل من و بور جهات مختلفی را بر می‌گزیدیم. بور دوسال پیشتر در کاری که با همکاری کرامرز و اسلیتر تدوین کرده بود، کوشیده بود تا دوگانگی تصوّر موجی و تصوّر ذرّه‌ای را، نقطهٔ آغازین

تفسیر نظریهٔ کوانتومی قرار بدهد. امواج در آنجا با همان میدان احتمال تفسیر می‌شد. امّا در همان‌جا هم ناگزیر بودیم تا اصل پایستگی انرژی دربارهٔ فرایندی منفرد را کنار بگذاریم. امّا دراین‌میان بوته و گایگر اعتبار اصل انرژی را حتّی درمورد فرایندهای منفرد اثبات کرده بودند. بااین‌حال بور به‌درستی احساس می‌کرد که این دوگانگی ظاهری را باید چون پدیده‌ای اصلی بداند که برایش چون نقطهٔ آغازین طبیعی در تفسیر بود. من به‌عکس، همهٔ اطمینانم به فرمالیسم ریاضی‌ای بود که به تازگی به آن دست پیدا کرده بودیم. امّا ازآنجایی‌که فرض‌های بنیادین مکانیک کوانتومی برای برخی از کمیّت‌ها، تفسیر فیزیکی آن‌ها را پیشتر مشخّص کرده بود، گمان می‌کردم که با سیر روبه‌جلو و منطقی این ارزیابی‌ها ناگزیر به تفسیر عمومی درستی می‌رسیم که دیگر نیازی ندارد تا از دیگر تصوّرات عینی چیزی به عاریت بگیرد. با این تفاوت در دیدگاه، مسائل بحث‌برانگیز ازهمه‌سو روشن و بررسی شد، امّا آن تناقضات ظاهری تن به دررفتن از میدان نمی‌داد.

در آن زمان من در اتاق زیرشیروانی مؤسّسه در بلای‌دامس‌سوای زندگی می‌کردم؛ بور بیشتر وقت‌ها شب‌ها دیروقت به اتاقم می‌آمد، تا با من دربارهٔ دشواری‌های نظریّهٔ اتمی صحبت کند که هردوی ما را آزار می‌داد. ازسویی احساس می‌کردیم که راه‌حلّ مسئله در یک‌قدمی ماست، چون آشکارا تشریح ریاضی بی‌ابهامی از آن در اختیار داشتیم، ازسویی دیگر هنوز برایمان روشن نبود چگونه می‌توانستیم ساده‌ترین وضعیّتی تجربی را، برای نمونه مسیر الکترون در اتاقک ابر را، به زبان ریاضی کنیم. با آنچه از مکانیک کوانتومی می‌دانستیم، می‌توانستیم چنین آغاز کنیم که این مسیر الکترونی اصلاً وجود ندارد، و در مکانیک موجی هم جایی برای فهم این نکته نبود که چرا رویداد موجی‌ای که در نقطه‌ای متمرکز باشد، برای مثال بسته‌ای موجی، پس از زمان کوتاهی دوباره ازهم می‌پاشد.

در همین زمان، دیراک و یوردان به کار پیش‌برد نظریّهٔ تبدیلات خود مشغول بودند، به‌طوری‌که بورن و یوردان در مطالعات اولّیه‌اشان مقدّمتاً کارهای مهمّی انجام داده بودند. تکمیل این گرتهٔ ریاضی تأییدی بر نظر ما بود که بر صورت رسمی نظریّهٔ کوانتومی دیگر جایی برای تغییر نیست، و آنچه برجا می‌ماند این است که ارتباط ریاضی آن را با تجربه به‌طریقی بی‌ابهام، بیان کنیم. اینکه این کار چطور به سرانجام می‌رسد، همچنان در محاق بود. درست به‌همین دلیل چندان هم کم پیش نمی‌آمد که گفت‌وگوهای شبانهٔ ما تا پاسی از شب ادامه پیدا کند، و ما عموماً ازسر نارضایتی از هم خداحافظی می‌کردیم، زیرا اختلاف

در جهاتی که ما می‌رفتیم و در آن هریک در پی راه‌حلّ مسئله بودیم، گاهی به‌ظاهر مانع تبیین مسئله می‌شد. شبی پس از یکی از آن بحث‌های دیروقت، درحالی‌که هنوز بسیار مشوّش بودم، به فله‌پارک رفتم که درست در پشت مؤسّسه بود، تا در هوای آزاد گردشی پیش از خواب بکنم و کمی آرام شوم. در راه، زیر آن ستارگان شبانگاهی، فکری به نظرم رسید که شاید به زبان ساده بشود این‌طور بیان کرد که طبیعت تنها به موقعیّت‌های تجربی‌ای میدان می‌دهد که بتواند با گرتهٔ ریاضی مکانیک کوانتومی هم تشریح شود. و این بدین معناست – آن‌طور که می‌توان از فرمالیسم ریاضی نتیجه گرفت – که آشکارا نمی‌توان از محلّ و سرعت ذرّه‌ای هم‌زمان به‌دقّت اطّلاع پیدا کرد. فرصتی فراهم نشد تا به‌تفصیل با بور این امکان را بررسی کنیم، چون بور در آن روزها (پایان فوریهٔ ۱۹۲۷) برای اسکی به نروژ می‌رفت. شاید او خوشحال بود از اینکه می‌توانست چند هفته‌ای، بی‌آنکه مزاحمتی جایی برایش باشد، افکار خودش دربارهٔ تفسیر مکانیک کوانتومی را پی بگیرد. و من هم که حالا در کپنهاگ تنها به حال خودم مانده بودم، فرصتی یافتم تا به افکارم میدان بازتری بدهم و تصمیم گرفتم تا رابطهٔ عدم‌قطعیّتی را که از آن حرف زدم، در کانون تفسیرم از مکانیک کوانتومی بگذارم. خاطره‌ای از گفت‌وگویی، که مدّت‌ها پیش با دوستی از زمان تحصیل در گوتینگن، انجام داده بودم، مرا به این فکر واداشت تا امکان اندازه‌گیری را با میکروسکوپی که با تابش گاما کار می‌کند، بررسی کنم، و درست به‌همین دلیل به تفسیری از نظریّهٔ کوانتومی به‌فوریّت رسیدم که در چشمم هم انسجام منطقی داشت و هم بی‌ابهام بود. پس از آن نامهٔ بلندی به پاؤلی نوشتم، یعنی درواقع پیش‌نویسی از کارم را برایش فرستادم، به‌طوری‌که جوابی که از پاؤلی به دستم رسید، هم مثبت بود، هم بسیار دل‌گرم‌کننده. همین‌که بور از سفرش از نروژ بازگشت، هم جمع‌بندی اوّلیّهٔ آن کار را به او ارائه دادم، هم نامهٔ پاؤلی را. بور در ابتدا بسیار ناراضی بود، و به من نشان داد که در این جمع‌بندی اوّلیّه هنوز گزاره‌هایی وجود دارد که نادرست اثبات شده است، و چون او همیشه سرسختانه، و به‌حقّ در پی تبیین همه‌چیز، حتّی در همهٔ جزئیّات آن بود، این مطلب او را بسیار ناراحت کرد. او در نروژ خودش مفهوم مکملیّت را وضع کرده بود، که باید این امکان را فراهم می‌آورد تا دوگانگی میان تصور ذرّه‌ای و موجی را نقطهٔ آغازین تفسیرش قرار دهد. این مفهوم مکملیّت درست با آن موضع فلسفی‌ای سازگاری داشت که او همواره اتّخاذ می‌کرد و در آن نارسایی‌های ابزارهای بیانی ما مسئلهٔ اصلی آن بود. به‌همین سبب

ناراحت نشد که من دوگانگی میان موج و ذرّه را پیش نمی‌کشیدم. پس از هفته‌ها بحث، که چندان هم بدون تنش نبود، ناگهان متوجّه شدیم – به‌خصوص به سبب همکاری اسکار کلاین – که ما دراصل منظورمان یک چیز بود و رابطهٔ عدم‌قطعیّت فقط موردی خاص از آن مکمّلیّتی بود که کلّی‌تر بود. من هم کار اصلاح‌شده را برای چاپ فرستادم و بور هم انتشار مشروح مفهوم مکمّلیّت را تدارک می‌دید.

اینکه تفسیر بور با مفهوم مکمّلیّت تاچه‌حدّ با مقاصد فلسفی او مطابقت داشت، از واقعه‌ای بر می‌آید، که تاجایی‌که هنوز به یاد دارم، روزی به‌هنگام سفری با کشتی بادبانی از کپنهاگ به سمت سویندبورگ در کنار فون روی داد. بور آن روزها با برخی از همکاران و دوستانش کشتی بادبانی‌ای در اختیار داشت که ناخدایش شیمی‌فیزیک‌دان بیه‌روم، آن مرد باهوش و بسیار دوست‌داشتنی بود. آن جرّاح عالی‌مقام، چی‌ویتس، کارش این بود تا درهمه‌حال خوش‌مزگی کند، حتّی در هوایی که قایق بادبانی ناگزیر به حرکت در توفان بود، و دیگر دوستانش هم هریک به‌نوبهٔ خود سهمی در گذران وقت ازسر شادمانی و بی‌تکلّفی بر روی کشتی داشتند. بور از تفسیر تازهٔ نظریّهٔ کوانتومی راضی بود، و وقتی‌که کشتی، بی‌انکه ما بخواهیم کار زیادی انجام دهیم، در آن تابش خورشید با همهٔ قدرت به سمت جنوب در حرکت بود، فرصتی پیدا کرد تا از آن چیزی حرف بزند که در علم روی داده بود و از تأمّلات فلسفی‌اش دربارهٔ ماهیّت نظریّهٔ اتمی. بور شروع به حرف‌زدن از دشواری‌های زبانی، از نارسایی همهٔ ابزارهای بیانی ما کرد که ناگزیریم، اگر بخواهیم به علم بپردازیم، از همان آغاز با آن‌ها کنار بیاییم، و از خوشحالی‌اش برایمان می‌گفت از اینکه این نارسایی سرانجام به‌شیوهٔ ریاضی شفّافی در بنیان نظریّهٔ اتمی پدیدار شده بود. سرانجام یکی از دوستان با لحنی تلخ گفت: «بور، اینکه اصلاً چیز تازه‌ای نیست، یادم هست که درست ده‌سال پیش هم همین را می‌گفتی.»

اجلاس سولوی که در پاییز ۱۹۲۷ و ۱۹۳۰ در بروکسل برگذار شد، پایان این دوران پرماجرا در تاریخ نظریّهٔ اتمی بود. در اینجا، پلانک، اینشتین، لورنتس، بور، دوبروی، بورن، شرودینگر، و از میان فیزیک‌دانان جوان‌تر، کرامرز، پاؤلی، و دیراک همه جمع بودند، و بحث‌ها به مبارزهٔ دونفره میان بور و اینشتین دربارهٔ این پرسش کشید که آیا نظریّهٔ اتمی در شکلی که حالا جلوی ماست راه‌حلّی قطعی بر همهٔ آن دشواری‌هایی است که دهه‌ها دربارهٔ آن‌ها بحث شده بود؟ بیشتر هم سر صبحانه در هتل دور هم جمع می‌شدیم و

اینشتین هم تجربه‌ای ذهنی را برایمان تشریح، و آن‌طور که خودش گمان می‌کرد ابهامات درونی تفسیر کپنهاگ را آشکار می‌کرد. اینشتین، بور، و من سرانجام از هتل به ساختمان اجلاس می‌رفتیم، و کار من هم گوش‌دادن به بحث‌های پرحرارت میان آن دو بود، که هریک نظر فلسفی خودش را داشت که با دیگری فرق می‌کرد و من هم گاهی اشاراتی به ساختار فرمالیسم ریاضی نظریّهٔ اتمی می‌کردم. در خلال اجلاس و به‌خصوص به‌وقت تنفّس، کار ما جوان‌ترها، به‌خصوص من و پاؤلی، این بود تا تجربهٔ اینشتین را تحلیل کنیم. وقت ناهار هم بحث میان بور و دیگر اعضای کپنهاگ ادامه پیدا می‌کرد. بیشتر وقت‌ها بور تا غروب همان روز تحلیل کامل تجربهٔ ذهنی اینشتین را آماده کرده بود و به وقت شام آن‌ها را برایش بازگو می‌کرد. هرچند اینشتین نمی‌توانست به‌واقع ایرادی بر آن تحلیل‌ها بگیرد، ازته‌دل هم راضی نبود تا آن‌ها را بپذیرد. ارنفست، دوست هلندی بور، رو به اینشتین کرد و گفت: «اینشتین، خجالت بکش؛ چون تو در برابر نظریّهٔ کوانتومی مثل مخالفین نظریّهٔ نسبیّت رفتار می‌کنی، که در آن کوشش‌های بیهودهٔ خود دنبال نقض آن بودند.»

روز بعد سر صبحانه، اینشتین آن تجربهٔ مشهورش را رو کرد (در نوشتهٔ بور به‌مناسبت هفتادمین سال تولّد اینشتین) که در آن رنگ یک کوانتوم نوری را توزین منبع نوری پیش و پس از گسیل کوانت معیّن می‌کند. امّا چون در اینجا نیروی ثقل هم دست‌اندرکار بود، ناچار شدیم نظریّهٔ گرانش را، یعنی نظریّهٔ نسبیّت عام را، در تحلیل پیش بکشیم. این به‌خصوص پیروزی بزرگی به‌حساب می‌آمد، که بور در آن شب توانست، با استفاده از فرمول‌های اینشتین از نظریّهٔ نسبیّت عمومی، نشان دهد که در این تجربه روابط عدم‌قطعیّت پایدار مانده است. درنتیجه ایراد اینشتین ناوارد بود. از این لحظه به بعد، تفسیر کپنهاگی نظریّهٔ کوانتومی هم دیگر امری تضمین‌شده بود.

در پاییز سال ۱۹۲۷ کپنهاگ را ناگزیر ترک کردم، چون کرسی استادی دانشگاه لایپزیک را قبول کرده بودم. گرچه شاید هرسال دوباره چند هفته‌ای به کپنهاگ می‌رفتم و با بور دربارهٔ مسائلی حرف می‌زدم، که هردو علاقه‌مند بودیم، دوران همکاری نزدیک با او، که سرشار از پیشرفت‌های علمی هیجان‌برانگیز بود، و در خلال آن بسی چیزها از بور آموخته بودم، با تأسّف دیگر به پایان رسیده بود.

۲
فیزیک به معنای وسیع

۵

مفهوم نظریّهٔ کامل در علم جدید[۱۱]

تفسیر فیزیکی نظریّهٔ کوانتومی جدید برخی پرسش‌های اصولی معرفت‌شناختی را پیش آورده است، که به نظریّه‌های علمی اساساً از نظر راستی مربوط می‌شود. برای فهم این دیدگاه‌ها، که ما امروز بر اساس آن‌ها این چنین نظریّه‌ای را از جهت ادّعایش بر راستی می‌سنجیم، شاید سودمند باشد تا سیر تاریخی آن را پی بگیریم و در جستجوی این پرسش برآییم که چگونه هدف کوشش‌های علمی طی سده‌های پیشین تغییر کرده است. امّا پیش از آنکه به این پرسش‌های اصولی بپردازیم، به‌اجمال با نگاهی تاریخی آغاز می‌کنیم.

۱- سرآغاز دورهٔ علم جدید در سدهٔ شانزدهم و هفدهم را به یاد آوریم. کپلر می‌خواست با حرکت ستارگان، یعنی با پدیده‌ای منفرد با اهمیّتی خاص و بسیار زیاد، یگانگی کرات را دریابد. او گمان می‌کرد با این کار با شناخت طرح خلقت خداوند مستقیماً رودررو می‌شود. امّا از فکر فهم کامل ریاضی همهٔ رویدادهای منفرد بر روی زمین کاملاً دور ماند.

نیوتون به‌نوبهٔ خود تنها به وضع برخی از قوانینی بسنده نکرد که از نظر ریاضی بسی زیبا می‌نمود. او می‌خواست پدیده‌های مکانیکی را آن‌چنان‌که هست بنماید؛ امّا او هم دریافت که این درعمل کاری عظیم است. امّا بازهم گمان می‌کرد که بتواند مفاهیمی اساسی و قوانینی را بنیاد نهد که بر اساس آن‌ها چنین تبیینی دست‌کم در آینده ممکن خواهد شد. نیوتون مفاهیم اساسی را با دسته‌ای از اصول متعارف به یکدیگر مرتبط کرد که مستقیماً می‌توانست به زبان ریاضی برگردانده شود. او با این کار هم برای اوّلین‌بار این امکان را فراهم آورد تا انبوهی بی‌پایان از رویدادها را با فرمالیسمی ریاضی بازنماید. هر رویداد پیچیدهٔ منفردی می‌توانست از راه محاسبه چون نتیجه‌ای از قوانین اساسی، هم فهمیده شود، هم از این راه «روشن شود». حتّی اگر آن رویداد را هم نمی‌توانستیم مشاهده کنیم، نتیجهٔ نهایی آن را بازهم می‌توانستیم از شرایط آغازین و با پیش‌فرض‌های فیزیکی «پیش‌بینی» کنیم.

تکمیل این مکانیک با نسل‌هایی که پس از او آمدند، به آن کامیابی‌هایی انجامید، و این تصوّر را پدیدار کرد، که در اصل باید بتوان همهٔ رویدادهای جهان را به رویدادهای مکانیکی، یعنی به آنچه بر کوچک‌ترین اجزاء مادّه جریان دارد، بازگرداند. هیچ‌کس هم

---

[۱۱] این نوشته به اهتمام ولفگانگ پاؤلی در سال ۱۹۴۸ در مجلّهٔ «دیالکتیکا»، در نوی‌شاتل، سوئیس، منتشر شده است. همچنین بنگرید به یادداشت ما در زیرنویس صفحهٔ ۲۲۷ (یادداشت بر نسخهٔ فارسی).

گمان نمی‌کرد که به درستی مکانیک نیوتونی بتوان تردید کرد. و ازآنجاکه در این مکانیک می‌توانستیم، از شرایط آغازین، آیندهٔ نظام را به‌تمامی پیش‌بینی کنیم، چنین نتیجه گرفتیم که شناخت درست از همهٔ اجزاء مکانیکی تعیین‌کنندهٔ جهان، می‌تواند آیندهٔ آن را هم علی‌الاصول به‌طور کامل پیش‌بینی کند. این فکر، که لاپلاس آن را به‌روشن‌ترین وجهی بیان کرده است، نشان می‌دهد که در آغاز سدهٔ نوزدهم آن گرته‌ای از صورت‌بندی قوانین طبیعت، که نیوتون آن را به زبان ریاضی آفریده است، به تفکّر علمی به صورتی گسترده شکل داده است.

در سدهٔ نوزدهم، مکانیک همان علم دقیق به‌تمام معنی بود. کار آن و حوزهٔ کاربردی‌اش هم به‌نظر بی‌حدّوحصر می‌رسید. حتّی کسی چون بولتسمن گمان می‌کرد که رویدادی فیزیکی را آن زمانی می‌توانیم فهمیده باشیم، که آن را از نظر مکانیکی روشن کرده باشیم. اوّلین رخنه در این تصوّر از جهان را نظریّهٔ ماکسول از پدیده‌های الکترومغناطیسی ایجاد کرد. این نظریّهٔ توانست رویدادها را به زبان ریاضی بنمایاند، بی‌آنکه آن‌ها را به مکانیک نیوتونی بازگرداند. این امر هم طبیعی بود که در پی آن بگومگویی تند بر سر این پرسش درگیرد که آیا می‌توان نظریّهٔ ماکسول را بدون مکانیک فهمید؟ برخی کوشیدند تا از راه قبول مادّه‌ای فرضی به نام اتر این نظریّهٔ را از راه مکانیک تفسیر کنند. با کشف اینشتین در سال ۱۹۰۵ از آنچه نظریّهٔ نسبیّت «خاص» نامیده می‌شد، این پیکار به بحرانی واقعی انجامید. با این نظریّه نشان دادیم که نظریّهٔ ماکسول، به سبب آنکه فضا و زمان را به‌طور تلویحی در خود مفروض دارد، نمی‌تواند نتیجه‌ای از رویدادهای مکانیکی‌ای باشد که از قوانین نیوتون پیروی می‌کند. امّا از این نتیجه هم ناگزیر چنین برمی‌آید که مکانیک نیوتونی، یا نظریّهٔ ماکسول یکی باید نادرست باشد.

برخی از طبیعت‌شناسان و فیلسوفان هم از این دیدگاه مکانیک نیوتونی در شکل مدل–اتر طی چندین دهه سرسختانه پشتیبانی کردند. امّا سرانجام، این کش‌مکش هم، مانند بسیاری دیگر از جدال‌ها بر سر نگاه به جهان، به صحنهٔ سیاسی کشانده شد. بیشی از فیزیک‌دانان امّا به دلیل نتایج تجربی، نظریّهٔ نسبیّت خاص و نظریّهٔ ماکسول را درست دانستند. مکانیک نیوتونی هم دیگر اهمیّت یک تقریب خوب به مکانیک نسبیّتی درستی از این چنین رویدادهایی را داشت که در آن‌ها همهٔ سرعت‌ها در برابر سرعت نور کوچک است. درواقع هم این‌طور است که مکانیک نسبیّتی در موارد حدّی سرعت‌های کم، به مکانیک نیوتونی می‌انجامد.

امّا همین فرض که نظریّهٔ نیوتونی به معنای دقیق «نادرست» است، برخی از طبیعت‌شناسان را به این کژراهه کشاند تا ناآگاهانه فرضیّه‌ای اصولی از سدهٔ نوزدهم را در

فیزیک جدید وارد کنند. و اگرچه در همان زمان هم، نظریّهٔ کوانتومی که تازه در آغاز راه بود، بر یکپارچگی درونی فیزیک کلاسیک دورادور تهدیدی به شمار می‌آمد، پیکربندی نظریّهٔ میدان به‌ویژه در نظریّهٔ نسبیّت عمومی کامیابی‌هایی را برمی‌شمرد که بسیاری از فیزیک‌دانان این را وظیفهٔ علم در آینده می‌دانستند تا پدیده‌های جهان را با مفاهیم نظریّهٔ میدان، یعنی با نظام مفهومی واحدی، تشریح کنند. به همین سبب هم کوشیدند تا خصیصه‌های اتمی طبیعت را از نظر ریاضی به عنوان تکنیگی‌های راه‌حلّ‌های معادلات میدان تفسیر کنند. همین جا بود که چنین به نظر رسید که مکانیک موجی دوبروی-شرودینگر با این تصویر آرمانی از فیزیک میدان عمومی سازوار است. مفاهیم بنیادین نظریّهٔ میدان نسبیّتی، در برابر مکانیک نیوتونی بسیار انتزاعی‌تر بود و نمایاندن آن‌ها هم دشوارتر. امّا بازهم به‌درستی پاسخگوی نیاز ما بر تشریح عینی و علّی رویدادها بود و به همین سبب هم پذیرشی عام یافت.

۲- امّا نظریّهٔ کوانتومی این توهّم را هم از هم پاشید. در این نظریّه دستگاه صوری ریاضی را نمی‌توان به‌هیچ‌وجه مستقیماً بر رویدادی عینی در مکان و زمان به‌کار بست. آنچه از نظر ریاضی معیّن می‌کنیم، تنها در بخشی کوچک، «واقعیّتی عینی» است، درحالی‌که در بخشی بزرگ‌تر، نگاهی کلّی به امکانات است. این خبر که مثلاً : «اتم هیدروژن در حالت پایه است»، دیگر خبری دقیق دربارهٔ مسیر الکترون را در بر ندارد، بلکه این خبر را می‌دهد که: اگر مسیر الکترون را با ابزاری مناسب مشاهده کنیم، الکترون را با احتمال معیّن $w(x)$ در نقطهٔ x می‌یابیم. مفاهیم کلاسیک را تنها هنگامی می‌توانیم به صورتی معنادار به کار گیریم که ازپیش به این نکته توجّه کنیم که بر کاربرد آن‌ها روابط عدم قطعیّت محدودیّت‌هایی اعمال می‌کند که از آن‌ها نمی‌توان تخطّی کرد.

این وضع که در مکانیک کوانتومی پدیدار شده است به دو صورت کاملاً مشخّص با وضعی که در نظریّهٔ نسبیّت به وجود آمده، فرق دارد. اوّل آنکه این امکان وجود ندارد در اینجا به واقعیّتی که از نظر ریاضی نوشته‌شده است، به سادگی عینیّت داد، و آنچه را مستقیماً به آن مربوط می‌شود، به‌وضوح نمایاند. دوم آنکه - و این تفاوت شاید بسیار مهم‌تر باشد - به سبب ضرورتی که در پی این کار می‌آید، مفاهیم فیزیک کلاسیک را بازهمباید به کار گرفت. ما می‌توانیم و باید هم در تشریح اتم از مفاهیمی چون مسیر الکترون، چگالی موج مادّی در نقطهٔ معیّنی از فضا، دمای تجزیه، رنگ، و مانند آن‌ها استفاده کنیم. همهٔ این‌ها مفاهیمی است که تا اینجا از آنِ فیزیک کلاسیک است، گویی که پدیدارهای عینی در فضا و زمان را می‌نمایاند. مفاهیم متفاوت عموماً رابطه‌ای «مکمّلی» با یکدیگر دارد. امّا

این کار را هم نمی‌توانیم بکنیم تا یکی را با مفهومی روشن‌تر جایگزین کنیم، که به‌کارگیری آن را، روابط عدم قطعیّت یا مکملیّت محدود نکرده باشد.
از اینجا این نتیجه به دست می‌آید که دیگر نمی‌توان گفت: مکانیک نیوتونی نادرست است و باید با مکانیک کوانتومی درست جایگزین شود. اکنون بیشتر به چنین صورت‌بندی‌ای نیاز داریم: «مکانیک کلاسیک نظریّه‌ای علمی است که در خود استوار است. هرکجا که در طبیعت بتوانیم مفاهیم آن را به‌کار بندیم، این نظریّه، تشریحی کاملاً «درست» از طبیعت ارائه می‌دهد.» ما حتّی امروز هم بر مکانیک نیوتونی راستی‌ای قائلیم، یا حتّی درستی‌ای کلّی و دقیق، و تنها با این متمّم «هرکجا که در طبیعت بتوانیم مفاهیم آن را به‌کار بندیم» به این نکته اشاره می‌کنیم که ما حوزهٔ کاربرد نظریّهٔ نیوتونی را محدود می‌دانیم. مفهوم «نظریّهٔ علمی کامل» در این شکل از مکانیک کوانتومی برخاسته است.
ما امروز در فیزیک به‌طور کلّی چهار رشته داریم، که به این معنا آن‌ها را کامل می‌دانیم: در کنار مکانیک نیوتونی، نظریّهٔ ماکسول و نظریّهٔ نسبیّت خاص را، و سپس ترمودینامیک و مکانیک آماری را، و سرانجام مکانیک کوانتومی (غیرنسبیّتی) با فیزیک اتمی و شیمی را. امّا در اینجا هم باید بیشتر توضیح دهیم که «نظریّهٔ کامل» چه ویژگی‌هایی دارد، و راستی این چنین نظریه‌ای در چه چیز است.
۳- اوّلین معیار بر «نظریّهٔ کامل» بی‌تناقض‌بودن آن در درون است. باید این کار ممکن باشد تا مفاهیمی را، که در آغاز از تجربه برخاسته است، با آن‌چنان تعاریفی و اصولی متعارفی مشخّص کنیم، رابطهٔ آن‌ها با یکدیگر را معیّن کنیم، به‌طوری‌که بتوان به آن تعاریف نمادهای ریاضی‌ای را نسبت داد، که میان آن‌ها نظامی بی‌تناقض از معادلات پدیدار شود. مشهورترین نمونه بر اصل‌گذاری مفاهیم را فصل‌های اوّل کتاب «اصول» نیوتون به دست می‌دهد. در فراوانی رویدادهای ممکن در حوزهٔ تجربی مرتبط با آن در طبیعت، فراوانی راه‌حل‌های ممکن آن نظام معادلات بازتاب می‌یابد.
نظریّهٔ باید درعین‌حال تجربه را به‌گونه‌ای «بنمایاند»؛ یعنی مفاهیم نظریّه باید، آن‌چنان‌که پیش‌تر گفتیم، مستقیماً در دل تجربه باشد، یعنی باید در جهان پدیدارها «معنی» داشته باشد. شاید دربارهٔ مشکلات بزرگ این پژوهش هنوز به‌تفصیل بحث نشده باشد. مفاهیم تا آنجا که مستقیماً از تجربه برخاسته باشد، مانند مفاهیم زندگی روزانه، با رویدادها پیوند استوار دارد و با آن‌ها هم تغییر می‌کند. آن‌ها به‌گونه‌ای در دل طبیعت جای دارد. امّا همین‌که آن‌ها را بر اصلی می‌نهیم، سفت‌وسخت می‌شود و خود را از تجربه می‌گسلد. شاید آن نظام مفهومی، که اصول متعارف آن را معیّن می‌کند، هنوز با حوزهٔ گسترده‌ای از تجربه به خوبی سازوار باشد، امّا هرگز از پیش نمی‌دانیم، که ما با مفهومی، که تعاریف و روابط

آن را مشخّص کرده است، تا چه میزان در رفتار با طبیعت می‌توانیم با آن همراه باشیم. به همین سبب هم بنانهادن مفاهیم بر اصول، همواره محدودیّتی بر حوزهٔ کاربرد مفاهیم به‌طور قطعی اعمال می‌کند.

مرزهای این حوزه هیچ‌گاه نمی‌تواند به‌درستی بر ما روشن باشد. امّا اوّلین تجربه در این مورد، که برخی از دسته‌های نو از رویدادها را دیگر نمی‌توانیم با مفاهیم پیشین منظّم کنیم، این درس را به ما می‌آموزد که ما در این نقطه به آن مرز رسیده‌ایم. در مکانیک نیوتونی برای مثال اوّلین نشانهٔ وجود این مرز را شاید بتوان در کار فارادی دید. او دریافت که مفهوم «میدان نیرو» رویدادهای الکترومغناطیسی را بهتر از مفاهیم مکانیک می‌نماید. درواقع به این مرز رسیده بودیم، امّا باید یک سده چشم‌به‌راه می‌ماندیم تا کشف نسبیّت خاص آن را می‌نمایاند.

حتّی زمانی هم که از مرزهای «نظریهٔ کامل» فراتر می‌رویم، یعنی زمانی که حوزه‌های تجربی جدیدی را با مفاهیم جدید می‌توانیم منظّم کنیم، در آن صورت است که آن نظام مفهومی نظریّهٔ کامل بازهم جزء ضروری زبان است که با آن دربارهٔ طبیعت حرف می‌زنیم. نظریّهٔ کامل به پیش‌فرض‌های پژوهش گسترده‌تر تعلّق دارد. ما تنها می‌توانیم نتیجهٔ یک تجربه را با مفاهیم نظریّه‌های پایان‌یافتهٔ پیشین بیان کنیم. به‌همین سبب هم گاه کوشیده‌ایم مفاهیم نظریّه‌های پایان‌یافتهٔ پیشین را در شمار پیش‌فرض‌های ماتقدّم علوم دقیق به حساب بیاوریم و به آن‌ها بدین‌گونه بازهم به میزانی بیشتر خصلتی مطلق دهیم. با این کار به یقین یک وجه از این رابطه به‌درستی تشریح شده است. امّا در اینجا هم باید دست‌کم درجه‌ای از تفاوت را قائل شویم. این اشکال بنیادین قدرت تصوّر انسان یا فکر انسان، مانند فضا و زمان یا قانون علّیت، که هزاره‌های پی‌درپی انسان آن‌ها را آزموده و به‌کار بسته است، باید در مقیاسی بالاتر چون ماتقدّم پابرجا بماند، تا اشکال فکری نسبتاً پیچیدهٔ نظریّه‌های پایان‌یافتهٔ سده‌های اخیر. اگر اشکال شهودی را ماتقدّم، یعنی آن‌ها را «شاکلهٔ فطری» بدانیم، چنانچه لورنتس زیست‌شناس بر این کار کوشید، این نکته هم بر ما روشن می‌شود که مفاهیم مشخّص در یک نظریّهٔ پایان‌یافتهٔ سده‌های اخیر، ماتقدّم، یا هنوز ماتقدّم نیست.

سرانجام پرسش این است که راستی یک نظریّهٔ کامل در چیست؟ آنچه را تاکنون گفته‌ایم می‌توانیم با جمله‌های زیر به‌اختصار بیاوریم:

الف- نظریّهٔ کامل برای همهٔ زمان‌ها راست است؛ هرکجا که بخواهیم تجربه‌ای را با مفاهیم این نظریّه تشریح کنیم، حتّی در آیندهٔ بسیار دور، بازهم قوانین این نظریّه راست است.

ب- نظریّهٔ کامل هیچ خبر کاملاً مطمئنّی دربارهٔ دنیای تجربه در بر ندارد. اینکه با مفاهیم این نظریّه به چه میزان می‌توان پدیدارها را به دست آورد، به معنای دقیق، امری یقینی نیست، بلکه گاه مسئلهٔ کامیابی در میان است.
پ- باوجود این عدم‌اطمینان، نظریّهٔ کامل جزئی از زبان علمی ما برجای می‌ماند و به همین سبب هم جزء متشکّلهٔ فهم کنونی ما از جهان.
پس از این بحث‌ها بازهم به فرایندهای تاریخی باز می‌گردیم، که با دگرگونی از تصوّر از واقعیّت، سرانجام در پایان قرون میانه همهٔ فیزیک دوران نو را پدیدار کرد. این سیر نتیجه‌ای از ساختارهای فکری «نظریّه‌های کامل» به نظر می‌رسد که از طرح پرسش‌های منفرد دربارهٔ تجربه، چون ذرّهٔ بلور پدیدار می‌شود و سرانجام هنگامی که همهٔ آن بلور یک‌پارچه پدیدار شد، به‌مانند ساختهٔ فکری محضی دوباره خود را از تجربه می‌گسلد؛ و این بار نور خود را بر جهان همواره می‌تاباند. به همین سبب هم به نظر می‌رسد که با همهٔ آن تفاوت‌ها، تاریخ تکامل فیزیک با تاریخ دیگر حوزه‌های فکری، مانند تاریخ هنر، بی‌شباهت نباشد؛ زیرا دیگر حوزه‌ها هم، سرانجام به هدف دیگری جز آن نمی‌پردازد تا جهان را، و درون ما را، با آن ساختارهای فکری تابان کند.

٦

آموزش سنّتی، علم و مغرب‌زمین [۱۲]

خانم‌ها و آقایان!

جشن امروز به‌مناسبت صدمین‌سال تأسیس یک مدرسه است. طی یک‌صد سال انسان‌هایی بااستعداد، همهٔ کار و توان خود را صرف این مدرسه کردند. برخی درسمت معلّم همهٔ عمر درخدمت دبیرستان ماکسی‌میلیان بوده‌اند، برخی دیگر، مانند خود من، در همین‌جا دانش‌آموزی بوده که برای نخستین‌بار با دنیای معنویّات آشنا می‌شد، که با علاقه یا شاید گاهی با علاقهٔ نه‌چندان زیاد، امّا غالباً با کوشش و جدّیّت، آن چیزهایی را می‌آموخت که باید در مدرسه‌ای سنّتی از نسلی به نسل دیگر منتقل می‌شد. پس شاید بجا باشد در چنین روزی از خود بپرسیم که آیا همهٔ این کار و کوشش، همهٔ آن زحمت معلّم و دانش‌آموز، به‌واقع به انجامش می‌ارزیده است. امّا این پرسش هم در واقع پرسشی نادرست است، چون زحمت و کار و کوشش هم همیشه اصولاً به انجامش می‌ارزد.

۱. در دفاع از آموزش سنّتی

غالباً می‌پرسند آیا آنچه در مدرسه می‌آموزیم، دانشی بیش از اندازه نظری و بیگانه با دنیای بیرون نیست، آیا در زمان ما، که فنّاوری و علم تعیین‌کنندهٔ آن است، آموزشی که بیشتر جنبهٔ عملی داشته باشد، تا بتواند ما را برای زندگی آماده کند، سودمندتر نیست. با این کار هم غالباً به پرسش دربارهٔ رابطهٔ آموزش با علم امروزی مطرح می‌رسیم. امّا من هم در اینجا نمی‌توانم در حضور شما به این پرسش به‌شیوه‌ای اصولی بپردازم، زیرا من کارشناس تعلیم و تربیت نیستم و دربارهٔ چنین پرسش‌هایی هم خیلی کم تأمّل کرده‌ام. باوجوداین، سعی می‌کنم تجربیّات شخصی خودم را به‌یاد بیاورم، چون خودم در این مدرسه درس خوانده‌ام، و بعدها هم بیشترین بخش کارم صرف علم شده است؛ و جشن صدمین سال هم، جشن خاطرات کسانی است که باهم در این مدرسه درس خوانده‌اند.

دلایلی که مدافعان فکر آموزش سنّتی به سود آن تکرار می‌کنند تا به کار یادگیری زبان‌های کهن و تاریخ باستان پرداخته شود، چیست؟ در اینجا در آغاز به‌حق این نکته یادآوری می‌شود که همهٔ زندگی معنوی ما، کردار ما، فکر ما و احساس ما ریشه در جوهر معنوی مغرب‌زمین دارد؛ یعنی در آن وجود فکری‌ای که در دوران باستان آغاز شده است، که در

---

[۱۲] اختلاف اندکی میان نسخهٔ «آن سوی مرزها»، که در آنجا هم این نوشته ذیل عنوان: «سخنرانی در جشن صدمین سال دبیرستان ماکس در مونیخ در تاریخ سیزدهم ژوئیهٔ ۱۹۴۹» آمده است، و نسخهٔ کنونی ما وجود دارد. آن بخش‌هایی هم که با حروف ریزتر آمده است، فقط در نسخهٔ «آن‌سوی مرزها» آمده است. آموزش سنّتی هم اشاره به نظامی دارد که در آن زبان‌های باستانی هم در نظام متوسّطه تدریس می‌شود. (یادداشت بر نسخهٔ فارسی).

انتشار نخستین در: فهم از طبیعت در فیزیک امروزی، دایرةالمعارف آلمانی روولت، جلد هشتم، هامبورگ، صفحات ۳۶ تا ۴۶ (یادداشت بر نسخهٔ آلمانی).

سرآغاز آن هم هنر یونانی، شعر یونانی، و فلسفهٔ یونانی ایستاده است، و سپس در مسیحیّت با بنای کلیسا چرخش بزرگ خود را آزمود و سرانجام با گذار از سده‌های میانه، با وحدت شکوه‌مند دیانت مسیحی با آزادی فکری دوران باستان، دنیا را دنیای ساختهٔ خدا دانست و با سفرهای اکتشافی خود، علم و فنّاوری را از بنیان عوض کرد. پس اگر بخواهیم این چیزها را از ریشه بفهمیم، چه نظام‌مند، تاریخی یا ازنظر فلسفی باشد، در هر حوزهٔ زندگی امروزی، به آن ساختارهای فکری‌ای برمی‌خوریم که در دوران باستان و در مسیحیّت پدیدار شده است. پس می‌توانیم به آموزش سنّتی در مدرسه برگردیم، و بگوییم که این کار خوبی است که چنین ساختارهایی را بشناسیم، حتّی اگر این کار در زندگی عملی شاید در بسیاری از جاها اصلاً لازم نباشد.
و در مرحلهٔ دوم هم بر این نکته تأکید می‌شود که همهٔ نیروی فرهنگ ما در مغرب‌زمین، از رابطهٔ نزدیک راهی که پرسش اصولی را در آن مطرح می‌کنیم، و راهی که در آن دست به اقدام عملی می‌زنیم، نشأت می‌گیرد و همواره هم از آن نشأت گرفته است. در اقدام عملی دیگر ملّت‌ها و دیگر حوزه‌های فرهنگی هم همان‌قدر کارآزموده بودند که یونانیان. امّا آنچه فکر یونانی را از همان آغاز از فکر دیگر ملّت‌ها متمایز کرد، این توانایی بود تا به پرسشی که مطرح می‌شد ازنظر اصولی بپردازد و به دیدگاه‌هایی برسد تا به کثرت متنوّع تجربه نظم دهد و آن را برای فکر انسان دست‌یافتنی کند. این پیوند میان طرح پرسش اصولی و اقدام عملی، فکر یونانی را از دیگر فکرها متمایز کرد، و یک‌بار دیگر در دوران نوزایی در مرکز تاریخ ما قرار گرفت، و چنانچه شما هم می‌دانید، علم جدید و فنّاوری را برانگیخت. آن‌که به فلسفهٔ یونانیان می‌پردازد، هم در هر گامی که برمی‌دارد، به این توانایی در طرح پرسش اصولی برمی‌خورد، و هم با خواندن آثار یونانیان استفاده از آن نیرومندترین ابزار فکری‌ای را تمرین می‌کند، که فکر در مغرب‌زمین را پدیدار کرده بود. پس تااینجا می‌توان گفت که ما با آموزش سنّتی در مدرسه چیزی می‌آموزیم، که خیلی سودمند است.
و سرانجام به‌درستی هم دلیل سوم را می‌آورند که پرداختن به دوران باستان در انسان معیاری از ارزش به‌وجود می‌آورد که در آن ارزش‌های معنوی از ارزش‌های مادی بالاتر است. چون ازقضا نزد یونانیان فضیلت امر معنوی در همهٔ آن چیزهایی که به‌جای مانده است، بی‌واسطه عیان است. و این درست نکته‌ای است که انسان‌های زمان ما به آن معترض‌اند، چون زمانهٔ ما نشان از آن دارد که قدرت مادّی، موادّ خام و صنعت به‌حساب می‌آید، و قدرت مادّی از قدرت معنوی نیرومندتر است. و چندان هم با روح زمان ما حقیقتاً تطبیق نمی‌کند که بخواهیم به کودکان خود بیاموزیم که ارزش‌های معنوی برتر، ارزش‌های مادّی است.

در اینجا به یاد گفت‌وگویی می‌افتم که درست سی‌سال پیش در یکی از حیاط‌های همین ساختمان انجام دادم. در آن روزها در مونیخ پیکارهای انقلابی در جریان بود. مرکز شهر هنوز در اشغال کمونیست‌ها بود، و من هم - که نوجوانی هفده‌ساله بودم - با دیگر هم‌مدرسه‌ای‌هایم نفرات کمکی واحد نظامی‌ای بودیم که ستادش روبروی مدرسهٔ طلبه‌های علوم‌دینی بود. دلیل این کار خیلی برایم روشن نیست؛ شاید در آن هفته‌هایی که بازی سربازی می‌کردیم، تعطیلی درس و مشق در مدرسهٔ ماکسی‌میلیان بیشتر برایمان دل‌چسب بود. در خیابان لودویگ گاهی تیراندازی می‌شد، امّا شدّت چندانی نداشت. هرروز سر ظهر غذایمان را از آشپزخانهٔ صحرایی‌ای می‌گرفتیم که در حیاط دانشگاه مستقرّ بود. روزی ازقضا با طلبه‌ای دربارهٔ این سؤال وارد گفت‌وگو شدیم که آیا این نزاع برسر مونیخ اصلاً محلّی از اعراب دارد، و در این بین هم یکی از جوانان گروه ما باحرارت بر این نکته تأکید می‌کرد که اصلاً نمی‌توان با وسایل فکری، با حرف و با نوشته، دربارهٔ مسئلهٔ قدرت حکم کرد، و حکم واقعی میان ما و طرف دیگر را فقط قهر می‌تواند به کرسی بنشاند.

آن طلبه در جواب گفت که حتّی خود این سؤال، که بین «ما» و «دیگران» فرقی قائل می‌شویم، خودش به تصمیم فکری نابی می‌انجامد، و اگر این تصمیم را بیشتر ازسر عقل بگیریم، تا آنچه معمول است، آن وقت شاید چیز بیشتری نصیبمان شود. در برابر این جواب دیگر چیزی برای اعتراض نداشتیم. وقتی تیری از چلّهٔ کمان رها می‌شود، دیگر راه خودش را می‌رود و فقط با قهر بیشتر می‌توان آن را از راهش منحرف کرد. امّا پیشتر مسیر تیر را کسی تعیین می‌کند، که آن را نشانه رفته است، و بی‌آنکه کسی که صاحب‌فکر باشد، آن را نشانه رفته باشد، اصلاً تیری در هوا حرکت نمی‌کند. شاید هم چندان بد نباشد به جوانان بیاموزیم تا ارزش‌های معنوی را خیلی دست‌کم نگیرند.

۲. تشریح طبیعت به‌زبان ریاضی

حالا از موضوع اصلی هم خیلی دور شده‌ام، و باید به آن جایی برگردم که در واقع در مدرسهٔ ماکسی‌میلیان با علم برای اوّلین بار رودررو شدم؛ و بعد هم باید دربارهٔ رابطهٔ علم و آموزش سنّتی حرف بزنم. - بیشتر دانش‌آموزان از این راه با حوزهٔ علم و فنّاوری آشنا می‌شوند که شروع به بازی‌کردن با دستگاه‌ها می‌کنند. از راه همین بازی‌کردن هم‌کلاسی‌ها، یا به‌این دلیل که هدیه‌ای شب عید به‌دستشان رسیده است، یا گاهی هم سر کلاس درس، این میل در آن‌ها بیدار می‌شود تا خود را با ماشین‌های کوچک سرگرم کنند و خودشان آن‌ها را بسازند. من هم خودم در همان پنج سال اوّلی که دانش‌آموز بودم، این کار را با جدّیّت انجام می‌دادم. امّا همین سرگرمی هم، اگر تجربهٔ دیگری بر آن افزوده

نمی‌شد، شاید فقط در حدّ بازی باقی مانده بود، و من را هم به علم واقعی نرسانده بود. سر کلاس درس در همان‌زمان‌ها اصول مقدّماتی هندسه تدریس می‌شد. اوایل کار این درس خیلی به‌نظرم خشک می‌آمد؛ سه‌ضلعی و چهارضلعی خیلی کمتر از گل و شعر، خیال را برمی‌انگیزد. امّا یک‌بار از زبان ولف، آن معلّم ریاضی درخشان، این فکر بیرون پرید که با همین شکل‌ها می‌توان گزاره‌هایی ساخت که به‌طور کلّی هم درست باشد، که بعضی از نتایج را هم نه‌فقط می‌توان از روی شکل‌ها شناخت و خواند، بلکه ازنظر ریاضی هم اثبات کرد.

این فکر که ریاضی به‌نحوی با ساختارهای تجربه‌های ما سازگاری داشته باشد، در چشم من چیزی بسیار شگفت و هیجان‌برانگیز آمد؛ آنچه برایم پیش آمد، از موارد نادری است که در آنچه مدرسه از میراث فکری به ما منتقل می‌کند، پیش می‌آید، زیرا به‌طور معمول درس در مدرسه چشم‌اندازهای متفاوتی از دنیای معنوی را از جلوی چشم ما می‌گذراند، بی‌آنکه ما هم چندان با آن‌ها انس گرفته باشیم. و این هم منوط به توانایی آن معلّم است تا آن چشم‌انداز در چشم ما درخشان بیاید یا درخشان‌تر، و ما هم آن تصویرها را در خاطر برای زمانی حفظ می‌کنیم، هرچند کوتاه یا بلند. امّا در برخی از موارد نادر موضوعی که در میدان دید ما آمده، ناگهان شروع به روشن‌شدن با نور خود می‌کند، که در آغاز تیره و تار است، امّا کم‌کم هم بیشتر روشن می‌شود و سرانجام هم با همان نوری که خود تابانده، جای بیشتری را در ذهن ما پر می‌کند، به موضوع‌های دیگری تسرّی پیدا می‌کند، و دست‌آخر هم بخش مهمی از زندگی ما می‌شود.

برای من هم، با شناخت از اینکه ریاضی هم با موضوع‌های تجربه‌های ما سازگاری دارد، در آن زمان همین پیش آمد؛ شناختی، آن‌طور که من آن را در مدرسه آموختم، پیشتر نصیب یونانی‌ها، فیثاغورسیان و اقلیدس شده بود. من هم در همان آغاز، که به‌شوق آمده بودم، استفاده از ریاضی را با ساعات‌هایی که با کلاس آقای ولف می‌گذراندم، تجربه می‌کردم، و برایم این بازی میان ریاضی و آنچه بی‌واسطه به چشم می‌آمد، دست‌کم همان‌قدر سرگرم‌کننده بود که بیشتر بازی‌هایی که به آن‌ها می‌پرداختیم. بعدها دیگر حوزهٔ هندسه آن حوزهٔ بازی ریاضی نبود، که آن‌قدر من را خوش‌حال می‌کرد. جایی در کتاب‌هایی هم خواندم که در فیزیک هم رفتار آن دستگاه‌هایی را که من سرهم کرده بودم، می‌توانستیم با ریاضی پی بگیریم و همین شد که شروع به خواندن جزوه‌های–گوشن و چیزهایی نظیر آن کردم، همان کتاب‌های درسی دربارهٔ اینکه چطور ریاضی یاد بگیریم تا از آن در تشریح قوانین فیزیکی استفاده کنیم، و بیشتر از همه حساب دیفرانسیل و انتگرال. دستاوردهای عصر جدید، همان دستاوردهای نیوتون و کسانی که بعد از او آمده بودند، در

چشمم ادامهٔ مستقیم آن چیزی می‌آمد که ریاضی‌دانان و فیلسوفان یونانی به آن اهتمام کرده بودند، و در واقع آن را همان چیز و چیزی واحد می‌دانستم، و به فکرم هم خطور نمی‌کرد تا علم و فنّاوری زمان خودمان را از اساس دنیای دیگری بدانم که با فلسفهٔ فیثاغورس یا اقلیدس فرق داشت.

من با آن شوقی که داشتم تا طبیعت را به‌زبان ریاضی تشریح کنم، بی‌آنکه اصلاً درست بدانم و با آن بی‌خبری که مختصّ یک دانش‌آموز بود، به سراغ یکی از خصوصیّات فکر مغرب‌زمین رفته بودم، یعنی آنچه پیشتر از آن حرف زدیم که همان پیوند میان طرح پرسش اصولی و رفتار عملی بود. ریاضی دراصطلاح زبانی است که در آن پرسش به‌طور اصولی مطرح می‌شود، و به آن جواب داده می‌شود، امّا خود سؤال هدفش رویدادی در دنیای مادّی است که درعمل با آن کار داریم. برای نمونه، هندسه به‌کار مسّاحی زمین‌های کشاورزی می‌آمد. همین تجربه سبب شد چندین سال در دوران دانش‌آموزی، بیشتر به ریاضی علاقه‌مند باشم تا به علوم یا به دستگاه‌هایم؛ و فقط در دو کلاس آخر بود که نسبت علاقه‌ام به‌طرف فیزیک تغییر کرد. و آنچه هم در اینجا جای شگفتی دارد، این است که این علاقه از برخوردی کمی تصادفی با بخشی از فیزیک جدید پدید آمد.

۳. اتم و آموزش سنّتی

در آن زمان‌ها کتاب فیزیک نسبتاً خوبی در مدرسه می‌خواندیم که در آن به فیزیک جدید کم‌وبیش پرداخته شده بود، و این نکته‌ای بود که فهمش آسان بود. باوجوداین در صفحات آخر کتاب چیزهایی برای خواندن دربارهٔ اتم وجود داشت؛ و من هم به‌روشنی تصویری را به‌یاد دارم که در آن تعداد زیادی اتم دیده می‌شد. کار آن تصویر این بود تا به‌روشنی حالت گازی را در مقیاس بزرگ نشان دهد. بعضی از اتم‌ها هم در دسته‌هایی کنار هم بودند، و با قلّاب و قزن‌قفلی، که شاید هم باید پیوندهای شیمیایی را نشان دهند، به‌یکدیگر متّصل شده بودند. به‌علاوه در متن هم آمده بود که اتم بنا به نظر فیلسوفان یونانی کوچک‌ترین سنگ‌بنای مادّه است که تقسیم‌شدنی نیست. این تصویر همیشه در من احساس مخالفت را برمی‌انگیخت و از این نکته عصبانی بودم که چیزی این‌قدر احمقانه جایی در کتاب درسی فیزیک پیدا کرده باشد. به خودم می‌گفتم: اگر اتم ساختاری است که آن قدر ناشیانه عیان است، آن طورکه کتاب می‌خواهد آن را به ما تفهیم کند، اگر اتم شکلی آن‌چنان پیچیده دارد که حتّی قلّاب و قزن‌قفلی هم باید داشته باشد، پس آن‌وقت دیگر ممکن نیست که بتواند کوچک‌ترین سنگ‌بنای تقسیم‌نشدنی مادّه باشد.

در این نقدم از آن تصویر، دوستی هم از من پشتیبانی کرد که با او در جنبش جوانان چندباری به گردش رفته بودیم، و او خیلی بیشتر از من به فلسفه علاقه‌مند بود. همین رفیقم، که چند نوشته هم از فیلسوفان باستان دربارهٔ نظریّهٔ اتمی خوانده بود، یک‌بار هم کتاب درسی‌ای دربارهٔ فیزیک اتمی جدید به چشمش خورده بود (گمان می‌کنم کتاب زومرفلد دربارهٔ «ساختار اتم و خطوط طیفی» باشد)، که در آن هم تصاویر روشنی از اتم دیده بود. و با دیدن آن تصاویر به یقین رسیده بود که کلّ فیزیک اتمی جدید باید چیز نادرستی باشد، و به‌همین علّت هم سعی می‌کرد کاری کند تا من هم مطمئن شوم. و شما هم متوجّه‌اید که داوری‌های ما آن روزها خیلی شتاب‌زده‌تر از امروز بود و خیلی هم بیشتر از سر یقین! من هم ناچار شدم در اینجا حق را به دوستم بدهم که آن تصاویر روشن از اتم هم باید کاملاً نادرست باشد، امّا این حقّ را هم برای خودم محفوظ نگاه داشتم تا آن اشتباهات را در کار طرّاح تصاویر ببینم.

امّا نتیجهٔ این کار این شد علاقه‌ام سر جایش بماند تا دلایل خاص فیزیک اتمی را از نزدیک بهتر بشناسم؛ امّا در اینجا تصادف دیگری به کمکم آمد. در همان زمان‌ها شروع به خواندن محاوره‌ای از افلاطون کرده بودیم. امّا کلاس مدرسه چندان منظّم تشکیل نمی‌شد. پیشتر برای شما تعریف کردم که ما نوجوانان یک بار زمانی در پیکارهای انقلابی در واحدی نظامی خدمت می‌کردیم، که روبروی دانشگاه در مدرسهٔ طلبه‌های علوم‌دینی مستقر بود. کار ما در آنجا چندان هم سخت نبود، بلکه به‌عکس خطر پرسه‌زدن این‌وروآن‌ور خیلی بیشتر از خطر کار سخت بود. این هم پیش آمد که شب‌ها ناگزیر بودیم در خدمت واحد باشیم، یعنی اینکه کاری جز آن نداشتیم تا بی‌آقابالاسر و معلّم از زندگی کیف کنیم. آن‌روزها در ماه ژوئن ۱۹۱۹، تابستان گرمی داشتیم، و به‌خصوص صبح‌زود هم اصلاً دیگر خدمتی نداشتیم. و خیلی برایم پیش می‌آمد، که کمی بعد از طلوع آفتاب روی پشت‌بام مدرسهٔ طلبه‌های علوم‌دینی بروم و کتابی هم با خودم ببرم و در سر ناودان پشت‌بام دراز بکشم تا خودم را در آفتاب صبحگاهی گرم کنم، یا کنار ناودان پشت‌بام بنشینم و به تماشای شروع زندگی در خیابان لودویگ بنشینم.

یک‌بار هم به فکرم رسید تا یکی از مجلّدهای آثار افلاطون را با خودم ببرم – چون کار عن‌قریب در خیابان موراویتس‌کی شروع می‌شد – و به هوس افتادم چیز دیگری جز آن بخوانم که در درس مدرسه می‌خواندیم، و با سواد نسبتاً کمی هم که در زبان یونانی داشتم، سراغ محاورهٔ «تیمائوس» رفتم، که حالا با این کار در واقع برای اوّلین بار چیزی از منبع دست‌اوّل دربارهٔ فلسفهٔ ذرّه‌ای یونانی یاد می‌گرفتم. با خواندن این کتاب افکار اصولی نظریّهٔ اتمی خیلی بیشتر از پیش برایم روشن شد. گمان می‌کردم حالا دست‌کم نصفه‌نیمه آن

دلایلی را فهمیده‌ام که سبب شده بود تا فیلسوفان یونانی به کوچک‌ترین سنگ‌بنای مادّه فکر کنند که دیگر تقسیم‌شدنی هم نبود. نظری که افلاطون در «تیمائوس» پیش می‌کشید، که اتم‌ها اجسام منتظم است، چندان هم درست برایم روشن نبود، ولی باز رضایت خاطرم را فراهم می‌کرد، چون این اتم‌ها دیگر نه قلّاب داشتند، نه قزن‌قفلی. ولی پیشترها هم به این یقین رسیده بودم که چندان هم نمی‌توان به فیزیک اتمی پرداخت، بی‌آنکه فلسفهٔ طبیعی یونانی بدانیم، و پیش خودم هم فکر می‌کردم که طرّاح آن شکل اتم‌ها هم شاید بهتر بود ازسر صبر و آرام‌آرام افلاطون می‌خواند، پیش‌ازاینکه بخواهد به کار درست‌کردن آن اشکال بپردازد؛ شاید هم اصلاً بهتر بود شاگردمدرسهٔ ماکسی‌میلیان می‌شد!

امّا حالا، بی‌آنکه دوباره درست بدانم چگونه، با فکر بزرگی در فلسفهٔ طبیعی یونانی آشنا شده بودم، که پلی میان دوران باستان و دوران جدید می‌زد و توان عظیم خود را از زمان نوزایی به‌بعد آشکار کرده بود. این جهتی که فلسفهٔ یونانی در آن حرکت می‌کرد، یعنی نظریّهٔ ذرّه‌ای لوسیپ و دموکریت را، مادّی‌گرای می‌نامند. هرچند ازنظر تاریخی این اسم درست است، ولی امروز هم به‌آسانی اشتباه فهمیده می‌شود، چون کلمهٔ مادّی‌گرای در سرتاسر سدهٔ نوزدهم رنگ کاملاً خاص خود را گرفته بود، که به‌هیچ‌وجه با سیر فلسفهٔ طبیعی یونانی سازگاری ندارد. اگر این نکته را به یاد بیاوریم که اوّلین پژوهشگر دوران جدید که دوباره به سراغ نظریّهٔ ذرّه‌ای رفته بود، عالم کلامی و فیلسوف سدهٔ هفدهم، گاسندی بود، که به‌یقین هم با این کار غرضش این نبود تا به نزاع با تعالیم کلیسا برود، و برای خود دموکریت هم، اتم همان الفبایی بود که با آن پیدایی جهان را معیّن می‌کردیم، و نه محتوای آن را، آن‌وقت می‌توان از این تفسیر نادرست نظریّهٔ ذرّای کهن احتراز کرد. مادّی‌گرایی سدهٔ نوزدهم، به‌عکس، رشدش بر مبنای افکاری از نوع دیگر بود، که مشخّصهٔ دوران جدید است و ریشه در آن تقسیم دکارتی جهان به واقعیّت عینی و واقعیّت فکری دارد.

٤. علم و آموزش سنّتی

جریان عظیم علم و فنّاوری، که زمانهٔ ما آکنده از آن است، از دو منبع سرچشمه می‌گیرد که در حوزهٔ فلسفهٔ باستان قرار دارد، و حتّی اگر هم دراین‌میان دیگر جریان‌ها به این جریان پیوسته باشد، و بر آن جریان عظیم بارورکننده، چیز دیگری افزوده باشد، باز آن سرچشمه آن‌قدر عیان است که ردّ آن را می توان احساس کرد. پس در اینجا هم پژوهندهٔ علوم اتمی می‌تواند از آموزش سنّتی فایده‌ای ببرد. امّا حقیقت این است که انسان‌هایی که دل درگرو این دارند تا با آموزشی بیشتر عملی جوانان را برای ورود به صحنهٔ زندگی آماده کنند، باز

می‌توانند معترض شوند که بلدبودن آن مبانی فکری چندان هم برای زندگی عملی ثمری ندارد. و همان‌ها هم شاید باز بگویند باید مهارت‌های عملی زندگی امروزی را آموخت، یعنی زبان‌های نو، روش‌های فنّی تازه، مهارت در تجارت و محاسبه را کسب کرد، تا بتوان در زندگی موفّق شد؛ و آموزش سنّتی هم تاحدودی فقط زینت است، زرق‌وبرقی است که فقط شمار اندکی ازپس آن برمی‌آیند، یعنی کسانی که سرنوشت برایشان صحنهٔ زندگی را آسان‌تر از دیگران کرده است.

شاید این حرف در مورد خیلی‌ها درست باشد، برای آن کسانی که فقط می‌خواهند حرفه‌ای عملی داشته باشند، و خودشان هم علاقه‌ای ندارند تا در سروسامان‌دادن زمانهٔ ما سهمی داشته باشند. امّا کسی که به این کار رضایت نمی‌دهد، کسی که در رشته‌ای، چه فنّی باشد، چه پزشکی، می‌خواهد مبانی آن چیزها را بداند، آن کس دیریازود با این میراث دوران باستان رودررو می‌شود، و اگر هم از یونانیان فکر اصولی، پرسش اصولی را آموخته باشد، آن کس در کار خودش از این راه امتیازی نصیبش می‌شود. گمان می‌کنم برای مثال از آثار ماکس پلانک ـ که خود او هم دانش‌آموز همین مدرسه بوده است ـ به‌روشنی می‌توان دید که مدرسهٔ سنّتی بر فکر او تأثیر گذاشته و آن را بارور کرده بود. شاید هم بتوانم در اینجا به تجربهٔ خاص خودم بپردازم که سه‌سال پس از پایان تحصیلات متوسّطه برایم روی داد. در آن زمان در گوتینگن دانشجو بودم و با یکی دیگر از هم‌کلاسی‌هایم از پرسش دربارهٔ عینیّت اتم حرف می‌زدیم که از زمانی که به مدرسه می‌رفتم در سرم بود و به‌نظر هم معمّایی بود حل‌نشده که هنوز هم در پس آن پدیده‌های طیف‌نمایی بود، که در آن روزها هنوز چندان روشن نبود. این دوست از آن تصاویر عینی دفاع می‌کرد و می‌گفت که باید روزی به کمک فنّاوری جدید اصلاً میکروسکوپی با قدرت تفکیک زیاد بسازیم، مثلاً میکروسکوپی که با تابش گاما به‌جای نور معمولی کار کند. آن وقت دیگر می‌توان شکل اتم را به‌راحتی دید، و در آن زمان هم آن تأمّلات من برضدّ عینیّت آن تصاویر، دیگر به‌قطع نقش بر آب شده است.

این اعتراض ناراحتی عمیق من را برانگیخت. ترس من از این بود که در این میکروسکوپ فرضی باز همان قلّاب‌ها و قزن‌قفلی‌های کتاب درسی‌ام دیده شود، و من هم اینجا ناچار شوم به‌سبب آن تناقضی که به‌ظاهر این تجربهٔ فکری با تصوّرات بنیادی فلسفهٔ یونانی پیدا می‌کند، ازنو به مسئله فکر کنم. در این وضع، آموزشی که در فکر اصولی در مدرسه به‌دست آورده بودیم، خیلی به‌کمکم آمد، به‌طوری‌که برایم انگیزه‌ای شد تا با راه‌حل‌های اثبات‌نشده و نصفه‌نیمه کنار نیایم. همین‌جا بود که آن اندک سوادم از فلسفهٔ طبیعی یونانی، که پیش‌ترها به آن رسیده بودم، برایم فایدهٔ زیادی داشت.

وقتی در زمانهٔ خود از ارزش آموزش سنّتی حرف می‌زنیم، شاید هم دیگر اصلاً نتوانیم بگوییم رابطهٔ ما با علم در فیزیک اتمی جدید موردی یکتاست و ما هم در جاهای دیگر در علم، در فنّاوری یا در طبّ، با این پرسش‌های اصولی، دیگر چندان سروکار نخواهیم داشت. این ادّعا به‌این‌دلیل نادرست است، چون بسیاری از رشته‌های علمی در اساس خود با فیزیک اتمی پیوند نزدیک دارد. پس در آنجا هم سرانجام به همان پرسش‌های اصولی فیزیک اتمی می‌رسیم. بنای شیمی بر بنیان فیزیک اتمی افراشته شده است، اخترشناسی جدید با فیزیک اتمی نزدیک‌ترین رابطه را دارد، و اصلاً نمی‌تواند بدون فیزیک اتمی به‌جلو برود. حتّی امروز میان زیست‌شناسی و فیزیک اتمی پل‌هایی زده شده است. در دهه‌های اخیر پیوندهای میان علوم مختلف به‌میزانی بسیار بیشتر از گذشته عیان شده است. در خیلی از جاها می‌توان نشانه‌های آن سرچشمهٔ مشترک را دید و آن سرچشمهٔ مشترک هم دست‌آخر جایی در همان فکر دوران باستان دارد.

۵. عقیده به وظیفه

با این نتیجه‌گیری دوباره به‌تقریبی به همان نقطهٔ شروع حرفم برگشتم. در سرآغاز فرهنگ مغرب‌زمین پیوند نزدیک میان پرسش اصولی و اقدام عملی قرار دارد، که کار یونانیان است. همهٔ نیروی فرهنگ ما، حتّی امروز بر این پیوند استوار است. همهٔ پیشرفت‌های ما به‌تقریبی امروز هم از آن ناشی می‌شود، و به‌این معنا، پذیرش آموزش سنّتی، به‌سادگی به‌معنای پذیرش مغرب‌زمین و توان آن در ساخت فرهنگ است.

امّا آیا مدرسه‌ای، مانند همین مدرسهٔ ماکسی‌میلیان، می‌تواند اصلاً ازپس وظیفه‌ای که ما در اینجا از آن مطالبه می‌کنیم برآید، یعنی با تدریس زبان‌های کهن و تاریخ کهن، این احساس را در ما بیدار کند تا در راه استحکام این پیوند، که دشواری‌های بی‌اندازه دارد، یعنی پیوند میان طرح پرسش اصولی و عمل، باهمهٔ توان عمل کنیم؟ آیا می‌تواند در ما به این پیوند در واقع جان دهد؟ و اصلاً از آنچه در مدرسه می‌آموزیم، چقدرش باقی می‌ماند؟ آیا به‌نسبت همهٔ کار و زحمتی که در مدرسه می‌کشیم، چیزی که باقی می‌ماند خیلی‌خیلی کم نیست، و آیا اصلاً آموزشی سریع‌تر در مهارت‌های عملی ارجح نیست؟ صادق باشیم و یک‌بار دیگر مرور کنیم و ببینیم چه تصوّراتی از آن زمان‌ها از درس مدرسه در یادمان مانده است. شاید یکی‌دوتا از جزئیّات «جنگ سزار در گالین» که خیالمان را به حرکت وا می‌دارد، یا لشکرکشی پرمشقّت زنوفون به آسیای‌صغیر. بعد هم از تاریخ سده‌های میانه، یکی دو تصویر. یکی از بهترین معلّم‌های ما، آقای پاور، متوجّه شده بود که برای آنکه سال تاج‌گذاری پادشاهان، فتوحات آن‌ها، و شکست‌های آن‌ها را از این راه برای ما پرجاذبه کند، تصویری از زندگی در هریک از شهرهای قرون‌وسطی برایمان بکشد که آن وقایع در آنجا روی می‌داد: چگونه مردم حرکت می‌کردند، لباس می‌پوشیدند، غذا می‌خوردند، و چه فکری در سر داشتند. و بعد هم یکی‌دوجا از تراژدی‌های یونانی، که بدبختانه برگردان آن‌ها به زبان‌های دیگر خیلی دشوار است، و مسلّماً هم نقل‌هایی دربارهٔ ادیسه و قهرمانان یونانی. اثبات قضایا در هندسه هم بر من تأثیر عمیقی برجای گذاشت.

امّا از آن سواد ما به‌طورکلّی، در واقع آن چیزی باقی ماند که بعدها ناگزیر بودیم در کارمان به دیگران منتقل کنیم. یعنی شاید بشود گفت توشهٔ اندکی برایمان ماند. امّا حالا سؤال می‌کنم که آموزش سنّتی چیست، و اصلاً آموزش یعنی چه؟ و شما هم می‌دانید: آموزش آن چیزی است که وقتی همهٔ آن چیزهایی را که پیشتر آموخته‌ایم، فراموش کرده باشیم، باقی می‌ماند. یعنی اینکه، همان‌طورکه شما هم می‌دانید، آموزش همان درخششی است که در یاد ما از آن زمان‌هایی می‌ماند که به مدرسه می‌رفتیم، که بعدها هم در زندگی ما به کارش امتداد می‌دهد. این هم فقط درخشش جوانی نیست، که مسلّماً هم به همهٔ این دوره تعلّق دارد، بلکه درخششی است که از اشتغال با چیزهای مهمّ برمی‌خیزد؛ فضایی که در آن حرف از شاعران یونانی و پادشاهان رومی است، که در آن حرف از تندیس‌های فی‌دیاس در کتاب تاریخ است، از موسیقی در ارکستر مدرسه است، که برای ما یاد هایدن و موتسارت را زنده نگاه می‌دارد، شعر شیلر است، که آن‌که از همه در کلاس مستعدّتر است، پای تابلو می‌خواند. مسلّم است که درس مدرسه گاهی هم خشک است و حوصلهٔ ما را هم می‌برد، که همهٔ ما آن را قبول داریم. معلّم‌ها آن هیئت‌های آرمانی نیستند و نه دانش‌آموزان ملک. امّا دوران مدرسه یک کلّ است، همه چیز است، آن چیزی است که ما در آن زمان انجام می‌دادیم، آن چیزی است که به‌نحوی دنیای معنوی درس‌ومشق آن را معیّن کرده است. پس ما هم، اگر می‌خواهیم از تأثیر این مدرسه بر خودمان حرف بزنیم، نباید فقط به آن ساعت‌های درس فکر کنیم، بلکه باید به معلّم‌هایمان، و این بنای بزرگ در شوابینگ فکر کنیم. این تأثیر به‌گمان من بیش از این‌هاست. وقتی در زمان جنبش جوانان با دوستان بیرون کنار دریاچه‌های استرن می‌رفتیم، و در زیر چادر اشعاری از «هیپریون» هولدرلین می‌خواندیم، وقتی در یکی از قلّه‌های کوه‌های فیشتل «نبرد هرمان» از فون‌کلایست را می‌خواندیم، وقتی دور آتشی که شب‌ها دور چادر روشن می‌کردیم، شاکون باخ یا منوئتی از موتسارت می‌زدیم، همیشه در چنبرهٔ آن هوای معنوی مغرب‌زمین بودیم، که در آن به مدرسه رفته بودیم، که خود آن بخشی از زندگی ما شده بود. پس پذیرش آموزش سنّتی، پذیرش مغرب‌زمین هم هست، پذیرش فکر آن است، پذیرش دین آن است، و پذیرش تاریخ آن است.

امّا حالا هم، پس از آنکه در سال‌های اخیر مغرب‌زمین قدرت و اعتبارش این‌چنین بد از کفش رفته است، آیا هنوز هم بر ما حقّی باقی مانده است؟ دراین‌باره عجالتاً باید گفت که در اینجا اصلاً حرف از حقّ و امثال آن نیست، بلکه حرف از این است که ما چه *می‌خواهیم*. همهٔ جنب‌وجوش مغرب‌زمین از بینش نظری آن نشأت نمی‌گیرد، که بر اساس آن شاید پیشینیان ما خود را محقّ دانسته باشند تا به عمل دست بزنند، بلکه اصلاً از جای دیگری می‌آید: در این موارد همیشه عقیده در سرآغاز است و همیشه هم بوده است، و مقصود من هم فقط عقیده به مسیحیّت نیست، عقیده به آن انتظام معنادار جهان که خداوند به ما داده است، بلکه خیلی هم ساده عقیده به وظیفهٔ خود ما در این دنیا هم هست. عقیده هم مسلّماً به این معنا نیست که این‌یاآن چیز را حقیقت بدانیم، بلکه عقیده همیشه به این معناست: عزمم را به این کار جزم کرده‌ام، پس زندگی‌ام را بر آن می‌نهم. وقتی کلمب سفر اوّلش به غرب را آغاز کرد، گمان می‌کرد که زمین گرد است و آن‌قدر کوچک که بتواند آن را دور بزند. او این نکته را فقط نظراً درست نمی‌دانست، بلکه زندگی خود را بر آن گذاشته بود. در

تاریخ اروپا در جهان، آن‌چنان‌که فرایر به‌تازگی نشان داده است، و از این چیزها هم در آن می‌گوید، به‌حق هم از این فرمول قدیمی استفاده شده است: «*ایمان دارم تا بفهمم*»، و فرایر هم آن را به این سفرهای اکتشافی با اضافه‌کردن چیزی به آن تعمیم می‌دهد: «*ایمان دارم، تا عمل کنم، عمل می‌کنم، تا بفهمم*». این صورت‌بندی نه فقط با اوّلین سفر به دور دنیا سازوار است، بلکه با همهٔ علم مغرب‌زمین هم سازوار است، و حتّی با همهٔ مأموریّت مغرب‌زمین. این صورت‌بندی، آموزش سنّتی و علم را دربر می‌گیرد؛ و اینجا هم جایی است که دیگر برای فروتنی محلّی نیست: یک‌نیمه از دنیای امروز ما، یعنی غرب، قدرتی بی‌سابقه پیدا کرده است؛ و برای این کار هم فکر مغرب‌زمین را، تسلّط بر نیروهای طبیعی و استفاده از آن‌ها با علم را، از راهی که تاکنون بر ما شناخته‌شده نبود، به حوزهٔ عمل برد؛ نیمهٔ دیگر دنیا، شرق، با اعتماد به نظریّه‌های علمی فیلسوفی اروپایی و اقتصاددانی ملّی موجودیّت خود را حفظ کرده است. کسی نمی‌داند آینده چه پیش خواهد آورد، و چه قدرت‌های فکری‌ای جهان را اداره خواهند کرد، و ما هم می‌توانیم کارمان را فقط با این آغاز کنیم که ما به چیزی ایمان داریم و چیزی هم می‌خواهیم.

ما می‌خواهیم دوباره زندگی معنوی در اینجا شکوفا شود، بازهم در اینجا، در اروپا افکاری رشد کند که چهرهٔ جهان را مشخّص می‌کند. ما زندگی خود را بر سر این می‌گذاریم تا به‌همان میزان هم که سرچشمه‌های خود را به‌یاد می‌آوریم، و دوباره راه بر تعاملی سازوار میان نیروهای سرزمین خود می‌یابیم، شرایط بیرونی زندگی اروپایی هم از آنچه در پنجاه‌سال گذشته بوده است، بهروزی بیشتری بیابد. ما می‌خواهیم جوانان ما باوجود همهٔ سردرگمی‌های در بیرون، در فضای معنوی مغرب‌زمین رشد کنند، تا به سرچشمه‌های نیرویی دست یابند که بیش از دوهزار سال است که آبشخور سرزمین ماست. اینکه در جزئیّات چه پیش خواهد آمد، در درجهٔ دوم دغدغهٔ ماست. اینکه ما آموزش سنّتی را بپذیریم، یا شکل دیگری از نظام آموزش را، آن چیزی نیست که اهمیّتی قطعی داشته باشد. آنچه می‌خواهیم این است که درهرصورت و پیشاپیش از همه، فکر مغرب‌زمین را بپذیریم.

۷

فهم از طبیعت در فیزیک امروزی[۱۳]

این پرسش مطرح است آیا نظر انسان امروزی از طبیعت، آن‌قدر از اساس با دیدگاه انسان در زمان‌های پیشتر فرق دارد که به نقطهٔ آغازین کاملاً متفاوتی در هر رابطه‌ای با آن، برای مثال در رابطهٔ هنرمند با آن، نیاز است. نظر امروزی ما به طبیعت بیان خود را دیگر چندان مانند سده‌های گذشته در فلسفه‌ای طبیعی نمی‌یابد، بلکه به‌یقین علم و فنّاوری جدید آن را یک‌سره معیّن می‌کند. به‌همین‌سبب برای فیلسوف طبیعت‌گرا نه تنها کاملاً آسان‌تر است تا از فهم از طبیعت در علم امروزی، بلکه به‌خصوص از فهم فیزیک امروزی از طبیعت سؤال کند. مسلّم است که در اینجا باید در همان آغاز جانب احتیاط را رعایت کنیم: هیچ دلیلی وجود ندارد گمان کنیم فهم از جهان در علم امروزی، به‌طور مستقیم بر رودررویی ما با طبیعت – مانند رودررویی هنرمند امروزی با طبیعت – تأثیری برجای گذاشته باشد؛ هرچند می‌توان این نکته را کاملاً پذیرفته‌شده دانست که دگرگونی در بنیان علوم جدید نشانی بر دگرگونی‌های ریشه‌دار در مبانی وجودی ماست که خود به‌یقین سبب پیدایی بازخوردهایی در همهٔ حوزه‌های زندگی ما می‌شود. از این نظر این نکته برای انسان اهمیّت دارد، چه بخواهد طبیعت را ازسر خلاقیّت یا با فلسفه درک کند، تا از خود سؤال کند چه دگرگونی‌هایی در دهه‌های اخیر در فهم از طبیعت در علم به‌وجود آمده است.

۱. مسئلهٔ طبیعت

تغییر در نظر انسان دربارهٔ طبیعت

در آغاز نظری به ریشه‌های تاریخی علم دوران جدید می‌افکنیم. زمانی که در سدهٔ هفدهم، کپلر، گالیله و نیوتون علم جدید را بنیان نهادند، در همان زمان در آغاز هنوز هم فهم قرون‌وسطایی از طبیعت پابرجا بود، که در آن، طبیعت ساختهٔ خدا بود. طبیعت را ساختهٔ خدا می‌انگاشتیم، و به‌همین سبب هم بر انسان‌های آن زمان‌ها بی‌معنا بود تا پرسشی دربارهٔ دنیای مادّی مطرح کنند که از خدا جدا باشد. برای آنکه سندی از آن زمان به‌دست دهم،

---

[۱۳] اختلاف اندکی میان نسخهٔ «آن سوی مرزها»، که در آنجا هم این نوشته آمده است، و نسخهٔ «فهم از طبیعت در فیزیک امروزی» وجود دارد، و زیرعنوان‌ها هم فقط در این نسخه آمده است، که ما هم به‌اقتباس از آن ، آن‌ها را در اینجا ذکر کردیم (یادداشت بر نسخهٔ فارسی).

سخنرانی در همایش فرهنگستان هنرهای زیبا در مونیخ در تاریخ هفدهم نوامبر۱۹۵۳، انتشار اولّیه در: ورنر هایزنبرگ، فهم از طبیعت در فیزیک امروزی، دایرةالمعارف آلمانی روولت، جلد هشتم، هامبورگ، ۱۹۵۵، ،صفحات ۷– ۲۳ (یادداشت بر نسخهٔ آلمانی در کتاب دیگر هایزنبرگ «آن سوی مرزها»).

حرف‌های کپلر را نقل می‌کنم که او جلد آخر کتاب خود، «هماهنگی جهان»، را با آن به‌پایان می‌رساند: «ای خداوند بزرگ، ای آفرینندهٔ ما، تو را سپاس می‌گویم، که زیبایی کارگاه آفرینش خود را به من نشان دادی، آن شکوهی را که با دستانت ساخته بودی. ببین، که من آن کاری را پایان دادم، که در خود بر انجام آن مأموریّتی می‌دیدم؛ من آن استعدادی را به‌کار گرفتم، که تو به من داده بودی. من آنچه را با فکر محدود خود می‌توانستم بفهمم، آن شکوه کارهایت را، بر آن مردمی آشکار کردم، که روزی این دلایل را خواهند خواند.»
امّا در کمتر از چند دهه بعد، نظر انسان به طبیعت از بنیان تغییر کرد. این تغییر به‌این‌سبب بود که پژوهنده‌ای که به رویدادهای طبیعی در جزئیّات می‌نگریست، درمی‌یافت که درعمل می‌تواند، مانند کاری که گالیله آغاز کرده بود، رویدادهای طبیعی منفرد را از جمع آن‌ها جدا کرده، به‌زبان ریاضی تشریح کند و آن‌ها را «توضیح» دهد. و در این کار هم بر او روشن شد که چه کار بی‌انتهایی بر دوش علمی است که تازه آغاز به‌کار کرده بود. به‌این سبب هم حتّی برای نیوتون جهان دیگر آن کارگاه الهی نبود که آن را در کلیّت خود به‌سادگی می‌توانستیم بفهمیم. نظر او دربارهٔ طبیعت را می‌توان با گفتهٔ مشهورش این‌طور بیان کرد که خود می‌گفت که برایش چون کودکی پیش می‌آید که در ساحل دریا بازی می‌کند و از این دلشاد است که گاه‌وبی‌گاه ریگی صاف‌تر یا صدفی زیباتر از معمول می‌یابد، درحالی‌که دریای عظیم حقیقت نامکشوف پیش روی اوست. این دگرگونی در نظر پژوهشگر از طبیعت را شاید بتوان این‌طور فهمید که در سیر تفکّر مسیحی در آن ادوار، خدا آن‌قدر برفراز زمین در آسمان‌ها به‌نظر بالا رفته بود، که این کار فایده‌ای داشت تا به زمین جدا از او نگریسته شود. شاید هم حتّی در این حد درست باشد تا در علم دوران جدید – آن‌چنان‌که نزد ما کاملاً هم دیده می‌شود – از صورت خاصّی از مسیحیّت بی‌خدا حرف بزنیم و با آن این نکته را روشن کنیم که چرا سیری متناظر با این در دیگر حوزه‌های فرهنگی محقّق نشده است. و این اصلاً تصادفی نیست که در آن زمان در هنرهای تجسّمی، طبیعت فی‌نفسه موضوع تجسّم می‌شود، بی‌آنکه موضوع دین باشد. در مورد علم هم همین گرایش مصداق دارد، یعنی آنکه به طبیعت نه تنها جدا از خدا، بلکه جدا از انسان نگریسته می‌شود، تاآنکه آرمان تشریحی «عینی» از طبیعت یا توضیح طبیعت به‌وجود آید. به‌علاوه بر این نکته هم باید تأکید کنیم که حتّی در چشم نیوتون هم آن صدف به‌این‌دلیل مهم است که از دریای حقیقت آمده است، یعنی مشاهدهٔ آن به تنهایی هنوز خودش هدف نیست، بلکه مطالعهٔ آن معنای خود را زمانی می‌یابد که ارتباط آن با کلّ را در نظر بگیریم.
طیّ زمان، از روش مکانیک نیوتونی بازهم در دیگر حوزه‌های طبیعت با کامیابی استفاده شد. کوشش‌هایی به‌عمل آمد تا با انجام آزمایش‌هایی، جزئیّات در پدیده‌های طبیعی از

آن‌ها جدا شود، به آن‌ها به‌طور عینی نگریسته شود و قانونمندی‌های آن‌ها فهمیده شود. این کار در پی آن بود تا ارتباط‌های میان آن‌ها را به‌زبان ریاضی صورت‌بندی کند، و با این کار به «قانون‌هایی» برسد که در همهٔ کیهان بدون‌محدودیّت درست باشد؛ و سرانجام هم این کار از این راه ممکن شد که از نیروهای طبیعت در راه مقاصد خودمان در فنّاوری استفاده کردیم. پیشرفت بسیار چشمگیر مکانیک در سدهٔ هجدهم، پیشرفت نورشناسی، مهندسی حرارت و نظریّهٔ حرارت در آغاز سدهٔ نوزدهم، همگی شاهدی بر توانایی این فکر است.

تغییر در معنای کلمهٔ «طبیعت»

به‌همان میزان که این نوع استفاده از علم ثمربخشی خود را نشان می‌داد، علم به‌سوی حوزه‌های دورافتاده‌تری در طبیعت هم گسترش پیدا کرد که از حوزهٔ تجربهٔ روزمرّه فراتر می‌رفت؛ این حوزه‌ها را در آغاز با آن فنّاوری‌ای توانستیم مهار کنیم، که خود در ارتباط با علم پدیدار شده بود. گامی هم که در حرکت نیوتون اهمیّتی قطعی داشت، این شناخت بود که قوانین مکانیک که بر فرود سنگی حاکم است، همان‌ها هم حرکت ماه به دور زمین را مشخّص می‌کند، که از آن هم می‌توان در ابعاد کیهانی استفاده کرد. علم، در سیر حرکت خود، در حرکت پیروزمندانهٔ خود در جبهه‌ای با گسترهٔ زیاد، به‌سوی آن حوزه‌های دورافتادهٔ طبیعت روانه شد، تا از آن‌ها از بیراهه به‌کمک فنّاوری، یعنی دستگاه‌هایی که کم‌وبیش پیچیده بود، اطّلاعی به‌دست آورد. ستاره‌شناسی، مستظهر به تلسکوپ‌هایی که هر روز بهتر می‌شد، به فضاهای کیهانی گسترده‌تری دست می‌یافت، شیمی از راه مطالعهٔ رفتار مواد در ترکیب‌های شیمیایی، کوشید تا فرایندها را در ابعاد اتمی مهار کند؛ آزمایش با ماشین‌های القایی و پیل‌های ولتایی، چشم ما را برای اوّلین‌بار به آن پدیده‌های الکتریکی‌ای گشود که تا آن زمان در زندگی ما بر ما پوشیده بود. و این‌طور شد که معنای کلمهٔ «طبیعت» اندک‌اندک به موضوع پژوهش در علم تغییر پیدا کرد؛ مفهومی کلّی شد بر همهٔ حوزه‌های تجربی‌ای که انسان می‌توانست با ابزار علم و فنّاوری در آن‌ها رخنه کند؛ و در این کار فرقی هم نمی‌کرد که آن‌ها از فهم مستقیم او از «طبیعت» برخاسته باشد یا نباشد. حتّی کلمهٔ «تشریح»-طبیعت کم‌وبیش معنای اصلی خود، نمایاندن را از دست داد، که تاحدّامکان بایستی تصویری زنده، روشن از طبیعت به ما منتقل می‌کرد. تشریح ریاضی طبیعت، هرچه بیشتر، آن چیزی شد که منظور ما بود، یعنی مجموعه‌ای تاحدّامکان دقیق، موجز، امّا جامع از اخباری دربارهٔ روابط قانونمند در طبیعت.

این بسط از مفهوم طبیعت، که با این سیر، به‌تقریبی ازسر ناآگاهی، پیش می‌رفت، دیگر حتّی بی‌نیاز از آن بود تا انشقاقی بنیادی از هدف‌های اصلی علم به‌حساب آید، زیرا مفاهیم

اصولی مهم برای درک وسیع‌تر همان‌هایی بود که در درک طبیعی به آن‌ها نیاز بود؛ طبیعت به‌این‌ترتیب در سدهٔ نوزدهم چون سیری قانونمند در مکان و زمان نمایان شد، که بر تشریح آن از انسان، و از مداخلهٔ انسان در طبیعت، اصولاً می‌توانستیم صرف‌نظر کنیم، هرچندکه درعمل نمی‌توانستیم.

مادّه آن چیزی شد که در دگرگونی رویدادها پابرجا می‌ماند و جرمش تغییر نمی‌کند، امّا نیرو می‌تواند آن را حرکت دهد. و چون تجربه‌های خود در شیمی را هم، می‌توانستیم از سدهٔ هجدهم به بعد با فرضیّهٔ اتمی – که برگرفته از قرون‌وسطی بود – هم باکامیابی منظّم کنیم و هم تفسیر، به این فکر بسیار نزدیک بودیم تا به‌معنای فلسفهٔ طبیعی باستان، اتم را آن موجود به‌ذات بدانیم که سنگ بنای مادّه بود، بی‌آنکه تغییر کند. همان‌طورکه در فلسفهٔ دموکریت آمده بود، در اینجا هم کیفیّات محسوس مادّه ظاهری بود. بو یا رنگ، دما یا سختی خواص ذاتی مادّه نبود، بلکه از برهم‌کنش میان مادّه و حواس ما پدیدار می‌شد، و به‌همین سبب هم باید آن‌ها را با ترتیب اتم‌هایشان و حرکت آن‌ها و تأثیر این ترتیب اتم‌ها بر حواس خود توضیح دهیم. و چنین شد که آن فهم بسیار سادهٔ مادّی‌گرایی سدهٔ نوزدهم از جهان به‌وجود آمد: اتم‌ها، موجوداتی که اصلاً تغییر نمی‌کند، در فضا و زمان در حرکت است، و با نظم خود نسبت به‌یکدیگر و حرکت خود، گوناگونی رویدادها را در دنیای حواس ما برمی‌انگیزد.

بحران در تصوّر مادّی‌گرای از طبیعت

رخنه در این فهم از جهان، که در آغاز هم چندان خطر بزرگی هنوز به‌حساب نمی‌آمد، در نیمهٔ دوم سدهٔ پیش با نظریّهٔ الکتریسیته روی داد، که در آن دیگر مادّه در کار نبود، بلکه آنچه به‌واقع باید به‌حساب می‌آمد، میدان نیرو بود. تعاملی میان میدان‌های نیرویی که مادّه‌ای ندارد تا برانگیزندهٔ نیرو شود، چندان هم فهمش به آن آسانی نبود که در تصوّر مادّی‌گرای از واقعیّت در فیزیک اتمی بود، و عنصری از انتزاع و ابهام را در آن تصویری از جهان وارد می‌کرد، که پیش از آن به‌ظاهر روشن بود. و کوشش در این راه هم چندان کم نبود تا از بیراهه عنصری مادی مانند اتر را وارد کنیم که باید این میدان‌های نیرو را به‌مانند محیطی کشسانی بر خود حمل می‌کرد، تا دوباره به مفهوم سادهٔ مادّه در فلسفهٔ مادّی‌گرای باز گردیم؛ امّا چنین کوشش‌هایی هم کامیابی‌های درستی به‌همراه نداشت. ولی بازهم خود را با این فکر آرام می‌کردیم که باوجود این تغییرات در میدان‌های نیرو، آن‌ها را می‌توان فرایندهایی در زمان و مکان دانست که به‌صورتی کاملاً عینی، یعنی بدون ارجاع به شیوه‌ای که آن‌ها را می‌توان مشاهده کرد، تشریح می‌کنیم، و به‌این سبب با سیری قانونمند در زمان و مکان، که به‌طور کلّی تصویر آرمانی پذیرفته‌شده‌ای است، متناظر است. ازین‌پس توانستیم

میدان‌های نیرو را، که حالا دیگر تنها می‌توانست از راه برهم‌کنش آن‌ها با آن اتم‌ها مورد نظر باشد، آن چیزی بدانیم که اتم‌ها آن‌ها را برانگیخته است، و از آن‌ها تاحدودی تنها در توضیح حرکت اتم‌ها می‌توانیم استفاده کنیم. تا اینجا هم باز اتم‌ها موجودات به‌ذات باقی ماند، که میان آن‌ها، آن فضای خالی، آنکه در بالاترین حدّش برانگیزندهٔ میدان نیرو و هندسهٔ آن بود، در درجاتی از نوعی واقعیّت برخوردار بود.

در این فهم از جهان این نکته چندان اهمیّت نداشت که پس از کشف پرتوزایی در سال‌های آخر سدهٔ پیش، اتم در شیمی را دیگر آن سنگ‌بناهایی آخرین مادّه ندانیم که تقسیم‌شدنی هم نبود، بلکه بیشتر آن‌ها را متشکّل از سه سنگ‌بنای بنیادی از سه نوع بدانیم، که آن‌ها را امروز پروتون، نوترون و الکترون می‌نامیم. این شناخت در نتایج عملی خود، به تبدیل عناصر به‌یکدیگر و به فنّاوری اتمی انجامید، و به‌این سبب هم اهمیّت بسیار زیادی پیدا کرد. امّا در آن پرسش‌های اصولی هم اصلاً چیزی تغییر نمی‌کند که ما پروتون، نوترون و الکترون را کوچک‌ترین ذرّات مادّه بدانیم، و آن‌ها را در اصل موجود تفسیر کنیم. آنچه بر فهم مادی از جهان اهمیّت دارد، این امکان است تا کوچک‌ترین سنگ‌بناهای ماده و ذرّات بنیادی را، آخرین واقعیّت عینی آن بدانیم. بر این اساس، فهم از جهان در چارچوب مستحکم خود در سدهٔ نوزدهم و در آغاز سدهٔ بیستم استوار بود، و به‌دلیل همین سادگی‌اش، چندین دهه قدرت یقین خود را به‌تمامی حفظ کرد.

امّا درست در این نقطه، در سدهٔ ما تغییراتی بنیانی در اصول فیزیک اتمی روی داده است که از فهم از واقعیّت در فلسفهٔ ذرّه‌ای باستان دور می‌شود. این نکته بر ما آشکار شد که آن واقعیّت عینی که از ذرّات بنیادی انتظار داشتیم، ساده‌انگاری‌ای با تقریب بسیار زیاد از امرواقع بود و بر این کار به تصوّراتی نیاز است که بیشتر انتزاعی باشد. اگر بخواهیم تصویری از چگونگی وجودی ذرّات بنیادی پیش خود مجسّم کنیم، اصولاً دیگر نمی‌توانیم فرایندهای فیزیکی‌ای را نادیده بگیریم، که از راه آن‌ها دراین‌باره خبری به‌دست می‌آوریم. هنگامی که به اشیاء موضوع تجربهٔ روزانهٔ خود می‌نگریم، در اینجا فرایند کلاسیکی که وارد کار می‌شود تا مشاهده را به ما انتقال می‌دهد، اهمیّتی ثانوی دارد. امّا در مورد کوچک‌ترین ذرّات ماده، هر فرایندی از مشاهده سبب اختلال بزرگی می‌شود، به‌طوری‌که دیگر اصلاً نمی‌توانیم از رفتار ذرّه جدا از فرایند مشاهده حرف بزنیم. نتیجهٔ این کار سرانجام این خواهد بود که قوانین طبیعی‌ای که در مکانیک کوانتومی به‌زبان ریاضی صورت‌بندی می‌کنیم، دیگر از ذرّات بنیادی فی‌نفسه حرف نمی‌زند، بلکه از شناخت ما از آن ذرّات چیزی می‌گوید. این پرسش که آیا این ذرّات «فی‌نفسه» در زمان و مکان وجود دارد، دیگر نمی‌تواند به‌این‌صورت مطرح شود، زیرا ما همواره تنها می‌توانیم از فرایندهایی حرف بزنیم که در

آنجا جریان دارد، از برهم‌کنش آن ذرّهٔ بنیادی با نظام‌های فیزیکی دلخواه دیگری، برای مثال با دستگاه‌های اندازه‌گیری دیگری که به این کار می‌آید تا رفتار آن ذرّه را مهار کنیم. تصوّر از واقعیّت عینی ذرّات بنیادی در اینجا به‌طرزی شگفت دچار پراکندگی است، و آن‌هم نه در میان آن ابری از تصوّر از واقعیّت که چیزی است نو، مبهم یا چیزی که هنوز آن را نفهمیده‌ایم، بلکه در شفافیّت ریاضیاتی که یکسره روشن است، که دیگر رفتار ذرّهٔ بنیادی را به ما نمی‌نمایاند، بلکه *شناخت ما* از رفتار آن را به ما نشان می‌دهد. فیزیک‌دان اتمی ناگزیر شد با این فکر کنار بیاید که علمش تنها حلقه‌ای است در آن زنجیرهٔ بی‌پایان جدال انسان با طبیعت که در آن دیگر نمی‌تواند به‌سادگی از طبیعت «فی‌نفسه» چیزی بگوید. علم همواره انسان را ضروری می‌داند، و ما هم باید به این نکته ـ چنان‌که بور می‌گوید ـ آگاه باشیم، که در بازی زندگی، تنها تماشاگر نیستیم، بلکه همواره هم بازیگریم.

۲. فنّاوری
رابطهٔ فنّاوری و علم

پیش‌از‌این‌که از تبعات کلّی این وضع تازه در فیزیک امروزی حرف بزنیم، باید بازهم از توسعهٔ فنّاوری بگوییم که در زندگی عملی بر روی زمین اهمیّت بیشتری دارد و با توسعهٔ علم دست‌اندر‌دست پیش می‌رود. نخست آن‌که این فنّاوری، علم مغرب‌زمین را در سرتاسر زمین گستراند و به آن کمک کرد تا جایگاهی مرکزی در فکر زمان ما بیابد. در جریان رشد فنّاوری در دویست سال اخیر فنّاوری همواره بازهم پیش‌شرط و نتیجه‌ای از علم بوده است. فنّاوری پیش‌شرط است، زیرا توسعهٔ علم و پژوهش در آن غالباً از راه دستگاه‌های اندازه‌گیری‌ای ممکن شده است که دقّت بیشتری پیدا کرده است. شاید بجا باشد تا اختراع تلسکوپ و میکروسکوپ یا کشف پرتوهای رونتگن را در اینجا یادآوری کنیم. فنّاوری ازطرفی هم نتیجهٔ علم است، زیرا بهره‌برداری فنّی از نیروهای طبیعت به‌طور عموم در آغاز بر پایهٔ شناختی عمیق از قوانین طبیعی دربارهٔ آن حوزه‌ای ممکن می‌شود که موضوع تجربه است.

و چنین شد که در آغاز در سدهٔ هجدهم و در سال‌های آغازین سدهٔ نوزدهم فنّاوری‌ای رشد کرد که بر استفادهٔ مکانیکی از فرایندها استوار بود. در اینجا ماشین غالباً فعّالیّت دست انسان را تقلید می‌کند، چه این کار در ریسندگی و بافندگی باشد، چه در بلندکردن بار یا در پرداخت قطعات آهنی بزرگ. به‌همین سبب این شکل از فنّاوری را در ابتدا ادامه و توسعهٔ همان کارهای دستی قدیم می‌دیدیم. این فنّاوری بر آن‌که هم از بیرون به آن می‌نگریست، درست همان‌قدر فهمیدنی بود و روشن، که کارهای دستی قدیم، که اساس آن را هرکسی

می‌شناخت، هرچندکه خود نمی‌توانست ظرافت‌های دستی را در جزئیّات آن تقلید کند. حتّی ورود ماشین بخار هم نتوانست این ویژگی فنّاوری را از بنیان تغییر دهد؛ امّا از این زمان به‌بعد بود که بر گسترش فنّاوری به‌مقیاسی افزوده می‌شد، که پیشتر سراغ نداشتیم، زیرا این‌بار توانستیم نیروهای طبیعی را که در زغال‌سنگ ذخیره شده بود، در خدمت انسان بگیریم تا جای کار دستی او را بگیرد.

امّا تغییر قطعی در این ویژگی فنّاوری، با پیشرفت الکتروتکنیک در نیمهٔ دوم سدهٔ پیش روی داد. در اینجا دیگر حرف از ارتباطی مستقیم با کار دستی گذشته نبود، بلکه بیشتر حرف از بهره‌برداری از نیروهایی طبیعی بود، که برای انسان در تجربهٔ مستقیم در طبیعت به‌کلّی ناشناخته بود. درست به‌همین سبب است که الکتروتکنیک حتّی امروز هم برای بسیاری از انسان‌ها جای شگفتی دارد، یا دست‌کم آن را غالباً فهمیدنی نمی‌دانند، هرچندکه دورتادورمان را گرفته است. سیم‌های برق با ولتاژبالا که نباید به آن‌ها نزدیک شویم، در واقع به ما به‌نوعی درسی عینی از مفهوم میدان نیرو می‌دهد، که علم از آن استفاده می‌کند، هرچندکه در اصل این حوزهٔ طبیعت به چشم ما غریبه است. نگاه به داخل دستگاهی پیچیده که برقی باشد، برایمان گاهی همان‌قدر دل‌پذیر نیست که تماشای عمل جرّاحی.

فنّاوری در شیمی را هم شاید بتوان ادامهٔ رشته‌هایی از همان پیشه‌های قدیم دانست؛ مثلاً رنگرزی، دبّاغی و دواسازی را در نظر بگیریم. امّا در همین‌جا هم دامنهٔ رشد فنّاوری در شیمی از زمان سپری‌شدن سدهٔ پیش به‌حدّی است که اصلاً جایی برای مقایسه با آنچه در گذشته بوده، باقی نمی‌گذارد. در فنّاوری اتمی هم سرانجام حرف از بهره‌برداری تمام‌عیار از نیروهای طبیعی است، که دسترسی به‌آن‌ها در دنیای تجربهٔ روزانه هم بر ما میسّر نیست. شاید این فنّاوری هم سرانجام روزی همان‌قدر عادی شود که الکتروتکنیک امروزه برای مردم آشناست، به‌طوری‌که آن را دیگر نمی‌توانیم از محیطی که مستقیم با آن رودرروییم، بیرون کنیم. امّا چیزهایی که هرروز در اطراف خود می‌بینیم، باز به‌معنای درست کلمه جزئی از طبیعت نمی‌شود. امّا شاید روزی فرا رسد که همهٔ دستگاه‌های فنّی که انسان ناگزیر به استفاده از آن‌هاست، برای ما هم درست مانند صدف برای حلزون یا تار برای عنکبوت شود. امّا در آن روز این دستگاه‌ها بیشتر بخشی از ارگانیسم انسان خواهد بود تا بخشی از طبیعت پیرامونش.

مداخلهٔ فنّاوری در رابطهٔ طبیعت با انسان

به‌این ترتیب فنّاوری در رابطهٔ طبیعت با انسان از این راه مداخله می‌کند که محیط او را به‌میزان زیادی تغییر می‌دهد و وجه علمی دنیا را در برابر دیدگان او بی‌وقفه و به‌ناگزیر نمایان می‌کند. ادّعای علم مبنی بر اینکه به همهٔ کیهان به‌روشی دست می‌یابد، یعنی از

این راه که در لحظه‌ای موردی منفرد را می‌کاود و آن را روشن می‌کند، و از ارتباطی به ارتباط دیگری پیش می‌رود، در این فنّاوری بازتاب دارد که گام‌به‌گام در حوزه‌های تازه‌ای ورود پیدا می‌کند، محیط ما را در برابر چشمانمان تغییر می‌دهد و بر آن، آن نقشی را می‌زند که تصوّر ما از آن است. درست همان‌طورکه در علم هر پرسش منفردی از این کار مهم متابعت می‌کند تا طبیعت را در کلّیتش بفهمیم، هر پیشرفتی هم در فنّاوری، حتّی کوچک‌ترین آن، در خدمت این هدف کلّی است تا قدرت مادّی انسان را بگستراند. به ارزش این هدف همان‌قدر کم شک می‌کنیم که به ارزش شناخت از طبیعت در علم، و هردو هدف هم باهم به سوی شعار واحد «دانایی توانایی است» در حرکت است. و هرچند این متابعت از هدفی مشترک را در مورد هر فرایند فنّی منفردی می‌توان اثبات کرد، ولی بازهم شاخصهٔ پیشرفت کلّی این است که آن فرایند فنّی منفرد غالباً آن‌چنان به‌طور غیرمستقیم با کلّ مرتبط است که دیگر اصلاً نمی‌توانیم آن را جزئی از نقشه‌ای آگاه در راه دسترسی به آن هدف بدانیم. در چنین جاهایی دیگر فنّاوری چندان محصول کوشش آگاه انسان نیست تا قدرت مادّی خود را گسترش دهد، بلکه بیشتر درکلّ خود فرایندی زیست‌شناختی است که در آن، ساختارهایی که در ارگانیسم انسان قرار دارد، در مقیاسی که همواره بزرگ‌وبزرگ‌تر می‌شود به محیط پیرامونی او منتقل می‌شود؛ یعنی فرایندی زیست‌شناختی که فی‌نفسه از مهار انسان بیرون است؛ زیرا «*انسان می‌تواند آنچه می‌خواهد، در واقع بکند، امّا نمی‌تواند آنچه می‌خواهد، بخواهد*».[۱۴]

۳. علم، بخشی از تعامل میان انسان و طبیعت

فنّاوری و تغییر در سبک زندگی

دراین باره غالباً می‌گوییم که دگرگونی‌های عمیقی که در محیط ما و در سبک زندگی ما در عصر فنّاوری به‌وجود آمده است، فکر ما را هم به‌طرز خطرناکی تغییر داده است، به‌طوری‌که در اینجا ریشهٔ بحران‌هایی را می‌توانیم بیابیم که زمانهٔ ما را تکان داده است و برای مثال در هنر معاصر هم دیده می‌شود. این اعتراض درحقیقت کهن‌سال‌تر از فنّاوری و علم در دوران نوست، زیرا فنّاوری و ماشین در شکل ابتدایی خود خیلی پیشتر هم وجود داشته است، به‌طوری‌که انسان در آن گذشته‌های دور هم ناگزیر به فکرکردن به این پرسش‌ها بوده است. دوهزاروپانصد سال پیش برای نمونه حکیم چینی چوانگ‌زا از خطر

---

[۱۴] اشاره به نظر شوپنهاور است (یادداشت بر نسخهٔ فارسی).

استفادهٔ انسان از ماشین حرف زده است، و من هم در اینجا مایلم جایی از نوشته‌های او را برای شما نقل کنم، که در موضوع ما مهم است:

«روزی زاچونگ در اطراف رود هان گردش می‌کرد؛ چشمش به پیرمردی افتاد که در باغچهٔ سبزی‌اش مشغول کار بود. پیرمرد چند جوب برای آبیاری کنده بود. خودش به ته چاه می‌رفت و سطلی پر از آب را با دست بالا می‌آورد، تا آن را در آن جوب‌ها خالی کند. او خیلی به‌خودش زحمت می‌داد، ولی کار زیادی هم ازپیش نمی‌برد.

زاچونگ رو به پیرمرد کرد و گفت: دستگاهی هست که با آن می‌توانید روزی صد جوب را پر از آب کنید. زحمت کمتر، امّا نتیجهٔ بهتر. نمی‌خواهید از آن استفاده کنید؟

باغبان پیر صاف ایستاد، نگاهی به او کرد و گفت: و آن چیست؟

زاچونگ در جوابش گفت: دسته‌ای چوبی بردارید که یک‌سرش سنگین باشد و سر دیگرش سبک. با آن دسته می‌توانید آب از چاه بکشید تا آن را خالی کنید. اسم این هم آب‌کشیدن از چاه است.

پیرمرد عصبانی شد، امّا با خنده گفت: از معلّمم شنیدم که می‌گفت: کسی که از چرخ استفاده می‌کند، همهٔ کارهایش را هم با چرخ انجام می‌دهد؛ و آن‌که کارهایش را با چرخ انجام می‌دهد، قلبش هم مثل چرخ می‌شود. و آن‌که هم در سینه‌اش قلبی مثل چرخ دارد، آن کس دیگر سادگی خالص از کفش بیرون رفته است. آن‌که سادگی خالص هم از دستش رفته است، در تحرّک فکر هم به خودش یقین ندارد. تردید در تحرّک فکر هم چیزی است که با احساس درست، سازگار نیست. این‌طور هم نیست که من این چیزها را نمی‌دانم، بلکه شرمم می‌آید از آن‌ها استفاده کنم.»

نکته‌ای که این قصّهٔ قدیمی بخش بزرگی از حقیقت آن را در خود دارد، چیزی است که هریک از ما آن را احساس می‌کنیم، چون «تردید در تحرّک فکر» شاید یکی از آن بهترین توصیف‌هایی باشد که گویای حال وضع بشر در بحران امروزی روزگار ماست. باوجوداین، فنّاوری، یا همان چرخ، آن‌قدر در جهان گسترش پیدا کرده است، که آن حکیم چینی حتّی ظنّی هم نمی‌توانست به آن ببرد، و باوجود گذشت دوهزار سال هنوز هم زیباترین کارهای هنری بر روی زمین ما پدیدار می‌شود، و سادگی روح هم، که حکیم چینی ما از آن حرف می‌زند، هیچ گاه به‌کلّی از دست نرفته است، بلکه طی سده‌ها گاه ضعیف‌تر شده است و گاه با قدرت بیشتری نمایان شده است و بازهم ثمری داشته است. و سرانجام هم صعود نوع بشر از راه همین پیشرفت در ابزار محقّق شده است. پس فنّاوری درهمه‌حال نمی‌تواند فی‌نفسه علّتی بر این باشد که در زمان ما آگاهی به روابط در جمع، در بسیاری از جاها از دست رفته است.

اگر آن گسترش ناگهانی - در مقایسه با آن دگرگونی‌هایی که در زمان‌های پیش روی داده است - و سرعت غیرمعمول آن را در این پنجاه سال اخیر مسئول بسیاری از مشکلات بدانیم، شاید به حقیقت کمی نزدیک‌تر شویم، زیرا این سرعت تغییر به‌عکس سده‌های پیشین دیگر وقتی بر جامعهٔ انسانی باقی نگذاشته است تا خود را با شرایط زندگی‌اش وفق دهد. امّا این حرف هم دیگر نه کاملاً درست است نه کاملاً بر آن توضیحی داریم، که چرا زمانهٔ ما به‌نظر در برابر وضع کاملاً تازه‌ای است که در تاریخ چندان همتایی بر آن نداریم. *انسان دیگر فقط در برابر خود ایستاده است*

درست در همان آغاز هم حرف از این بود که شاید بتوان این دگرگونی‌ها در اصول علم امروزی را نشانه‌ای دانست بر جابه‌جایی در بنیان هستی خود ما، که در بسیاری از جاها درعین‌حال بروز پیدا می‌کند، چه در تغییر در شیوهٔ زندگی ما باشد، چه در تغییر در عادات فکری ما، چه در بلایای بیرونی باشد، چه در جنگ‌ها و در انقلاب‌ها. هنگامی که می‌کوشیم، برپایهٔ وضعی که در علوم جدید به‌وجود آمده، دریابیم که در چه جایی این مبانی آغاز به تغییر کرده، احساسمان این است که شاید وقتی می‌گوییم که *برای اوّلین بار در سیر تاریخ، انسان بر روی زمین دیگر فقط در برابر خود ایستاده است*، چیز چندانی از این روابط از سر ساده‌انگاری مفرط نگفته باشیم؛ که او دیگر نه شریکی دارد نه حریفی. و این عجالتاً دربارهٔ پیکار انسان با خطرهای بیرونی عیان است. پیشتر انسان را حیوانات وحشی، بیماری، گرسنگی، سرما و دیگر نیروهای قهری طبیعت تهدید می‌کرد، و در این نزاع هر توسعه‌ای در فنّاوری به‌معنای تقویت جایگاه انسان بود، یعنی پیشرفت بود. در زمان ما، یعنی در زمانی که مردم درکنار هم متراکم‌تر زندگی می‌کنند، محدودیّت در امکان زندگی، تهدیدی است که پیش از هرچیز از دیگر انسان‌هایی به ما می‌رسد، که آن‌ها هم حقّی بر خود بر مائده‌های زمینی قائل‌اند. در این کشمکش دیگر گسترش فنّاوری نمی‌تواند پیشرفت به‌حساب آید. این جمله، که انسان فقط خود را در برابر خود دارد، در روزگار فنّاوری بازهم در معنای بسیار وسیع‌تری درست است. در دوران‌های گذشته، انسان طبیعت را در برابر خود می‌دید؛ آن طبیعتی که موجودات زنده از همه نوع در آن سکونت داشتند، امپراتوری‌ای بود که بر اساس قوانین خود حیات داشت، و او هم باید برای زندگی خود، در آن جایی می‌یافت. امّا در زمان ما، در دنیایی زندگی می‌کنیم که آن‌قدر از ریشه به‌دست انسان تغییر پیدا کرده که هرکجا پا می‌گذاریم، چه از سروکار داشتن ما با دستگاه‌های زندگی روزمرّه باشد، چه از صرف غذایی باشد که ماشین آن را تدارک دیده یا از گذر از درون کشتزاری باشد که انسان آن را تغییر داده است، بازهم پیوسته به آن *ساختارهایی، که انسان آن‌ها را به‌وجود آورده است*، برخورد می‌کنیم که در آن‌ها بازهم کم‌وبیش خود را می‌بینیم. به‌یقین بخش‌هایی در

کرهٔ زمین است که در آنجا هنوز این سیر به‌پایان نرسیده است، ولی دیریازود روزی فرا می‌رسد که سیطرهٔ انسان از این منظر کامل می‌شود.
امّا این وضع جدید در روشن‌ترین صورت خود، در علم جدید بر ما پدیدار می‌شود، که در آن، چنان‌که پیشتر گفتم، بر ما معلوم شد که سنگ‌بناهای مادّه، که آن‌ها را بالاترین واقعیّت عینی می‌انگاشتیم، دیگر اصلاً نمی‌تواند «فی‌نفسه» ملاحظه شود، یعنی اینکه آن‌ها از هر تعیّن عینی در زمان و مکان می‌گریزد، که *ما در اصل همواره شناخت خودمان از این ذرّات را می‌توانیم موضوع علم بدانیم*. پس هدف پژوهش دیگر شناخت از اتم و از حرکت آن «فی‌نفسه» نیست، یعنی جدا از طرح پرسش تجربی نیست، بلکه بیشتر از همان آغاز در میانهٔ راه بگومگوی میان انسان و طبیعت قرار داریم، که در آن علم فقط بخشی از آن است، به‌طوری‌که دیگر آن تقسیم متعارف جهان به عین و ذهن، دنیای بیرون و دنیای درون، جسم و روح به‌درستی در آن نمی‌گنجد و به دشواری‌هایی می‌انجامد. حتّی در خود علم، *موضوع پژوهش دیگر طبیعت فی‌نفسه نیست، بلکه طبیعتی است که در معرض پرسش انسان است*، و در اینجا هم انسان دوباره رودررو با خود است.
آشکار است که بر دوش زمانهٔ ما این وظیفه گمارده شده است تا با این وضع جدید در همهٔ حوزه‌های زندگی کنار بیاید، و تنها آن وقتی در این راه به کامیابی رسیده‌ایم، که آن «یقین به تحرّک فکری» در انسان را دوباره بازیافته باشیم، که حکیم چینی ما از آن حرف می‌زد. این راه دراز و پرزحمت است، و ما هم نمی‌دانیم چند پلّهٔ دیگر در راه صلیب[۱۵] برایمان باقی است. امّا اگر در پی نشانه‌های آنیم، که این راه به چه می‌ماند، شاید بجا باشد تا بازهم آن نمونهٔ علم را به‌یاد بیاوریم.

مفهوم تازهٔ حقیقت علمی

در نظریّهٔ کوانتومی با وضعی که ترسیم کردیم، کنار آمدیم، چون در این راه به این کامیابی رسیدیم تا آن را به‌زبان ریاضی بنمایانیم، و با این کار در هر مورد به‌روشنی و بی‌آنکه خطر تناقضات منطقی را به‌جان بخریم، بگوییم که نتیجهٔ تجربهٔ ما چه خواهد بود. پس با وضع جدید در آن لحظه این‌طور کنار آمدیم، که ابهامات را زدودیم. آن فرمول‌های ریاضی دیگر در اینجا طبیعت را تشریح نمی‌کند، بلکه از شناخت ما از طبیعت تصویری به‌دست می‌دهد، و به‌این معنا از آن شیوه از تشریح معمول طبیعت، که از عمرش سده‌ها می‌گذرد، دست کشیدیم، که هنوزهم تا چند دهه پیش هدف مسلّم همهٔ علوم دقیق بود. عجالتاً می‌توان

---

[۱۵] اشاره به مصائب عیسی علیه‌السّلام است. راه صلیب هم همان Chemin de la Croix است، که لفظ‌به‌لفظ با آن مطابقت دارد. (یادداشت بر نسخهٔ فارسی)

فقط این را هم گفت، که در حوزهٔ فیزیک اتمی جدید، با آن کنار آمده‌ایم، زیرا می‌توانیم تجربه‌های خود را به‌درستی بنمایانیم. امّا وقتی حرف از تفسیر فلسفی نظریّهٔ کوانتومی است، آنجا دیگر نظرها از یکدیگر جدا می‌شود، و گاهی هم این نظر را می‌شنویم که صورت تازهٔ تشریح طبیعت هنوز رضایت‌بخش نیست، زیرا با آن آرمان پیشین حقیقت علمی متناظر نیست، و به‌همین سبب باید آن را تنها نشانه‌ای بر بحران زمان ما دانست، و نباید آن را به‌هیچ‌وجه قطعی دانست.

شاید بی‌فایده نباشد در همین‌جا هم دربارهٔ مفهوم حقیقت علمی کلّی‌تر بحث کنیم و در پی معیارهایی برآییم که بر اساس آن‌ها بتوانیم بگوییم که چه‌وقت شناختی علمی، منسجم و قطعی است. در آغاز معیار بیرونی صرفی را ذکر می‌کنیم: تا زمانی‌که حوزه‌ای از زندگی فکری پیوسته و بدون انقطاع از درون، به‌پیش می‌رود، بر هر فردی که در این حوزه کار می‌کند پرسش‌های منفردی مطرح می‌شود که کم‌وبیش از نوع مسائل حرفه‌وپیشه است، که هرچند حلّ آن‌ها به‌خودی خود هدف به‌حساب نمی‌آید، امّا به‌سبب ارزشی که در ارتباطی بزرگ‌تر می‌یابد، به‌نظر سودمند می‌رسد. وقتی این مسائل منفرد یک‌بار مطرح شود، دیگر ضرورتی پیدا نمی‌شود تا به دنبال آن‌ها بگردیم، و کار بر روی آن‌ها خود پیش‌شرطی بر همکاری در آن ارتباط بزرگ‌تر به‌حساب می‌آید. شاید به همین دلیل بود که پیکرتراش‌ها در سده‌های میانه به خود زحمت می‌دادند تا چین‌وچروک روی لباس را به‌بهترین صورت ممکن نشان دهند، و حلّ این مسئلهٔ منفرد هم اهمیّت داشت، چون همان چین‌وچروک‌ها هم بر روی لباس قدّیسین در آن چارچوب بزرگ‌تر دینی‌ای قرار می‌گرفت که مدّنظر هنرمند بود. درست به‌همین شیوه در علوم جدید، هم مسائل منفردی مطرح می‌شد، و حالا هم مطرح می‌شود، که کار بر روی آن‌ها آن پیش‌شرطی بر فهم نظام بزرگ است. این پرسش‌ها طیّ پنجاه سال اخیر به‌خودی‌خود مطرح شده است، هیچ نیازی هم نبود که دنبال آن‌ها بگردیم، و هدف همیشه همان نظام بزرگ قوانین طبیعی بود. و در این مورد، حتّی برای آن که از بیرون می‌نگرد، دلیلی دیده نمی‌شود تا از انقطاعی در پیوستگی علوم دقیق حرف بزند.

در مورد قطعی‌بودن نتایج، باید این نکته را یادآوری کنم که در حوزهٔ علوم دقیق، همیشه راه‌حلّ‌های معیّنی بر حوزه‌های محدود تجربی پیدا شده است. برای مثال، پرسش‌هایی که با مفاهیم مکانیک نیوتونی مطرح می‌شد، همان پرسش‌ها هم پاسخ قطعی خود را، که در همهٔ زمان‌ها درست است، در قوانین نیوتون و در نتایج ریاضی‌ای که از آن‌ها استخراج شده بود، می‌یافت. مسلّم است که این راه‌حلّ‌ها دیگر نمی‌تواند از آن حوزه‌هایی فراتر رود، که مفاهیم مکانیک نیوتونی خود تعریف کرده است، و پرسش‌هایی که خود در آن مطرح کرده

است. به‌همین سبب بود که مثلاً در نظریّهٔ الکتریسیته متوجّه شدیم تحلیلی که بخواهد از این مفاهیم استفاده کند، دیگر پیدا نمی‌شود، و درنتیجه، از پژوهش در این حوزهٔ تازهٔ تجربی، دوباره نظامی از مفاهیم تازه به‌دست آمد که به‌کمک آن‌ها توانستیم قوانین طبیعی در نظریّهٔ الکتریسیته را به‌طور قطعی به‌زبان ریاضی صورت‌بندی کنیم. واژهٔ «به‌طور قطعی» در چارچوب علوم دقیق آشکارا به‌این معناست که همواره نظامی *از مفاهیم و قوانینی وجود دارد، که در خود بسته است، که از نظر ریاضی می‌توان آن‌ها را نمایاند، که با حوزهٔ معیّنی از تجربه سازگار است*، که در آن حوزه، در همه‌جا در کیهان درست است، و در آن دیگر نمی‌توان هیچ تغییر یا اصلاحی به‌عمل آورد؛ و مسلّماً هم نمی‌توان انتظار داشت مفاهیم و قوانین این آمادگی را داشته باشد تا بعدها حوزه‌های تازهٔ دیگر تجربه را بنمایاند؛ و فقط هم به‌همین معنای محدود است که مفاهیم نظریّهٔ مکانیک کوانتومی و قوانین آن را می‌توان قطعی دانست، و فقط هم در این معنای محدود است که اصلاً می‌تواند حرف از این باشد که شناخت علمی، تثبیت قطعی خود را به زبان ریاضی یا به هر زبان دیگری بیابد.

درست به‌همین صورت هم در برخی از نظام‌های حقوقی فرض این است که گرچه همیشه قانون وجود دارد، امّا در هر مورد قضایی تازه هم عموماً باید در پی کشف تازهٔ قانون برآمد، و اینکه آن قانون مکتوب تثبیت‌شده تنها حوزهٔ محدودی از زندگی را دربر می‌گیرد و به‌همین سبب هم همیشه نمی‌تواند لازم‌الاتّباع باشد. علوم دقیق جدید هم بر این فرض استوار است که سرانجام همواره این کار هم ممکن است که حتّی در حوزهٔ جدیدی از تجربه، طبیعت را فهمید؛ و برای این کار هم ازپیش با خود هیچ قراری نگذاشته‌ایم که معنای «فهمیدن» چیست، و هرچند آن شناخت‌هایی از طبیعت، که با فرمول‌های ریاضی تثبیت کرده بودیم، در دوران‌های پیش *به‌واقع «قطعی»* بود، امّا *به‌هیچ‌وجه نمی‌توان آن‌ها را همه‌جا به‌کار برد*. و درست همین امرواقع است که کار را بر ما غیرممکن می‌کند تا اعتقادات خود را، که بر قوام زندگی ما الزامی است، تنها بر شناخت علمی استوار کنیم؛ و هرچند این استواری از راه تثبیت شناخت علمی نتیجه می‌شود، امّا این شناخت علمی تنها در حوزه‌های محدودی از تجربه کاربرد دارد. بسیاری از آن عقاید امروزی، که با آغاز زمان ما پدیدار شده، که مدّعی است با اعتقادات کاری ندارد، بلکه حرفشان دربارهٔ آن عقایدی است که بر علم استوار است، به‌همین سبب تناقضی درونی دارد و بر خودفریبی استوار است.

باوجود آنچه گفتیم، نباید این شناخت به جایی برسد که ما را گمراه کند تا استواری آن مبانی علمی‌ای را کم‌ارزش بدانیم، که علوم دقیق یکسره بر آن‌ها بنا شده است. مفهوم حقیقت علمی، که در بنیان علم قرار دارد، می‌تواند محمل بسیاری از شیوه‌های مختلف

فهم از طبیعت باشد، زیرا به‌جز علم سده‌های پیش، فیزیک اتمی هم بر آن استوار است، و این نتیجه از آن عاید می‌شود که باید با این وضعیّت شناخت هم کنار آمد که در آن دیگر عینیّت‌دادن کامل به فرایندی طبیعی ممکن نیست، بلکه باید در آن به رابطهٔ خود با طبیعت نظم دهیم.

وقتی از فهمی از طبیعت در علوم دقیق در این زمان حرف می‌زنیم، در واقع دیگر حرف از فهم از طبیعت نیست، بلکه حرف از فهم از رابطهٔ ما با طبیعت است. آن تقسیم کهن جهان در سیرش در زمان و مکان از یک‌طرف، و فکر، که در آن این سیر بازتاب دارد، ازطرف‌دیگر، یعنی همان فرقی که دکارت میان *شیء متفکّر* و *شیء ممتد* قائل است، دیگر نقطهٔ آغازین مناسبی بر فهم از علم جدید نیست. در حوزهٔ دید این علم، آنچه بیشتر از هرچیز اهمیّت دارد، شبکهٔ روابط میان انسان و طبیعت است، آن روابط درونی است، که از راه آن‌ها، ما آن موجود زندهٔ وابسته به طبیعت می‌شویم، که جزئی از آنیم، و درعین‌حال هم آن را موضوع فکر خود و کردار خود قرار می‌دهیم. علم دیگر آن تماشاگری نیست که در برابر طبیعت است، بلکه خود را جزئی از آن تعامل میان انسان و طبیعت می‌داند. روش علمی به محدودیّت خود در تحلیل، در توضیح و در طبقه‌بندی آگاهی دارد؛ محدودیّت‌هایی که به‌این سبب بر آن پدیدار می‌شود، هرگونه مداخلهٔ آن، موضوع آن را تغییر می‌دهد، و به آن ازنو شکل می‌دهد، و اینکه این روش دیگر نمی‌تواند، خود را از موضوع کنار نگاه دارد. *پس فهم علمی از جهان، دیگر به‌معنای درست کلمه، از علمی‌بودن از فهمی از جهان باز می‌ایستد.*

امّا با روشن‌کردن این تناقضات در حوزه‌ای محدود از علم، در واقع، چیز چندانی هم دربارهٔ آن وضع کلّی زمانهٔ خود عایدمان نشده است، که در آن، به‌ناگاه مقدّم بر هرچیز با خود مواجه می‌شویم، تا آن ساده‌انگاری‌ای را تکرار کنیم که پیشتر مستعمل ما بوده است. این امید که گسترش توان مادّی و فکری انسان همواره به‌معنای پیشرفت باشد، درست از راه همین وضع، به محدودیّتی می‌رسد، که در آغاز هم شاید چندان روشن نباشد، و هرچه موج آن خوش‌بینی، که از عقیده به پیشرفت برمی‌خیزد، در برابر این محدودیّت بیشتر شود، خطر هم بیشتر می‌شود. شاید بتوانیم این نوع خطر را، که در اینجا حرف از آن است، بازهم به‌کمک تصویری بهتر نشان دهیم. با گسترش توان مادّی خود، که به‌ظاهر بی‌محدودیّت است، بشر مانند ناخدایی در وضعی قرار می‌گیرد، که کشتی‌اش آن‌چنان محکم از فولاد و آهن ساخته شده است، که عقربهٔ قطب‌نمایش فقط به‌سمت تودهٔ آهن کشتی‌اش می‌رود، و دیگر قطب شمال را نشان نمی‌دهد. با چنین کشتی‌ای دیگر نمی‌توان به‌سمت هدفی رفت؛ کشتی به‌دور خود می‌چرخد و دست‌خوش باد و طوفان می‌شود. امّا برای اینکه دوباره

وضع خود در فیزیک جدید را به‌یاد بیاوریم، می‌گوییم: خطر فقط تا زمانی است که ناخدا نمی‌داند قطب‌نمایش دیگر تحت‌تأثیر نیروهای مغناطیسی زمین نیست. در آن لحظه، که این نکته بر او هم روشن شده است، خطر را هم می‌توان تانیمه برطرف‌شده دانست. چون ناخدایی که نمی‌خواهد دور خود بچرخد، بلکه هدفی شناخته‌شده یا حتّی شناخته‌نشده دارد، آن راه‌ها و وسایلی را می‌جوید تا جهت حرکت کشتی‌اش را معیّن کند. شاید ناخدای ما از انواع تازه و امروزی آن قطب‌نماهایی استفاده می‌کند که در برابر تودهٔ آهنی کشتی‌اش از خود عکس‌العملی نشان ندهد، و یا شاید هم ناخدا مانند زمان‌های پیش، جهت را از روی ستاره‌ها پیدا کند. مسلّم است که این هم در اختیار ما نیست که ستاره‌ها به‌چشم بیاید یا نیاید، و در زمان ما هم شاید چندان دیده نشود. امّا درهرصورت هم، آگاهی به این نکته که عقیده به پیشرفت مرزی دارد، این امید را دربر دارد که به‌دور خود نچرخد، بلکه رو به سوی هدف داشته باشد. هرچه این محدودیّت بر ما روشن‌تر شود، همان محدودیّت هم به‌خودی‌خود برایمان اوّلین نقطهٔ توقّفی می‌شود تا از آنجا دوباره به حرکت خود سمتی دهیم. شاید هم از این مقایسهٔ علوم جدید، بتوان به این امید رسید که گرچه در اینجا محدودیّتی بر برخی از اشکال گسترش حوزهٔ زندگی انسان وجود دارد، امّا این محدودیّتی هم بر حوزهٔ زندگی فی‌نفسه نیست. آن فضایی که در آن، انسان، چون موجودی متفکّر رشد می‌کند، ابعادی بیش از آن یک بعدی را دارد که او در این سده‌های اخیر به آن پرداخته است. از اینجا شاید این عاید شود که قبول این محدودیّت ازسر آگاهی، برای زمانی طولانی‌تر، شاید به نوعی تعادل بینجامد که در آن بازهم فکر انسان به‌خودی‌خود در پی آن حدّوسط مشترک برآید.

۸

فیزیک اتمی و قانون علیّت[۱۶]

ازجملهٔ مهم‌ترین تأثیرات فیزیک اتمی جدید، تغییراتی است که به‌سبب آن در مفهوم قانونمندی طبیعی به‌وجود آمده است. در سال‌های اخیر مکرّر گفته شده است که فیزیک اتمی جدید قانون علّت و معلول را لغو کرده است یا دست‌کم بخشی از آن را باطل کرده است، به‌طوری‌که دیگر نمی‌توان از تعیّن طبیعی رویدادها بر اساس قانون به‌معنای درست آن چیزی گفت. گاهی هم به‌طور ساده می‌گویند که اصل علیّت با نظریّهٔ تازهٔ اتمی سازگار نیست. امّا چنین صورت‌بندی‌هایی تا زمانی که مفاهیم علیّت یا قانونمندی به‌درستی روشن نشده باشد، همواره مبهم باقی می‌ماند. به‌همین سبب می‌خواهم در اینجا به‌اجمال از سیر تاریخی این مفاهیم حرف بزنم. و بعد هم به روابطی بپردازم که میان فیزیک اتمی و اصل علیّت مدّت‌ها پیش از پیدایی نظریّهٔ کوانتومی وجود داشته است؛ و سرانجام هم از تبعات نظریّهٔ کوانتومی و از سیر فیزیک اتمی در سال‌های اخیر بگویم. از این سیر، تاکنون چیز کمی به افکار عمومی راه یافته است، امّا چنین به‌نظر می‌رسد که باید منتظر بازتاب‌های آن در حوزهٔ فلسفه بمانیم.

۱. مفهوم «علیّت»

استفاده از مفهوم علّیت به‌معنای قاعده‌ای بر علّت و معلول، ازنظر تاریخی نسبتاً متأخّر است. در فلسفهٔ باستان واژهٔ «علّت» معنایی بسیار کلّی‌تر از امروز داشت. برای مثال در فلسفهٔ مدرسی، با تأسّی به ارسطو، حرف از چهار صورت از «علّت» است. در آنجا آن چیزی را «علّت صوری» می‌نامیم که امروز کم‌وبیش آن را ساختار یا محتوای درونی آن چیز می‌نامیم؛ «علّت مادی»، یعنی جنس، همان است که چیزی از آن درست شده است؛ «علّت غایی»، هدف، که آن چیز برای آن به‌وجود آمده است، و سرانجام «علّت فاعلی». در اینجا تنها «علّت فاعلی» با چیزی متناظر است که ما امروزه با واژهٔ علّت بیان می‌کنیم.

این تغییر که در مفهوم «علّت» به‌وجود آمده است تا به مفهوم امروزی علّت برسیم، طیّ سده‌ها محقّق شده است؛ تغییری که با فهم انسان از تمامیّت واقعیّت، با پیدایی علم در آغاز دوران جدید از درون مرتبط است. به‌همان میزان که رویداد مادّی به واقعیّت بیشتری

---

[۱۶] سخنرانی ایرادشده در دوازدهم فوریهٔ ۱۹۵۲ در سنت‌گالن. انتشار اولّیه در مجلّهٔ: اونیورسیتاس، دورهٔ نهم، سال‌شمار: ۱۹۵۴، دفتر سوم، صفحات ۲۲۵ تا ۲۳۶ (شرکت انتشارات علمی، بامسئولیّت محدود، اشتوت‌گارت)، (یادداشت بر نسخهٔ آلمانی).

نزدیک می‌شود، به‌همان میزان هم واژهٔ «علّت» به آن رویداد مادّی‌ای ارجاع می‌دهد که پیش از آن رویداد می‌آید تا از آن توضیحی به‌دست دهد، و بر آن به‌نحوی تأثیر گذاشته است. به‌همین سبب هم حتّی نزد کانت، که خود در بسیاری از موارد تنها تبعات فلسفی رشد علم از زمان نیوتون را در نظر داشت، واژهٔ علّیت به‌آن شکلی صورت‌بندی شده است که معمول ما از سدهٔ نوزدهم بود: «وقتی مطّلع می‌شویم که چیزی روی داده است، همیشه هم این پیش‌شرط را قائلیم که چیزی روی می‌دهد که، بر اساس قاعده‌ای، از آن، چیزی در پی می‌آید.» این‌طور شد که اندک‌اندک حکم علّیّت محدودتر شد و سرانجام معادل این معنا شد که آنچه در طبیعت روی می‌دهد به‌روشنی معیّن است، به‌طوری‌که هر شناخت درستی از طبیعت یا از بخشی معیّن از آن دست‌کم علی‌الاصول کفایت می‌کند تا آینده را ازپیش معیّن کنیم. درست همین‌طور که در طبیعت فیزیک نیوتونی بود، که در آن می‌توانستیم از حالت نظامی در زمان معیّنی، حرکت آن نظام در آینده را پیش‌بینی کنیم. آگاهی به این نکته که وضع در طبیعت اساساً چنین است، شاید در کلّی‌ترین صورتش و به‌بهترین شکلی که فهمیدنی باشد، از زبان لاپلاس بیرون آمده باشد که آن را در افسانهٔ شیطانی بیان می‌کند که در زمان معیّنی، مکان و حرکت اتم‌ها را می‌داند و بعد هم خود را در وضعی می‌داند تا همهٔ آیندهٔ جهان را پیش‌بینی کند. اگر از واژهٔ علّیت تااین‌میزان تفسیری محدود به‌دست دهیم، آن‌وقت از «علّت‌گرایی» هم می‌توان حرف زد، و با آن هم منظور ما این است که قوانین مستحکمی در طبیعت وجود دارد که می‌تواند حالت نظامی در آینده را بر اساس حالت کنونی آن به‌روشنی مشخّص کند.

۲. قانونمندی آماری

فیزیک اتمی از همان آغاز تصوّراتی را پروراند که به‌واقع در این تصویر *نمی‌گنجد*. این تصوّرات، گرچه در واقع اساساً این تصویر را نقض نمی‌کند، امّا شیوهٔ فکری نظریّهٔ اتمی از آغاز به‌ناگزیر با علّت‌گرایی فرق داشت. حتّی در نظریّهٔ ذرّه‌ای دوران باستان درچشم دموکریت و لوکی‌پوس فرض بر این بود که رویدادها درکلّ به‌این سبب پدیدار می‌شود که رویدادهای نامنظّم بسیاری در مقیاسی کوچک روی می‌دهد. و برای آنکه بتوان نشان داد که اساساً این چنین است، مثال‌های بی‌شماری از زندگی روزانه را می‌توان برشمرد. مثلاً کشاورز می‌تواند بگوید که ابری باران بر زمین می‌ریزد، و زمین را آبیاری می‌کند، و کسی هم دراین‌باره نیاز ندارد تا بداند قطره‌های باران چگونه تک‌تک بر زمین افتاده است. مثال دیگری می‌آوریم: ما به‌خوبی می‌دانیم که از کلمهٔ گرانیت چه منظوری داریم، حتّی وقتی‌که

شکل و ترکیب شیمیایی تک‌تک بلورهای کوچک را، نسبت آن‌ها با یکدیگر در مخلوط و رنگ آن‌ها را درست نمی‌شناسیم. پس همیشه از مفهوم‌هایی استفاده می‌کنیم که به چیزی در کلّیت آن ارجاع می‌کند، بی‌آنکه رویدادهای منفرد در جزئیّاتش برایمان اهمیّت داشته باشد.

این فکر که از بسیاری رویدادهای منفرد کوچک با یکدیگر، اجتماعی آماری به‌دست می‌آید، چیزی است که در نظریهٔ ذرّه‌ای باستان اساس توضیح جهان بوده است و به این تصوّر کلّی انجامیده است که همهٔ کیفیّات محسوس مواد را مکان و حرکت ذرّات برمی‌انگیزد. این جمله از دموکریت است: «چیز، به‌ظاهر شیرین یا تلخ است، به‌ظاهر رنگی دارد، در واقع تنها اتم و فضای خالی وجود دارد.» اگر این طور است که می‌توانیم رویدادهایی را که از راه حواس ادراک می‌کنیم به‌این شیوه از راه اجتماع رویدادهای منفرد در مقیاس کوچک توضیح دهیم، پس کم‌وبیش به‌ناگزیر این نتیجه به دست می‌آید که قانونمندی‌های طبیعت را باید قانونمندی‌های آماری دانست؛ گرچه قانونمندی‌های آماری می‌تواند به اخباری بینجامد که درجهٔ احتمالشان آن‌قدر بالا باشد که به آستانهٔ یقین برسد؛ امّا همیشه هم اصولاً می‌تواند استثناهایی وجود داشته باشد. مفهوم قانونمندی آماری را عموماً مفهومی می‌دانیم که پر از تناقض است. مثلاً می‌گوییم می‌توان نزد خود گمان برد که رویدادها در طبیعت بر اساس قانون معیّن شود، یا حتّی این‌طور تصوّر کرد که سیر آن‌ها کاملاً نامنظّم باشد، درحالی‌که با قانونمندی آماری دیگر نمی‌توان چیزی نزد خود تصوّر کرد. به‌عکس آنچه گفتیم، باید این نکته را یادآوری کنیم که در زندگی روزانه چپ و راست با قانون‌های آماری‌ای سروکار داریم که آن‌ها را اساس زندگی *عملی* خود می‌دانیم. مثلاً وقتی مهندسی نیروگاهی می‌سازد، بنای کارش را بر میانگین سالانهٔ نزولات آسمانی قرار می‌دهد، هرچندکه نمی‌تواند گمان کند چه‌وقت باران خواهد آمد و چقدر.

قانونمندی‌های آماری، بنابه‌قاعده به‌این معناست که نظام فیزیکی مورد نظر را فقط ناقص می‌توان شناخت. شناخته‌شده‌ترین مثال‌ها، همان بازی با تاس است. ازآنجایی‌که هیچ طرف تاس با طرف دیگرش فرقی ندارد، و ماهم به‌این سبب به‌هیچ صورتی نمی‌توانیم پیش‌بینی کنیم تاس در پرتاب بر چه طرفی فرود می‌آید، می‌توانیم گمان کنیم که در پرتاب تاس به‌شمار خیلی زیاد، همان‌قدر شش داریم که پنج.

با آغاز دوران جدید، درهمان سال‌های آغازین به این کار دست زدیم تا رفتار مواد را، نه‌فقط ازنظر کیفی، بلکه ازنظر کمّی هم، با رفتار آماری اتم‌هایش توضیح دهیم. در همان زمان رابرت بویل نشان داد که می‌توان به رابطهٔ میان فشار و حجم در گازی پی‌برد، به‌شرط آنکه بتوان فشاری را که ضربه‌های مکرّر هریک از اتم‌ها بر جدارهٔ ظرف وارد می‌کند،

توضیح داد. به‌همین شیوه، رویدادهای ترمودینامیکی‌ای را توضیح دادیم که در آن‌ها فرض کردیم که اتم‌ها در جسم گرم سریع‌تر از جسم سرد حرکت می‌کند. و از این راه هم توانستیم به این گزاره، صورتی ریاضی دهیم و فهم قوانین نظریّهٔ حرارت را ممکن کنیم.
این کاربرد آماری قانونمندی‌ها، شکل نهایی خود را در نیمهٔ دوم سدهٔ پیشین با آنچه دراصطلاح *مکانیک آماری* نامیده می‌شود، یافت. در این نظریّه، که در اصول خود به‌سادگی از مکانیک نیوتونی نتیجه می‌شود، به مطالعهٔ نتایجی پرداختیم که از شناخت ناقص از نظام مکانیکی‌ای پیچیده به‌دست می‌آید. امّا در اینجا اصولاً هم از علّت‌گرایی چشم‌پوشی نکردیم، و پیش خود گمان کردیم رویدادها منفرداً بر اساس مکانیک نیوتونی کاملاً مشخّص می‌شود. امّا بر همین فکر هم این نکته را افزودیم که خواصّ مکانیکی آن نظام، کاملاً هم بر ما شناخته نیست. گیبس و بولتس‌مان توانستند به آن نوع از شناخت ناقص در صورت‌بندی ریاضی‌اش پی ببرند، و به‌خصوص گیبس توانست نشان دهد ازقضا مفهوم دما به‌طور تنگاتنگ با این نقص ما از شناخت پیوند دارد. وقتی دمای نظامی را می‌شناسیم، به این معناست که آن، نظامی است که از دسته‌ای از نظام‌های هم‌ارز درست شده است. این دسته از نظام‌ها را می‌توان ازنظر ریاضی تشریح کرد، امّا نه نظام خاصّی را که با آن کار داریم. گیبس در واقع آن گامی را نیمه‌آگاه برداشت که بعدها مهم‌ترین نتایج را باخود به‌همراه آورد. گیبس برای اوّلین بار مفهوم فیزیکی‌ای را وارد کرد که می‌توانستیم در مورد آن شیئی در طبیعت به‌کار بگیریم که شناختمان از آن ناقص بود. برای مثال اگر حرکت و مکان همهٔ مولکول‌ها در گازی بر ما شناخته‌شده بود، آن‌وقت دیگر اصلاً بی‌معنا بود تا از دمای آن گاز چیزی بگوییم. مفهوم دما تنها آن زمانی کاربرد دارد که نظام به‌طور ناقص بر ما شناخته‌شده باشد و ما هم بخواهیم از همین شناخت ناقص نتایج آماری مورد نظر خود را استخراج کنیم.

۳. خصلت آماری نظریّهٔ کوانتومی

اگرچه از زمان کشف بولتس‌مان و گیبس تاکنون، این شناخت ناقص از نظامی را، به‌این شیوه در صورت‌بندی قوانین فیزیک می‌گنجانیم، بازهم اساساً به آن علّت‌گرایی تا زمان کشف مشهور ماکس پلانک، که «نظریّهٔ کوانتومی» با آن آغاز می‌شود، پای‌بند ماندیم. پلانک در آغاز با کارهای خود دربارهٔ نظریّهٔ تابش تنها عنصری از ناپیوستگی را در پدیدهٔ تابش یافته بود. او نشان داده بود که اتم درحال‌تابش، انرژی‌اش را پیوسته پس نمی‌دهد، بلکه آن را به‌طور ناپیوسته به‌دفعات پس می‌دهد. این پس‌دادن انرژی، که هم ناپیوسته است و هم به‌دفعات صورت می‌گیرد، دوباره به اینجا انجامید که گسیل تابش پدیده‌ای

آماری است، همان‌طورکه تصوّرمان از نظریّهٔ اتمی این‌طور بود. امّا باز باید بیست‌وپنج سال سپری می‌شد تا بر ما روشن شود *که نظریّهٔ کوانتومی به‌واقع ما را به این کار ناگزیر می‌کند تا حتّی آن قوانین را هم به‌صورت قوانین آماری صورت‌بندی کنیم* و از علّت‌گرایی هم اصولاً منحرف شویم. نظریّهٔ پلانک از زمان کارهای اینشتین، بور و زومرفلد، کلیدی بود که توانست دروازهٔ همهٔ حوزهٔ فیزیک اتمی را بر ما بگشاید. به‌کمک گرتهٔ اتمی بور–رادرفورد فرایندهای شیمیایی بر ما معلوم شد، و از آن زمان به‌بعد هم شیمی، فیزیک و اخترفیزیک یک‌پارچه شد. امّا به‌هنگام صورت‌بندی ریاضی قوانین نظریّهٔ کوانتومی ناگزیر شدیم تا از علّت‌گرایی محض دست برداریم. و چون در اینجا نمی‌توانم از این احکام ریاضی چیزی بگویم، تنها آن صورت‌بندی‌هایی مختلفی را به‌دست می‌دهم که در آن‌ها آن وضع شگفتی بیان می‌شود، که فیزیک‌دانان خود را در فیزیک اتمی در برابر آن یافته بودند. انحراف از فیزیک کلاسیک را می‌توان یک‌باره با دراصطلاح «روابط عدم‌قطعیّت» بیان کرد. در اینجا به این واقعیّت می‌رسیم که امکان ندارد تا مکان و سرعت ذرّه‌ای اتمی، هردو باهم را، درعین‌حال با دقّت دلخواهی به‌دست دهیم. یا می‌توانیم مکان را خیلی دقیق اندازه‌گیری کنیم، که آن‌وقت دیگر به‌دلیل مداخلهٔ ابزارهای مشاهده، شناخت از سرعت به‌میزانی تیره می‌شود؛ یا به‌عکس شناخت از مکان به‌دلیل اندازه‌گیری دقیق سرعت تیره می‌شود، به‌طوری‌که حاصل‌ضرب این دو عدم‌دقّت در ثابت پلانک کرانی از پایین پیدا می‌کند. این صورت‌بندی در همه‌حال روشن می‌کند که دیگر با مفاهیم مکانیک نیوتونی نمی‌توانیم کاری از پیش ببریم؛ زیرا در محاسبهٔ جریانی مکانیکی لازم است مکان و سرعت را در زمان معیّنی، هردو را باهم درعین‌حال دقیق بدانیم؛ امّا چنانچه دیدیم این کار ازقضا در نظریّهٔ کوانتومی ممکن نیست. صورت‌بندی دیگری را نیلس بور پرداخته که خود *مفهوم مکملّیت* را وارد کرده است. او منظورش از این کار این است که تصاویر روشن متفاوت باهم، که با آن‌ها نظام‌های اتمی را تشریح می‌کنیم، هرچند برای برخی از آزمایش‌ها کاربردشان کاملاً بجا باشد، یکدیگر را متقابلاً نفی می‌کند. برای مثال می‌توان اتم را ازنظر بور نظامی از سیّارات درمقیاس کوچک دانست که تشریح‌شدنی است: در وسط، هستهٔ اتم است و در اطراف آن الکترون، که به‌دور هسته می‌چرخد. امّا در آزمایش دیگری شاید مناسب باشد این‌طور پیش خود تصوّر کنیم که هستهٔ اتم را نظامی از موج دربر گرفته است که در آن بسامد موج معیاری بر آن تابشی است که از اتم گسیل می‌شود. سرانجام می‌توان اتم را شیئی دانست که موضوع شیمی است، که در آنجا می‌توان گرمای حاصل از واکنش به‌هنگام پیوستن به دیگر اتم‌ها را محاسبه کرد، بی‌آنکه بتوان درعین‌حال از حرکت الکترون چیزی گفت. این تصاویر متفاوت باهم، اگر از آن‌ها در جای درست استفاده کنیم، درست

است، ولی یکدیگر را هم نقض می‌کند، و به‌همین سبب آن‌ها را مکمّل یکدیگر می‌دانیم. آن عدم‌قطعیّتی که به‌همراه هریک از این تصاویر می‌آید، و با رابطهٔ عدم‌قطعیّت بیان می‌شود، در اینجا کفایت می‌کند تا جلوی بروز تضادهای منطقی میان این تصاویر متفاوت باهم گرفته شود. از این اشارات، بی‌آنکه بخواهیم به ریاضیات نظریّهٔ کوانتومی بپردازیم، می‌توان فهمید *شناخت ناقص از هر نظامی جزء ذاتی هر صورت‌بندی‌ای از نظریّهٔ کوانتومی است*. قوانین نظریّهٔ کوانتومی هم باید از نوع آماری باشد. برای آنکه مثالی بیاوریم، می‌گوییم: می‌دانیم که هر اتم رادیوم، می‌تواند تابش α گسیل کند. نظریّهٔ کوانتومی می‌تواند مدّعی شود با چه احتمالی در واحد زمان، ذرّهٔ آلفا هسته را ترک می‌کند؛ امّا همین نظریّه نمی‌تواند لحظهٔ دقیق آن را پیش‌بینی کند، یعنی این لحظه بنابراصول نامعیّن است؛ و این‌طور هم نمی‌توان فرض کرد که شاید باز بعدها قانونمندی‌های تازه‌ای پیدا شود که به ما این امکان را بدهد تا این لحظهٔ دقیق را معیّن کنیم؛ چون اگر بخواهد چنین باشد، آن‌وقت دیگر نمی‌توانیم بفهمیم که چرا آن ذرّهٔ آلفا را بازهم می‌توانیم موجی بدانیم که هستهٔ اتم را ترک می‌کند. تجربه این نکته را به‌همین صورت اثبات می‌کند. تجربیّات مختلفی که هم طبیعت موجی و هم طبیعت ذرّه‌ای این مادّهٔ اتمی را نشان می‌دهد، با تناقضات خود، ما را ناگزیر به صورت‌بندی آماری این قانونمندی‌ها می‌کند. در فرایندها به‌طورکلّی، این عنصر آماری فیزیک اتمی عموماً اهمیّتی ندارد، زیرا از قانونمندی‌های آماری برای چنین فرایندهایی به‌طور کلّی، احتمالی آن‌قدر بزرگ نتیجه می‌شود، که می‌توان گفت فرایند درعمل جبری است. امّا بازهم مواردی پیدا می‌شود که در آن‌ها رویداد به‌طور کلّی به رفتار یک یا کمتر از چند اتم وابسته است، آن‌وقت است که دیگر آن فرایند را به‌طور کلّی، فقط به‌طور آماری می‌توان پیش‌بینی کرد. مایلم در اینجا این مسئله را با مثال معروفی روشن کنم، که چندان هم دل‌شادکننده نیست، یعنی با بمب اتمی. در انفجار بمبی معمولی، می‌توان از روی وزن مادّهٔ منفجره و ترکیب شیمیایی آن، قدرت انفجار را ازپیش محاسبه کرد. در انفجار بمب اتمی، هرچند می‌توان حدّبالا و حدّپایین قدرت انفجار را به‌دست داد، محاسبهٔ دقیق این قدرت انفجار ازپیش اصولاً ممکن نیست، زیرا این قدرت انفجار به رفتار چند اتم یا کمتر در فرایند احتراق وابسته است. درست به‌همین‌صورت در زیست‌شناسی هم به‌احتمالی فرایندهایی وجود دارد – همان‌طورکه یوردان به آن‌ها اشاره کرده است – که در آن‌ها اتم‌های منفرد، سیر فرایند به‌طور کلّی را هدایت می‌کند؛ به‌خصوص به‌نظر می‌رسد که این مورد در جهش‌های ژنی در فرایند توارث روی می‌دهد. این دو مثال نتایج عملی خصلت آماری نظریّهٔ کوانتومی را روشن می‌کند؛ امّا همین سیر

هم بیش از دو دهه است که دیگر پایان پیدا کرده است، و دیگر نمی‌توان فرض را بر این نهاد که شاید در آینده در همین نقطه چیزی بتواند از اساس تغییر کند.

٤. تاریخچهٔ فیزیک اتمی جدید

باوجود آنچه گفتیم، در سال‌های اخیر بازهم به حوزهٔ مسئلهٔ علیّت نظر تازه‌ای افزوده شده است، که چنان‌که در آغاز گفتم، ریشه در پیشرفت‌های اخیر فیزیک اتمی دارد. پرسش‌هایی که امروز هم در مرکز توجّه فیزیک اتمی قرار دارد، همان‌هایی است که در تداوم منطقی خود از پیشرفت آن‌ها در دویست‌سال اخیر نتیجه شده است. به‌همین دلیل هم باید یک‌بار دیگر به‌اختصار به تاریخچهٔ فیزیک اتمی جدید بپردازم. در آغاز دوران جدید، مفهوم اتم با مفهوم عنصر شیمیایی پیوند داشت. عنصر اصلی از این راه مشخّص می‌شد که دیگر ازنظر شیمیایی شکسته نمی‌شد. به‌همین دلیل به هر عنصری نوعی معیّن از اتم تعلّق داشت. قطعه‌ای از عنصر کربن، منحصراً از اتم‌های کربن درست شده بود، قطعه‌ای از عنصر آهن، منحصراً از اتم‌های آهن. به‌همین سبب ناگزیر بودیم، درست همان‌قدر انواع اتم داشته باشیم، که عنصر شیمیایی وجود داشت. امّا ازآنجایی‌که فقط نودودو عنصر شیمیایی می‌شناختیم، لازم بود که نودودو نوع اتم داشته باشیم. امّا چنین تصوّری هم از دید پیش‌شرط‌های بنیادین نظریّهٔ اتمی سبب رضایتمندی چندانی نبود. در اصل اتم‌ها باید با وضعیّت و حرکت خود کیفیّت مواد را روشن می‌کرد. این تصوّر تنها وقتی ارزش توضیح واقعی را دارد که اتم‌ها همه یکسان باشد، یا آنکه اگر اتم‌ها خود کیفیّتی ندارد، تنها انواع کمی از اتم وجود داشته باشد. امّا اگر ناگزیریم تا نودودو اتم مختلف ازنظر کیفی داشته باشیم، آن‌وقت دیگر چندان هم از این خبر نصیبی نداریم که چیزهایی وجود داشته باشد که ازنظر کیفی متفاوت باشد. فرض نودودو کوچک‌ترین ذرّه که از اساس هم با یکدیگر فرق کند، به‌این‌دلیل دیگر، مدّت‌هاست که خوشنودکننده نیست. پس به این فرض روی آوردیم که باید این کار ممکن باشد تا از این نودودو نوع اتم به شمار کوچک‌تری از ذرّات سازندهٔ اولیّه برسیم. در ابتدا کوشیدیم خود اتم‌های شیمیایی را مرکّب از تعداد کمی از ذرّات متشکّلهٔ اصلی بدانیم. کوشش‌های اولّیه در این راه تا مواد شیمیایی را به‌یکدیگر تبدیل کنیم، همگی منتج از این پیش‌فرض بود که مادّه سرانجام باید واحد باشد. و در واقع در این پنجاه‌سال اخیر دیدیم که اتم‌های شیمیایی مرکّب است و فقط از سه سنگ‌بنای اولّیه درست شده است که ما آن‌ها را پروتون، نوترون و الکترون می‌نامیم. هستهٔ اتم از پروتون و نوترون درست شده است، و به‌دور همین هسته شماری الکترون می‌چرخد. مثلاً هستهٔ اتم کربن شش الکترون دارد و شش نوترون، و این الکترون‌ها هم با فاصلهٔ نسبتاً

زیادی از هسته می‌چرخد. به‌جای آن نودودو نوع اتم مختلف، پس از پیشرفت‌هایی که در سال‌های سی نصیبمان شد، حالا دیگر سه کوچک‌ترین ذرّهٔ مختلف داریم. به‌این معنا هم نظریهٔ اتمی درست در همان راهی پای نهاد که پیش‌فرض‌های بنیادین آن، برایش ترسیم کرده بود. پس از آنکه ترکیب همهٔ اتم‌های شیمیایی با این سه سنگ‌بنای اوّلیه روشن شد، آن‌وقت باید این کار هم دیگر ممکن می‌شد تا عناصر شیمیایی را درعمل به‌یکدیگر تبدیل کنیم. و چنانچه می‌دانیم این تحقّق فنّی هم خیلی زود از پی آن روشنگری فیزیکی آمد. پس از آنکه اتوهان شکافت اورانیوم را در سال ۱۹۳۸ کشف کرد، و پس از آن پیشرفت‌های فنّی‌ای که متعاقب آن آمد، تبدیل عناصر به‌یکدیگر حتّی به‌مقیاس زیاد هم می‌تواند اجرا شود.

امّا در این دو دههٔ اخیر هم، این تصویر دوباره کمی تیره‌وتار شده است. درکنار آن سه ذرّهٔ بنیادی که پیشتر از آن‌ها اسم بردیم: پروتون، نوترون و الکترون، در سال‌های سی بازهم ذرّات دیگری یافتیم، و در این سال‌های اخیر شمار این ذرّات تازه طوری افزایش یافته است که سبب ترس شده است. در اینجا هم همواره حرف از ذرّات بنیادی‌ای است، که به‌عکس آن سه سنگ‌بنای اوّلیّه پایدار نیست، یعنی تنها برای زمان کوتاهی توانایی وجودی دارد. از این ذرّات که ما آن‌ها را مزون می‌نامیم، برخی طول عمری حدود کسری از میلیونیم ثانیه دارد، و برخی دیگر حدود کسری از صدم همین زمان. دستهٔ سوم، که نوعی است که بار الکتریکی هم ندارد، حتّی کسری از صدبیلیونیم ثانیه حیات دارد. اگر از این ناپایداری بگذریم، این ذرّات بنیادی تازه رفتاری مانند سه ذرّهٔ پایدار بنیادی مادّه دارد. در نگاه نخست به‌نظر می‌رسد، گویی‌که دوباره ناگزیریم شمار زیادی از ذرّات بنیادی را پیش خود فرض کنیم که ازنظر کیفی متفاوت باشد؛ و این کار هم باتوجّه به پیش‌فرض‌های فیزیک اتمی خیلی مایهٔ خوشنودی نیست. امّا از آزمایش‌هایی که در سال‌های اخیر انجام دادیم، چنین برمی‌آید که ذرّات بنیادی می‌تواند در برخورد با یکدیگر، با جابه‌جایی انرژی زیاد، به یکدیگر تبدیل شود. وقتی دو ذرّهٔ بنیادی با انرژی حرکتی زیاد به‌یکدیگر برخورد می‌کند، از این برخورد ذرّات بنیادی تازه‌ای به‌وجود می‌آید؛ ذرّات اوّلیّه و انرژی آن‌ها هم به مادّهٔ تازه‌ای تبدیل می‌شود. این امرواقع را می‌توان این‌طور به‌ساده‌ترین صورت تشریح کنیم که بگوییم همهٔ ذرّات در اصل از یک مادّه درست شده است، همهٔ این ذرّات تنها حالت‌های مانای متفاوت همان مادّه است. حتّی عدد سه هم، یعنی شمار سنگ‌بناهای بنیادی هم، به عدد یک تقلیل پیدا می‌کند. *پس فقط مادّهٔ واحد وجود دارد، ولی همین مادّهٔ واحد می‌تواند در حالت‌های مانای گسسته و متفاوت باهم وجود داشته باشد.* برخی از این حالت‌ها پایدار است، مانند حالت پروتون، نوترون و الکترون، و بسیاری دیگر ناپایدار است.

۵. نظریهٔ نسبیّت و لغو علّت‌گرایی

هرچند بر پایهٔ نتایج تجربی در سال‌های اخیر، دیگر جای شکّی‌ای باقی نمی‌ماند که فیزیک اتمی در این جهت پیش خواهد رفت، هنوز نتوانسته‌ایم آن قانونمندی‌های ریاضی‌ای را بفهمیم که این ذرّات بر اساس آن‌ها درست شده است. این درست همان مسئله‌ای است که فیزیک‌دانان هم‌اکنون به آن می‌پردازند، چه در زمینهٔ تجربی، با کشف ذرّات نو و مطالعهٔ خواص آن‌ها، چه به‌طور نظری، که در آنجا هم می‌کوشند تا خواص ذرّات بنیادی را به‌صورتی قانونمند به‌یکدیگر مرتبط کنند و آن‌ها را با فرمول‌های ریاضی بنویسند.

در اهتمام به این کار دشواری‌هایی در مفهوم زمان پیدا شد، که پیشتر از آن‌ها حرف زدم. وقتی به کار برخورد ذرّات بنیادی با انرژی‌های زیاد می‌پردازیم، ناگزیریم به ساختار فضا–زمان نظریهٔ نسبیّت خاص هم توجّه کنیم. در نظریهٔ کوانتومی پوستهٔ اتمی این ساختار فضا–زمانی اهمیّت چندانی ندارد، زیرا الکترون‌های پوستهٔ اتمی باسرعت نسبتاً کمی حرکت می‌کند. امّا حالا در اینجا با ذرّات بنیادی‌ای سروکار داریم که با سرعتی نزدیک به سرعت نور حرکت می‌کند، به‌طوری‌که رفتار آن‌ها را تنها به‌کمک نظریهٔ نسبیّت می‌توانیم تشریح کنیم. اینشتین پنجاه‌سال پیش پی برده بود که ساختار مکان و زمان چندان هم ساده نیست، آن‌طورکه ما آن را نزد خود در ابتدا در زندگی روزانه تصوّر می‌کنیم. وقتی با گذشته همهٔ آن رویدادهایی را در نظر داریم که دست‌کم ازنظر اصولی دربارهٔ آن‌ها چیزی می‌توانیم بدانیم، و با آینده، همهٔ آن رویدادهایی را مدّنظر داریم که بر آن‌ها دست‌کم ازنظر اصولی بازهم می‌توانیم تأثیری به‌جا بگذاریم، آن‌وقت ذهن سادهٔ ما گمان می‌کند میان این دو دسته رویداد تنها لحظهٔ بی‌نهایت کوتاهی قرار دارد که می‌توانیم آن را لحظهٔ حال بنامیم. و این درست همان تصوّری بود که نیوتون آن را پایهٔ مکانیک خود قرار داده بود. امّا از زمان کشف اینشتین در سال ۱۹۰۵ تا امروز می‌دانیم که میان آنچه من همین‌حالا آینده و آنچه گذشته نامیدم، فاصلهٔ زمانی متناهی‌ای قرار دارد، که امتداد زمانی آن به فاصلهٔ مکانی میان رویداد و مشاهده‌گر وابسته است. پس حوزهٔ حال به لحظهٔ زمانی بی‌نهایت کوتاه محدود نمی‌شود. نظریهٔ نسبیّت فرضش این است که کنش‌ها اساساً نمی‌تواند با سرعتی بیشتر از سرعت نور انتشار پیدا کند. امّا این ویژگی نظریهٔ نسبیّت حالا باتوجّه‌به روابط عدم‌قطعیّت نظریهٔ کوانتومی به دشواری‌هایی می‌انجامد. بر اساس نظریهٔ نسبیّت کنش‌ها تنها می‌تواند بر آن حوزهٔ فضا–زمانی‌ای امتداد پیدا کند که با آنچه دراصطلاح مخروط نور می‌نامیم، کاملاً محدود شده باشد، یعنی با آن نقاط فضا–زمانی‌ای که یک موج نوری به آن‌ها برسد که از نقطهٔ نوری فعّالی خارج شده باشد. از سوی دیگر، این نکته هم در نظریهٔ کوانتومی روشن است که تعیین دقیق مکان، یعنی تعیین دقیق حدود مکانی هم،

عدم‌قطعیّتی بر روی سرعت را در پی دارد، که پایان‌دار نیست، و به‌همراه آن هم عدم‌قطعیّت بر روی تکان و انرژی را. این امرواقع درعمل به آن شیوه‌ای روی می‌دهد که هرگاه بخواهیم صورت‌بندی ریاضی‌ای از برهم‌کنش ذرّات بنیادی به‌دست دهیم، همواره سبب بروز مقادیر بی‌نهایت بزرگ انرژی و تکان می‌شود، که به‌نوبهٔ خود مانع می‌شود تا صورت‌بندی ریاضی رضایت‌بخشی به‌دست بیاید. در سال‌های اخیر، برای رفع این دشواری‌ها مطالعات زیادی انجام شده است. امّا تاکنون نتوانسته‌ایم راه‌حلّ رضایت‌بخشی ارائه دهیم. تنها چیزی که به‌نظر می‌رسد عجالتاً کمک‌حال ما باشد، این است که این فرض را پیش بکشیم که در حوزه‌های فضا-زمانی خیلی کوچک، یعنی در حوزه‌هایی که از مرتبهٔ بزرگی ذرّات بنیادی است، مکان و زمان به‌شیوهٔ خاص خود محو می‌شود،، به‌این‌صورت‌که در زمان‌هایی که خیلی کوچک باشد، حتّی خود مفاهیم پیش‌تر یا دیرتر را دیگر نمی‌توان به‌درستی تعریف کرد. مسلّم است که درکلّ، در ساختار فضا-زمان چیزی تغییر نمی‌کند، ولی باید این امکان را به‌حساب آورد که آزمایش‌ها دربارهٔ فرایندهایی در حوزه‌های فضا-زمانی خیلی کوچک، نشان از این داشته باشد که برخی از فرایندها به‌ظاهر ازنظر زمانی، سیری به‌عکس آن چیزی داشته باشد که متناظر با سیر علّی آن‌هاست. در این نقطه هم تازه‌ترین پیشرفت‌ها در فیزیک اتمی دوباره به پرسش دربارهٔ قانون علّیت پیوند دارد. اینکه آیا به‌واقع در اینجا هم باز تناقضات تازه‌ای در قانون علّیت، انحرافات تازه‌ای از آن پدیدار می‌شود، چیزی است که هنوز نمی‌توان دربارهٔ آن حکم کرد. شاید در راه صورت‌بندی ریاضی قوانین علّیت در مورد ذرّات بنیادی باز امکانات تازه‌ای پدیدار شود تا بتوانیم دشواری‌هایی را که برشمردیم پشت‌سر بگذاریم. امّا همین‌حالا هم جای شک نیست که تازه‌ترین دستاوردهای فیزیک اتمی در سیر خود، در همین نقطه یک‌بار دیگر به حوزهٔ فلسفه تسرّی پیدا کند. به آن مسئله‌ای که مطرح کردیم تنها زمانی می‌توانیم پاسخی قطعی بدهیم که توفیق پیدا کرده باشیم قوانین طبیعی در حوزهٔ ذرّات بنیادی را ازنظر ریاضی معیّن کرده باشیم؛ مثلاً این نکته را بدانیم که چرا پروتون دقیقاً ۱۸۳۶ بار سنگین‌تر از الکترون است.

از اینجا هم می‌فهمیم که فیزیک اتمی از تصوّرات علّت‌گرای بازهم بیشتر دور شده است. از آغاز نظریّهٔ اتمی تاکنون به‌این دلیل از آن دور شد که قوانینی که در فرایندها درکلّ معتبر بود، قوانین آماری بود. اگرچه در آن زمان علی‌الاصول علّت‌گرایی را حفظ کردیم، امّا درعمل شناخت ناقص خود از نظام‌های فیزیکی را به‌حساب می‌آوردیم. و سپس در نیمهٔ اوّل سدهٔ خود به‌این دلیل از آن دور شدیم که شناخت ناقص خود از نظام‌های اتمی را جزء سازندهٔ اصولی آن نظریّهٔ می‌دانستیم. و سرانجام در سال‌های اخیر باز به‌این دلیل که به‌نظر

می‌رسید در کوچک‌ترین فضا و زمان، مفهوم امتداد زمانی با دشواری رودررو است، گرچه هنوز نمی‌توانیم بگوییم که چگونه روزی، گره این شگفتی به‌یک‌باره گشوده می‌شود.

۹

سخنرانی به مناسبت جشن هشت‌صدمین سال بنانهادن شهر مونیخ[۱۷]

امروز هشت‌صدمین سال بنانهادن شهر مونیخ را جشن می‌گیریم. درواقع جای تأسّف دارد که پیام تبریک به حاضرین را در این جشن عالم علوم طبیعی به زبان می‌آورد، چون هروقت نام مونیخ به زبان می‌آید، چه کسی ممکن است فکرش در بدو امر به‌جای مونیخ متوجّه علم شود که خالی از هر تجمّلی است. با این نام، چیزهای دیگری به خاطر می‌رسد. از خیابان لودویگ گرفته تا دروازهٔ پیروزی و تالار فلدهرن که غرق در نور خورشید است، از چشم‌اندازی که از مونوپتروس، معبد کوچک به‌سبک یونانی، از روی چمن‌زارهای پرگل باغ انگلیسی تا کلیسای بانوی ما امتداد دارد، از «عروسی فیگارو» در تئاتر رزیدنس، تا نقّاشی‌های دورر در پیناکوتک، از قطاری که پر از اسکی‌بازانی است که به‌سوی اشلی‌یرزه و بایریش‌سل روان است، و سرانجام از چادری که در محوّطهٔ جشن اکتبر برپاست و با کلّه‌شیرهایی به سبک بایری تزیین شده است؛ همهٔ این‌ها مونیخ است. امّا این‌ها چه ربطی به علم دارد؟

امّا در همین‌جا شاید فکر دیگری نمایان باشد. هشت‌صدسال چندان هم عمر زیادی برای یک شهر نیست، به‌خصوص ازاین‌جهت که مونیخ شهری کاملاً جوان است. برخی گمان می‌کنند که شهر شاید صدسال پیش تأسیس شده باشد، شهری سرزنده که مرکز هنر بوده، آن‌طورکه همه آن را دوست داشتند. در سالروز این نوجوان، زیبنده است که در آغاز به امروز او و آیندهٔ او بیندیشیم و سپس در مرحلهٔ بعد به گذشتهٔ او: پس در آغاز تصویری را نزد خود مجسّم می‌کنیم که شهر از خود امروز ارائه می‌دهد، و آنگاه امید و آرزویی که ما در سر داریم تا او را در آینده همراهی کنیم. امّا آن‌طورکه عموماً می‌گویند، علم و فنّاوری است که حال و آینده را معیّن می‌کند. در اینجا شاید بخشی از حقیقت نهفته باشد. و اگر مونیخ امروز شهری با یک‌میلیون سکنه است، که در خیابان‌هایش سفیر وسایل رفت‌وآمد چون جویباری در کوه طنین می‌افکند، مسلّماً باید این را نتیجهٔ ذکاوت فنّی شهروندانش دانست. امّا حالا می‌کوشیم چند لحظه‌ای آن تصویر دل‌پسند از گذشته را فراموش کنیم و

---

[۱۷] نطق ورنر هایزنبرگ در تاریخ چهاردهم ژوئن ۱۹۵۸ در شهر مونیخ که نخستین بار در همین شهر در سال ۱۹۵۸، در مطبعهٔ مونیخ چاپ شده است.

به تماشای شهر، آن‌طور که امروز جلوه‌گر است، بپردازیم. آن که به شهر از شمال نزدیک می‌شود — و در اینجا هم به روزی گرم و آفتابی می‌اندیشیم که در آن گویی کوه چسبیده به شهر است – خود را در برابر سیمای آشنای شهر در پس‌زمینه می‌یابد که در آن نشانه‌های دیروز در کنار نشانه‌های تازهٔ امروزی قرار دارد: ساختمان‌های بلند اداری، که خصلت مونیخ را چون پایتخت می‌نمایاند، خانه‌های مسکونی که چون برجی سر در آسمان دارد، شهرک‌های وسیع صنعتی که نشان از رفاه و جدیّت کارکنان آن دارد. آن که با مونیخ قدیم پیشتر آشنا بوده است، حال مونیخ تازه‌ای را در برابر خود می‌بیند؛ شهری صنعتی و کلان‌شهری امروزی که نتیجهٔ فکر زمانهٔ ماست. همین‌که در بزرگ‌راه کیلومترهای پایانی را که از دشت پهناوری می‌گذرد، می‌پیماییم، جایی که شهر را در نزدیکی آمپر از تپّه‌های اطراف جدا می‌کند، در سمت چپ گنبد آلومینیومی رآکتور اتمی گارشینگ آرام‌آرام از جلوی چشمانمان رد می‌شود که دانشکدهٔ فنّی آن را ساخته است و در همین سال از آن بهره‌برداری شده. شکل ظاهری آن بیانگر این فکر است که در اینجا راه به سوی آینده دنبال می‌شود، در اینجا در یکی از تازه‌ترین حوزه‌های علمی پژوهش می‌شود و دربارهٔ آن آموزش داده می‌شود. در شهر هم، جایی‌که عموماً مردم حتّی چیزهای جدّی را به شوخی می‌آمیزند، مدّت‌هاست که این ساختمان را به اسم «تخم‌مرغ اتمی» می‌شناسیم. در اینجا هم، هنگامی که بزرگ‌راه از حومهٔ شمالی شهر سر درمی‌آورد، عمارتی امروزی پیداست که تنها با جویبار شوابینگ از اوّلین درختچه‌های باغ انگلیسی جدا می‌شود. در آنجا هم قرار است به پژوهش‌های اتمی پرداخته شود و مؤسّسهٔ ماکس پلانک در فیزیک و اخترفیزیک هم در پاییز همین سال در آن مستقرّ می‌شود. در اینجا بر روی آخرین مسائلی که در فیزیک هسته‌ای و اخترفیزیک مطرح است، به‌طور عملی و نظری کار می‌شود. کار در اینجا از این قرار است تا به درک عمیق قوانین طبیعی‌ای برسیم که دست‌اندرکار خواص و رفتار کوچک‌ترین ذرّات اتمی دارد. آنچه در اینجا از اتم می‌آموزیم به کار این می‌آید به فهم رویدادهای کیهانی برسیم که در سطح ستاره‌ها و در فضای میان آن‌ها در جریان است. از این بررسی‌های صرفاً علمی باید بعدها استفاده از کاربرد فنّی عایدمان شود، یعنی واکنش‌های گرماهسته‌ای را در آنجا دنبال می‌کنیم که شاید بعدها در تولید انرژی برای خودمان اهمیّتی قطعی بیابد. اگر به این کار توفیق بیابیم تا نیروگاه‌های بر این اساس بسازیم، در آن زمان این نیروگاه‌ها بسیار بی‌خطرتر از نیروگاه‌های امروزی ما خواهد بود، و

شاید هم از سوخت‌های بسیار ارزان‌تر استفاده کند. رشته‌های تازهٔ فیزیک هسته‌ای شاید ازنظر اقتصادی هم بسیار مهم باشد. ساختمان اصلی مؤسّسهٔ نوبنیاد، سازه‌ای با چارچوب فولادی مثل همهٔ ساختمان‌های عظیم اداری در شهر است، که نمای آن‌ها از شیشه‌های پهنی درست شده است که می‌تواند نور را یک‌سره به داخل ساختمان بتاباند. و وقتی سنگینی بار تردّد از مقرّ مؤسّسه ما را گرفتار می‌کند و به مرکز شهر می‌رساند، در آنجا هم، در بسیاری از نقاط به آن سازه‌های فولادی برمی‌خوریم، مثلاً در کمربندی اسکار فون‌میلر یا در ماکس‌بورگ یا در جاهای دیگر، کمربندی، مرکز شهر را احاطه می‌کند. این نماهای شیشه‌ای روشن، پهن و شاید گاهی زمخت ولی دوست‌داشتنی، نشان از خوش‌بینی دارد. به‌نظر می‌رسد حرف آن‌ها این باشد که ما در زمانه‌ای روشن، ازسر آگاهی و گشوده بر همه زندگی می‌کنیم و تنها چیزی که به‌یقین دیگر نباید دوباره روی دهد، کمترین حملهٔ هوایی است.

در این بناها خصلت دیگر شهر مونیخ هم به چشم می‌آید، که نه فقط مشخصّه‌ای از امروز شهر است، بلکه در مونیخ قدیم هم زیاد به چشم می‌آید: ارتباط میان آنچه از نظر اقتصادی مهم است، یا بر آن استفاده‌ای مترتّب است با وجه هنری آن. این بناها را معمارانی ساخته‌اند که این توانایی را داشته‌اند تا ساختمان‌های زیبا بسازند. همیشه با دیدن بناهای زمان‌های پیش از این خوشحال بودیم که این بناها نه فقط در ابعاد خود مستقیماً مانند اثری هنری به چشم می‌آمد، بلکه با محیط اطراف خود هم کم‌وبیش تناسب داشت، گویی که اصلاً جای دیگری نمی‌توانستند باشند. این هماهنگی که در گذشته وجود داشته است، در زمان جنگ در بسیاری از جاها از دست رفت. ولی باید این را هم گفت که بناهای نو هم می‌کوشد تا جایی برای خود در محیط اطرافش بیابد، به تکمیل آن محیط بپردازد، آن فضاها را طوری آرایش دهد که هماهنگی بزرگ‌تری به دست آید، میان ویژگی‌های خیابان‌ها یک‌دستی برقرار کند، ولی به نظر نمی‌رسد همه‌جا در این کار توفیقی به دست آورده باشد. آن احساس هنری که در نمونه‌های خیابان‌های عریض، که در زمان پادشاهان بایرن ساخته شده، و هنوز در خیابان لودویگ و ماکسی‌میلی‌یان به چشم می‌آید، در مونیخ امروزی در بسیاری از جاهای دیگر هنوز احساس می‌شود.

دوران نو امّا در پی پیشرفت علم و فنّاوری تغییری قطعی هم به وجود آورده که البتّه کسی هم چندان از آن خوشحال نیست. سکوت از خیابان‌ها رخت بربسته است. از تردّد در بسیاری

از شاهراه‌های مهم، صدای رفت‌وآمد شب و روز به گوش می‌رسد. خانه‌های مشرف به این راه‌ها تقریباً دیگر از حیّز استفادهٔ مسکونی افتاده است. ازاین‌نظر شهر ما بهتر از دیگر کلان‌شهرهای امروزی نیست. درست به‌عکس: رفاه به‌نسبه بالای اهالی شهر، که گسترش صنعت در مونیخ سبب آن شده است، به شمار زیاد اتومبیل انجامیده است، که مانع دلشادی بیشتر ما شده است. اگر هم سعی کنیم تا وضعمان را در آینده پیش‌بینی کنیم — و البتّه باید از شهرمان که هنوز به‌نسبه جوان است، حرف در میان باشد - آن وقت شاید پیش خودمان گمان کنیم که فنّاوری امروزی که درواقع این مشکلات را پدید آورده است، شاید در دراز مدّت مرهمی برای درمان آن نیز فراهم بیاورد. جنگ اخیر آن سیری را شتابان‌تر کرد، که بدون آن هم پدیدار می‌شد: مناطق مسکونی به بیرون شهر منتقل شده، در فضاهای سبز دوردست، به حاشیه‌های جنگلی اطراف، درحالی‌که هستهٔ اصلی شهر به کار دادوستد می‌پردازد، دستگاه اداری در آن مستقرّ است، و خلاصه به کار می‌پردازد. اگر این سیر بازهم پیش برود، آنچه به‌طور طبیعی پیش می‌آید این است که از اتوموبیل برای رفت‌وآمد از حاشیهٔ شهرها تا کمربندی‌های مرکز شهر استفاده می‌شود و تردّد خودروها بر چند کمربندی بزرگ متمرکز می‌شود که در انتهای آن‌ها پارکینگ‌های عظیمی دیده می‌شود که باید پذیرای ورود خودروها باشد؛ و سرانجام آنکه مرکز شهر به روی خودروها بسته می‌شود و تنها برای عابرین پیاده که از کمربندی‌ها یا از ایستگاه‌های زیرزمینی می‌رسند، باز می‌ماند. در برخی از کلان‌شهرها چنین سیری محقّق شده، و شاید هم پیشرفت فنّاوری بتواند رفت‌وآمد در شهر مونیخ را در مسیری منظّم‌تر و آرام هدایت کند، هرچند که نمی‌تواند از تراکم رفت‌وآمد خودروها بکاهد. امّا اینکه پیشنهادهایی بر تحقّق این کار بدهیم، جای خوشبختی است که این کار عالم علوم طبیعی نیست، بلکه کار برنامه‌ریزان رفت‌وآمد شهری است که در شهری چون مونیخ وظیفهٔ آسانی بر عهدهٔ آن‌ها نیست!

وقتی در این حوزه به مسیری نگاه می‌کنیم که پس از جنگ طی شده، احساسمان این است که این رشد شاید بسیار شتابان بوده است، که فرایند غیرمعمول رشد اقتصادی در بسیاری از جاها ما را ناگزیر به پیداکردن راه‌حلّ‌های اضطراری کرده باشد که لزوماً راه‌حل‌های نهایی نیست. در همین‌جا این پرسش مطرح می‌شود، که تاچه‌اندازه نوگرایی در سیمای شهر، که از آن حرف به میان آوردیم، از قانون خاص به‌خود اطاعت می‌کند، و

تاچه‌حدّ به آن می‌توان چون ادامهٔ طبیعی گذشته نگریست، یعنی امتداد سنّت‌های پیشین. آیا مونیخ جدیدی که از آن حرف می‌زنیم همان شهر قدیم است؟ در اینجا می‌توانیم از همان آغاز بگوییم که مونیخ جدید با گسترش در حرف و مشاغل در بسیاری از جاها به‌خودی خود - به سبب شاید موقعیّت جغرافیایی‌اش - به همان سنّت‌های پیشین می‌پیوند که تعیین‌کنندهٔ چهرهٔ شهر بوده است، پیش از اینکه پادشاهان هنردوست بایرن به شهر چهره‌ای خاص داده باشند. مثلاً اینکه تجارت چوب سده‌هاست در مونیخ جایگاهی دارد، نتیجهٔ طبیعی موقعیّت آن در پایهٔ کوه آلپ است. آبجوسازی هم با کشت وسیع رازک مرتبط است که در بخش‌های بایرن علیا تا دانوب همواره معمول بوده. صنایع دستی هم از دیرزمان وجود داشته، به‌خصوص هنر طلاسازی، ذوب برنج، و ساخت شیشه‌های رنگی. چاپ کتاب و فنّ تکثیر هم از همان آغاز سدهٔ نوزدهم اهمیّت زیادی داشته است. اوّلین لوکوموتیو هم در سال ۱۸۴۱ ساخته شد؛ بیش از یک‌صد سال پیش کشفیّات علمی و دستاوردهای یوزف فون فراوئن‌هوفر و سپس کارل اوگوست فون اشتاین‌هال پایه‌های صنعت اپتیک را به وجود آورد. نبود مواد خام صنعتی، بسیار به این کار کمک کرد تا پیشرفت صنعتی شهر مونیخ چهرهٔ دیگری به خود بگیرد و سیر آن با مسیری که در مراکز بزرگ صنعتی مانند منطقهٔ رور طی شده است، متفاوت باشد. نبود موادّ اوّلیّه از یک‌سو به اینجا انجامید که در گذشته به تجارت بیشتر اهمیّت داده شود، و در زمان‌های اخیر به کار پالایش و اتمام، و ازسوی‌دیگر از همان آغاز فضای اقتصادی دیگری به وجود آورد. تحصیل صرف سود، در مونیخ چندان مصداق نداشت. کسب منفعت کارش این بود تا رضایت خاطری در زندگی فراهم آورد، و ثروت، آن‌طور که در گزارشی می‌آید، برای این بود تا «در خیابان در لباس آبرومند بورژوایی» ظاهر شویم. اهمیّت اقتصادی کار پالایش شاید اوّلین دلیل بر علاقه‌ای بود که شهر به پیشرفت علم در سدهٔ گذشته از خود نشان می‌داد.

زمانی طولانی به درازا کشید تا این علاقه راهی برای خود باز کند. برای مثال به کارهای فراوئن‌هوفر در آغاز توجّهی نشد. امّا با ورود آنچه «انوار شمال» می‌نامیم و به‌خصوص احضار یوستوس فون‌لی‌بیگس از طرف پادشاه ماکسی‌میلیان دوم، سد شکسته شد. نام و نفوذ لی‌بیگس در مونیخ کفایت می‌کرد تا مرکز پراهمیّتی در پژوهش در شیمی تأسیس کنیم که سال‌های سال بیشترین اهمیّت را در علم و فنّاوری داشت. ساخت رنگ به دست آدولف فون بایر در سال ۱۸۸۳ نقطهٔ آغازین صنعت رنگ‌سازی آلمان شد. در فهرست نام

کسانی که پس از آدولف فون‌بایر می‌آیند، مدارس عالی مونیخ سلسله‌ای از درخشان‌ترین نام‌ها را بر می‌شمرد: ویلس‌تتر، وی‌لند، هانس فیشر و بسیاری دیگر را، که نشان از سرزندگی فکری این مرکز علمی دارد. از همین راه علم به مونیخ راه یافت. از ویژگی‌های این سیر در آن سال‌ها این است که پیشرفت علم را در بدو امر به‌طور مستقیم مرتبط با پیشرفت اقتصادی و بهبود سطح زندگی مردم می‌دانستیم. و همین‌که سدهٔ نوزدهم به پایان رسید، عقیده به پیشرفت – که ما امروز آن را کم‌وبیش باوری ازسر دلبستگی مفرط می‌دانیم – زندگی فکری مونیخ را یک‌سره تسخیر کرده بود. امّا تحت تأثیر دیگر ساختارهای فکری شهر، این باور رنگ‌وروی دیگری به خود گرفت که خاص خود آن بود.

آنچه شکلی خاص از عقیده به پیشرفت بود، بیان قوی و دائمی خود را به بهترین صورتی در موزهٔ آلمان نشان می‌دهد که ثمرهٔ کار همه‌عمر یکی از قوی‌ترین چهره‌های شهر ما، یعنی اسکار فون‌میلر است. موزهٔ آلمان تأسیس خود را مرهون ترکیب غریبی از کوشش‌های کاملاً متفاوت می‌بیند. در آغاز کارش تنها این بود تا دلبستگی به پیشرفت در فنّاوری را در ما بیدار کند، و این وظیفه در چشم جوانانی که با آن بزرگ می‌شدند، بیشترین کامیابی‌ها را داشت. کدام جوانی حتّی برای یک‌بار هم که شده باشد با شادی با یکی از نمونه‌های مکانیکی در موزه بازی نکرده است؟ – البتّه نگهبان موزه هم چندان از این کار خوشش نمی‌آید. موزه هم با این کار این هدف را دارد تا به ما آن سیر تاریخی را تفهیم کند و در بازدیدکننده این علاقه را برانگیزد تا از دستگاه سر دربیاورد یا شاید خود به بهبود کار آن بیندیشد. و سرانجام کارش این است تا در کشمکش میان انسان و فنّاوری ورود پیدا کند که خود آفریده است و ما برای اوّلین بار در عصر حاضر بدان کاملاً آگاه شدیم. همین‌که در میانهٔ سدهٔ نوزدهم کار به گسترش مهندسی مکانیک انجامید، تنها برای عدّهٔ کمی، ازآن‌جمله هنرمندان، نقّاشان و شاعران این نکته آشکار شد که تاچه‌حدّ دست‌یازی فنّاوری نوظهور در زندگی انسان، به مداخلهٔ نیرویی بسیار خطرناک و شیطانی می‌مانست. برخی از دیدن آن دوران به خود می لرزیدند، برخی دیگر می‌کوشیدند تا با تفرّج خاطر با آن رودررو شوند و به دیدن بهترین وجهش بسنده کنند. شاید بجا باشد در اینجا گفت‌وگوی شعری میان گوتفرید کلر و شاعر رمانتیک سوابی یوستینوس کرنر را یادآوری کنیم که در آن اوّلی روزهای اقامتش در مونیخ را با «هاینریش سبز» به‌طرز ماندگاری یادآوری می‌کند و دومی

از تخریب طبیعت به دست فنّاوری در شعری به تلخی شکوه می‌کند. کلر هم در همان قالب پاسخی به او دربارهٔ کشتی بخار می‌دهد:

شهر را می‌خواهی بسازی، تندتند بیل بزن،
می‌بینم آن را، درخشش آن را، خرخرکنان، آب می‌پاشد،
و جوانان اکنون در آن شکوفا می‌شوند
دوباره آواز می‌خوانند ازسر کیف،
و شاید زمانی صد سال دیگر،
کشتی‌ای با باری از شراب یونانی در سپیدهٔ صبحگاهی از راه برسد،
آن وقت چه کسی است که نخواهد هدایت آن را داشته باشد؟

امّا این خوش‌بینی صرف هم، چندان به حلّ مسئله کمک نمی‌کند. موزهٔ آلمان می‌کوشد، شاید هم نه‌چندان ازسر آگاهی، تا در این کار ورود پیدا کند، و برای این کار هم وجه انسانی پیشرفت را جلو می‌کشد. فنّاوری را سرگذشت فکری بشر دانستن: در اینجا فنّاوری و هنر در تماس با یکدیگر است، و به همین سبب این پاسخ، یا این اهتمام، با پاسخی مطابقت دارد که درخور روح شهر هنر، در کنار رود ایزا، است. پیوند میان هنر و فنّاوری وظیفه‌ای است که شاید بیش از پیوند میان هنر و علم، در شهر مونیخ در همهٔ صدسال اخیر زنده پابرجا مانده است. به‌همین سبب در این شهر همواره تبادل فکری سرزنده‌ای میان دانشکدهٔ فنّی و آکادمی هنر برقرار بوده است. این همکاری‌های مشترک بیشتر در حوزهٔ معماری بوده، برای مثال در زمینهٔ آرایش هنری سیمای شهر در زیر و بم آن، که همواره دستخوش تغییر به‌دلیل فنّاوری بوده. شاید بتوان تاحدودی به‌درستی گفت که شهر مونیخ بیش از هر شهر صنعتی دیگری در دنیا کوشیده تا از فنّاوری، وجه انسانی آن را استخراج کند، یعنی آن وجهی که با هنر تماس پیدا می‌کند. و این هم در شمار روحیّات این شهر است که سلسله سخنرانی‌هایی دربارهٔ هنر در عصر صنعت، که چند سال پیش در دانشکدهٔ فنّی برگزار شد، توانست چندین هزار جوان را به مدّت یک‌هفته در سالنی پر از جمعیّت، به خود جلب کند.

زندگی علمی در دانشگاه مونیخ از همان آغاز متأثّر از رابطهٔ میان هنر و نیروهایی بود که از دل مردم بیرون می‌آمد. زندگی دانشگاهی در اینجا با دیگر دانشگاه‌ها به‌طرزی متفاوت بود، که دشوار است آن را در اینجا تشریح کنیم. در زمانی که قدیمی‌ترین دانشگاه بایرن

در سال ۱۸۲۶ از اینگول‌اشتات از راه لندس‌هوت به مونیخ منتقل شد، در نگاه اوّل جایی برای شک باقی بود که آیا اصلاً این دانشگاه می‌تواند در جایی که با علوم دقیق بیگانه است، رشد کند. و حتّی زمانی که دیگر شک و تردید بر رشد دانشگاه در محلّ تازه جایی نداشت، به‌خصوص از زمانی که ماکسی‌میلیان دوم «انوار شمال» را به مونیخ فراخواند، سایهٔ هنر کم‌وبیش بر سر دانشگاه باقی بود. زمانی هم که دانشجویان جوان برای تحصیل به مونیخ می‌آمدند، بیشتر از هرچیز شیفتهٔ درخشش و گشودگی آن شهر هنر می‌شدند، شیفتهٔ ریچارد واگنر، و پادشاه رمانتیک، لودویگ دوم بودند و در کنار آن زیبایی چشم‌انداز شهر و نزدیکی کوه به آن، و در درجهٔ دوم بود که علوم دقیق توجّه آن‌ها را جلب می‌کرد. و به‌همین دلیل، زندگی علمی در مونیخ از زندگی در مجاورت هنر، از سرزندگی روحیّهٔ شهر بیشترین تأثیر را پذیرا شد. و در اینجا تنها کافی است نام شلینگ را یادآوری کنیم، نام تیرش، ریل و کمی بعدتر نام مورّخ تاریخ هنر ولفین، و فوسلر زبان‌شناس لاتین را. همین رابطه را می توان با علوم تاریخی دید که سلسله‌ای از دانشمندان نامدار در دانشگاه مونیخ نماینده‌های آن بودند و ما هم تنها به ذکر نام‌هایی مانند زیبل، هایگل، رایتسلر و انکن بسنده می‌کنیم. تنها زمانی که ماکسی‌میلیان دوم - که خود زمانی در گوتینگن دانشجو بوده – دانشمندان و پزشکانی را به مونیخ فراخواند، کمی بعد فعّالیّت دانشگاهی در زمینه‌های مختلف رو به شکوفایی نهاد؛ فضای سرزندهٔ شهر هم به این کار کمک زیادی کرد. از یوستوس فون‌لیبیگ پیشتر گفتیم که چگونه مونیخ را به مرکزی برای پژوهش در شیمی بدل کرده بود. فیزیک‌دانانی مانند اهم و اشتاین‌هایل سنّتی علمی در شهر به‌وجود آوردند که بعدها دانشمندانی با شهرتی جهانی مانند رونتگن، پلانک، بولتس‌من، وین، و زومرفلد از آن برخاستند و به آن سنّت تداوم دادند. در طب، مونیخ دهه‌های متمادی جایگاهی مهم داشت. دو شخصیّت پیشرو سال‌های اخیر به شهرتی بسیار فراتر از حوزهٔ حرفه‌ای خود رسیدند: فریدریش فون‌مولر، پزشک داخلی و ارنست زاوئرباخ جرّاح، آن پزشک سرزنده. امّا در اینجا می‌خواهم این فهرست مشاهیر را ببندم، زیرا می‌توان نام‌های بسیاری بر آن افزود. اگرچه دانشگاه‌های دیگر شهرتی چون مکانی برای آموزش در رشته‌های تخصّصی یا مکانی که آغازگر خطّ تازه‌ای در پژوهش بود، یافته بود، علم در مونیخ ازاین‌جهت متمایز بود که انسان‌ها بی‌واسطه و از روی سرزندگی‌ای با هم مرتبط بودند که در جایی به‌خوبی شکوفا شده بود که به محافظه‌کاری زیاد شهره بود، که ریشه در کاتولیسیسم آن جمعیّت بومی داشت. حظّی که با دیدن کلیساهای سبک باروک در بایرن نصیبمان می‌شود، به‌نحوی معادل دنیوی خود را در آن دلشادی‌ای، یا شاید در آن آرامش درونی‌ای می‌یابد که از انجام کار علمی در دانشگاه‌ها نصیبمان می‌شود و هر دو به‌نحوی

به آن نوری مرتبط است که در روزهای آفتابی چمنزارها و رشته‌کوه‌های جنوب بایرن را در خود غرق می‌کند. این پیوند با شهر و کوه‌های اطراف آن، تأثیری عمیق حتّی بر زندگی در مؤسّسه‌های علمی و درس‌های گروهی برجای می‌گذاشت. مثلاً استاد من زومرفلد به همراه برخی از فیزیک‌دان‌های جوان به کلبهٔ اسکی مؤسّسه در سودل‌فلد می‌رفت تا اسکی‌کردن را با گفت‌وگوهای علمی بیامیزد، یا مثلاً زمانی در ایّام برگزاری کارناوال، بالاترین اتاق در برج عظیم مؤسّسهٔ فیزیک را کلبهٔ اسکی اعلام می‌کردیم تا کوه‌نوردها تنها از بیرون بتوانند به آن صعود کنند. امّا حالا که حرف از کارناوال است و اسکی‌بازی، باید این را هم بگویم که یکی از جلوه‌های زندگی در دانشگاه مونیخ این است که هیچ‌کس خود را از شرکت در آنچه جامعهٔ بزرگ شهری انجام می‌دهد، دور نگاه نمی‌دارد، بلکه به‌عکس در پی ارتباط و همراهی با آن برمی‌آید. پیش جوانان اینجا اسکی‌بازی و شرکت در کارناوال حرف اوّل را می‌زند، و آن‌هایی که بزرگ‌ترند در کلوب‌ها و محفل‌هایی دور هم جمع می‌شوند که بی‌انکه تشریفاتی اضافی داشته باشد، زندگی علمی و هنری را به زندگی کسانی می‌آمیزد که بر سرنوشت شهر احساس مسئولیّت می‌کنند، تا این پیوند هرچه بیشتر مستحکم باشد.

در اینجا باید عنصری دیگر از زندگی در شهرمان را یادآوری کنم که همواره به میزانی دلبستگی کسانی را به شهر برمی‌انگیزد که به دیدار آن می‌آیند: آن هم شوابینگ است، منطقه‌ای که از آن حرف بسیار به میان می‌آید و از جنوب تا آکادمی هنرهای تجسّمی و هر دو دانشگاه، و در شمال به منطقهٔ صنعتی در فرای‌من می‌رسد، و محلّ سکونت هنرمندان، اهل ادب، و بسیاری دیگر از آدم‌هایی است که داعیه‌های عجیب‌وغریب دارند. امّا این نکته را نمی‌دانم که آیا امروز هم این نکته مصداق دارد. از زندگی هنرمندان، که ما از کار گوتفرید کلر، «هاینریش سبز» می‌شناسیم، از اعتراض به زندگی بورژوایی متفرعن و منافق، که از شاعران و محافل آن می‌شناسیم: ایبسن، وده‌کیند، اشتفان جورج، و از جسارت نوپردازان در نقّاشی: کادینسکی، فرانتس مارک، و ماکه که هنوز تأثیر کارهایشان همه‌جا دیده می‌شود، هرچند که از این فعّالیّت‌ها تنها بخش‌هایی از آن از ویرانی‌های جنگ جهانی دوم زنده سر بیرون آورده. پنجره‌های بسیاری از اتاق‌های زیرشیروانی در مستغلّات این منطقه، هنوز گاهی در شوابینگ نقّاشی می‌شود، هرچندکه در بلوک‌های مسکونی امروزی، این آپارتمان‌های کوچک تودرتو کمتر دیده می‌شود. بسیاری از رستوران‌های کوچک، از نو گرفته تا قدیمی، هنوز کارشان این است تا در شوابینگ سنّت پیشین کلبه‌های هنرمندان را حفظ کنند و از سنّت بوهمی آنچه برجا مانده، در فضاهای خود بنمایانند. امّا

همیشه هم کارشان قرین کامیابی نیست، و گاهی هم وزش باد ناموافق برادوی، که از نیویورک می‌آید، به فضای شوابینگ می‌رسد. باوجود آنچه گفتیم، شوابینگ در آیندهٔ شهر مونیخ، که امروز باید بیشتر حرف از آن باشد، اهمیّت زیادی دارد، زیرا شوابینگ جزئی سازنده در زندگی فکری شهر است، که بدون آن شهر مونیخ دیگر مونیخی نخواهد بود که بسیاری به آن دل بسته‌اند. شوابینگ درست مثل صدسال گذشته، تجسّم روح مداراست. پیشه‌وران کهنه‌کار و کارکنان دفتری در شوابینگ، که به نقّاشان و نویسندگان در کارگاه خود جایی اجاره داده‌اند، خوب می‌دانستند که پی چه چیزی هستند. آن‌ها با پایی استوار بر زمین، در مونیخ ماندند و در سودای نو و کهنگی هم نبودند و با آمیزه‌ای از کنجکاوی، تحسین و تحقیر، و میزان زیادی از مهربانی باطنی، حقّ آن چیزی را ادا کردند که چیزی دیگر بود. آن‌ها چندان هم این چیزها را جدّی نمی‌گرفتند، گاهی هم یک یا دو کلمهٔ زمخت بیشتر نمی‌گفتند، که چندان هم ازته‌دل نبود، ولی به چیزهای نو و آنچه که از دور خارج شده بود، بازهم جایی دادند که به آن نیاز داشت. درست به‌همین دلیل بود که نه تنها هنرمندان، بلکه سنّت‌گرایان دوآتشه و آدم‌هایی با داعیه‌های عجیب‌وغریب، همگی در شوابینگ زندگی می‌کنند. به آن‌ها می‌خندیم، امّا با لبخندی ازسر دوستی، و درنتیجه بی‌ضرر. اگر در شوابینگ هم دربارهٔ کسی می‌گوییم که او «پرت» می‌گوید، اصلاً این هم به معنای این نیست که او را از خود می‌رانیم. این را ازسر دوستی گفتیم و پرت‌گفتن هم اصلاً در شوابینگ کم‌وبیش شیوه‌ای پذیرفته‌شده از زندگی است. حتّی در شوابینگ امروزی هم این روحیّهٔ مدارا پابرجاست و بر دانشگاه‌ها و آکادمی‌های هنر تأثیرش باقی است و درواقع وزنه‌ای است ضروری در برابر رفتار محافظه‌کارانهٔ مونیخ قدیم.

همان‌طورکه سرزندگی فکری و پذیرابودن هنرمندان شوابینگ بر هرچیز نویی، تأثیری ثمربخش و بارورکننده بر زندگی در دانشگاه‌ها و بر همهٔ شهر برجا گذاشت، این فکر درعوض که هرکسی را به حال خودش بگذاریم، یک‌سره تعیین‌کنندهٔ خلق‌وخوی شهر شد و با این کار، شرایطی بر تأثیر همهٔ نیروها بر هم به‌وجود آمد. درواقع شوابینگ بیش از این‌ها سرزنده و اهل مدارا بود. آن که در سال‌های اوّلیّهٔ دههٔ بیست خود در شوابینگ بوده، به‌یقین سربه‌هوابودن جوانانی را به یاد دارد که مملوّ از شوروشوق و شادی بودند که موسیقی و شعر در آن‌ها ایجاد کرده بود، و نیروی مردان غریبی پشتوانه‌اش بود که می‌توانستند این جوانان را سحر کنند. از این سال‌ها چون سال‌های جشن‌وسرور باید یاد کرد که چندان دوامی هم نمی‌آورد. به آنچه امروز می‌توان امید داشت این است که شوابینگ در آینده هم بر شهامت فکری رویی گشاده داشته باشد، هنر و شعر را با دل‌فراخی بپذیرد، بی‌آنکه خیلی

هم به آن مباهات کند. و هرچند شاید بسیاری از چیزها تغییر کند، امّا لازم است که روحیهٔ مدارا و آزادی‌خواهی را حفظ کند.

گردشی که در مونیخ امروزی آغاز کردیم، ما را ناخواسته به گذشتهٔ شهر کشاند. گردشی که در آن هشت‌صدسال گذشتهٔ شهر کردیم، که دیروز صحنه‌هایی از آن در جریان جشن به ما نشان داده شد، نه به‌تنهایی، بلکه گردش در شهر در امروز ما، در گذشتهٔ به‌نسبه نزدیک به خودمان، که روح آن به روح دوران ما می‌آمیزد، و ردّی از آن‌ها اینجاوآنجا در شهر باقی است، می‌تواند تصویری از شهر به‌دست دهد که امروز آن را می‌شناسیم.

حالا می‌پرسیم که واقعاً ماهیّت اصلی شهر در چه چیز است؟ مسلّم است که در بنیان این ماهیّت تودرتو، هنوز هم روح محافظه‌کار مذهب کاتولیک ساکنان بومی آن قرار دارد، هرچند آلمانی‌های زیادی از دیگر بخش‌های امپراطوری پیشین به اینجا آمدند تا سرپناهی و کاری پیدا کنند. این ویژگی سخت و ستبر بایرن قدیم، که چندین سده بر روح شهر حاکم بود، امروز هم خصلت اساسی شهر است. و وقتی هم که آن تازه‌واردین گاهی این‌طور فکر می‌کنند که اهالی بایرن در خود مهربانی پروسی را با دقّت و وقت‌شناسی اتریشی‌ها یک‌جا با هم دارند، اینجا هم نمی‌توانیم در سودای چیز دیگری جز همان چیزی باشیم که امروز این مردمان دارند. در این مردمان حسّ هنری هم بیدار است. صنایع دستی که در سراسر بایرن علیا رواج دارد، موسیقی مردمی و ارگ‌هایی که در کلیساها هست، همه نشانی از آن است. لذّت دیدن چیزهای زیبا، در آنچه به چشم زیبا می‌آید، در کلیساهای زیبای باروک نشانه‌های خود را دارد. حظّ از زیبایی، لذّت دیدن تئاتر را هم در خود دارد، لذّت بازی و جشن‌وسرور. رنگارنگی جوخه‌های نگهبانی در هریک از روستاهای کوهستانی در بایرن، خود نشانی بر تدارک برای جشن‌وسرورهای بزرگ‌تر در پایتخت است. لودویگ دوم، که با سازوبرگی پرشکوه در شب‌های زمستانی با مشعلی در دست به روستاهای بایرن علیا سر می‌زد، پادشاه رعایا بود. قصرهایش، به قصرهای قصّه‌ها می‌مانست، و درست به‌همین دلیل آن مردم دوستدار قصّه، پادشاهشان را دوست داشتند.

این سختی کار خود ازسویی دیگر نشانی از آن است که آنچه از گذشته مانده، چندان هم تغییری نکرده و چیزی نادرست هم در آن ورود پیدا نکرده است. بایری بر حقّ قدیمی خود پافشاری می‌کند، و همین‌که آن حقّ تضمین می‌شود، به‌شتاب آمادهٔ آشتی است. و اگر اختلاف‌نظری پیش بیاید، به جای دست‌بردن به چاقو، با پارچ آبجو فیصله می‌یابد! در زندگی شهر، شادی در جشن‌های پرهیاهو جایش را در جشن اکتبر پیدا کرده است، که

هرسال در ماه سپتامبر برگزار می‌شود. حتّی در مونیخ امروز، این جشن مثل کارناوال فاشینگ، جایی تثبیت‌شده در تقویم دارد.

میل به حفظ آنچه از گذشتهٔ دلپسند است، به‌یقین عامل تعیین‌کنندهٔ نهایی در زندگی سیاسی شهر ماست، هرچند که همیشه شاید چنین ننماید — مثل آن دورهم‌جمع‌شدن‌هایی که ترجیحاً در کافه‌های زیرزمینی صورت می‌گیرد و گاهی سرآغاز بروز شور و هیجان سیاسی است. مونیخ شهری است سرزنده، و این یکی از بهترین و مهم‌ترین ویژگی‌های آن است. این نکته هم دربارهٔ شهرها مصداق دارد و هم انسان‌ها، یعنی خصایل آن‌ها درعین‌حال نقاط ضعف آن‌ها و باری بر آن‌هاست. شهری که سرزنده بوده، زمانی هم «مرکز جنب‌وجوش» شده است. امّا به‌راستی چه کسی هم دوست دارد تا در جشن تولّدش از ضعف‌های خود بشنود! گذشته می‌تواند نهیبی برای ما باشد تا بیندیشیم که چگونه شهری شکوفا به‌دلیل نابخردی سیاسی می‌تواند به‌سرعت تلی از خاک شود. امّا حالا هم خطر از دوردست‌های کرهٔ زمین ما می‌آید و نه از شهر مونیخ. پس بگذارید تا چندان هم نگران آیندهٔ اینجا نباشیم. حتّی در آینده هم در مونیخ نیروهایی پیدا خواهد شد که در فکر حفظ آن گذشتهٔ دلپسند خود، جایی که امکانی بر حفظ آن‌ها وجود دارد، خواهد بود.

امّا حالا هم روحیّهٔ محافظه‌کارانهٔ شهر زیر پوشش آن سرزندگی فکری است که عموماً شوابینگ را نمایندهٔ آن می‌دانیم. این سرزندگی فکری چیزی است که بیشتر از شمال آمده است. آن کسانی که لودویگ اوّل و ماکسی‌میلیان دوم به شهر فراخواندند، یعنی همان «انوار شمال»، در عمل بر زندگی فکری شهر بیشترین تأثیر را برجای گذاشتند، و حتّی تا همین زمان‌های اخیر، همین «تازه‌واردین» بودند، یعنی آلمانی‌هایی که از دیگر مناطق آلمان آمده، یا خارجی‌ها بودند، که زندگی فرهنگی شهر را بارورتر کردند. این نکته هم دربارهٔ هنر مصداق دارد، هم در علم. آنچه مشخصّهٔ فضای فکری شهر است در این است که هر دو قشر به یکدیگر پیوستند. افکار تازه‌ای که از شمال می‌آمد یا از دیگر سرزمین‌های اروپا، در مونیخ جایی باز کرد، زمین باروری یافت، به‌طوری‌که توانست به‌شیوه‌ای که چندان هم انتظارش را نمی‌کشیدیم، هم گسترش یابد، هم شکوفا شود. و بایری‌ها که ساکن اینجا بودند، و در آغاز این چیزهای تازه را چون چیزی بیگانه رد می‌کردند، آن‌ها را آن‌قدر دل‌انگیز و جذّاب یافتند به‌طوری‌که خیلی زود استعدادهای بومی‌ای پدیدار شدند که همان کار «انوار شمال» را می‌کردند، به آن‌ها پیوستند تا سرانجام هم شهامت پیشروی در حوزهٔ نوی فکری را بیابند. مثلاً آن نقّاش روسی، کادینسکی، امکانات تازه‌ای در نقّاشی در مونیخ یافت، امّا دیری نپایید که فرانتس مارک که زادهٔ مونیخ بود سمت‌وسوی تازه‌ای به آن داد و آن

جریان تازه را به کار بست. این پیوند میان دو قشر، سنّت محافظه‌کارانهٔ بایری با آنچه از بیرون سرزندگی شوابینگی را برمی‌انگیخت، که خود در مونیخ ثمرات بسیاری به بار آورده بود، از این راه ممکن شد که آن نوآوران با طیب خاطر به هم‌آمیزی با زندگی بایری رضایت داشتند. آن‌ها برای نشان دادن امتنان خود از بایری‌ها، که رفتاری دوستانه با آن‌ها داشتند و ازسر دل‌فراخی با آن‌ها مماشات می‌کردند، می‌کوشیدند با دلشادی در زندگی آن‌ها بی‌قیدوشرط مشارکت کنند. و درست به دلیل همین دل‌فراخی آن‌ها در برابر یکدیگر، احترامی و دوستی‌ای متقابل پدیدار شد، که سرانجام چیزهای ارزشمندی با خود به همراه آورد. شاید لازم باشد به آنچه در مونیخ به کامیابی رسیده، چون نمونه‌ای بنگریم بر آنچه در جاهای دیگر در اروپا یا در جهان باید روی دهد. و اگر بکوشیم باوجود اختلاف‌هایی که به‌ظاهر نمی‌توان بر آن‌ها غلبه کرد، به‌نحوی با حسن نیّت به گذران زندگی در کنار یکدیگر بپردازیم و شاید از راه همکاری با یکدیگر چیزهای نویی را به منصهٔ ظهور برسانیم، خیری بر ما عاید شود. امّا حالا دوباره به مونیخ برمی‌گردیم. به زندگی هنرمندان وقتی پی بردم که چون جوانی در مونیخ بزرگ می‌شدم و تنها به حلقهٔ کوچکی از آن‌ها راه یافتم. وقتی هم که دانشجو شدم کمی در زندگی علمی دانشگاه مشارکت داشتم و از آن زمان — یعنی از آغاز سال‌های بیست — آنچه به‌روشنی به یاد می‌آورم این است که می‌دیدم چگونه زندگی دانشگاهی و استادانی که از شمال آمده بودند، در مونیخ در تماس با آنچه به شهر تعلّق داشت، سپری می‌شد. این استادان زندگی را در برج عاج سپری نمی‌کردند، بلکه چون شهروندی مونیخی با دیگران گذران عمر می‌کردند. برای مثال استاد من زومرفلد مانند نقّاش کورینت از پروس شرقی آمده بود و هردو عادت داشتند پیش از همایش‌های فیزیک با فیزیک‌دان‌های جوان‌تر یا بزرگ‌تر در (باغ) هوف‌گارتن بنشینند، و مثل دیگر مردم مونیخ قهوه بخورند. اینجا هم همیشه حرف از مسائل فیزیکی یا ریاضی بود که در مرکز توجّه آن‌ها بود و گاهی هم میز مرمری که جلوی ما بود، و دراصل پیشتر فنجان‌های قهوه روی آن بود، پوشیده از فرمول‌های ریاضی بود. همان زمان‌ها برایم تعریف کرده بودند که یک‌بار زومرفلد محاسباتش برای پیداکردن انتگرال دشواری بر روی میز مرمر را، که هنوز به نتیجه نرسیده بود، ناچار ناتمام می‌گذارد، چون چند دقیقه‌ای تا شروع همایش در دانشگاه نمانده بود. چند روز بعد که زومرفلد با چند نفر از دانشجویانش دوباره برای قهوه‌خوردن به آنجا رفته بودند، و ازقضا دوباره بر سر همان میز نشسته بودند، می‌بینند که هنوز محاسبات آن انتگرال دشوار آنجاست، ولی جواب آن هم چند سطری زیر آن نوشته شده بود. گویا در این میان هم ریاضی‌دانی بر سر همان میز نشسته بوده تا قهوه‌ای بخورد — که شاید هم هرگلوتس بوده — و برای آنکه سر خودش را گرم کند مشغول حلّ آن شده بود. علم در

مونیخ در آینده هم همین‌طور ادامه خواهد یافت. همین چند ماه پیش که رآکتور اتمی دانشکدهٔ فنّی در گارشینگ افتتاح می‌شد، جمع حاضرین به چند نفر از مقامات دولتی، دانشگاهی و شهر خلاصه نمی‌شد، بلکه به‌عکس جشنی مردمی بود که در آن نه تنها اهالی گارشینگ همگی در آن شرکت داشتند، بلکه غذاهای محلّی بایری هم در کنار اعضای ارکستری با شلوار چرمی و آراسته به موی بز کوهی، صرف می‌شد. در آینده هم چنین خواهد بود، یعنی در زمانی که به جای کسب‌وکار به شیوهٔ قدیم، پیشرفته‌ترین فنّاوری‌ها، نیروگاه‌های اتمی و رآکتورهای گداخت هسته‌ای، می‌آید و حتّی در آن زمان – چیزی که در آرزویش نیستیم – چه‌بسا مسئلهٔ رفت‌وآمد در شهر با حمل‌ونقل با موشک حلّ شود.

شاید بیم آن رود که در زندگی فرهنگی، یعنی در جایی که آمیزش اجتماعی آرام، چنین اهمیّت زیادی دارد، جای اندکی برای کار فکری شخصی بماند، برای بیشترین تمرکز آن نیروهایی، که زمانی لازم است آنجا باشد، تا بتوان در هنر یا در علم چیزی نو آفرید. مسلّم است که ناآرامی‌های زمان ما جلوی دروازه‌های مونیخ متوقّف نمی‌شود. این ناآرامی‌ها اینجا را مثل همهٔ دیگر شهرهای بزرگ فرا می‌گیرد و آرامش و خلوت مطالعه را، که فضایی برای آن است تا به‌واقع با مسائل زورآزمایی کنیم، به خطر می‌اندازد. امّا آن که شهر را به‌خوبی می‌شناسد، آن کس می‌داند - نه بر مبنای آنچه موجود است – که همواره این خلوت با خود اینجا هست، و همواره می‌توان آرامش واقعی برای کارکردن را اینجا پیدا کرد. امّا این خلوت هم، تنها منحصر به این خلوت اتاق درس نیست، بلکه آن را می‌توان در بوته‌زارهای پرپشت روییده بر یخ‌رفت‌های تپّه‌های پیش‌کوه آلپ یا در کنار محلّ‌های شنا در ساحل یکی از دریاچه‌های استر یافت. در این خلوت هرچند برای زمانی از مردم دور می‌مانیم، امّا در آن هم ارتباطی تمام‌وکمال با طبیعت و رازهایش می‌یابیم، با همهٔ زیبایی حومهٔ مونیخ. درست به همین دلیل است که علم و هنر در مونیخ همواره عنصر خیال را در خود دارد، و در آینده هم چنین خواهد ماند. حتّی نقّاشی انتزاعی در مونیخ هم رنگ‌وروی چمن‌زارها و دریاچه‌هایی را به خود گرفته است که در آلپ زیر تابش خورشید آرمیده است. زمانی که آرنولد زومرفلد، که با استحکام ریاضی فیزیک کلاسیک به‌خوبی آشنا بود، به روابط نظریّهٔ کوانتومی برخورد کرد که هنوز هم چندان روشن نبود، آن‌قدر هم از روابط اسرارآمیز میان اعداد درست در تجربه‌هایش دربارهٔ خطوط طیفی به وجد آمده بود، که کلاس‌های درسش یادآور سروده‌های موزون کپلر دربارهٔ هماهنگی میان کرات بود. و همین‌که منتقدینش به او خرده می‌گرفتند که به عرفان عددی و تعصّب روی آورده است، و می‌گفتند: «اگر در پی عدد درستید، پیش زومرفلد بروید»، این حرف‌ها نتوانست دلشادی

او را به‌هم بزند، چون در مونیخ بنای ما بر این است که هیچگاه حرفی را جدّی نگیریم، امّا بازهم آن را جدّی می‌گیریم و سرانجام هم این زومرفلد بود که دربرابر منتقدینش محقّ نمایان شد. حتّی زیست‌شناسی که در اینجا در مونیخ به آن می‌پردازیم، همان عنصر خیال را در خود دارد، چه موضوع بحث حسّ جهت‌یابی زنبورها باشد یا رفتار و روان‌شناسی حیوانات عالی، گفت‌وگو با غاز، اردک، و سگ باشد، که در مؤسّسهٔ تازه‌بنیاد فیزیولوژی رفتارشناختی در انجمن ماکس پلانک صورت می‌گیرد، و حالا در کنار دریاچهٔ اس سر راه دریاچهٔ اشتارن‌برگ به آمر است.

از هم‌زیستی میان نو و کهنه، میان سنّت و شهامت، همین مونیخ امروز برخاسته است که نه تنها در قلب اروپاست، بلکه دل همهٔ اروپاییان با آن است. پس نیازی نیست تا در هشت‌صدمین سالروز این شهر، نگران آینده‌اش باشیم. این شهر حزم‌اندیش و وارسته در آینده هم بر روی همه گشوده باقی می‌ماند، ثمرهٔ دل‌فراخی خود را می‌چیند که همواره یکی از سجایای اخلاقی آن بوده است. و اگرچه سیمای آن بازهم تغییر خواهد کرد، زمانی که علم و فنّاوری به سروسامان‌دادن به زندگی در این شهر اهتمام می‌ورزد، بازهم در این شهر، همه‌چیز به‌شیوهٔ خود سر جایش پابرجا می‌ماند. آنچه اشتفان جورج به‌تقریبی چون نکته‌ای ظریف با تشریفات زیاد دربارهٔ مونیخ قدیم گفته، دربارهٔ آیندهٔ این شهر مصداق دارد:

«اشباح هنوز بی‌هراس روی دیوارها پرسه می‌زنند،
زمین هنوز آلوده به آن سمّ کشنده است:
تو ای شهر مردمان و جوانان! ای وطن
زمانی به چشم می‌آیی که برج‌های کلیسای بانوی ما نزدیک می‌آید.»

۱۰

علم و فنّاوری در سیاست امروز[۱۸]

کارل بورک‌هارت در سخنرانی‌ای دربارهٔ زبان در سیاست، این فکر را بیان می‌کند که: به‌نظر می‌رسد در دورانی که همهٔ شعارها و انگاره‌های گذشته براثر سوءاستفاده‌های مکرّر ارزش خود را ازدست داده و از توان فرماندهی خود تهی شده است، علم و فنّاوری، با همهٔ خطرهایی که در این کار است، هنوز هم این توان را دارد تا به فکر ما نظم بدهد. با چند کلمه‌ای که دراین‌باره می‌گوییم، این فکر را پی می‌گیریم.

آنچه در آغاز به‌ظاهر می‌آید، بر ضدّ امیدی است که بورک‌هارت بیان می‌کند. هرچند علم و فنّاوری امروز بیشترین تأثیر را در شکل‌دهی دنیا دارد و تا دورافتاده‌ترین چهارگوشهٔ دنیا نفوذ کرده است، در بیشتر موارد آنچه با خود می‌آورد خرابی به جای نظم است، یعنی آنچه به چشم می‌آید کسب نفع مادّی است که بنا به طبیعتش می‌تواند در هردو جهت اثرگذار باشد. چنین وضعی می‌تواند هم به کشمکش میان گروه‌های قدرت بینجامد که هر نظمی را ویران می‌کنند، هم به ایجاد فضاهای اقتصادی مبتنی بر نظم. علم وعدهٔ آسودگی از دست نیاز مادی را می‌دهد، وعدهٔ درمان بیماری‌ها و پیروزی بر دشمن سر می‌دهد، و با شعار «سودمندی» ایجاد یقین می‌کند. امّا حتّی سودمندی می‌تواند، اگر مقصود، خود جزئی از نظامی بزرگ نباشد، اگر از آن نظمی عالی ادراک نشود، به بی‌نظمی بینجامد. «سودمندی یعنی مرگ انسانیّت.» این حکم که گاه‌گاهی به زبان می‌آید، اشاره به این نکته دارد که هر هدف منفردی که از مضمونش گسیخته شده باشد، می‌تواند سیری پیدا کند که با آنچه به‌راستی انسانی است، یعنی با ردیابی ازسر احتیاط آن روابطی که فراتر از حوزهٔ انسانی است، در تضاد باشد. این حکم فقط زمانی دیگر مصداق ندارد که مقصود خود جزئی از نظامی بزرگ‌تر باشد، که آن را در دوران باستان نظام الهی می‌نامیدیم.

گرچه علم می‌تواند از ابتدا در هردو جهت عمل کند، بورک‌هارت خود اشاره به وجه تربیتی رفتار با علم و فنّاوری می‌کند. توسعهٔ تازه انگیزه‌ای شده است تا مردم بی‌شماری در همهٔ نقاط روی زمین ازسر دقّت و وجدان به حلّ مسائل فنّی و علمی‌ای همّت کنند که با آن‌ها رودررو هستند. هر فردی که کاری دارد، باید با حواس‌جمعی و ازسر دقّت سر کارش برود،

---

[۱۸] چاپ نخست در Dauer im Wandel. جشن‌نامهٔ هفتادمین سال‌روز تولّد کارل یاکوب بورک‌هارت (انتشارات ژورژ د.و. کال‌وی) ۱۹۶۰، صفحه‌های ۱۹۴ تا ۱۹۷.

و فرقی هم نمی‌کند که راه‌ساز، مهندس ابزاردقیق، یا سازندهٔ هواپیما باشد، یا باید فرایندهای شیمیایی را در بدن انسان بررسی کند، یا در پی رشد گیاهانی باشد که برای استفادهٔ انسان سودمند است. او نباید بگذارد پیش‌داوری و اوهام چشمش را ببندند؛ او اگر می‌خواهد کاری را که به او محوّل شده، به‌درستی انجام دهد و در انجام آن کار توفیق داشته باشد، باید چشم بر آن ساده‌انگاری‌های خطرناکی بپوشد که در زندگی سیاسی پیش می‌آید. و همین الزام به دقّت و حواس‌جمعی از آنِ نیروهای نظم‌دهندهٔ زمان ماست. و اگر علم هم نتواند، حتّی باواسطه، احساسی در ما برای آن نظام‌های بزرگ‌تر برانگیزد، که نظم دنیای ما در آن‌ها بیان می‌شود، آن وقت دیگر آن الزام چندان هم کفایت نخواهد کرد.

شاید در چشم ناظری سطحی‌نگر در آغاز چنین بیاید، گویی که علم و فنّاوری درحال مستحیل‌شدن در درهم‌وبرهمی فزایندهٔ میان رشته‌های خاص است، به‌طوری‌که فرد، هرچند هنوز می‌تواند با توفیق در چارچوب آن‌ها کار کند، نمی‌تواند ارتباط کلّی میان آن‌ها را دریابد. امّا اگر از نزدیک به آن‌ها بنگریم، حرکتی در جهت عکس می‌بینیم. در فرایند روبه‌رشد انتزاع، که جلوی چشمان ما در علوم دقیق روی می‌دهد و به‌تدریج هم سایر حوزه‌های فکری را دربر می‌گیرد، ارتباط‌های گسترده‌تری نه تنها در چارچوب یک علم، بلکه میان علوم مختلف دیگر هم به چشم می‌آید، که تاکنون بر آگاهی ما پوشیده مانده بود. پیشرفت ریاضیات جدید شاید مثال خوبی باشد. مفهوم عدد در اصل از راه انتزاع به دست آمد، که برگرفته از اشیاء در تجربهٔ حسّی است. اشکال هندسی هم از راه انتزاع در روابطی به دست آمد که برای مثال در مسّاحی زمین پیش می‌آمد. محاسبه با حروف به‌جای اعداد، معرّفی واحد موهومی و مطالعهٔ توابع همگی نشان از مرحلهٔ عالی‌تر در انتزاع است. و در اینجا هم باتوجّه به ساختارهای خاص انتزاعی، که به آن‌ها می‌پرداختیم، میان شاخه‌های مختلف ریاضیات فرق قائل شدیم، مانند حساب، جبر، نظریّهٔ توابع، توپولوژی و امثال آن. امّا ریاضیات در زمان ما به آن درجهٔ بالاتری از انتزاع رسیده است که مفاهیم عالی‌ای می‌سازد که بر مبنای آن‌ها موضوع‌های مختلف ریاضیات تنها نمونه‌های کاربردی خاص به نظر می‌آید، که بر مبنای آن‌ها درنتیجه ارتباط‌های کلّی، یعنی ساختارهای منطقی‌ای بازتاب دارد که در همهٔ شاخه‌های خاص ریاضیات کاربرد دارد. مفاهیمی مانند مجموعه‌ها، گروه‌ها، شبکه‌ها و عمل‌گرها نیروی پیونددهنده‌ای از خود گسیل می‌دارد که به ریاضیات یکپارچگی‌ای می‌دهد بسیار فراتر از معنایی، که پیشتر از آن می‌فهمیدیم.

در فیزیک اتمی جدید هم، سیری مشابه ریاضیات دیده می‌شود. در گذشته فیزیک و شیمی دو علم کاملاً جدا از یکدیگر بود، که به وجوه مختلف طبیعت نظر داشت و خود فیزیک هم به سلسله رشته‌هایی مانند مکانیک، نورشناسی، نظریّهٔ الکتریسیته، نظریّهٔ حرارت و

مانند آن تقسیم می‌شد که هرکدام به نوعی متفاوت از پدیده‌ها و قانونمندی‌ها می‌پرداخت. در همین زمان دریافتیم که این پدیده‌ها بر اساس قانونی، همگی به یکدیگر مرتبط است، امّا برای اینکه ارتباط‌های بزرگ‌تر را بشناسیم، باید در حوزه‌هایی از طبیعت پیش برویم که آن‌ها را نمی‌توان بی‌واسطه از راه حواس آزمود. با فهم فیزیک پوستهٔ اتمی، یکپارچگی میان فیزیک و شیمی محقّق شد. با انجام آزمایش‌هایی بر روی ذرّات بنیادی، که حالا با ابزارهای فنّی بسیار پیشرفته انجام می‌شود، ارتباط میان همهٔ انواع نیروهای موجود در طبیعت بر ما آشکار شد، و حالا صورتبندی قوانین دخیل در آن‌ها درجه‌ای از انتزاع را مطالبه می‌کند که پیشتر در علم بر ما ناشناخته بود.

در زیست‌شناسی هم کم‌کم متوجّه شدیم مهار پدیده‌های زیست‌شناختی در موجود زنده غالباً به خواص ویژهٔ برخی از مواد پیچیده در سطح فیزیک اتمی مرتبط است. در اینجا هم ناگزیریم حوزهٔ آن رویدادهایی را که بی‌واسطه در فرایندهای حیاتی درک‌شدنی است، ترک کنیم تا به ارتباطی که در کار است پی ببریم. به‌این دلیل به نظر می‌رسد حوزه‌های مختلف علم و فنّاوری در مسیری یکسان درحال حرکت است: دورشدن از وجود حسی بی‌واسطه به سوی خلأیی و دوردست‌هایی که عجالتاً ترسناک است، جایی که ارتباط‌های بزرگ جهان ما مشهود است.

باید امّا در اینجا بر این نکته تأکید کنیم که چشم‌پوشی از تماس زنده با طبیعت، که با ورود به حوزه‌های تازه مرتبط است، و گرایش به انتزاع در علم – که با آن همراه است – هدفی نیست که به‌اختیار برگزیده باشیم، بلکه به‌عکس ازخودگذشتگی دردناکی است که توجیه آن را در شناخت ارتباط‌های گسترده‌تر می‌توان یافت؛ و این نظام‌های کلّی هم، در علم زمان ما به‌واقع آشکار شده است. در اینجا هم نباید حرف از مقایسه با هنر نو باشد، هرچند اهتمام به انتزاع در هنر هم به‌روشنی به چشم می‌آید. ارتباط‌های گسترده‌ای که امروز در علم مطرح است، درحال حاضر تنها بر گروه کوچکی شناخته شده است که در آن به کار می‌پردازند.

این گروه کوچک شاید بتواند تأثیراتی بر فکر بشر به‌طور کلّی داشته باشد. برای مثال، این احساس می‌تواند کم‌کم بیدار شود که زندگی روی کرهٔ زمین دارای چنان یگانگی‌ای است که صدمه‌ای در یک گوشهٔ آن، می‌تواند تأثیری در جاهای دیگر داشته باشد و به‌این دلیل ما همگی در مسئولیّت برقراری نظم در زندگی بر روی کرهٔ زمین سهمی داریم. از آن دوردست‌ها در کیهان، که امروز بشر توانسته است به‌کمک ابزارهای فنّی جدید در آن رخنه کند، شاید او با روشنی بیشتری بتواند قوانین یکتایی را ببیند که به زندگی بر روی سیّارهٔ خود ما نظم می‌دهد. و در اینجا این امکان برایمان پیدا می‌شود تا در آن خلأ و

دوردست‌هایی که درحال حاضر ترسناک است و رشد علم و فنّاوری ما را بدانجا کشانده است، نه تنها با فکر، بلکه با دل هم در آن راهی بیابیم، آن‌طور که سنت‌اگزوپری، خلبان فرانسوی، با زیبایی هرچه تمام‌تر در سروده‌اش می‌گوید. شاهزادهٔ کوچک او، از سیّاره‌اش مواظبت می‌کند، آتش‌فشانش را جارو می‌کند، و به گل سرخی که در آن دوردست‌هاست، آب می‌دهد، و حالا هم می‌گوید: «تنها با چشم دل می‌توان دید. آنچه مهم است به چشم نمی‌آید.»

اگر این پرسش را مطرح کنیم که آیا علم و فنّاوری می‌تواند نیرویی نظم‌دهنده در زندگی امروز ما به‌وجود آورد، که مانند آنچه سرمشق‌های بزرگ فکری در گذشته انجام داده، به زندگی بر روی کرهٔ زمین سامان دهد، به‌یقین باید از همان ابتدا به ارتباط‌های بزرگی بیندیشیم که سیر اخیر علم بر ما آشکار کرده است. و در مورد خطرهای سیاسی بزرگ زمان ما، باید امیدوار باشیم این احساس اشاعه پیدا کند که فیزیک‌دانی روسی در یکی از همایش‌های بین‌المللی فیزیک به‌اختصار بیان کرد: «ما همگی در فضاپیمایی سواریم که از زمان‌هایی در گذشتهٔ دور به دور خورشید می‌چرخد و به همراه آن ستارهٔ بزرگ، در فضای بی‌کران سفر می‌کند. از کجا می‌آییم، و به کجا می‌رویم، این را نمی‌دانیم؛ امّا همگی با هم در سفری سوار بر یک کشتی هستیم.»

۱۱

انتزاع در علوم جدید[۱۹]

هرگاه علم زمان خود را با دوره‌های پیشتر مقایسه می‌کنیم، عموماً به این نتیجه می‌رسیم که علم در سیر خود همواره بیشتر انتزاعی شده است، و در زمان ما هم در بسیاری از جاها این خصلت انتزاعی آن‌قدر است که کاملاً دور از ذهن است، به‌طوری‌که کامیابی‌های عملی بزرگی آن را کم‌وبیش متعادل نگاه می‌دارد، علم از راه کاربرد فنّاوری از خود نشان می‌دهد. من مایل نیستم در اینجا به پرسش دربارهٔ ارزش بپردازم که غالباً در همین جا مطرح می‌شود. پس در اینجا نباید این پرسش مطرح شود که آیا علمی در زمان‌های پیشتر بیشتر دلشادکننده بود و با پرداختن به جزئیّات رویدادهای طبیعی ازسرعلاقه روابط درون طبیعت را در چشم ما زنده می‌کرد و آن‌ها را با این کار تبیین می‌کرد، و یا به‌عکس، آن گسترش عظیم امکانات فنّی، که بر پژوهش‌های امروزی استوار است، برتری مفاهیم علمی ما را بی‌چون‌وچرا بر ما اثبات کرده است. این پرسش دربارهٔ ارزش باید عجالتاً کنار گذاشته شود. به‌جای این کار باید بکوشیم فرایند انتزاع در سیر علم را به‌دقّت بکاویم. پس باید — تاجایی‌که در چارچوب ملاحظهٔ تاریخی موجز چنین چیزی ممکن است — نشان دهیم که اگر علم با متابعت از جبری درونی از مرحله‌ای از انتزاع به مرحلهٔ دیگری از انتزاع بالا می‌رورد، چه چیزی در اینجا روی می‌دهد؛ برای چه ارزش‌هایی در شناخت، این راه پرزحمت اصلاً طی می‌شود. از همین جا بر ما معلوم خواهد شد که در رشته‌های مختلف حوزهٔ علم، در همه حال، فرایندهایی کاملاً شبیه به هم جریان دارد که ازقضا از راه مقایسه با یکدیگر بهتر فهمیده می‌شود. وقتی زیست‌شناس سوخت‌وساز و تکثیر موجودات زنده را به واکنش‌های شیمیایی برمی‌گرداند، وقتی شیمی‌دان تشریح روشن کیفیّت مواد را با فرمول‌های ساختاری کم‌وبیش پیچیده جایگزین می‌کند، وقتی فیزیک‌دان قوانین طبیعی را سرانجام با معادلات ریاضی بیان می‌کند، در اینجا همواره آن سیری محقّق می‌شود که نمونهٔ اوِلیّهٔ آن شاید در خود ریاضیات به روشن‌ترین صورتی دیده می‌شود که ما را ناگزیر می‌کند تا دربارهٔ جبری‌بودن آن پرسش کنیم.

می‌توانیم کار را با این پرسش آغاز کنیم: انتزاع چیست و چه اهمیّتی در تفکّر مفهومی دارد؟ جواب به این پرسش را شاید بتوان کم‌وبیش این‌طور داد: انتزاع امکانی را نشان

---

[۱۹] سخنرانی در جلسهٔ اهداء نشان شایستگی در علم و هنر در بن در سال ۱۹۶۰. انتشار نخستین در: گفتارها و اندیشه‌ها، جلد چهارم، هایدل‌برگ (انتشارات لام‌برت اشنایدر) ۱۹۶۲، صفحات ۱۴۱تا ۱۶۴.

می‌دهد تا به چیزی یا دسته‌ای از چیزها ذیل یک دیدگاه با صرف‌نظرکردن از دیگر ویژگی‌های آن بنگریم. بیرون‌کشیدن شاخصه‌ای که در این چارچوب به‌خصوص در برابر دیگر شاخصه‌ها مهم دیده می‌شود، همان ماهیّت انتزاع است. ساخت همهٔ مفاهیم، چنان‌که به‌آسانی می‌توان دید، بر فرایند انتزاع استوار است؛ زیرا ساخت مفاهیم پیش‌فرضش این است که بتوان آنچه را با دیگری برابر است بازشناخت. امّا چون برابری کامل در رویدادها عملاً هیچ‌وقت پیش نمی‌آید، برابری تنها از راه فرایند انتزاع پدیدار می شود، از راه بیرون‌کشیدن شاخصی با نادیده‌گرفتن همهٔ دیگر آن‌ها به‌وجود می‌آید. مثلاً برای آنکه مفهوم «درخت» را درست کنیم، باید بپذیریم که درخت کاج و توس خصلت‌های مشترکی دارد که باید آن‌ها را از راه انتزاع بیرون بکشیم تا بتوانیم آن‌ها را درک کنیم.

جستجوی خصلت‌های مشترک می‌تواند ذیل شرایطی عمل شناختی باشد که بیشترین اهمیّت را دارد. برای مثال در تاریخ بشر خیلی زود به این نکته آگاه شدیم که در مقایسهٔ میان دو گاو و مثلاً سه‌سیب، خصلت مشترکی وجود دارد که با کلمهٔ «سه» بیان می‌شود. ساخت مفهوم عدد خود گامی مهم در بیرون‌رفتن از حوزهٔ دنیای محسوسات است که ما را مستقیم احاطه کرده و ورود در شبکه‌ای از ساختارهای فکری است که ازنظر منطقی می‌توان ادراک کرد. این گزاره هم که دو گردو و دو گردو باهم چهار گردو است، بازهم اگر کلمهٔ «گردو» را با «نان» یا با هر شیء دیگری جای‌گزین کنیم، درست است. پس می‌توانیم این گزاره را تعمیم دهیم و آن را به جامهٔ انتزاع بیاراییم: دو و دو می‌شود چهار. این نتیجه کشف پراهمیّتی بود. شاید خیلی زود به توان نظم‌دهندهٔ خاص مفهوم عدد پی برده باشیم و خود همین مفهوم به این کار کمک کرده باشد تا برای اعداد منفرد نشانه‌هایی بیابیم یا تعبیری از آن‌ها با همان نشانه‌ها به‌دست دهیم. از دیدگاه ریاضیات امروزی اهمیّت اعداد منفرد کمتر از اهمیّت عمل اصلی شمارش است. درست همین عمل است که سلسلهٔ قطع‌نشدنی اعداد طبیعی را پدیدار می‌کند و با این سلسله آن واقعیّات ضمنی‌ای را آشکار می‌کند که در نظریّهٔ اعداد مطالعه می شود. با عمل شمارش آشکارا گامی مهم در راه انتزاع برداشته‌ایم؛ با عمل شمارش می‌توان پای در راه ریاضیات و در علم ریاضی نهاد.

در همین جا می‌توان پدیده‌ای را مطالعه کرد که در آینده در مراحل مختلف انتزاع در ریاضیات یا در علم جدید مکّرر به آن برخورد می‌کنیم و در سیر فکر انتزاعی در علم می‌تواند به‌تقریبی همان «پدیدهٔ دیرین» را نشان دهد – هرچندکه شاید گوته عبارت «پدیدهٔ دیرین» را در اینجا به‌کار نبرده باشد. شاید بتوان آن را به‌تقریبی «شکوفایی ساختارهای انتزاعی» نامید. مفاهیمی که نخست از راه انتزاع از واقعیّات منفرد یا تجربه‌های پیچیده درست می‌شود، زندگی خاص خود را می‌یابد. آن‌ها خیلی بیش از آنچه در آغاز دیده

می‌شود، محتوای بیشتر و ثمربخشی بیشتری دارد. آن‌ها در سیر بعدی خود آن توان نظم‌دهندهٔ مستقّل خود را به ما نشان می‌دهد که انگیزه‌ای بر ساخت صورت‌ها و مفاهیم می‌شود، شناختی از ارتباط آن مفاهیم به‌یکدیگر به ما منتقل می‌کند و در این راه به معنایی پایدار برجا می‌ماند تا در تجربهٔ خود دنیای پدیدارها را بفهمیم.

از مفهوم شمارش و از عملیّات سادهٔ حساب که با آن مرتبط است، برای مثال بعداً حسابی پیچیده و نظریّه‌ای از اعداد، بخشی در دوران باستان و بخشی در دوران نو، به‌وجود آمد که درواقع آن چیزی را بر ما آشکار می‌کند که با مفهوم عدد در همان آغاز معیّن شده بود. بعدها عدد و نظریّه‌ای که بر مبنای نسبت اعداد بایکدیگر درست شده بود، این امکان را به‌دست داد تا از راه اندازه‌گیری، فاصله‌ها را باهم مقایسه کنیم. درست از همین‌جا بود که هندسه‌ای علمی توانست درست شود که ازنظر مفهومی، از نظریّهٔ اعداد فراتر می‌رفت. در این کوشش تا هندسه را از این راه بر نظریّهٔ اعداد استوار کنیم، فیثاغورسیان خود در همان زمان‌ها به دشواری نسبت گنگ فواصل برخورد کرده بودند و ناگزیر به گسترش حوزهٔ عدد شده بودند. آن‌ها *ناچار شدند* کم‌وبیش مفهوم عدد گنگ را ابداع کنند. از همین‌جا به‌بعد یونانیان باز به مفهوم پیوستار رسیدند و به آنچه بعدها زنون فیلسوف ذیل تناقضات خود به آن‌ها دست‌یافته بود. در اینجا به دشواری‌هایی که این رشد از ریاضیات به‌همراه داشت نمی‌پردازیم، بلکه بیشتر به آن غنایی در آن صورت‌هایی اشاره می‌کنیم که در مفهوم عدد به‌طور ضمنی نهفته است و از آن برمی‌خیزد.

آنچه در فرایند انتزاع روی می‌دهد این است: مفهومی که در فرایند انتزاع ساخته می‌شود، زندگی خود را می‌یابد؛ از آن مفهوم انبوهی از صورت‌ها یا ساختارهای نظم‌دهنده‌ای پدیدار می‌شود که انتظارش هم نمی‌رود، به‌طوری‌که این ساختارها بعدها حتّی در فهم ما از رویدادهایی که پیرامون ماست، به‌نوعی از خود استواری نشان می‌دهد.

در همین پدیدهٔ اوّلیّه چنانچه می‌دانیم مشکلاتی بروز می‌کند، که خود موضوع ریاضیات است. این نکته که در ریاضیات به شناختی اصیل می‌پردازیم، اصلاً جای شک ندارد. امّا این شناخت، شناخت چه چیز است؟ آیا در ریاضیات آن چیزی مانند واقعیّت عینی، یعنی چیزی که مستقّل از انسان هم به معنایی هست، وجود دارد، که ما آن را تشریح می‌کنیم، یا آیا ریاضیات تنها یکی از توانایی‌های فکر انسان است؟ آیا قوانینی که ما از آن استخراج می‌کنیم، تنها اخباری دربارهٔ ساختار فکر انسان است؟ من این مسئلهٔ دشوار را هم درواقع نمی‌خواهم در اینجا باز کنم، بلکه تنها می‌خواهم آن چیزی را یادآوری کنم که خصلت عینی ریاضیات را نشان می‌دهد.

اینکه بر روی سیّاره‌های دیگری، مثلاً بر روی مرّیخ، یا درهرحال در منظومه‌های دیگری هم، حیات وجود داشته باشد، چندان غیرمحتمل نیست. و ما هم باید این امکان را به‌حساب بیاوریم که بر روی اجرام سماوی دیگری هم موجودات زنده‌ای وجود دارند که نزد آن‌ها هم این توانایی وجود دارد تا انتزاعی فکر کنند، یعنی این توانایی در حدّی است که آن‌ها مفهوم عدد را ساخته باشند. اگر چنین باشد، و اگر این موجودات به مفهوم عدد خود ریاضیاتی علمی را هم ملتصق کنند، در آن‌صورت این موجودات هم به همان گزاره‌های نظریّهٔ اعداد می‌رسند که ما انسان‌ها خود به آن رسیده‌ایم. حساب و نظریّهٔ اعداد نزد آن‌ها اصولاً نمی‌تواند چیز دیگری باشد جز آنکه نزد ماست، یعنی نتایج آن‌ها باید با نتایج ما مطابقت داشته باشد. اگر ریاضیات مصداق خبری دربارهٔ فکر انسان است، پس درهمه‌حال مصداق خبری در فکر فی‌نفسه است، و آن هم فقط به فکر ریاضی محدود نمی‌شود. و تاجایی هم که اصولاً فکر وجود داشته باشد، باید ریاضی هم در آن به همان صورت باشد. این نتیجه را می‌توانیم با نتیجهٔ علمی دیگری مقایسه کنیم. بر روی سیّارات دیگر یا بر روی اجرام آسمانی دیگری دور از ما، به‌یقین همان قوانین طبیعی درست است که نزد ما درست است. و این هم تنها گمانی نظری نیست، بلکه با تلسکوپ‌های خود هم خیلی خوب می‌بینیم که در آنجا هم همان عناصر شیمیایی وجود دارد که نزد ما موجود است، و همان ترکیب‌های شیمیایی را بایکدیگر درست می‌کند که نزد ما، و از همان ترکیب طیفی نور گسیل می‌دارد. اینکه این خبر علمی که بر تجربه استوار است با خبر دیگری که دربارهٔ ریاضیات دادیم، مرتبط باشد و در کجا با آن مرتبط است، نکته‌ای است که در اینجا به آن نمی‌پردازیم.

چند لحظه دوباره به ریاضیات بر می‌گردیم، پیش از آنکه به سیر علم بنگریم. ریاضیات طیّ تاریخ خود همواره مفاهیم نو و جامع درست کرده است و همواره هم به مرحلهٔ بالاتری از انتزاع رسیده است. حوزهٔ عدد با اعداد گنگ و اعداد مختلط گسترش یافته. مفهوم تابع راه را بر دنیای آنالیز عالی، و حساب دیفرانسیل و انتگرال گشود. مفهوم گروه هم به‌همان اندازه در جبر، در هندسه، در نظریّهٔ توابع ثمربخشی خود را نشان داد، و با این کار به این فکر نزدیک شد که شاید ممکن باشد تا در سطح بالاتری از انتزاع همهٔ ریاضیات را با رشته‌های بسیار متعدّدش ذیل دیدگاه واحدی منظّم کنیم و آن را بفهمیم. نظریّهٔ مجموعه‌ها چون زیرساختی انتزاعی برای همهٔ ریاضیات گسترش یافت. دشواری‌هایی که با نظریّهٔ مجموعه‌ها پدیدار شد ما را سرانجام ناگزیر به برداشتن گامی از ریاضیات به منطق ریاضی کرد، که در دههٔ بیست به‌خصوص هیل‌برت و همکارانش در گوتینگن آن را عملی کردند. در اینجا ناگزیر بودیم از پلّه‌ای به پلّهٔ دیگری برویم، زیرا مسائلی که در آن حوزهٔ مضیق

در آغاز مطرح می‌شد، حل‌نشده باقی می‌ماند و در همه‌حال هم فهم آن‌ها ممکن نبود. و این از راه پیوند این مسائل با مسائل دیگر در حوزه‌های گسترده‌تر بود که این امکان بر ما گشوده شد تا به نوع تازه‌ای از فهم برسیم و انگیزه‌ای شود تا مفاهیم جامع وسیع‌تری بسازیم. برای مثال وقتی متوجّه شدیم اصل موضوعهٔ توازی در هندسهٔ اقلیدسی را نمی‌توان اثبات کرد، هندسهٔ نااقلیدسی را به‌وجود آوردیم. امّا به فهم واقعی این مسئله زمانی برای بار اوّل رسیدیم که پرسشی کلّی‌تر مطرح کردیم: آیا می‌توان اثبات کرد این نظام در درون نظام موضوعی‌ای هیچ ابهامی ندارد؟ و درست وقتی‌که پرسش را به این صورت مطرح کردیم، با اصل مسئله رودررو شدیم. و در پایان این سیر در زمان ما آن ریاضیاتی پدیدار شد که می‌توانستیم دربارهٔ مبانی آن تنها با مفاهیم بسیار انتزاعی حرف بزنیم، که در آن‌ها به‌نظر می‌رسید رابطه با هر چیز دلخواه دیگری که موضوع تجربه باشد، به‌کلّی از دست رفته باشد. این جمله گویا منسوب به فیلسوف و ریاضی‌دان برتراند راسل است: «ریاضیات به آن چیزهایی می‌پردازد که دربارهٔ آن‌ها نمی‌داند که چه چیزی است، و خود ریاضیات هم از گزاره‌هایی درست شده است که از آن‌ها چیزی نمی‌دانیم و نمی‌دانیم آیا خود آن‌ها درست است یا نادرست.» (توضیحی دربارهٔ بخش دوم این جمله: تنها این را می‌دانیم که آن‌ها از نظر صوری درست است، امّا این را نمی‌دانیم که آیا به‌واقع موضوع‌هایی وجود دارد تا بتوان آن‌ها را به این موضوع‌ها ارجاع داد.) امّا در اینجا هم باید تاریخ ریاضیات تنها به‌عنوان نمونه به‌کار ما بیاید، یعنی از آن می‌توانیم به جبر سیر انتزاع و جبر سیر یک‌پارچه‌سازی پی‌برد. امّا باید از خودمان بپرسیم آیا در علم هم چیزی شبیه به این روی داده است؟

در اینجا می‌خواهم با علمی آغاز کنم که موضوعش حیات است و از همه هم شاید کمتر انتزاعی باشد، یعنی زیست‌شناسی. در تقسیم پیشین این علم به جانورشناسی و گیاه‌شناسی، این علم در گسترهٔ وسیع خود تشریحی از صورت‌های بسیاری بود که حیات بر روی زمین رودرروی ما می‌آمد. علم هم در اینجا به کار مقایسهٔ این صورت‌ها با این هدف می‌پرداخت تا نظمی در آن انبوه تقریباً بی‌حساب نمودهای حیات در حوزهٔ موجودات زنده برقرار کند و در پی قانونمندی‌هایی یا انتظامی در حوزهٔ موجودات زنده برآید. همین جا بود این پرسش به‌خودی‌خود مطرح شد که این موجودات زندهٔ متفاوت از هم را از چه دیدگاهی می‌توان باهم مقایسه کرد، یعنی شاخصه‌های مشترک چه چیزی است که می‌تواند مبنای این مقایسه باشد. برای مثال مطالعهٔ گوته دربارهٔ دگردیسی گیاهان به همین کار نظر داشت. در همین جا بود که ناگزیر اوّلین گام در راه انتزاع برداشته شد. دیگر کسی از همان آغاز از خود دربارهٔ موجودات زندهٔ منفرد سؤال نمی‌کرد، بلکه دربارهٔ کارکردهای حیاتی آن‌ها، مانند رشد، سوخت‌وساز، تکثیر، تنفّس، جریان خون و امثال آن می‌پرسید، که مشخّصهٔ حیات

بود. این کارکردها آن دیدگاه‌هایی را در اختیار ما می‌گذاشت که بر اساس آن‌ها می‌توانستیم گونه‌های مختلف حیات را به‌خوبی باهم مقایسه کنیم. این دیدگاه‌ها هم مانند مفاهیم انتزاعی ریاضیات از خود ثمربخشی‌ای به‌دست می‌داد که دور از انتظار ما بود. این دیدگاه‌ها کم‌وبیش توان خاص خود در نظم‌دادن به حوزه‌های بسیار گستردهٔ زیست‌شناسی را نشان داد. و همین شد که از مطالعهٔ پدیده‌ها در توارث، نظریّهٔ داروینی تکامل پدیدار شد که برای اوّلین بار وعدهٔ تفسیر انبوه صورت‌های مختلف حیات آلی بر روی زمین را ذیل دیدگاه واحد بزرگی می‌داد. مطالعهٔ دستگاه تنفّس و سوخت‌وساز هم از سویی به پرسش دربارهٔ فرایندهای شیمیایی در موجود زنده انجامید، به‌طوری‌که این مطالعات سبب شد تا این فرایندها را با فرایندهای شیمیایی در آزمایشگاه مقایسه کنیم. با این کار ارتباطی میان زیست‌شناسی و شیمی برقرار شد و درعین‌حال هم این پرسش مطرح شد که آیا فرایندهای شیمیایی در موجود زنده و در مادّهٔ بی‌جان بر اساس قوانین طبیعی یکسانی جریان می‌یابد. به‌این‌ترتیب پرسش دربارهٔ کارکردهای زیست‌شناختی به این پرسش تغییر پیدا کرد که چگونه این کارکردهای زیست‌شناختی در طبیعت ازنظر مادی محقّق می‌شود. و تازمانی هم که توجّه ما به خود کارکردهای زیست‌شناختی دوخته شده بود، این شیوهٔ مشاهده هنوز درست در آن دنیای فکری‌ای می‌گنجید که از آنِ کاروس بود؛ پزشک و فیلسوفی که با گوته دوست بود و به ارتباط نزدیک میان رویدادی کارکردی در موجود زنده با فرایندهای روحی ناآگاه می‌اندیشید. امّا با این پرسش دربارهٔ تحقّق مادی این کارکردها هم به‌یک‌باره چارچوب زیست‌شناسی به‌معنای درست آن متلاشی می‌شود، چون حالا دیگر بر ما آشکار شد: زمانی فرایندهای زیست‌شناختی را به‌واقع می‌توان فهمید که فرایندهایی به‌نوعی شیمیایی و فیزیکی متناظر با آن را هم ازنظر علمی تحلیل و تفسیر کرده باشیم. در این مرحلهٔ بعدی انتزاع، از همهٔ ارتباط‌های معنایی در زیست‌شناسی عجالتاً چشم‌پوشی می‌کنیم و فقط می‌پرسیم که چه فرایندهای فیزیکی- شیمیایی مرتبط با فرایندهای زیست‌شناختی در موجودی زنده عملاً جریان پیدا می‌کند. در زمان ما هم با ادامهٔ حرکت در این راه به شناخت بسیار کلّی این روابط رسیدیم، که به‌نظر می‌رسد همهٔ فرایندهای حیاتی بر روی زمین را به‌طور یک‌پارچه معیّن می‌کند که ما هم می‌توانیم آن‌ها را به‌ساده‌ترین صورتی در فیزیک اتمی بیان کنیم. عوامل توارثی را می‌توان نمونه‌ای خاص از این موارد نامید که انتقال آن‌ها از موجودی زنده به موجودی زنده بر اساس قوانین شناخته‌شدهٔ مندل صورت می‌گیرد. این عوامل ژنتیکی را به‌طور آشکار آرایش شمار بزرگ‌تری از چهار پارهٔ مولکولی بر روی دو رشتهٔ یک مولکول رشته‌ای به‌طور مادی تدارک می‌کند که آن را اسید دزوکسی‌ریبونوکلئیک می‌نامیم و در ساخت هستهٔ سلّول اهمیّت زیادی دارد. گسترش

زیست‌شناسی به شیمی و فیزیک اتمی، درواقع تفسیر واحد پدیده‌های بنیادی حیاتی را هم در مورد همهٔ دنیای موجودات زنده بر روی زمین ممکن کرد. اینکه حیات موجود بر روی سیّارات دیگری هم، همین ساختارهای شمیایی و فیزیکی را ازنظر اتمی به‌کار بگیرد، چیزی است که نمی‌توان به‌قطع دربارهٔ آن اکنون حرفی زد، امّا محتمل است که پاسخ این سؤال را در زمانی نه‌چندان دور بدانیم.

در شیمی هم همین سیر مانند زیست‌شناسی طی شده است، و من می‌خواهم از تاریخ شیمی در اینجا فقط سراغ واقعه‌ای بروم که مشخّصهٔ پدیدهٔ «انتزاع و یک‌پارچه‌سازی» است، یعنی مفهوم ظرفیّت. شیمی با کیفیّت مواد سروکار دارد و به این پرسش می‌پردازد که چگونه موادی با کیفیّتی داده‌شده به موادی با کیفیّت‌های دیگری تبدیل می‌شود، چگونه می‌توان مواد را باهم ترکیب کرد، از هم جدا کرد، و چگونه می‌توان مواد را تغییر داد. همین‌که شروع کردیم تا ترکیب مواد را از نظر کمّی تحلیل کنیم، یعنی این سؤال مطرح شد که چقدر از هریک از عناصر شیمیایی مختلف در ترکیب مادّهٔ خاصی وجود دارد، نسبت‌هایی را یافتیم که عدد درست بود. امّا در تصوّری که حالا از اتم داشتیم آن تصویر مناسبی را به‌کار می‌گرفتیم که ذیل آن می‌توانستیم ترکیب عناصر را مدّنظر قرار دهیم. به‌همین سبب، بنا را بر این قیاس شناخته‌شده گذاشتیم: وقتی کمی شن سفید را با شن قرمز مخلوط کنیم، از این مخلوط شنی به‌دست می‌آید که رنگ قرمزش بنا به نسبت مخلوط روشن‌تر یا تیره‌تر می‌شود. بر همین اساس ترکیبی شیمیایی از دو عنصر را نزد خود تصوّر کردیم که در آن به‌جای دانه‌های شن، اتم‌ها بود. امّا از آنجایی‌که این ترکیب شیمیایی، که از عناصر سازندهٔ خود درست شده است، در خواص خود، با خواص آن مخلوط شن که از دو نوع شن درست شده، تفاوت دارد، این تصویر را پذیرفتیم که اتم‌های مختلف در آغاز به‌صورت گروه‌های اتمی درکنار هم قرار می‌گیرد، که ازاین‌پس به‌مانند مولکول، کوچک‌ترین واحدهای آن ترکیب شیمیایی را به‌دست می‌دهد. آن نسبت‌های درست عناصر پایه در ترکیب‌های مختلف را هم توانستیم با شمار اتم‌ها در مولکول تفسیر کنیم. تجربه هم درعمل چنین تفسیری را مجاز می‌دانست و افزون بر آن هم اجازه می‌داد تا به اتمی منفرد آن شماری را که «ظرفیّت» نامیده می‌شود، نسبت دهیم، که امکان پیوند با اتم‌های دیگر را نشان می‌دهد. امّا در آغاز هم بر ما کاملاً روشن نبود — و این هم همان نکته‌ای است که در اینجا برای ما اهمیّت دارد — که آیا باید ظرفیّت را نیرویی جهت‌دار نزد خود مجسّم کنیم یا خاصیّتی هندسی از اتم یا اصلاً چیز دیگری. مدّت‌ها در بلاتکلیفی ماندیم که آیا اتم خود به‌واقع ساخته‌ای مادی است یا فقط تصوّری هندسی است که به کمک ما می‌آید تا از آن رویداد شیمیایی ازنظر ریاضی تصویری عاید خود کنیم. ذیل «تصویر

ریاضی» در اینجا منظورمان این است که نشانه‌ها و قواعد پیوند آن‌ها به‌یکدیگر، یعنی برای مثال ظرفیّت و قواعد ظرفیّتی با پدیدارها «یک‌ریخت» به همان معنایی است که اگر مثلاً در زبان نظریّهٔ گروه‌ها بیان شود، در آن تبدیلات خطّی یک «بردار» با چرخش در فضای سه‌بعدی «یک‌ریخت» است. اگر بخواهیم درعمل آن را به‌کار گیریم و از زبان ریاضی هم در اینجا استفاده نکنیم، به این معناست: می‌توان از تصوّر ظرفیّت برای این کار استفاده کرد تا پیش‌بینی کنیم که چه ترکیب‌های شیمیایی‌ای میان عناصر داده‌شده‌ای ممکن است. این نکته که آیا ظرفیّت به‌واقع هم به‌همان معنایی است که مثلاً نیرو یا شکلی هندسی به‌واقع چنین است، مدّت‌ها بی‌پاسخ ماند، چون تصمیم دربارهٔ آن برای شیمی چندان اهمیّت نداشت. با این کار که در فرایند پیچیدهٔ واکنش شیمیایی نگاه ما بیشتر به نسبت‌های کمّی مخلوط دوخته شده بود، یعنی صرف‌نظرکردن از چیزهای دیگر با فرایند انتزاع، به مفهومی دست یافتیم که این امکان را برای ما فراهم کرد تا واکنش‌های شیمیایی کاملاً مختلف را یک‌پارچه تفسیر کنیم و تاحدودی هم آن‌ها را بفهمیم. بعدها، یعنی با فیزیک اتمی نو، آموختیم چه نوعی از واقعیّت در پس مفهوم ظرفیّت نهفته است. حتّی امروز هم نمی‌توانیم به‌درستی بگوییم که آیا ظرفیّت درواقع نیرویی یا مدار الکترونی‌ای یا برشی در چگالی بار الکتریکی اتم است یا اصلاً فقط امکانی است ازاین‌دست. این تردید در فیزیک امروزی اصلاً به خود مسئله مربوط نمی‌شود، بلکه فقط به بیان زبانی آن مربوط است که نقص آن را هم اساساً نمی‌توانیم برطرف کنیم.

پس برای آنکه از مفهوم ظرفیّت به زبان انتزاعی به‌صورت فرمول در شیمی امروزی برسیم، راهی میان‌بر رفته‌ایم که در آن این زبان انتزاعی به شیمی‌دان این امکان را می‌دهد تا در همهٔ حوزه‌های شیمی به فهمی از محتوا و از نتیجهٔ کارهای خود برسد.

جریان‌هایی از اطّلاعات، که شیمی‌دانی یا زیست‌شناسی ناظر، که به‌کار تجربه می‌پردازد، گردآوری می‌کند، چون سیلی از طرح پرسش‌های پی‌درپی، که به فهم واحد اهتمام دارد و از همین راه هم به مفاهیم انتزاعی می‌انجامد، سرانجام به‌خودی‌خود به حوزهٔ گسترده‌تر فیزیک اتمی می‌پیوندد. ازاین‌پس چنین به‌نظر می‌رسد گویی که فیزیک اتمی به‌دلیل جایگاه مرکزی‌اش آن‌قدر جا دارد تا برای همهٔ پدیده‌های طبیعت، ساختاری اصولی به‌دست دهد که همهٔ آن رویدادهایی را می‌توان به آن ارجاع داد که بر مبنای آن به پدیده‌ها می‌توان نظم داد. امّا برای خود فیزیک، که در اینجا چون مبنای مشترکی در زیست‌شناسی و شیمی به‌نظر می‌آید، این امر مسلّم نیست، زیرا پدیده‌های فیزیکی بسیار مختلفی وجود دارد که ارتباط درونی آن‌ها از همان آغاز به‌چشم نمی‌آید. به‌همین سبب هم اکنون باید باز به سیر

فیزیک بپردازیم؛ و برای این کار هم عجالتاً نگاهی به سرآغاز فیزیک در زمان‌های پیشین می‌افکنیم.

در آغاز علم باستان، چنانچه می‌دانیم، دانش فیثاغورسیان قرار دارد که بنا بر آنچه ارسطو نقل می‌کند، «اشیاء همان اعداد است». اگر بخواهیم نگاه ارسطو به نظریهٔ فیثاغورسیان را تفسیر امروزی کنیم، باید بگوییم که منظور این است که می‌توان اشیاء، یعنی رویدادها را منظّم کرد و تا آنجایی فهم کرد که با صورت‌های ریاضی مرتبط است. امّا به این ارتباط نباید چون عمل دل‌به‌خواه قدرت شناخت خود بنگریم، بلکه باید آن را چیزی عینی بدانیم. برای مثال گفته می‌شود که «اعداد وجود جوهری اشیاء است» یا «همهٔ آسمان یکتایی و عدد است». و مسلّم است که در اینجا هم نظم جهان به‌طورمطلق منظور است. جهان در فلسفهٔ باستان، دنیای نظم است و نه دنیای بی‌نظمی. این فهم از جهان که به‌این ترتیب به‌دست آمده است هنوز چندان انتزاعی نیست. برای مثال هم مشاهدات نجومی را با مفهوم مدار تفسیر می‌کردیم. ستارگان بر روی دایره می‌گردند. دایره هم به‌دلیل تقارن زیادش شکل کامل خاصی است؛ حرکت دایروی هم نشان از همین دارد. برای تجسّم حرکت پیچیدهٔ سیّارات هم باید چندین حرکت دایروی را، یعنی چندین فلک و فلک تدویر را به‌یکدیگر بیفزاییم تا بتوانیم آن مشاهدات را بهتر بنمایانیم. امّا برای آن میزان دقّتی هم که در آن زمان دست‌یافتنی بود، همین میزان کاملاً کفایت می‌کرد. خورشیدگرفتگی و ماه‌گرفتگی را هم با همان نجوم بطلمیوسی کاملاً می‌توانستیم پیش‌بینی کنیم.

با آغاز دوران نو، فیزیک نیوتونی این فکر دوران باستان را با پرسشی رودررو کرد: آیا حرکت ماه به دور زمین با حرکت سنگ درحال سقوط یا حرکت سنگی که پرتاب شده است، چیز مشترکی دارد؟ این کشف که در اینجا وجه اشترکی دارد، که می‌توان نگاه خود را بدان دوخت، درحالی‌که از همهٔ تفاوت‌های ریشه‌دارتر دیگر چشم‌پوشی کنیم، یکی از پردامنه‌دارترین رویدادها در تاریخ علم به‌حساب می‌آید. این وجه اشتراک را ساخت مفهوم «نیرو» بر ما آشکار کرد، که بر تغییر «اندازهٔ حرکت» جسم تأثیر می‌گذارد، که در اینجا ازقضا نیروی ثقل است. اگرچه این مفهوم نیرو بازهم از تجربهٔ حسّی برمی‌آید، مثلاً از احساسی که از بلندکردن بار سنگینی در ما به‌وجود می‌آید، ولی در اصول پیش‌فرض نیوتونی چیزی انتزاعی است، یعنی با تغییر اندازهٔ حرکت، و بدون ارجاع به این دریافت‌های حسّی تعریف می‌شود. با مفاهیم اندک دیگری مانند جرم، سرعت، اندازهٔ حرکت، نیرو نزد نیوتون نظام بسته‌ای از اصول موضوعه می‌سازد، که ضمن چشم‌پوشی از همهٔ دیگر خصوصیّات اجسام، در کار پرداختن به همهٔ فرایندهای حرکتی مکانیکی کفایت می‌کند. نظام اصول موضوعی، چنانچه می‌دانیم، مانند مفهوم عدد در تاریخ ریاضیات در زمان‌های

بعد ثمربخشی بسیار زیادی از خود نشان داد. تا مدّتی بیش از دویست سال ریاضی‌دانان و فیزیک‌دانان از این فهم نیوتون، یعنی همان که در آن شکل ساده در مدرسه ذیل "جرم X شتاب = نیرو" آموخته‌ایم، نتایج تازه و گفتنی به‌دست آوردند. اگرچه نیوتون خود به نظریّهٔ حرکت سیّارات پرداخت، این موضوع را بعدها نجوم گستراند و آن را پالایش کرد. حرکت ژیروسکوپی هم مطالعه و تبیین شد، مکانیک سیّالات و مکانیک اجسام کشسان هم گسترش یافت، و بر مشابهت‌های میان مکانیک و نورشناخت هم ازنظر ریاضی کار زیادی صورت گرفت. در همین‌جا ناگزیر دو دیدگاه اهمیّت بیشتری یافت. اوّل: وقتی پرسش دربارهٔ وجه عمل‌گرای علم بود، یعنی مثلاً مکانیک نیوتونی را در کارایی‌اش در پیش‌بینی‌های نجومی با نجوم دوران باستان مقایسه می‌کردیم، فیزیک نیوتونی، دست‌کم در آغاز کارش، با نجوم باستان چندان تفاوتی نداشت. اساساً هم می‌توانستیم از راه پوشش مدارهای تدویر و مدارهای حامل بریکدیگر حرکت سیّارات را با دقّت دلخواه نشان دهیم. پس آن قدرت باوربرانگیز فیزیک نیوتونی در آغاز ریشه در کارایی عملی آن نداشت، بلکه بر این واقعیّت استوار بود که رویدادهای مختلف را یک‌پارچه بر ما می‌نمود و توضیحی واحد از آن‌ها ارائه می‌داد؛ و این ناشی از نیرویی بود که از صورتبندی نیوتون برمی‌خاست. دوم آنکه: اگرچه از این صورتبندی توانستیم در سده‌های بعد حوزه‌های تازه‌ای در مکانیک، در نجوم، در فیزیک را گسترش دهیم، هرچند بر این گسترش کارهای علمی مهمی از دسته‌ای از پژوهشگران لازم بود، امّا نتیجهٔ آن کارها همگی در دل صورتبندی نیوتون قرار داشت، با آنکه درنگاه نخست چنین چیزی به چشم نمی‌آمد. و این درست مانند همان مفهوم عدد بود که به‌طور ضمنی همهٔ نظریّهٔ اعداد را در خود دارد. و حتّی اگر موجودات صاحب‌هوش دیگری از سیّارات دیگری صورتبندی نیوتون را نقطهٔ آغاز تفکّرات علمی خود قرار دهند، آن‌ها بازهم به همان پاسخ‌ها در جواب همان پرسش‌ها می‌رسند. پس تا اینجا بازهم در سیر فیزیک نیوتونی موضوع آن «رشدی از مفاهیم انتزاعی» مطرح است که در آغاز این سخنرانی حرف از آن بود.

امّا درست در سدهٔ نوزدهم بود که صورتبندی نیوتون نشانه‌هایی از خود بروز داد که ازنظر محتوایی آن‌قدر توان ندارد تا برای همهٔ پدیده‌هایی مورد مشاهده صورت‌های ریاضی را استخراج کند. پدیده‌های الکتریکی، برای مثال، که از زمان کشف گالوانی، ولتا و فارادی در مرکز توجّه فیزیک‌دانان قرار داشت، در نظام مفهومی مکانیک نیوتونی نمی‌گنجید. فارادی به‌همین سبب با تکیه بر نظریّهٔ اجسام کشسان مفهوم میدان نیرو را ساخت که می‌توان تغییرات زمانی آن را مستقل از حرکت اجسام مطالعه کرد و توضیح داد. برپایهٔ این صورتبندی‌ها بعدها نظریّهٔ ماکسولی پدیده‌های الکترومغناطیسی، و از آن نظریّهٔ نسبیّت

اینشتین، و سرانجام فیزیک میدان عمومی گسترش یافت که اینشتین انتظار داشت که بتوان همهٔ فیزیک را بر آن بنا کرد. به جزئیّات این سیر نمی‌توان در اینجا پرداخت. آنچه برای تأمّلات ما در اینجا اهمیّت دارد تنها این نکته است که فیزیک در پی این تحوّلات در آغاز سدهٔ ما به‌هیچ‌وجه یک‌پارچه نبود. در برابر اجسام مادّی که حرکتشان در مکانیک مطالعه می‌شد، آن نیروهای درحال‌حرکتی قرار داشت، که به‌عنوان میدان‌های نیرو واقعیّت خاص خود با قوانین طبیعی خود را می‌نمایاند. میدان‌های نیروی مختلف هم بدون پیوند بایکدیگر درکنار هم بود. به نیروهای الکترومغناطیسی و گرانش، که از مدّت‌ها پیش بر ما شناخته شده بود، و به نیروهای شیمیایی والانسی در آن سال‌های دهه‌های پایانی بازهم نیروهایی پیوست که در هستهٔ اتم بود و برهم‌کنش‌هایی که در واپاشی اتمی پرتوزا چیز مهمّی به حساب می‌آمد.

به‌سبب این تصاویر روشن متفاوت از هم و انواع مختلف نیروهای مجزّا از هم پرسشی مطرح شد که علم نمی‌توانست به آن بپردازد؛ چون عقیدهٔ ما این بود که طبیعت دست‌آخر نظمی واحد دارد، که همهٔ پدیده‌ها سرانجام بر اساس قوانین طبیعی واحدی جریان پیدا می‌کند. پس باید هم دست‌آخر این کار ممکن باشد تا آن ساختاری را آشکار کنیم که در همهٔ حوزه‌های فیزیکی مختلف مشترک است و در بنیان آن‌ها قرار دارد.

فیزیک اتمی نو دوباره با ابزار انتزاع و از راه ساخت مفاهیم جامع به این هدف نزدیک شد. تصاویری که به‌ظاهر بایکدیگر متناقض بود، و در تفسیر تجربه‌ها در فیزیک اتمی پدیدار می‌شد، عجالتاً کارشان به اینجا انجامید تا مفهوم «امکان» را، تا مفهوم «واقعیّت بالقوّه» را فقط هستهٔ آن تفسیر نظری قرار دهیم. با این کار تقابل میان ذرّات مادی در فیزیک نیوتونی و میدان نیرو در فیزیک ماکسول- فارادی از میان رفت. هردوی این‌ها صورت‌های ممکن پدیده‌هایی از یک واقعیّت فیزیکی است. تقابل میان نیرو و ماده هم در اینجا دیگر مفهوم خاص خود را از دست داد. مفهوم انتزاعی پربار واقعیّت بالقوّهٔ هم ثمربخشی فوق‌العاده‌ای از خود نشان داد. به‌همین سبب تفسیر اتمی پدیده‌های زیست‌شناختی و شیمیایی در فیزیک برای اوّلین‌بار از راه آن امکان‌پذیر شد. پیوندی هم که در میدان‌های نیروی متفاوت به دنبالش بودیم، در دهه‌های پایانی به‌سادگی از راه تجربه پدیدار شد. به هر میدان نیرویی به‌معنای آن واقعیّت بالقوّه، نوع معیّنی از ذرّات بنیادی مطابقت می‌کند: به میدان الکترومغناطیسی، کوانتوم نور یا فوتون مطابقت دارد. به نیروهای شیمیایی در حدودی الکترون‌ها مطابقت دارد، به نیروهای هستهٔ اتمی مزون‌ها مطابقت دارد و الی‌آخر. به هنگام آزمون با ذرّات بنیادی این نکته هم آشکار شد که به‌هنگام برخورد ذرّات بنیادی با حرکت بسیار تند به‌یکدیگر ذرّات بنیادی تازه‌ای از همان نوع پدیدار می‌شود، و چنین

به‌نظر می‌رسد که اگر تنها به‌هنگام برخورد ذرّات بایکدیگر آن‌قدر انرژی برای ساخت ذرّات تازه در اختیار باشد، ذرّات بنیادی‌ای از هر نوع دلخواهی می‌تواند تولید شود. دربارهٔ ذرّات بنیادی متفاوت می‌توانیم این‌طور بگوییم که همهٔ آن‌ها از یک جنس درست شده است — این جنس را هم می‌توانیم انرژی یا مادّه بنامیم - یعنی آن‌ها به‌یکدیگر تبدیل می‌شود. پس میدان‌های نیرو هم می‌تواند به‌یکدیگر تبدیل شود؛ ارتباط درونی آن‌ها را هم می‌توان در تجربه به‌طور مستقیم دید. پس آنچه برای فیزیک‌دان بازهم باقی می‌ماند این است که به کار صورتبندی آن قوانین طبیعی‌ای بپردازد که بر اساس آن‌ها تبدیل ذرّات بنیادی محقّق می‌شود. این قوانین باید به زبان ریاضی دقیقی و الزاماً هم به زبانی انتزاعی آن چیزی را بنمایاند یا از آن تصویری به‌دست دهد که در تجربه مشاهده می شود. پس باید حلّ این مشکل با آن مجموعهٔ اطّلاعاتی که هرروز بیشتر می‌شود، و فیزیک تجربی از راه کار با دقیق‌ترین ابزرهای فنّی در اختیار ما می‌گذارد، چندان هم دشوار نباشد. درکنار آن مفهوم «واقعیّت بالقوّه» که به مکان و زمان ارجاع می‌دهد، به‌نظر می‌رسد که به‌خصوص این خواسته اهمیّت داشته باشد که کنش نمی‌تواند سریع‌تر از سرعت نور انتشار یابد. آنچه برای این صورتبندی ریاضی برجا می‌ماند، سرانجام ساختاری نظری از گروه‌هاست، کلّی از الزامات تقارن است، که با صورتبندی بسیار سادهٔ ریاضی می‌توان نمایاند. اینکه آیا این ساختار بر نمایش آزمون تکافو می‌کند، بازهم چیزی است که فرایند «گسترش» بعدی آن بر ما آشکار می‌کند، که از آن به‌دفعات حرف زدیم. امّا جزئیّات آن برای مطالعاتی که ما در نظر داریم اهمیّت ندارد. اساساً به‌نظر می‌رسد که ارتباط حوزه‌های فیزیکی مختلف را تجربیّات ما در ده‌سال اخیر روشن کرده باشد. عقیدهٔ ما این است که ساختار فیزیکی واحد طبیعت را در کلّیات آن شناخته‌ایم.

در همین‌جا باید به آن محدودیّتی از فهم طبیعت، که از این راه به دست می‌آید، اشاره کنیم که ماهیّت انتزاع بر آن استوار است. و حالاکه عجالتاً از بسیاری از مهم‌ترین جرئیّات به‌سود شاخصه‌ای چشم‌پوشی می‌شود که انتظام رویدادها از آن راه حاصل می‌شود، پس به‌خودی‌خود همّ خود را به کار بیشتر بر روی ساختاری بنیانی محدود می‌کنیم، یعنی نوعی استخوان‌بندی که از آغاز از راه افزودن انبوه چشم‌گیری از دیگر جزئیّات می‌تواند تصویری واقعی شود. آن رویداد و آن ساختار بنیادی به‌طور کلّی آن‌چنان در ارتباط بایکدیگر درگیر هم است که آن را در جزئیّات اصلاً نمی‌توان دنبال کرد. و فقط در فیزیک است که دست‌کم آن رابطهٔ میان مفاهیم، که به‌کمک آن‌ها می‌توان رویدادها را به‌طور مستقیم تشریح کرد، و آن‌هایی که در صورتبندی قوانین طبیعی پیش می‌آید، به‌طور گسترده تبیین می‌شود. در شیمی به این کار به‌میزان بسیار کمی توفیق یافتیم، و در زیست‌شناسی هم در جاهای

انگشت‌شماری تازه شروع به فهمیدن کردیم، مانند فهم از آن مفاهیمی که از شناخت مستقیم حیات بر می‌آید، که ارزش خود را بدون‌محدودیّت حفظ می‌کند تا خود را با آن ساختارهای اساسی سازگار کند. باوجود همهٔ آنچه گفتیم، آن بینشی که از راه انتزاع به‌دست می‌آید، تاحدودی شبکه‌ای از مختصّات طبیعی را به ما انتقال می‌دهد، که رویدادها به آن ارجاع می‌کند، و از همان جا هم نظم‌وترتیب پیدا می‌کند. آن فهم از جهان که به این شیوه به‌دست می‌آید، رفتارش در برابر دانشی که در اصل به آن امید بسته بودیم و با جدیّت در پی‌اش بودیم، مانند دورنمایی است که از آن هواپیمایی به چشم می‌آید که در ارتفاع بسیار بالا پرواز می‌کند، و آن منظره‌ای که خود هنگام گردش در آن و زندگی در همان جا می‌بینیم.

اکنون به پرسشی باز می‌گردیم که در آغاز مطرح کردیم. حرکت به‌سوی انتزاع در علم بر ضرورت اهتمام به پرسش دربارهٔ فهم یک‌پارچه، بر تداوم پرسش استوار است. گوته، که خود مفهوم «پدیدهٔ آغازین» را وضع کرده بود، در این‌باره یک‌بار شکوه می‌کند. او در نظریّهٔ رنگ می‌نویسد: «اگر حتّی آن پدیده را یافته باشیم، بازهم آن بلا برجا می‌ماند که نخواهیم آن را چون چنین پدیده‌ای بشناسیم، که بازهم درپس آن و در ورای آن در پی چیز دیگری باشیم، زیرا باید باز در اینجا به محدودیّت در مشاهده اعتراف کنیم.» گوته به‌درستی احساس می‌کرد که اگر به پرسش‌های خود ادامه دهیم، از برداشتن گام در راه انتزاع ناگزیریم. و آنچه با کلمهٔ «ورای آن» به آن اشاره می‌شد، همان مرحلهٔ بالاتر انتزاع بود. گوته می‌خواهد از این کار حذر کند؛ باید به محدودیّت در مشاهده معترف شویم، از آن فراتر نرویم، زیرا در پس این محدودیّت، مشاهده ممکن است، و فضا برای آن فکر سازنده، که از تجربهٔ حسّی مستقّل است، باز می‌شود. این فضا بیش از هرچیز دیگر بازهم برای گوته غریبه ماند و عجیب، زیرا بی‌کرانی آن فضا سبب هراسش می‌شد. پهنهٔ بی‌کرانی که در اینجا دیده می شود، نظر اندیشمندان دیگری جز گوته را به‌سوی خود کشید. این جمله هم از نیچه است: «آنچه انتزاعی است برای برخی کاری صعب است، - و برای من در روزهای خوش، سرمستی و شادمانی است.» امّا آن کسانی که به طبیعت می‌اندیشند، باز پرسش می‌کنند، چون می‌خواهند دنیا را در تمامیّت آن درک کنند و ساختار یک‌پارچهٔ آن را بفهمند. به‌همین منظور هم مفاهیم جامع‌تری می‌سازند، که ارتباط آن‌ها با تجربهٔ حسّی مستقیم را تنها به‌دشواری می‌توان بازشناخت – چون در آن، وجود چنین ارتباطی پیش‌شرطی لازم بر این است که انتزاع اصلاً فهم از جهان را بر ما ممکن می‌کند.

امّا حالاکه به این فرایند در حوزهٔ علم، امروز می‌توانیم در مسیرهای طولانی بنگریم، شاید در پایان این چنین مشاهده‌ای به‌دشواری بتوانیم در برابر آن هوسی بایستیم تا نگاهی کوتاه

به دیگر حوزه‌های زندگی معنوی بیفکنیم، به هنر و دین بیفکنیم و از خود بپرسیم که آیا در آنجا هم فرایندهای مشابهی جربان داشته است یا هنوز هم جریان می‌یابد.

در حوزهٔ هنرهای تجسمّی برای مثال کم‌وبیش مشابهتی میان آن چیزی به چشم می‌آید که در سیر سبکی هنری بر اساس صورت‌های بنیادی ساده روی می‌دهد و آن چیزی که در اینجا گسترش ساختارهای انتزاعی نامیده می‌شود. و در اینجا هم درست مانند علم، احساس ما این است که با آن صورت‌های اساسی – برای مثال در معماری رومی با مربّع و نیم‌دایره – امکان تزئین و تجهیز، صورت‌های بهتر برای زمان‌های بعد، وسیعاً تدارک می‌شود، یعنی آنکه تکامل سبک بیشتر مربوط به رشد آن است تا نوآوری. یک ویژگی بسیار مهم مشترک هم این بود که کسی در پی ابداع این صورت‌های اساسی نبود، بلکه تنها در فکر کشف آن‌ها بود. آن صورت‌های اساسی عینیّتی اصیل داشت. در علم، آن‌ها باید امر واقع را بنمایاند، در هنر محتوای زندگی دوران‌ها را بیان کند. و ذیل شرایط مساعد هم می‌توان دست به این اکتشاف زد که صورت‌هایی وجود دارد که می‌تواند این کار را بکند؛ و این صورت‌ها هم چیزی نیست که کسی آن‌ها را خود به‌سادگی بسازد.

آنچه دشوارتر است که دربارهٔ آن داوری کنیم، این گمان است که گاه‌وبی‌گاه بر زبان می‌آوریم که انتزاع در هنر امروزی عللی مشابه با انتزاع در علم امروزی دارد، که این با آن به‌نحوی ازنظر محتوایی خویشاوند است. اگر مقایسه در اینجا درست باشد، این بدین معنی است که: هنر امروزی از این راه که از پیوند مستقیم با تجربهٔ حسّی چشم‌پوشی می‌کند، این امکان را به‌دست آورده است تا آن ارتباطهای جامع‌تری را هم بنمایاند و هم روشن کند، که در هنر دیروز نمی‌توانسته است بیان شود. هنر امروزی می‌تواند یک‌پارچگی جهان را بهتر از هنر دیروز ارائه دهد. اینکه چنین تفسیری درست باشد، چیزی است که من نمی‌توانم دربارهٔ آن به تصمیمی قطعی برسم. امّا گاهی هم سیر هنر امروزی طور دیگری تفسیر می شود: انحلال نظام‌های پیشین، برای مثال پیوندهای دینی در زمان ما، بازتابش در هنر، در انحلال صورت‌های سنّتی دیده می‌شود، که از آن‌ها تنها عناصر انتزاعی منفردی برجا مانده است. اگر این تفسیر درست باشد، پس ارتباطی هم با انتزاع در علم امروزی دیده نمی‌شود؛ چون انتزاع در علم به‌واقع بینش به ارتباطهای وسیع‌تر است که نصیب ما شده است.

شاید هم در اینجا بجا باشد تا باز به مقایسه‌ای در حوزهٔ تاریخ دست بزنم. این نکته که انتزاع از کوشش‌های ما در فهم از یک‌پارچگی، از پرسش بیشتر پدید می‌آید، چیزی است که به‌روشنی در یکی از مهم‌ترین رویدادها در تاریخ دین دیده می‌شود. مفهوم خدا در دین یهود در برابر تصوّر از خدایان مختلف در طبیعت، که آثارشان در جهان را مستقیماً می‌توان

دید، به سطح عالی‌تری از انتزاع رسیده است. و یکتایی آثار خداوندی را فقط در این سطح می‌توان دید. نزاع نمایندگان دین یهود با عیسی مسیح، به قول مارتین بوبر: نزاعی بر سر حفظ دست‌نخوردگی آن انتراع بود، بر سر آن ادّعا که زمانی به آن سطح عالی دست یافته بود. و در مقابل آن، عیسی مسیح ناگزیر بود بر این خواسته اصرار کند که انتزاع نباید خود را از زندگی رها کند، که انسان، حتّی اگر تصوّرات فهمیدنی از خدا وجود نداشته باشد، باید خود را مستقیم در برابر آثار خداوندی در جهان بگذارد. و این نکته که با این کار دشواری اصلی هر انتزاعی بر ما ترسیم می‌شود، بر ما در تاریخ علم بسیار آشناست. هر علمی که احکامش را نتوان در طبیعت به‌عین آزمود، بی‌ارزش خواهد بود. هر هنری، که دیگر نتواند انسان را به‌حرکت وادارد، دیگر نتواند بر انسان معنای وجودی‌اش را آشکار کند، بی‌ارزش خواهد بود. امّا این هم چندان منطقی نخواهد بود که در اینجا نگاه خود را خیلی هم به آن دوردست‌ها بدوزیم، زیرا در اینجا حرف تنها بر سر این است که سیر انتزاع در علم امروزی را بفهمیم. پس باید در اینجا به این نتیجه رضایت دهیم که علم امروزی به شیوه‌ای طبیعی در چارچوب معنایی بزرگی جایی می‌یابد که از این راه پدیدار می شود و انسان به پرسش ادامه می‌دهد، که این کار آن صورتی است که در آن انسان در جدال با جهانی است که در پیرامون خود دارد، تا انتظام یکتای آن را دریابد و در آن انتظام روزگار بگذراند.

۱۲

وظایف و مشکلات کنونی در پیشبرد پژوهش علمی در آلمان[۲۰]

گزارشی را که در اینجا باید دربارهٔ مشکلات پژوهش علمی در آلمان ارائه دهم، با دو واقعه آغاز می‌کنم که تصویری از پرسش‌هایی که اینجا مطرح می‌کنم ارائه می‌دهد که شاید اندکی دلپذیر نباشد.

دیداری با اعضای تصمیم‌گیرندهٔ شورای علمی ژاپن انجام شد که مایل بودند با من دربارهٔ اقداماتی مشورت کنند که برای پیشبرد پژوهش مناسب باشد. پس از گفت‌وگویی دوساعته که به‌خوبی انجام شد، رئیس هیئت ژاپنی، که خود از چهره‌های برجستهٔ علمی بود، مرا به کناری کشید و با هزار عذرخواهی پرسید که آیا می‌تواند سؤالی خصوصی دور از چشم دیگران بپرسد که برایش بسیار مهم می‌آمد. همین‌که به او آری گفتم، پرسید: «پس از جنگ جهانی اوّل، آلمان در وضع اقتصادی کموبیش ناامیدکننده‌ای بود. امّا اندکی بعد، پس از سال‌های ۱۹۲۰، آلمان باوجود وضع اقتصادی ناگوار، یکی از کشورهایی بود که در پژوهش علمی در همهٔ دنیا پیشتاز بود. پس از جنگ جهانی دوم، اقتصاد آلمان سریع‌تر از دوران پس از جنگ اوّل رونق گرفت. مثلاً از سال ۱۹۵۰ به‌بعد، مناسبات اقتصادی در آلمان خیلی بهتر از آن چیزی شده بود که انتظارش را می‌کشیدیم. امّا حالا هجده سال پس از پایان جنگ دوم، آلمان اهمیّتی ثانوی در پژوهش دارد. دلیل این مسئله چیست؟»

اتّفاق دوم که آن را هم حالا برایتان نقل می‌کنم، مربوط به پژوهشکدهٔ فیزیک پلاسما در گارشینگ نزدیک مونیخ است. برای انجام کارهای تجربی در آنجا به تعداد زیادی خازن برقی با مشخّصات فنّی بالایی نیاز داشتیم. می‌دانستیم که کارخانه‌ای در انگلستان خازن‌هایی می‌سازد که شرایط خازن‌های ما را دارد. امّا چون درخواست ما برای تحویل سه‌هزار خازن، قراردادی به ارزش چند میلیون مارک بود، سازنده به ما گفت که این درخواست را باید شرکتی آلمانی بفرستد. پس از اینکه مشخّصات فنّی و روش بررسی نمونه‌ها به‌دقّت معیّن شد، شرکت معروفی در آلمان پذیرفت تا قرارداد ببندد و کالا را

---

[۲۰] این سخنرانی در پنجم نوامبر ۱۹۶۳ در مقابل نمایندگان مجلس آلمان در گروه مطالعات داخلی مجلس در شهر بن ایراد شده است. انتشار نخستین در نشریهٔ اونیورسیتاس، سال نوزدهم، دفتر دهم، صفحات ۱۰۰۹ تا ۱۰۲۲ (شرکت انتشارات علمی، با مسئولیّت محدود، اشتوتگارت).

سفارش دهد. پس از رسیدن اوّلین تاریخ تحویل، سیصد خازن رسید، که از آن‌ها نزدیک به چهار درصد، در زمان تحویل معیوب بود و نشت می‌کرد. خازنی را از هم باز کردیم و معلوم شد که دلیل نقص، عیب در زمان ساخت و آماده‌سازی بوده است. خلاصه، نتیجهٔ این کار رشته‌ای از آزمایشات، مکاتبات و پیشنهادات تغییر و امثال این‌ها بود. چند ماه بعد نامه‌ای از کارخانه به دستمان رسید که به اطّلاع ما می‌رساند که حالا متوجّه شده نمی‌تواند مشخّصات فنّی مندرج در قرارداد را رعایت کند، و به‌همین سبب قرارداد باید فسخ شود. این کار هم مدّتی زمان برد. ما با شنیدن این خبر دلسرد شدیم و خودمان مشغول مکاتبه با کارخانهٔ انگلیسی شدیم. در این فاصله، شاسی خازن‌ها تحویل گارشینگ شده بود، ولی خازن‌های شرکت انگلیسی به شاسی‌های گارشینگ نمی‌خورد. شرکت انگلیسی ناگهان پیشنهاد کرد که حاضر است خازن‌ها را با مشخّصات ما بسازد و اندازهٔ درست آن‌ها را رعایت بکند. سرمهندس ما روانهٔ انگلستان شد تا با آن‌ها گفت‌وگو کند. سه روز بعد مستوره‌ای به فرودگاه ریم رسید. این‌ها را هم به‌همان طریق خازن‌های آلمانی امتحان کردیم و معلوم شد که صددرصد بی‌عیب کار می‌کند. در این فاصله هم، همهٔ خازن‌های شرکت انگلیسی در گارشینگ نصب شد و عجالتاً کار آن‌ها رضایت خاطر ما را فراهم می‌کند.

گزارشم را با این دو واقعه آغاز کردم، چون عقیده دارم ما را به فکر وامی‌دارد. امّا این قصد را هم ندارم که در اینجا از این نتایج، شتابزده سوءاستفاده کنم. من چون شخصی اهل علم، هم به صداقت متعّهدم و هم به دیرباوری. دیرباوری مرا ناگزیر می‌کند تا بگویم از این دو واقعه که به‌تصادف برگزیدم، هنوز نمی‌توان به نتیجه‌ای مستدل دربارهٔ وضع پژوهش در آلمان رسید. ازطرف دیگر هم تضمین می‌دهم که این دو واقعه به همان صورتی است که من در گزارشم آوردم.

پس حرفم را با این پرسش آغاز می‌کنم: علم در زندگی امروزی به چه معناست؟ در گذشته علم و هنر زینت معنوی زندگی بود، یعنی زینتی که در زمان خوشی برای خود فراهم می‌آوردیم و در زمان ناخوشی از آن چشم‌پوشی می‌کردیم، زیرا وظایف و دل‌واپسی‌های دیگری در این زمان‌ها تقدّم دارد. دستاوردهای معنوی درخشان و رفاه مادی همیشه نشانه‌های بیرونی دل‌شادی یک ملّت بوده است. امّا امروز این امر از بنیان طور دیگری

است. زندگی امروز ما در کلّیت خود به‌میزانی وابسته به علم است، چه با آن موافق باشیم و چه نباشیم؛ در گذشته حتّی تصوّر این امر را نداشتیم.

پس اگر بخواهیم به پرسش دربارهٔ مطالبات پژوهش علمی به‌درستی پاسخ دهیم، ناگزیریم خود را با این وجه از زندگی امروزی مطابقت دهیم. پژوهش علمی دیگر آن زینت معنوی زندگی نیست – اگرچه می‌تواند باشد – بلکه بذری است که از آن کمی بعد رفاه اقتصادی، ساختار صحیح امور مملکتی، سلامت جامعه و بسیاری از چیزهای دیگر حاصل می‌شود. پس شاید به اوّلین بخش از پرسشی که آن عالم ژاپنی طرح کرده بود، بتوانیم چنین پاسخ دهیم: «ما آلمانی‌ها عقب ماندیم، زیرا در سال‌های اخیر به این وجه از زندگی امروزی، یعنی به جایگاه مرکزی علم در دنیای امروز، کمتر از ملّت‌های دیگر توجّه کرده‌ایم.»

امّا قضیّه فقط این نیست که بگوییم اهمیّت پژوهش علمی امروز بیشر شده است؛ موضوع و ماهیّت کار علمی هم تغییر کرده است. به حوزه‌های بزرگ پیشین و سنّتی علم، که ازقضا ما آلمانی‌ها کارهای بزرگی در آن انجام داده‌ایم، حوزه‌های دیگری افزوده شده است که عموماً در مرز میان دو حوزهٔ قدیم پدیدار شده است. برای مثال در مرز میان زیست‌شناسی، شیمی و فیزیک، زیست‌شناسی مولکولی به‌وجود آمده که مهم‌ترین کشفیّات در سال‌های اخیر در آن انجام شده است. به‌کارگیری روش‌های علمی یا ریاضی در حوزهٔ علوم اجتماعی، برای مثال در علوم اقتصادی یا در علم سیاست، به جریان‌های فکری تازه‌ای انجامیده که توجّه همگان را به‌خود کشیده است و اهمیّت آن‌ها در سیر آن‌ها در آینده معیّن خواهد شد. فنّاوری ماشین‌های محاسبهٔ الکترونیکی، علم سیبرنتیک را به‌وجود آورده، که در زیست‌شناسی در مطالعهٔ سلسلهٔ اعصاب موجودات زندهٔ ساده، ثمربخشی خود را به‌طرز شگفتی نشان داده است. برای ورود در این حوزه‌های تازه، کار ما آلمانی‌ها، در قیاس با دیگر ملّت‌هایی که به کار علم اهتمام دارند، چندان راحت‌تر نیست.

جوانان ما که باید به کار علم بپردازند، و بنا به طبیعتشان باید سر از حوزه‌های نو در بیاورند، در اینجا در کشور ما به‌سبب جنگ به‌کلّی فرسوده شده‌اند. کار علمی در دانشگاه‌ها و مؤسّسات پژوهشی در سال ۱۹۴۵ باید به مسن‌ترها واگذار می‌شد، و همین بزرگ سالان، چنان‌که فهم آن هم آسان است، دوباره به حوزه‌های پژوهشی‌ای بازگشتند که پیش از مصیبت سال ۱۹۳۳ در آن به کار مشغول بودند. این نسل علمی جوان، که در حال رشد

است، مسلّماً دوست دارد در حوزه‌های نو، در جایی که هنوز بر پژوهش گشوده است، کار کند. در دنیای بیرون هم سبک کار پژوهشی به‌کلّی تغییر کرده است. باتوجّه به اهمیّتی که برای کار پژوهشی قایلیم، دولت‌ها منابع وسیع‌تری برای انجام کار پژوهشی کنار می‌گذارند. کار پژوهشی هم دیگر ثمرهٔ کار عالمی به تنهایی نیست، بلکه غالباً کار دسته‌ای از پژوهشگران جوان است که در برخی جاها توجّهی به هزینه‌های کلّ تجهیزات فنّی ندارند، تا به هدف‌های پژوهشی خود برسند. برای این نوع پژوهش‌ها، دانشگاه‌های ما آمادگی ندارند، و حتّی در مؤسّسهٔ ماکس پلانک هم که انعطاف بیشتری در این راه به خرج می‌دهد، تغییر به این سبک پژوهش چندان آسان نیست. این واقعیّت که دستگاه دیوانی ما هم برایش بسیار دشوار است تا خود را با نیازهای این سبک از پژوهش نو، وفق دهد، موضوعی است که کمی بعد به آن می‌پردازیم.

این سبک تازهٔ پژوهش این نکته را در خود دارد که دیگر نمی‌توان در هرجایی همهٔ کارها را انجام داد، مثلاً همهٔ مدارس عالی دیگر نمی‌تواند در همهٔ حوزه‌ها کار پژوهشی کند. باید نقاط تمرکزی ایجاد کنیم تا بتوانیم متخصّصین را در مراکز خاص دور هم جمع کنیم و آن‌ها به آنچه مهم است بپردازند و آنچه را کمتر اهمیّت دارد، نادیده بگیرند. تشکیل نقاط تمرکز نیازمند کار مقدّماتی دقیق در دستگاه‌های اداری خاص‌به‌خود است که در آنجاها خود علم نفوذی تعیین‌کننده دارد. روش دیگری جز مشورت دقیق میان متخصّصین و دستگاه اداری برای تشکیل این نقاط تمرکز وجود ندارد. در سال‌های اخیر، کمیسیون‌های مختلف، در وزارت علوم، در جامعهٔ پژوهشی آلمان و در شورای علمی آلمان کارهای ارزنده‌ای انجام داده‌اند. من هم دلیلی نمی‌بینم تا در اشکال سازمانی موجود تغییر زیادی به‌وجود آورم. اگر در آینده با درخواست‌های بیشتری مواجه شویم، مثلاً به‌سبب توافق‌های بین‌المللی، در آن صورت شاید لازم باشد تا این کمیسیون‌ها فرق میان طرح‌های پرهزینه را بیش‌ازپیش بررسی کنند. در آن زمان به حوزه‌ها و کارهای پژوهشی‌ای تقدّم خواهیم داد که در آن‌ها چشم‌انداز کامیابی در کار پژوهش بیشتر نمایان است یا شاید به دلایل دیگری آن کارها اهمیّت بیشتری دارند تا بتوان کارهای کم‌اهمیّت‌تر را کنار گذاشت.

اگر در آینده بادی تند شروع به وزیدن کند، من وضع تازه را در کلّ چندان بداقبالی نمی‌دانم. گزینش غالباً به بهبود کیفیّت می‌انجامد. دراین‌باره باید به‌خصوص به این نکته بیندیشیم: اگر قرار باشد به حوزه‌های تازهٔ علم سر بزنیم، یا شیوه‌های تازه را به‌کار بندیم، باید

ازآنجایی‌که نه منابع مالی ما نامحدود است، و نه هیچ‌گاه نیروی کاری که در اختیار داریم، پس لازم است به وقت ضرورت از کارهای قدیم دست بکشیم. این کار برای ما آلمانی‌ها امروز دشوارتر است تا برای دیگر ملّت‌ها، زیرا آگاهی ما به خود نمی‌تواند بر زمان‌های پس از سال ۱۹۳۳ استوار باشد. به‌همین سبب این آگاهی باید بر آنچه پیش از این زمان انجام داده‌ایم استوار باشد، و این چیزی جز علم قدیمی و دستگاه اداری قدیمی نیست. پس پاسخ جزئی دوم بر پرسشی که در آغاز مطرح شده بود این است: ما آلمانی‌ها عجالتاً آمادگی چندانی نداریم تا از گذشته دست بشوییم و به چیزهای نو امکان پیدایش بدهیم. باید در اینجا یاد بگیریم تا خطرهای به‌اصطلاح بزرگ‌تری را به جان بخریم. جسارت علمی همواره خود را در گذشته در آلمان به اثبات رسانده است؛ امّا اینجا هم باید دوباره آن را فراگیریم، باید دستمان را به چیزهای نو برسانیم و تصمیم‌های سختی در این باره بگیریم که چه چیز برایمان مهم است و چه چیز نیست.

امّا حالا که حرف از وجهی از دستگاه ادرای است، به آن بخشی از گزارشم می‌پردازم که به‌خصوص بیشتر در معرض نقد است: مجلس و دولت چه کاری می‌تواند بکند تا این مناسبات را اصلاح کند؟ در اینجا دو مسئلهٔ اصلی محّل مناقشه است: یکی میزان تخصیص منابع عمومی برای پژوهش، دیگری نوسازی دستگاه اداری.

ابتدا چند رقم را ذکر می‌کنم که گمان می‌کنم می‌توان کم‌وبیش به آن‌ها اعتماد کرد. آن کسری از بودجهٔ دولتی که برای پژوهش علمی غیرنظامی صرف می‌شود، در دیگر کشورهای صنعتی مانند آمریکا، انگلستان، و فرانسه درحال‌حاضر چیزی در حدود چهار درصد است، درحالی‌که این رقم در جمهوری فدرال آلمان در حدود یک‌وهفت‌دهم تا دو درصد است، یعنی چیری تقریباً نصف. بر این ارقام، چنانچه همه می‌دانیم، جای شک می‌ماند، زیرا چندان هم ساده نیست تا به جمع کلّی همهٔ آن سمت‌های متناظر در کشورهای مختلف بپردازیم و سپس آن‌ها را با یکدیگر مقایسه کنیم. مثلاً می‌شود اینجا بگوییم که در آلمان تخصیص بودجه را نباید از منابع فدرال به‌حساب بیاوریم، بلکه از جمع منابع فدرال و استانی. این هم به چندان تغییری نمی‌انجامد، حتّی اگر چنین کاری کنیم. اگر تنها هزینه‌های مصرف‌شده برای پژوهش‌های علمی را به‌حساب بیاوریم، چنانچه در دیگر کشورها هم همین کار را می‌کنیم، و این نکته را درنظر داشته باشیم که بخش بزرگی از هزینه‌ها در دانشگاه‌ها برای تدریس، برای آموزش علمی، پیشبرد امور دانشجویی و غیره

صرف می‌شود، و تنها کسر کوچکی از بودجهٔ دانشگاهی صرف پژوهش به‌معنای واقعی کلمه در آلمان می‌شود، بازهم به رقم تقریبی همان یک‌وهفت‌دهم درصد تا دو درصد می‌رسیم. پس باید بگوییم که به‌یقین می‌توانیم با این ارقام کار را شروع کنیم.

وقتی هم با اعضای کارشناسی مجلس آلمان یا با دستگاه اداری فدرال حرف می‌زنیم، با این اعتراض مواجه می‌شویم: «این ارقام بر عقیدهٔ ما چندان تأثیری ندارد. ما دلمان می‌خواهد که طرح‌های علمی کاملاً مستدل به ما ارائه شود، و نه چنین ملاحظات کلّی دربارهٔ آن‌ها که اصلاً کار بررسی آن‌ها هم بسیار دشوار است. آنجایی هم که مسئله به تمرکز طرح‌ها و گزینش میان آن‌ها مربوط است، دلمان می‌خواهد مطّلع شویم تا بتوانیم در تصمیم‌گیری شریک باشیم.» این خواسته کاملاً به‌حقّ است، و طرح‌های خاصّی که در برآورد بودجه به وزارت علوم پیشنهاد می‌شود، در کمیسیون‌های مختلف به‌دقّت بررسی می‌شود. امّا وقتی پای این خواسته‌ها هم مطرح است، نباید دچار توّهم شویم. به‌طور کلّی در برقرای و تخصیص بودجهٔ فدرال لازم است درست مثل آن چیزی عمل کنیم که در یک مؤسّسه، مدیر آن، مثلاً خود من در اینجا، به آن عمل می‌کنم و با دیگر همکارانم در طرح بودجه بر سر یک میز می‌نشینم. بسیاری از کارهایی که به من پیشنهاد می‌شود، اصلاً دربارهٔ آن‌ها نمی‌توانم نظری داشته باشم. در اینجا لازم است به گزارش‌های همکارانم اعتماد کنم، و من هم چنین کاری را می‌کنم، زیرا همکاران معتمدی برگزیده‌ام. امّا باز دو شاخص باقی می‌ماند که تصمیم را بر مبنای آن‌ها می‌گیرم، و این در بیشتر موارد زمانی پیش می‌آید که چیز زیادی دربارهٔ موضوع نمی‌دانم. اوّلین معیار، موفقیّت علمی آن بخشی است که پیشنهاد را مطرح کرده. کار من هم این است که بنا به‌قاعده به آن بخشی بودجهٔ بیشتری اختصاص می‌دهم که به‌طور میانگین در بازهٔ زمانی نسبتاً طولانی‌ای کامیاب بوده است، و رقم کوچک‌تری اگر چشم‌انداز چندانی در موفقیّت محسوس نیست. معیار دوم مقایسه با کار مؤسّساتی است که در خارج از آلمان کار می‌کنند. مثلاً اگر برایم مشخّص شود که در مؤسّسه‌ای پژوهشی در خارج، برای پژوهشگری سه دستیار علمی گمارده شده، من هم فرضم را بر این می‌گذارم که ما هم باید همین نسبت را رعایت کنیم، مشروط به‌اینکه دلیلی قانع‌کننده برضدّ آن نشنویم.

پیشتر گفتم که هزینه‌های عمومی برای پژوهش‌های علمی و توسعه در کشورهای صنعتی دیگر مانند انگلستان، فرانسه، و ایالات متّحده اندکی نزدیک به دو برابر همین رقم در

آلمان است. ازنظر اصولی می‌توان گمان برد که دیگران در این حوزه در اشتباه هستند و تنها ما به آن درست عمل می‌کنیم. کامیابی‌های ما در سی‌سال اخیر امّا این نظر را تأیید نمی‌کند، درحالی‌که پیشتر چنین اختلاف عظیمی در کار نبود. اعتراضی که در چنین بحث‌هایی شنیده می‌شود این است: «نمی‌توانیم در بودجهٔ کشوری از این ارقام از راه مقایسه استفاده کنیم، بلکه تنها باید از ارقام معیّنی به پول آلمان، یعنی مارک، حرف زد تا بتوانیم طرح‌های خود را آماده کنیم. وقتی درآمدهای مالیّاتی و به‌تبع آن بودجهٔ دولتی افزایش یابد، درآن‌صورت است که می‌توانیم به کارهای اضافی بپردازیم، درغیراین‌صورت ناگزیر به محدودیّت هستیم.» با طرح این اعتراض، این پرسش علی‌الاصول مطرح می‌شود: وقتی بودجهٔ کشوری کم یا زیاد می‌شود، ارقام هزینه نسبت به یکدیگر چگونه باید تغییر کند؟ اگر این تغییر در اندازهٔ عددی بودجهٔ کشوری تنها منحصر به تغییر در ارزش پول است، یعنی به قدرت خرید، پس طبیعتاً هم نباید تأثیری بر کلّ نظام تخصیص بودجهٔ کشوری داشته باشد. امّا درصورتی‌که پای تغییری در ارزش واقعی در میان باشد، برای مثال وقتی در پی کاهش کارایی فنّی درعمل کسب درآمدهای مالیّاتی از نظر ارزش، امّا نه ازنظر عددی، کمتر می‌شود، آن وقت دیگر این جواب ساده چارهٔ کار نیست. شاید در آن‌صورت ناگزیر شویم به مقایسه‌ای با وضع شناخته‌شده‌ای که مثلاً در کشاورزی به‌وجود آمده، دست بزنیم. وقتی محصول خراب می‌شود، آیا کشاورز آن کسری از محصول را که معمولاً همه‌ساله برمی‌دارد تا از آن چون بذر برای سال دیگر استفاده کند، کم می‌کند یا زیاد؟ گمان می‌کنم که کشاورز بر آن میزان برای سال بعد می‌افزاید، هرچند می‌داند که دیگر نان کمتری می‌تواند بپزد یا غلّهٔ کمتری بفروشد. و مسلّم این است که امیدش این است که دست‌کم سال بعد محصول بهتری داشته باشد. پژوهش علمی دراین‌باره همان مورد ذخیرهٔ بذر است، که رفاه اقتصادی در آینده، درآمد مالیّاتی بیشتر، ادارهٔ مؤثرتر امور کشور، و بسیاری از چیزهای دیگر وابسته بدان است و در گذشته هم در جاهایی سبب رشد شده است.

پس پاسخ جزئی سؤالی که در آغاز مطرح کردیم، این چنین است: ما در یک دههٔ گذشته برای پژوهش علمی تنها نیمی از منابع عمومی را صرف کردیم، که چیزی در حدود نیمی از آن منابعی است که در بیرون از آلمان صرف می‌شود، و درست به‌همین دلیل هم به چیز کمتری رسیده‌ایم. این پاسخ شاید خیلی ساده‌انگارانه باشد. گمان نمی‌کنم که دستاورد

علمی ملّتی چندان یک‌رلست متناسب با منابع مالی باشد. آن کسری از بودجهٔ دولتی که برای پیشبرد کار پژوهش صرف می‌شود، معیاری است که پژوهش علمی بر اساس آن نزد عموم سنجیده می‌شود. مسلّم است که اعتبار عمومی علم، مشوّق بسیار مهمّی برای نسل جوان است، که می‌خواهد به چیزی در کار علمی دست بیابد، و در بیست سال گذشته هم این میزان بسیار چشمگیر بوده است.

پیشتر به این نکته اشاره کردم که سبک پژوهش تغییر کرده است و دستگاه اداری ما هم مشکلات زیادی دارد تا خود را با این سبک وفق دهد. در اینجا می‌خواهم به دو مسئله بپردازم که به نظرم به‌خصوص بارز است: یکی سازمان مؤسّسه‌های بزرگ است و دیگری آزادی تحرّک پژوهشگران. مؤسّسه‌های بزرگ، که گاهی آن‌ها را ازسر استخفاف «کارخانه‌های پژوهشی» می‌نامیم، مؤسّسه‌هایی است که در آن‌ها با به‌کارگیری ابزارهای فنّی بسیار گران‌قیمت، هدف پژوهشی معیّنی دنبال می‌شود. این مؤسّسه‌ها درست پس از جنگ جهانی دوم به این شکل در کشورهای مختلف سر بیرون آورد، و باید هم هزینه‌های خود را از راه منابع عمومی تأمین کند، زیرا بهرهٔ اقتصادی مستقیمی ندارد. برای مثال در جمهوری فدرال ایستگاه‌هایی برای رآکتورهای کارلس‌روهه و یولیش، و برای شتاب‌دهندهٔ عظیم دزی در هامبورگ، و مؤسّسهٔ فیزیک پلاسما در گارشینگ مونیخ برپا شد. شکل حقوقی رضایت‌بخشی درواقع برای این مؤسّسه‌ها هنوز پیدا نشده. شکل‌های حقوقی گذشته، به‌خصوص شکل سازمانی مؤسّسه‌های فدرال چندان مناسب به‌نظر نیامد. حتّی در آنجاهایی هم که دولت فدرال باید هزینه‌ها را به‌تنهایی پرداخت کند، همین وضع است. شکل مؤسّسه‌های فدرال آنجایی به درد می‌خورد که باید مدام به کار علمی پرداخته شود که در آنجا این کار را کارمندی معتمد ازسر دقّت انجام می‌دهد. امّا در آنجایی که دائم باید راه‌های علمی را پیمود، یعنی آن جاهایی که وزش تندباد رقابت علمی در سطح بین‌المللی، ما را ناگزیر به سازگاری با معلومات علمی تازه و روش‌های نو می‌کند، به مبادلهٔ پژوهشگران با مؤسّسه‌های پژوهشی در خارج می‌کند، در جایی که همواره باید در خطّ اوّل پژوهش علمی باشیم، در آن جا به این کار نمی‌آید. بسیار اهمیّت دارد که به‌سوی این اشکال تازهٔ سازمانی برویم. شاید بتوانیم از بحث‌هایی کنونی که در مؤسّسهٔ گارشینگ مونیخ در جریان است، استفاده کنیم و روش‌های تازه و بهتر را در آنجا بیازماییم. در چنین مؤسّسه‌هایی باید سمت‌های مدیریّتی در اختیار پژوهشگرانی در ردهٔ بین‌المللی باشد، یعنی پژوهشگرانی که

از خارج هم پشنهادهای کاری خوب به آن‌ها می‌رسد. و در اینجا به‌ناچار نمی‌توان از برخی از یکسان‌سازی‌ها با مناسباتی که در خارج حکمفرماست، گریخت. ما دیگر نمی‌توانیم اشکال اداری کنونی خود را بی‌چون‌وچرا به‌کار بندیم، زیرا در این‌صورت دیگر نمی‌توانیم اشخاص زبده را بیابیم.

برای مثال عادتمان این شده است تا با پژوهشگران قراردادهای دستمزد براساس تعرفه ببندیم، که با حقوق پایهٔ نسبتاً کمی شروع می‌شود، هر دو سال یک‌بار افزایشی برای آن در نظر گرفته می‌شود و تضمین‌های خوبی هم برای دراز مدّت وجود دارد که گاهی تا سنین بالا امتداد می‌یابد. در آمریکا این قراردها عموماً برای سه تا پنج سال بسته می شود، از افزایش حقوق هم حرفی نیست، امّا حقوق پایه دست‌کم پنجاه درصد بیشتر است. آن‌هایی که مستعدترند با طیب خاطر خطر قرارداد سه‌ساله را به جان می‌خرند. آن‌ها عقیده دارند در ظرف سه سال آن‌قدر کار انجام می‌دهند که دوباره همان جا استخدام شوند. آن‌هایی که کمتر مستعدّند تضمین آینده را ترجیح می‌دهند. نظام تعرفهٔ ما طوری عمل می‌کند که همیشه آن‌هایی که مستعدترند روانهٔ آمریکا می‌شوند و آن‌هایی که کمتر مستعدند همین‌جا در کشور بمانند. امّا در اینجا هم اصلاً حرف از وضعیّت مادی نیست، یعنی اصلاً حرف از درآمد مادی پژوهشگر نیست. در اینجا آنچه بیشتر اهمیّت دارد مشارکت ازسر مسئولیّت در کارهای پژوهشی است یا داشتن کم‌وبیش آزادی عمل در انتخاب همکاران است، در سفر به چنین مؤسّساتی، همایش‌هایی یا مانند آن است. ما باز در اینجا با این تجربه رودررو هستیم که اشکال اداری که در قدیم یا پیشتر در اینجا تثبیت‌شده می‌آمد، عرصهٔ زندگی را بسیار تنگ کرده و آلمانی‌های جوان که مدّت زمانی در آمریکا کار کرده‌اند از بیم همین تنگی عرصهٔ زندگی دیگر تمایلی به بازگشت به آلمان ندارند. پس ناگزیریم تا اشکال اداری موجود نزد خود را با آنچه در دنیای بیرون وجود دارد سازوار کنیم. به‌کارگیری سفت‌وسخت اصول اساسی اداری موجود، زندگی را بر کار پژوهشی که بخواهد به سبک امروزی، سازوار با مقتضیّات زندگی در سطح بین‌المللی باشد، غیرممکن می‌کند.

شاید این وضع در اینجا هم، اگر این رسم که در کشورهای انگلیسی‌زبان امری مسلّم است، ورود پیدا کند، رو به بهبود رود. در این کشورها امری عادی است که کسانی که زمانی عمر خود را در علم، فنّاوری، یا اقتصاد سپری کرده‌اند و تجربه‌هایی اندوخته‌اند بعدها به دستگاه‌های اداری دولتی وارد شوند و به‌عکس کسانی که در دستگاه‌های دولتی مشغول

به کار بوده‌اند، در مؤسّسه‌های پژوهشی، در سمت‌های مدیریّتی مشغول شوند. چنین انعطافی اینجا در آلمان چیزی است که آرزو داریم محقّق شود. در حوزهٔ اداری شاید لازم باشد هنوز مدّتی تجربه بیندوزیم. سرسختی مسلّماً در اینجا خطری بزرگ است. ما اینجا در آلمان با پژوهش علمی مشکلی داریم، زیرا اشکال ادرای قدیم با سبک تازه در علم جور نیست.

دربارهٔ مسئلهٔ مورد مناقشهٔ صلاحیّت، همان‌طورکه آقای صدراعظم هم در نطق رسمی خود به آن اشاره کردند، باید توافق‌هایی میان دولت مرکزی و دولت‌های استانی صورت بگیرد تا صلاحیّت هریک به‌درستی، به‌صورت منطقی، و ازسر واقع‌بینی معیّن شود. پس در اینجا دیگر نیازی به گفتن چیزی اضافی نیست. در گذشته هم درعمل در جاهایی گاهی دشواری‌های بروز کرده است، که دولت فدرال بر اساس قانون اساسی بالاترین مسئولیّت را برای خود قائل است، یعنی درست در همین کار پژوهش علمی. دراین‌مورد بیشتر در فکر مادّهٔ نه‌صدوپنجاه هستم که بسیار دربارهٔ آن بحث شده و در قانون بودجهٔ فدرال آمده است: «پیشبرد پژوهش‌های اتمی از راه تخصیص بودجه به منظور نوسازی و توسعهٔ مؤسّسه‌های علمی و دستگاه‌های اداری.» پژوهش‌های اتمی، بر اساس این مادّه، یک‌سره وابسته به دانشگاه‌هاست. این تخصیص بودجه در سال گذشته ناگهان و ازقضا کمی دیرهنگام بسیار کم شد، و این بدین معنا است که باید منتظر باشیم تا دولت‌های محلّی باتوجّه‌به حقّ حاکمیّت خود در امور فرهنگی استانی، در اینجا مداخله کنند. آنچه درعمل روی داد، نمونه‌اش همان چیزی است که در مؤسّسهٔ ماکس پلانک در فیزیک و اخترفیزیک در مونیخ اتّفاق افتاد، هرچند در بسیاری از مؤسّسه‌های عالی این نتایج بسیار بدتر بود.

منابعی که پیشتر به ما اختصاص داده شده بود، به‌دنبال این دستور ناگهان به میزان بسیار چشمگیر هفت‌صدهزار مارک مسدود شد. من هم طبیعتاً، حتّی همان روز، یعنی روزی که این اطّلاعیّه به دستم رسید، به وزارت فرهنگ بایرن مراجعه کردم تا بپرسم که آیا هنوز ممکن است آن مبلغ به دستمان برسد؟ جواب، آن‌طور که گمان می‌کردیم، این بود که: این کار متأسّفانه ممکن نیست، زیرا منابع وزارت فرهنگ همگی تخصیص داده شده است. و این هم راهش نیست. اگر کسی اقدامی را لازم می‌داند و عقیده دارد دولت محلّی می‌تواند آن را اجرا کند، باید در آغاز اطمینان پیدا کنید که دولت محلّی مصمّم به اجرای آن است. اگر کسی آن را ضروری نمی‌داند، باید به‌وضوح در اولّین فرصت این مطلب را بگویید، چون

یک مؤسّسه را زمانی می‌توان منطقاً اداره کرد که شخص کم‌وبیش به‌درستی بداند که چه منابعی می‌تواند در اختیارش باشد.

امّا حالا می‌خواهم به‌اختصار به دو حوزهٔ خاص پژوهش علمی اشاره کنم، که جایگاهی خاص دارد، زیرا در این دو حوزه – باتوجّه‌به اقدامات دفاعی قدرت‌های بزرگ – کوشش‌های زیادی به عمل آمده و هم اینکه مشارکت بین‌المللی در اینجا بیش از دیگر حوزه‌هاست. منظور من در اینجا پژوهش‌های اتمی و فضایی است. قدرت‌های بزرگ در این حوزه‌ها سرمایه‌گذاری‌های عظیمی کرده‌اند، زیرا از این بیم دارند – شاید به‌غلط یا درست – که در رقابت بر سر فنّاوری - چیزی که اساس هر برنامهٔ تسلیحاتی است - عقب بمانند. برای کشورهای کوچک، مثلاً جمهوری فدرال آلمان، این دلیل از همان آغاز نباید به‌حساب بیاید، زیرا دفاع اصولاً کار قدرت‌های بزرگ است و از متحّدین خود هزینه‌های دفاعی را به میزانی محدود مطالبه می‌کنند. امّا دو دلیل محکم وجود دارد که چرا باید کشورهای صنعتی مثل آلمان، در این کارهای دفاعی با تمام توان مشارکت کنند. کوشش‌های فنّی وسیعی که قدرت‌های بزرگ به آن دست می‌زنند، و از منابع عمومی تأمین مالی می‌شود، سبب افزایش مدام دانش فنّی می‌شود، مصالح تازه فراهم می‌اورد، روش‌های تازه می‌آزماید، و امکانات فنّی تازه کشف می‌کند. مثلاً پیشرفت ساخت دستگاه‌های الکترونیکی کوچک، ماشین‌های محاسبه، سیستم‌های هدایت، و خیلی چیزهای دیگر را در نظر بگیریم که مرتبط با پژوهش دربارهٔ موشک است. کشوری که در این کارها مشارکت نداشته باشد، برای همیشه از نظر فنّی عقب می‌ماند. من نمونهٔ مؤسّسهٔ مونیخ را یادآوری می‌کنم که در ابتدای حرف‌هایم به آن اشاره کردم؛ چنین عقب‌ماندگی‌ای شاید در دراز مدّت تبعاتی بر وضعیّت اقتصادی داشته باشد.

شاید فایدهٔ اقتصادی مستقیم با این کارها مرتبط نباشد، امّا شاید تمثیل معروف مزرعه دراین‌باره مصداق داشته باشد: پدری پیش از مرگ مزرعه‌ای را به ارث به فرزندانش می‌دهد و به آن‌ها می‌گوید که در این مزرعه گنج بزرگی پنهان است و آن‌ها پس از مرگش باید آن را بیابند. فرزندان همین کار را کردند و باوجود چندین بار زیروروکردن زمین ازسر دقّت، چیزی نیافتند جز ناکامی. امّا همین‌که تابستان شد مزرعهٔ آن‌ها بیش از سال‌های پیش میوه داد، به‌طوری‌که آن‌ها هم کم‌کم فهمیدند که منظور پدرشان از گنج چه بوده. ازاین‌روی، فواید غیرمستقیم کوشش‌های فنّی می‌تواند بسیار پراهمیّت باشد.

دلیل دوم که شاید از همه بیشتر مصداق داشته باشد در درخواست همکاری بین‌المللی است. این حوزه‌های پژوهشی به‌دلیل آنکه به منابع مالی عظیم نیاز دارد، باید با همکاری بسیاری از دولت‌ها باهم کاویده شود. دراین مورد از جمهوری فدرال دعوت شد تا در کار طرح‌های بین‌المللی مانند برنامهٔ تحقیقاتی اوراتوم، سرن، اسرو و الدو مشارکت کند، یعنی در استفاده از انرژی اتمی، در فیزیک با انرژی بالا، در پژوهش‌های فضایی و پرتاب موشک؛ در عمل هم جمهوری فدرال تاحدودی طیّ ده سال گذشته در مؤسّسهٔ بین‌المللی سرن در ژنو مشارکت داشته است. اگر این پرسش مطرح شود که جمهوری فدرال تا کجا باید در این کارها مشارکت داشته باشد، این نکته باید از همان ابتدا برایمان روش باشد که مشارکت ما به‌دلیل محدودیّت منابع مالی‌ای که در اختیار داریم، ناگزیر به رعایت حدودی است. در اینجا ازسویی باید بگوییم که سهم ما در سازمان‌های بین‌المللی رقمی چشمگیر است و ازطرف دیگر این مشارکت زمانی معنا دارد که حاضر باشیم در کشور خودمان همان پژوهش را با توان بیشتر پیش ببریم، یعنی همان پژوهش را در کشور خودمان با منابع بیشتر نسبت به مؤسسه‌های بین‌المللی انجام دهیم. چون اگر پیشرفت کار در آن حوزهٔ پژوهشی در کشور خودمان ثمربخش نباشد، و این کار تنها درصورتی است که کوشش‌های زیاد بر انجام آن طبیعتاً به خرج داده باشیم، پرداخت سهم عضویّت در مؤسّسه‌های بین‌المللی کاملاً عبث خواهد بود. درست به همین دلیل، جمهوری فدرال تاکنون از مشارکتش در سرن استفادهٔ اندکی برده است، زیرا کوشش‌های خود ما در حوزهٔ فیزیک انرژی بالا، بسیار ناچیز بوده است. امید ما این است که راه‌افتادن شتابدهندهٔ دزی در هامبورگ به بهبود این مناسبات کمک کند.

باتوجّه‌به هزینه‌های روبه‌افزایشی که هر مشارکتی در پروژه‌های بین‌المللی با خود دارد، به‌خصوص اگر این پروژه‌ها در کشور خودمان باشد، باید ازسر احتیاط زیاد سبک‌وسنگین کنیم که در چه جاهایی مشارکت می‌کنیم. مسلّم است که نمی‌توانیم همه‌جا باشیم. تصمیم در این‌باره که چه طرح‌هایی را باید برگزید، درست مثل تصمیم دربارهٔ ایجاد نقاط تمرکز نزد خود ماست که پس از شور، ازسر دقّت در کمیسیون‌ها اتخاذ می‌شود و در آنجا نمایندگان وزارتخانه‌های مربوطه و نمایندگانی از علم و فنّاوری شرکت دارند. درست به‌همین دلیل مذاکرات بین‌المللی بدون مشارکت کارشناسان علمی خبره نمی‌تواند رضایت‌بخش باشد. امّا اگر قرار باشد در جایی مشارکت داشته باشیم، حتّی اگر در کشور خودمان باشد، باید با

همهٔ توان کار کنیم و همهٔ کوشش‌های خود را صرف آن کنیم. هیچ‌جیز بدتر از این نیست که در کاری باشیم — و حتّی در زمینه‌ای بین‌المللی — که قول مشارکت در آن را داده باشیم، امّا ازته‌دل در آن سهیم نباشیم.

ازقضا در این طرح‌های بسیار پرخرج بین‌المللی، که به‌واقع کار همهٔ انسان‌ها محسوب می‌شود، برخی از خود می‌پرسند که آیا نباید این منابع عظیم را طور دیگری خرج کرد؟ گمان می‌کنم بسیار مهم است تا در اینجا به‌خاطر بیاوریم که ما در جمهوری فدرال بر چیزهای اندکی حقّ تصمیم‌گیری داریم. این طرح‌های عظیم اجرا می‌شود، صرف‌نظر از اینکه ما در آن‌ها باشیم یا نباشیم. ما تنها این حق را داریم که در آن‌ها باشیم یا نباشیم. ما در اینجا حال دانش‌اموزی را داریم که همکلاسی‌هایش تصمیم دارند مثلاً در تابستان سفری گردشی به اسکاندیناوی بکنند؛ همه پول جمع می‌کنند، تجهیزاتشان را، کوله‌پشتی و چادرشان را آماده می‌کنند، و خوشحال‌اند که به سفر می‌روند. امّا دانش‌آموزی هم هست که نمی‌داند شرکت کند یا نکند. او از این خرج‌ها روی‌گردان است، اسکاندیناوی هم چندان چنگی به دلش نمی‌زند، و روابطش با دیگر همکلاسی‌هایش همیشه به‌نحو احسن نبوده است. آیا او هم باید مشارکت کند؟ گمان می‌کنم درهمه‌حال نباید دلش را با این کار راضی کند که برای نشان‌دادن حس نیّتش بیست مارک به هزینه‌های تهیّهٔ بلیت کمک کند. این کار اصلاً ثمری نخواهد داشت. امّا شاید هم بد نباشد همراه بقیّه باشد، به دنبال ناشناخته‌ها باشد، به گردش برود و از دیدن چیزهای نو کیف کند.

این را دربارهٔ وضع فعلی خود به‌کار می‌بندیم: مسلّم است که اگر ما در آن کارها مشارکت کنیم، اگر بتوانیم رضایت خاطری از کامیابی این طرح‌های بزرگ بشری بیابیم، به‌یقین برایمان آسان‌تر خواهد بود تا مستعدترین دانشمندان جوان را نزد خود در آلمان نگاه داریم و از ثمرهٔ هوش آن‌ها بهره‌مند شویم. و من تمایل دارم چنین گمان کنم که این کار برای دیگر حوزه‌ها هم درست است و منحصر به دانشمندان جوان ما نیست. مشارکت در هدف‌های بزرگ، حتّی اگر تحقّق آن‌ها با زحمت و کار زیاد همراه باشد، و حتّی اگر چندان هم به ارزش آن‌ها یقین نداشته باشیم، برای غالب مردم رضایت خاطر بیشتری فراهم می‌کند تا رفاه مادی و آسایش صرف. و من نمی‌توانم با این نظر، که ازسر بدبینی دربارهٔ هم‌وطنانم گفته می‌شود، موافق باشم که غالباً این است که کسی در انتخابی سیاسی کامیاب است که وعدهٔ کار کمتر، فراغت بیشتر، و دستمزد بیشتر را می‌دهد. و مردم ما از

این قماش نیستند. شاید آن کس بتواند به‌واقع قلب انسان‌ها را در آینده‌ای نه‌چندان دور از این راه به دست آورد که از هدف‌های بالایی حرف می‌زند و از خود میلی واقعی به مشارکت در به‌وجودآوردن آن دنیای تازهٔ غریب نشان می‌دهد. تنها کسی که پا در این کار می‌نهد، می‌تواند بر سیر حرکت این جهان آن‌گونه تأثیر بگذارد که در آرزوی رسیدن به آن بوده است.

۱۳

قانون طبیعی و ساختار ماده[۲۱]

اینجا، در این قسمت از دنیا، در ساحل دریای اژه، لوسیپ و دموکریت فیلسوف به ساختار مادّه فکر می‌کردند و کمی پایین‌تر در محلّ بازار، که حالا شفق شامگاهی درحال پایین‌رفتن است، سقراط به مسائل اساسی وسایل بیان می‌پرداخت؛ افلاطون در همین‌جا درس مُثُل می‌داد، یعنی تصوّری که درواقع در پس ساختار اصلی پدیده‌هاست. پرسش‌هایی که برای نخستین بار دوهزاروپانصد سال پیش در این سرزمین مطرح شد، فکر انسان را شاید بی‌وقفه به خود مشغول کرد، به‌طوری‌که طی تاریخ بارها و بارها دربارهٔ آن‌ها بحث شده است؛ و هربار که پیشرفت‌های تازه بر آن‌ها نوری تابانده، آن سیر فکری پیشین دوباره پدیدار شده است.

اگر امروز می‌کوشم تا بعضی از مسائل پیشین، مانند پرسش دربارهٔ ساختار ماده و مفهوم قانون طبیعی را دوباره مطرح کنم، دلیلش این است که پیشرفت فیزیک اتمی در زمان ما، تصوّرات ما از طبیعت و ساختار ماده را به‌طور کلّی، از بنیان تغییر داده است. شاید این چندان گزافه‌گویی نباشد ادّعا کنیم که برخی از مسائل پیشین در دورهٔ اخیر، راه‌حل‌های روشن و نهایی خود را پیدا کرده است. پس شاید امروز بهتر باشد تا دربارهٔ این پاسخ تازه به پرسش‌های پیشین بپردازیم که چند هزار سال پیش صورتبندی شده است.

امّا دلیل دیگری هم وجود دارد تا این مسائل موضوع تأمّلات تازه شود. فلسفهٔ مادّه‌گرای، که لوسیپ و دموکریت آن را در دوران کهن پیش برده بودند، از زمان شکوفایی علم جدید در سدهٔ هفدهم در کانون بسیاری از بحث‌ها قرار داشت و یکی از نیروهای محرّک در صورت تازهٔ خود، یعنی مادّه‌گرایی دیالکتیکی، در دگرگونی‌های سیاسی سده‌های نوزدهم و بیستم به‌شمار می‌آید. اگر تصوّرات فلسفی دربارهٔ ساختار مادّه توانست چنین اهمیّتی در زندگی انسان داشته باشد، اگر در جامعهٔ اروپایی کم‌وبیش مانند مادّه منفجره اثر داشته است، و شاید در قسمت‌های دیگر جهان هم همین‌طور اثر بگذارد، پس شاید مهم‌تر باشد بدانیم شناخت علمی ما امروز دربارهٔ این فلسفه چه می‌گوید. برای اینکه این نکته را کلّی‌تر و درست‌تر بیان کنیم، می‌گوییم: امید ما این است که تحلیل فلسفی پیشرفت‌های تازه در علم بتواند به این کار کمک کند تا نظرهای جزمی مناقشه‌برانگیز دربارهٔ پرسش‌های اصولی

---

[۲۱] سخنرانی هایزنبرگ در تپّهٔ پنیکس روبه‌روی اکروپولیس در آتن در سوم ژوئن ۱۹۶۴. انتشار نخستین در نسخهٔ کتاب‌دوستان به دو زبان انگلیسی و آلمانی، در مجموعهٔ انتشارات بل‌زر، «نقاط عطف در فکر و پژوهش»، اشتوتگارت، ۱۹۶۷.

مطرح‌شده را با وضعیّت تازه‌ای به‌درستی سازگار کنیم که خود فی‌نفسه می‌تواند انقلابی در زندگی بشر بر روی کرهٔ زمین به‌شمار آید. امّا صرف‌نظر از تأثیر علم بر عصر ما، شاید این کار فایده‌ای هم داشته باشد تا بتوانیم مباحث فلسفی در یونان قدیم را با نتایج علوم تجربی و فیزیک اتمی جدید مقایسه کنیم. شاید لازم باشد در اینجا نتیجهٔ چنین مقایسه‌ای را کنار بگذاریم. به نظر می‌رسد افلاطون در پرسش دربارهٔ ساختار ماده بیش از لوسیپ و دموکریت به حقیقت نزدیک شده باشد، گرچه مفهوم اتم در علم جدید به کامیابی‌هایی بزرگی رسیده است. به نظر لازم است برخی از مهم‌ترین دلایلی را تکرار کنیم که در مباحث قدیم دربارهٔ ماده و حیات، بودن و شدن مطرح شده است؛ و این کار را پیش از اینکه به نتایج علم جدید بپردازیم، انجام دهیم.

۱- مفهوم ماده در فلسفهٔ قدیم

در سرآغاز فلسفهٔ یونانی، مسئلهٔ دشوار دوگانگی «وحدت» و «کثرت» قرار داشت. می‌دانیم رویدادهایی در برابر حواس ما قرار دارد که چندگانگی دائم آن‌ها درحال تغییر است، گرچه ما هنوز هم گمان می‌کنیم می‌توان سرانجام آن‌ها را به‌نحوی به اصلی واحد بازگردانیم. بله، کوشش ما این است تا پدیده‌ها را بفهمیم و هنگامی که این کار را انجام می‌دهیم درمی‌یابیم که هر فهمی این‌طور شروع می‌شود که شباهت‌ها و قاعده‌مندی‌ها در پدیده‌ها را درک کنیم. سپس قاعده‌مندی‌ها را نتایج خاص از چیزی می‌دانیم که میان رویدادهای گوناگون مشترک است، و درست به‌همین دلیل می‌توان آن را اصلی دانست که در بنیان آن‌ها قرار دارد. هر کوششی به‌این‌نحو که در پی فهم چندگانگی تغییرپذیر پدیده‌هاست، به جست‌وجوی اصلی اساسی در بنیان پدیده‌ها می‌انجامد. یکی از مشخّصه‌های فکر در یونان باستان این بود که فیلسوفان نخستین در پی «علّتی مادی» در همهٔ چیزها بودند. مسلّم است که این نقطهٔ آغازینی طبیعی برای ورود به دنیایی بود که متشکّل از ماده است. امّا درست از همین‌جا هم هست که با مسئله‌ای دشوار رودررو می‌شویم، یعنی با این پرسش که آیا این علت مادی رویدادها را می‌توان با یکی از صورت‌های موجود ماده، مثل «آب» در فلسفهٔ تالس یا «آتش» در نظریّهٔ هراکلیت یکی دانست، یا باید جوهری بنیادین را مفروض دانست که مادّه درواقع صورت‌های گذرا را از آن می‌نمایاند. به این دو امکان در فلسفهٔ باستان پرداخته شده است، و ما هم در اینجا در جزئیّات آن ورود نمی‌کنیم.

وقتی چنین افکاری را دنبال می‌کنیم، آن اصل بنیادین، یعنی امید به یافتن سادگی در پدیده‌ها، به «جوهر بنیادین» می‌پیوندد. به‌همین سبب این پرسش مطرح می‌شود که در چه جایی یا به چه طریقی، می‌توان سادگی در رفتار جوهر بنیادین را صورت‌بندی کرد.

سادگی در پدیده‌ها را نمی‌توان چندان هم بی‌واسطه در پدیده شناخت. آب می‌تواند به یخ تبدیل شود یا می‌تواند گل را از دل خاک برویاند، امّا کوچک‌ترین قسمت‌های آب که شاید در یخ یا بخار یا در گل شبیه‌به‌هم است، شاید بتواند همان عنصر ساده باشد. قوانین ساده‌ای هم می‌تواند رفتار آن‌ها را مشخّص کند و سپس خود این قوانین را هم می‌توان صورتبندی کرد.

مفهوم «کوچک‌ترین قسمت‌های ماده» به‌این‌نحو، همان نتیجهٔ طبیعی کوشش در راه یافتن سادگی است، مشروط به آنکه توجّه به ماده بیش از هرچیز بر علّت مادی همهٔ اشیا باشد.

از طرف دیگر، مفهوم کوچک‌ترین قسمت‌های ماده، که قانون‌مندی‌های آن‌ها باید به‌سادگی فهم شود، بی‌درنگ به دشواری‌های شناخته‌شده‌ای می‌انجامد که با مفهوم بی‌پایانی مرتبط است. قطعه‌ای از ماده می‌تواند خرد شود، و آن قطعات خود به قطعات کوچک‌تری خرد شود، و آن قطعات بازهم به قطعات کوچک‌تری قسمت شود، و الی‌آخر. امّا ما چندان هم نمی‌توانیم پیش خود تصوّر کنیم که این قسمت‌شدن بتواند به‌دفعات بی‌شمار ادامه پیدا کند. به نظر می‌رسد برای ما به‌نحوی طبیعی‌تر این است که فرض کنیم قسمت‌های کوچک‌تری وجود دارد که دیگر نمی‌تواند خرد شود. ازطرفی دیگر هم نمی‌توانیم تصوّر کنیم که ازنظر اصولی ممکن نباشد تا این قسمت‌های کوچک را دوباره تقسیم کنیم. ما دست‌کم می‌توانیم در فکر همیشه قسمت‌های کوچک‌تری را تصور کنیم، می‌توانیم گمان کنیم که در مقیاسی بازهم کوچک‌تر به همان نسبت‌ها برمی‌خوریم که مثلاً در مقیاس معمولی. روشن است که اگر بخواهیم فرایند تقسیم دوباره را نزد خود مجسّم کنیم، قوّهٔ خیال ما را به اشتباه می‌کشاند. این نکته را فیلسوفان یونانی نیز دریافته بودند، و به‌همین سبب «فرض ذرّه‌ای‌بودن»، یعنی فرض تصوّر کوچک‌ترین ذرّاتی را که دیگر تقسیم‌پذیر نیست، پیش کشیدند که آن را باید راه نخست و طبیعی برای برون‌رفت از دشواری‌ها دانست.

لوسیپ و دموکریت، بنیان‌گذاران نظریّهٔ ذرّه‌ای، کوشیدند با فرض همیشگی‌بودن و فناناپذیری ماده از رودررویی با این دشواری پرهیز کنند، یعنی ذرّه را چیزی بدانند که درواقع وجود دارد. دیگر اشیا هم وجود دارند، زیرا از اتم درست شده‌اند. تقابل میان «هستی» و «نیستی» در فلسفه پارمنیدس، در اینجا جای خود را کم‌وبیش به تقابل میان «پُر» و «خالی» می‌دهد. هستی یکتا نیست، بلکه می‌تواند به شمار بی‌پایان تکرار شود. هستی تباهی‌پذیر نیست، و به‌همین دلیل هم ذرّه. خلاء، فضای خالی میان ذرّه‌ها، حرکت و

وضعیّت ذرّه را ممکن می‌کند، خواصّ ذرّه را تعیین می‌کند، درحالی‌که هستی محض بنابه تعریف خصوصیت دیگری جز وجود ندارد.

این بحش آخر نظریّهٔ لوسیپ و دموکریت درعین‌حال نقطهٔ قوّت و ضعف آن است. از یک‌سو تبیینی مستقیم بر حالات مختلف انباشت مادّه، مانند یخ، آب و بخار آب است، چون ذرّات منظم در کنار یکدیگر قرار دارد، یا نامنظّم با حرکتی بی‌قاعده است، یا سرانجام در فواصل نسبتاً زیاد از هم در فضا کنار یکدیگر است. درست به همین دلیل این بخش از فرضیّهٔ ذرّه‌ای بعدها بیشترین موفقیت نصیبش شد. ازسوی‌دیگر، ذرّه به‌این‌نحو به‌سادگی سنگ بنای مادّه می‌شود؛ خصوصیّات آن، وضعیّت و حرکت آن در فضا، آن را چیز دیگری می‌کند جز آنکه مفهوم اوّلیّهٔ «هستی» به آن اشاره داشت. ذرّه می‌توانست حتّی امتدادی متناهی داشته باشد؛ و به‌این دلیل بود که سرانجام تنها حجّت بر تقسیم‌ناپذیری آن از دست رفت. اگر ذرّه خصوصیّات فضایی دارد، چرا نباید تقسیم‌پذیر باشد، زیرا دراین‌صورت تقسیم‌ناپذیری آن دست‌کم خاصیّتی فیزیکی می‌شود، بی‌آنکه خاصیّتی بنیانی باشد؛ و دوباره هم می‌توان سؤال‌هایی دربارهٔ ساختار ذرّه مطرح کرد، و این خطر را به جان خرید تا همهٔ آن سادگی‌ای که با کوچک‌ترین قسمت‌های ماده امید به یافتن آن را داشتیم، از دست برود. پس دوباره چنین احساس کردیم که فرضیّهٔ ذره‌ای در صورت اولیّه‌اش چندان ظرافتی ندارد تا بتواند آن چیزی را توضیح دهد که فیلسوفان درواقع در پی فهم آن بودند: سادگی در پدیده‌ها و در ساختار مادّه.

بااین‌حال، فرضیّهٔ ذرّه‌ای بخش بزرگی از راه را در جهت درست می‌رود. همهٔ کثرت رویدادهای گوناگون و همهٔ آن خصوصیّات مشهود مادّه را می‌توان به وضعیّت و به حرکت ذرّه فروکاست. خواصّی مانند بو یا رنگ یا طعم در ذرّه وجود ندارد. وضعیّت و حرکت ذرّه می‌تواند این خواص را غیرمستقیم پدیدار کند. به نظر می‌رسد وضعیّت و حرکت مفاهیمی ساده‌تر از کیفیّات تجربی مانند طعم یا بو یا رنگ باشد. امّا این سؤال هم مسلّماً باقی می‌ماند که چه چیزی وضعیّت و حرکت ذرّه را تعیین می‌کند. فیلسوان یونانی نکوشیدند در این جا قانونی طبیعی صورتبندی کنند. مفهوم تازهٔ قانون طبیعی با شیوهٔ فکری آن‌ها سازگار نبود؛ باوجوداین، به نظر می‌رسد که به‌نحوی به تشریح بر اساس علّت، به نوعی جبرگرایی فکر کرده باشند، زیرا حرف از ضرورت و علت و معلول می‌زدند.

فرضیّهٔ ذرّه‌ای با این هدف مطرح شده بود تا راه «کثرت» به «وحدت» را نشان دهد و اصل زیربنایی را صورتبندی کند، یعنی علّت مادی را پیدا کند که بر اساس آن همهٔ پدیده‌ها را می‌توان فهمید. ذرّه را می‌توان علّت مادی دانست؛ امّا تنها قانونی کلّی که وضعیّت و سرعت آن را معیّن می‌کند، می‌تواند درعمل اهمیّت آن اصل اساسی را نشان دهد. وقتی

فیلسوفان یونانی دربارهٔ امر قاعده‌مندی در طبیعت بحث می‌کردند، افکارشان متوجّه صورت‌های ایستا بود، یعنی بر تقارن هندسی متمرکز بود، نه بر پدیده‌ها در زمان و مکان. مدار سیّارات، اجرام هندسی منتظم، به نظر آن‌ها ساختارهای ثابت جهان بود. این فکر تازه که وضعیّت و سرعت ذرّه در زمانی معلوم با وضعیّت و سرعت آن در زمان دیگری می‌تواند با قانونی ریاضی به‌روشنی مرتبط باشد، با جهات فکری آن‌ها در آن زمان سازگاری نداشت، زیرا در اینجا از مفهوم زمان به‌طریقی استفاده می‌شود که نتیجهٔ فکر دوره‌ای است که بسیار متأخّر است.

همین‌که افلاطون به افکاری پرداخت که لوسیپ و دموکریت پیشتر مطرح کرده بودند، خود سراغ تصوّر کوچک‌ترین جزء ماده رفت، امّا همین‌جا هم به‌تندترین صورتی گرایش آن فیلسوفانی را، که ذرّه را اساس همهٔ چیزهایی می‌دانستند که وجود دارد، یعنی اشیای مادّی که درواقع وجود دارد، رد کرد. ذرّات افلاطون درواقع مادّه نبود، بلکه صورت‌های هندسی بود؛ مانند اجرام منتظم در ریاضیات. این اجرام که با نقطهٔ آغاز فلسفهٔ انگاره‌گرای او سازگار بود، به‌نحوی همان انگاره‌هایی بود که در بنیان ساختار مادّه قرار داشت و رفتار فیزیکی عناصر را مشخّص می‌کرد که از آنِ عناصر بود. برای مثال مکعّب کوچک‌ترین ذرّهٔ عنصر خاک بود، و به‌همین نحو هم پایداری خاک را نشان می‌داد. چهاروجهی، با گوشه‌های تیزش کوچک‌ترین ذرهٔ عنصر آتش را می‌نمایاند. بیست‌وجهی که در میان اجسام منتظم به کره بسیار نزدیک است، نمایانگر حرکت عنصر آب بود. اجسام منتظم به این نحو نمادی بر برخی از گرایش‌ها در رفتار فیزیکی مادّه شد.

امّا این اجسام درواقع ذرّه نبود، واحدهای بنیادی تقسیم‌نشدنی به معنای فلسفهٔ مادی‌گرای نبود. افلاطون این اجسام را متشکّل از مثّلث می‌دانست که سطح آن‌ها را درست می‌کرد. درست به‌همین دلیل این کوچک‌ترین اجزاء می‌توانست با تعویض آن مثلّث‌ها به یکدیگر تبدیل شود. برای مثال از دو ذرّهٔ هوا و یک ذرّهٔ آتش، می‌توان یک ذرّهٔ آب درست کرد. و درست از همین راه بود که افلاطون توانست از مسئلهٔ تقسیم‌پذیری بی‌پایان مادّه بگریزد، زیرا مثلّث، سطحی دوبعدی دارد و جسم نیست، یعنی دیگر مادّه نیست؛ درست به‌همین دلیل مادّه نمی‌توانست در شمار بی‌پایان به جزء تقسیم شود. مفهوم مادّه در حدّ پایین‌اش، یعنی در حوزهٔ کوچک‌ترین ابعاد فضایی، در مفهوم صورت ریاضی مستحیل شد. این صورت خود ازاین‌پس معیاری بر رفتار کوچک‌ترین ذرهٔ ماده، و سرانجام خود مادّه شد. این صورت کم‌وبیش جای قانون طبیعی در فیزیک را بعدها می‌گیرد، زیرا این صورت بی‌آنکه به‌صراحت به سیر زمانی توجّه کند، گرایش در رفتار مادّه را مشخّص می‌کند. شاید بتوان گفت که

گرایش بنیانی در هیئت هندسی کوچک‌ترین واحد نمودار می شود، درحالی‌که جزئیّات ظریف‌تر آن گرایش‌ها بیان خود را در وضعیّت نسبی و سرعت این واحدها می‌یابد.

همهٔ این تشریح به‌درستی با تصوّرات اصلی فلسفهٔ انگاره‌گرای افلاطون سازگاری دارد. ساختاری که در بنیان پدیده‌ها قرار دارد دیگر با اشیای مادی مثل ذرّهٔ دموکریت ارائه نمی‌شود، بلکه با صورت است که اشیای مادی معیّن می‌شود. مُثُل از خود اشیا اساسی‌تر است. و چون کوچک‌ترین قسمت‌های ماده باید شیء باشد، که با آن سادگی جهان شناختنی می‌شود، و با آن به «یکتا»، به «یکتایی» جهان نزدیک می‌شویم، پس مُثُل را می‌توان به زبان ریاضی تشریح کرد؛ مثل اصلاً صورت ریاضی است. این حکم، که به‌این صورت از یکی از ادوار متأخر فلسفه می‌آید، یعنی «خدا ریاضی‌دان است»، ریشه در این قسمت از فلسفهٔ افلاطون دارد.

اهمیّت این گام در تفکّر فلسفی را دیگر نمی‌توان با چیزی بیشتر از این بیان کرد. این گام را می‌توان سرآغازی مهم در علوم ریاضی دانست، و آن را در همهٔ کاربردهای فنّی بعدی دست‌اندر کار دید، که همهٔ فهم ما از جهان را تغییر داد؛ و با همین گام هم بود که بر ما معلوم شد کلمهٔ «فهمیدن» چه معنایی باید داشته باشد. در میان صورت‌های ممکن فهم، صورتی که در ریاضیات به‌کار گرفته می‌شود، چون «فهم واقعی» برگزیده شده است، درحالی‌که هر زبانی، هر هنری، هر صنعت شعری به‌طریقی فهمی را منتقل می‌کند. در اینجا مدّعی هستیم که تنها کاربرد زبانی دقیق، زبانی که ازنظر منطقی انسجام داشته باشد، کاربرد زبانی که تا جایی می‌تواند در قالبی ریخته شود که دلایلی ارائه می‌دهد که تنها آن‌ها می‌تواند به فهم درست بینجامد. می‌توان احساس کرد که چقدر نیروی باور به استدلال‌های منطقی و ریاضی بر فیلسوفان یونانی تأثیرش عمیق بود. به‌نظر می‌رسد این نیرو به‌یک‌باره بر فیلسوفان چیره شد؛ امّا شاید این فیلسوفان میدان را خیلی زود خالی کرده باشند.

۲- پاسخ علم جدید به مسائل قدیم

مهم‌ترین اختلاف میان علم جدید و فلسفهٔ طبیعی قدیم، در روش است. درحالی‌که در فلسفهٔ قدیم، شناخت تجربی پدیده‌های طبیعی کفایت می‌کرد تا به نتایجی بر اساس اصول بنیانی برسیم، ویژگی علم جدید، انجام آزمایش است، یعنی پرسش‌های خاصّی بر طبیعت مطرح کنیم تا پاسخ آن‌ها، اطّلاعاتی از قانون‌مندی طبیعت به‌دست دهد. این روش متفاوت، سرانجام هم به شیوهٔ متفاوت مشاهده می‌انجامد. توجّه ما دیگر چندان بر قوانین بنیادی متمرکز نیست، بلکه بیشتر بر قانون‌مندی‌هایی است که در جزئیّات است. علم در اینجا از

به‌اصطلاح کرانهٔ دیگر تکامل می‌یابد، یعنی نه بر اساس قوانین کلّی، بلکه بر اساس گروه‌هایی از رویدادهای منفرد که در آن‌ها، طبیعت به سؤال‌هایی که در تجربه بر آن‌ها مطرح شده بود، جواب داده بود. از زمانی که بر اساس افسانه‌ای، گالیله سنگی را از بالای برج کج پیزا به پایین رها می‌کند تا قوانین سقوط اجسام را مطالعه کند، علم به جزئیّات در پدیده‌های کاملاً متفاوتی می‌پردازد، ازجمله به سنگ درحال سقوط، به حرکت ماه به دور زمین، به حرکت امواج در آب، به پرتوهای نور که به هنگام عبور از درون منشوری شکسته می‌شود، و الی‌آخر. حتّی زمانی که اسحاق نیوتون، پدیده‌های مکانیکی مختلف را در کار اصلی‌اش «اصول ریاضیات» با قانون واحدی توضیح می‌داد، توجه‌اش بر جزئیّاتی بود که از اصول ریاضی‌ای نتیجه می شد که در بنیان آن‌ها بود. نتیجه‌ای که با تجربه سازگاری داشت، که از جزئیّات به‌دست می‌آمد، معیار قطعی درستی نظریّه بود.

این تغییر در نگاه، نتایج دیگری هم داشت. شناخت دقیق جزئیّات در عمل فایده‌ای داشت. شناخت دقیق جزئیّات به ما این امکان را می‌داد تا رویدادها را در درون مرزهای معیّنی به اختیار خود هدایت کنیم. کاربرد فنی علم جدید با شناخت جزئیّات شروع می‌شود. مفهوم «قانون طبیعی» در معنایش اندک‌اندک تغییر می‌کند؛ مهم‌ترین خصلت قانون طبیعی، دیگر در عمومیّت آن نیست، بلکه در نتایجی است که از جزئیّات به‌دست می‌آید. قانون به دستوری در کاربردهای فنی تبدیل می‌شود. مهم‌ترین خصلت قانون طبیعی دیگر در امکانی است که به ما می‌دهد تا چیزی را که از تجربهٔ معیّنی به‌دست می‌آید، پیش‌بینی کنیم.

به‌سادگی می‌توان دید که مفهوم زمان در چنین علمی اهمیّتی بیش از آنچه که در فلسفهٔ کهن داشت، دارد. اینجا دیگر ساختار همیشگی تغییرناپذیری در قانون طبیعی بیان نمی‌شود، بلکه قاعده‌مندی در تغییرات زمانی مدّ نظر است. وقتی قانونی طبیعی به این شیوه به زبان دقیق ریاضی صورتبندی می‌شود، آزمایش‌های فراوانی به فیزیک‌دان بی‌درنگ عرضه می‌شود تا او بتواند انجام دهد و درستی قانون ادعایی را بیازماید. حتّی یک‌بار عدم مطابقت میان نظریّه و آزمایش می‌تواند نظریّه را نقض کند. این وضع در صورتبندی ریاضی قانونی طبیعی اهمیّت بسیار زیادی دارد. وقتی همهٔ واقعیّت‌های معلوم تجربی با نتایجی مطابقت می‌کند که ازنظر ریاضی از قانون مشتق شده است، دیگر بسیار دشوار است تا به درستی کلّی آن قانون شکّ روا داریم. درست به همین دلیل درک این نکته آسان است که چرا «اصول» نیوتون برای زمانی بیش از دو سده بر علم حکم‌فرما بود.

وقتی تاریخ فیزیک از نیوتون تا عصر حاضر را دنبال می‌کنیم، به این نکته پی می‌بریم که به دفعات زیادی قوانین کلّی طبیعی صورتبندی شده است، هرچند دلبستگی به جزئیّات

همچنان پابرجا بود. در سدهٔ نوزدهم شاهد کار زیاد بر نظریّهٔ آماری حرارت بودیم. نظریّهٔ میدان‌های الکترومغناطیسی و نظریّهٔ نسبیّت خاص در گروهی کلّی از قوانین طبیعی یک‌پارچه می‌شود، که نه فقط اخباری دربارهٔ پدیده‌های الکتریکی، بلکه دربارهٔ ساختار فضا و زمان هم دربر داشت؛ و در سدهٔ ما هم صورتبندی ریاضی نظریّهٔ کوانتومی به فهمی از پوستهٔ خارجی اتم‌های شیمیایی و به‌طور کلّی خواص شیمیایی ماده انجامید. روابط و پیوندهای میان این قوانین مختلف، به‌خصوص میان نظریّهٔ نسبیّت و نظریّهٔ کوانتومی، هنوز هم به‌طور کامل روشن نشده است. امّا پیشرفت‌های تازه در فیزیک ذرّات بنیادی شاید بتواند این امید را برانگیزد که این روابط در آیندهٔ نسبتاً نزدیکی تحلیل شود، به‌طوری‌که رضایت ما را فراهم آورد. به این دلیل از همین‌حالا می‌توانیم به این فکر باشیم که چه جواب‌هایی می‌توانیم به سؤال‌های فیلسوفان کهن بر مبنای سیر علم دهیم.

در سدهٔ نوزدهم، پیشرفت شیمی و ترمودینامیک به‌درستی همان تصوّراتی را دنبال می‌کرد که لوسیپ و دموکریت برای نخستین بار بیان کرده بودند. حیات دوباره فلسفهٔ مادی‌گرای در صورت نوی خود، یعنی مادّه‌گرایی دیالکتیک، درواقع وزنه‌ای طبیعی همسنگ با آن پیشرفت چشمگیری بود که در آن دوره در شیمی و فیزیک انجام شده بود. مفهوم اتم در توضیح پیوندهای شیمیایی یا رفتار فیزیکی گازها از خود ثمربخشی زیادی نشان داد. امّا چندان نپایید تا معلوم شد ذرّاتی که شیمی‌دانان اتم نامیده بودند خود از واحدهای کوچک‌تری درست شده است. امّا این واحدهای کوچک‌تر، یعنی الکترون‌ها، سپس هسته‌های اتمی و سرانجام ذرّات بنیادی، پروتون‌ها و نوترون‌ها، به نظر می‌آمد خود اتم‌هایی به معنای فلسفهٔ مادی‌گرای باشد. این واقعیّت که یک ذره بنیادی را – مثلاً در اتاقک ابر یا اتاقک حباب – می‌توان درواقع دست‌کم غیرمستقیم دید، تأییدی بر این دیدگاه بود که کوچک‌ترین واحدهای ماده درواقع اشیای فیزیکی است که به همان معنایی وجود دارد که مثلاً سنگ یا گل.

امّا دشواری‌هایی که ذاتی نظریّهٔ اتمی مادّه‌گرای بود که پیشتر در بحث‌های قدیم دربارهٔ کوچک‌ترین قسمت ماده، پدیدار شده بود، دوباره با پیشرفت فیزیک در سدهٔ ما هم آشکارا ظاهر شد. اینجا هم در آغاز مسئله قسمت‌پذیری بی‌پایان ماده قرار داشت. اتم شیمی‌دانان از هسته و الکترون تشکیل شده بود. هستهٔ اتم هم از پروتون و نوترون درست شده بود. حالا می‌پرسیم آیا امکان دارد این ذرّات بنیادی را بازهم تقسیم کرد؟ اگر پاسخ به این سؤال، «آری» باشد، پس ذرّات بنیادی هم، ذرّه به‌معنای یونانی آن نیست، یعنی واحدهای قسمت‌ناپذیر نیست. اگر پاسخ ما «نه» باشد، لازم است این را هم توضیح دهیم که چرا ذرّات بنیادی نمی‌تواند به ذرّات کوچک‌تر شکسته شود. اگر نیرویی که برای شکستن تکافو

کند، در اختیار داشته باشیم، پس باید بتوانیم آن ذرّاتی را هم بشکنیم که زمانی طولانی آن‌ها را کوچک‌ترین واحدهای ماده می‌دانستیم. درست به این دلیل چندان هم دور از ذهن نیست که گمان کنیم با افزایش سادهٔ نیرو، یعنی با افزایش انرژی در زمان برخورد دو ذرّه باهم، پروتون و نوترون هم سرانجام می‌تواند شکسته شود. و این شاید به این معنا باشد که اصلاً نمی‌توان به پایانی رسید، که کوچک‌ترین واحد ماده وجود ندارد. امّا پیش از آنکه به شرح حل این مسئله بپردازم، مشکل دوم را هم باید ذکر کنم.

مشکل دوم به این سؤال مربوط می‌شود که آیا کوچک‌ترین واحد، شیء فیزیکی معمولی است، آیا این شیء همان‌طوری وجود دارد که برای مثال سنگ یا گل وجود دارد. در اینجا، نزدیک به چهل سال پیش، پیشرفت نظریّهٔ کوانتومی وضع را به‌کلّی تغییر داد. قوانین ریاضی صورتبندی‌شدهٔ نظریّهٔ کوانتومی به روشنی نشان می‌دهد از مفاهیم شهودی معمول ما نمی‌توان به‌شیوه‌ای بی‌ابهام در مورد کوچک‌ترین قسمت‌ها استفاده کرد. همهٔ کلمات یا مفاهیمی که ما با آنها شیء فیزیکی معمول را تشریح می‌کنیم، یعنی لغاتی مانند مکان، سرعت، رنگ، اندازه و غیره، هم نامعیّن است، هم محتمل، درصورتی‌که بکوشیم از آن‌ها در مورد کوچک‌ترین قسمت‌ها استفاده کنیم. من در اینجا نمی‌توانم به جزئیّات این مسئله بپردازم، چرا که در دهه‌های اخیر دربارهٔ آن فراوان بحث شده است. امّا این نکته هم اهمیّت دارد تا به‌روشنی بگوییم هرچند رفتار کوچک‌ترین واحدها نمی‌تواند به زبان معمول بی‌ابهام تشریح شود، زبان ریاضی این توان را به شایستگی دارد که امرواقع را به‌روشنی مشخّص کند.

پیشرفت‌های تازه در فیزیک ذرّات بنیادی، راه‌حلّی بر مسئلهٔ اوّل، یعنی معمّای تقسیم‌پذیری بی‌پایان ماده ارائه کرد. پس از جنگ، در مناطق مختلف دنیا، شتاب‌دهنده‌های عظیمی ساخته شده، تا درصورت امکان، ذرّات بنیادی را بازهمبیشتر بشکافد. نتایج این کارها شگفتی‌های زیادی برای آن کسی داشته است که هنوز نیاموخته باشد که مفاهیم معمول ما در کوچک‌ترین واحدهای ماده نمی‌گنجد. وقتی دو ذره بنیادی با انرژی بسیار زیاد به هم برخورد کند، درعمل بنابرقاعده به تکّه‌هایی تقسیم می‌شود، گاهی هم به تکّه‌های خیلی زیاد، امّا این تکّه‌ها کوچک‌تر از ذرّاتی نیست که شکسته شده است. صرف‌نظر از انرژی‌ای که در اختیار ماست (درصورتی که میزانش کفایت کند) در چنین برخوردی همیشه همان نوع از ذرّات پدیدار می شود که سال‌هاست آن‌ها را می‌شناسیم. حتّی در تابش‌های کیهانی، که در آنجا انرژی‌ای که در اختیار ذره است در برخی شرایط می‌تواند هزارها بار بزرگ‌تر از انرژی‌ای باشد که در بزرگ‌ترین شتاب‌دهنده‌ها موجود است، نه ذرّات دیگری

پیدا شد و نه ذرّات کوچک‌تر. بار آن‌ها را برای مثال می‌توان اندازه‌گیری کرد و همیشه هم این بار مضربی صحیح از بار الکترون یا مساوی با آن است.

به این دلیل، بهترین راه تشریح پدیدهٔ برخورد دو ذرّه، این نیست که ادّعا کنیم ذرّاتی که به هم برخورد کرده، در خود شکسته شده است، بلکه این است که بگوییم ذرّات تازه‌ای از انرژی برخورد به‌وجود آمده است که با قوانین نظریّهٔ نسبیّت هماهنگی دارد. می‌توان گفت که همهٔ ذرّات از همان جوهر اصلی تشکیل شده است که می‌توانیم آن را ماده یا انرژی بنامیم؛ یا شاید بتوان این‌طور گفت: جوهر اصلی، «انرژی»، به «ماده» تبدیل می‌شود، یعنی انرژی صورت ذرهٔ بنیادی را به خود می گیرد. آزمایش‌های تازه از این راه به ما آموختند که دو ادعای به‌ظاهر متضاد را، یعنی: «ماده می‌تواند به شمار بی‌پایان قسمت شود» و «کوچک‌ترین واحدهای ماده وجود دارد»، می‌توان باهم سازگاردانست، بی‌آنکه به دشواری‌های منطقی برسیم. این نتیجهٔ شگفتی‌برانگیز باز بر این نکته تأکید می‌کند که مفاهیم معمول ما را نمی‌توان بر کوچک‌ترین واحدهای ماده بی‌ابهام به کار بست.

در سال‌های آینده، شتاب‌دهنده‌های با انرژی زیاد، بازهم شمار بیشتری از جزئیّات رفتار ذرّات بنیادی را بر ما آشکار خواهد کرد. امید من هم این است که یقین داشته باشم که همان پاسخی که به سؤالات فلسفی کهن دادیم، روزی پاسخ نهایی باشد. اگر این چنین باشد، پاسخ ما نظر دموکریت را به‌حق می‌داند یا افلاطون را؟

گمان می‌کنم که فیزیک جدید در این جا به‌قطع افلاطون را برگزیده باشد، زیرا کوچک‌ترین واحدهای ماده به‌واقع اشیای فیزیکی به معنای معمول کلمه نیست؛ آن‌ها صورت‌ها و ساختارهایی است یا آن طور که افلاطون می‌گوید مُثُل‌هایی است که تنها می‌توان به زبان ریاضی دربارهٔ آن‌ها بی‌ابهام حرف زد. امید افلاطون و دموکریت این بود تا در کوچک‌ترین واحدهای ماده به «یکتا»، نزدیک‌تر شوند، یعنی به اصل واحدی که بر سیر جهان حکم می‌کند. افلاطون عقیده داشت که این اصل فقط می‌تواند در صورت ریاضی‌اش فهم و بیان شود. مسئلهٔ اصلی فیزیک نظری در عصر ما، صورتبندی ریاضی قانون طبیعی است، که زیربنای رفتار ذرّات بنیادی است. از وضعیّت تجربی کنونی، می‌توانیم نتیجه بگیریم نظریّه‌ای از ذرّات بنیادی رضایت خاطر ما را فراهم می‌آورد که درعین‌حال نظریّهٔ عمومی در فیزیک باشد، یعنی نظریّه‌ای دربارهٔ همهٔ چیزهایی که به فیزیک تعلّق دارد.

و در این راه تنها می‌توان طرحی را اجرا کرد که در زمان ما ابتدا اینشتین ارائه کرده بود: نظریّهٔ واحد ماده — و درعین‌حال هم نظریّهٔ کوانتومی مادّه — که می‌تواند در خدمت بنیان فیزیک به‌طور کلی باشد. عجالتاً هنوز نمی‌دانیم که آیا صورت‌های ریاضی‌ای که برای این اصل واحد پیشنهاد شده، می‌تواند بر این کار تکافو کند یا باید آن‌ها را با صورت‌هایی که

بازهم بیشتر انتزاعی است جایگرین کرد. شناخت ما درحال حاضر از ذرّات بنیادی به‌یقین کفایت می‌کند تا بگوییم چه چیزی باید محتوای اصلی این قانون باشد. این قانون باید در اصل شمار کمی از خصوصیّات بنیادی تقارن در طبیعت را نشان دهد که ده‌ها سال است به‌طور تجربی بر ما معلوم است، و باید غیر از این تقارن‌ها، اصل علیّت را هم، در معنایی که نظریهٔ نسبیّت از آن می‌فهمد، دربر بگیرد. در تقارن‌ها، مهم‌ترین‌شان گروه به‌اصطلاح تفارن لورنتس در نظریّهٔ نسبیّت خاص است که خبرهای مهمی دربارهٔ فضا و زمان به‌دست می‌دهد، و دیگری گروه ایزوسپین است که با بار الکتریکی ذرّات بنیادی سروکار دارد. تقارن دیگری هم هست که مایل نیستم در اینجا از آن صحبت کنم. علیّت نسبیّتی هم که به گروه لورنتس مرتبط است، باید بدان چون اصلی مستقلّ نگریست.

این وضع ما را بی‌درنگ به یاد اجسام متقارنی می‌اندازد که افلاطون در فلسفهٔ خود وارد کرده بود تا ساختارهای بنیادی ماده را بنمایاند. هرچند تقارن‌های افلاطون، تقارن‌های درستی نبود، در این عقیده حق با او بود که می‌گفت سرانجام در مرکز طبیعت، در کوچک‌ترین واحدهای ماده، تقارن‌های ریاضی پیدا می‌شود. اینکه فیلسوفان دوران باستان پرسش‌های درستی مطرح کرده باشند، دستاوردی باورنکردنی است. نمی‌توانستیم انتظار داشته باشیم که آن‌ها بی‌آنکه همهٔ جزئیّات تجربی را شناخته باشند، به پاسخ‌هایی رسیده باشند که در جزئیّات هم درست باشد.

۳- تبعات پیشرفت فکر انسان در زمان ما

جست‌وجو در راه یافتن «یکتا»، در راه یافتن ژرف‌ترین منبع فهم همه چیز، به‌یقین اهمیّتی یکسان در مبادی علم و دین داشته است. امّا روش علمی‌ای که در سده‌های شانزدهم و هفدهم به وجود آمد، دلبستگی به جزئیّاتی که بتوان آن‌ها را از راه تجربه آزمود، علم را برای مدّتی طولانی به راه دیگری برد. جای شگفتی هم ندارد که این نظر به ستیز میان علم و دین انجامیده باشد، زیرا همین‌که قانون‌مندی‌ای در جایی منفرداً، یا شاید در جزئیّات مهمی تصوّری کلّی را، از راهی یا به روشی نقض می‌کرد، که دین دربارهٔ آن‌ها طور دیگری حرف زده بود، آن نزاع پدیدار می‌شد. این نزاع که در عصر جدید با محاکمهٔ مشهور گالیله آغاز می‌شود، و دربارهٔ آن‌هم فراوان گفته شده، نیاز ندارد تا من هم آن را تکرار کنم. شاید بتوان در اینجا به یاد آورد که در یونان باستان، سقراط محکوم به مرگ شد، زیرا تعالیم او به‌ظاهر مذهب سنّتی را نقض می‌کرد. این ستیز در سدهٔ نوزدهم به اوج خود رسید، زیرا برخی فیلسوفان کوشیدند تا دین سنّتی را با فلسفه‌ای علمی جایگزین کنند که بر قرائتی مادی‌گرای از فلسفهٔ هگل استوار بود. شاید بتوان گفت اینکه دانشمندان نگاه‌شان را متوجّه

تفسیر ماده‌گرایانهٔ «یکتا» کردند، بدین سبب بود که می‌کوشیدند راه بر یافتن دوبارهٔ «یکتا» را از میان چندگانگی جزئیّات بیابند. امّا در همین‌جا هم شکاف میان «یکتایی» و «چندتایی» به سادگی برطرف نمی‌شود. این هم تصادف محض نیست که در بعضی از کشورها که در سدهٔ ما، مادّه‌گرایی دیالکتیکی عقیدهٔ رسمی است، از نزاع میان علم و عقیدهٔ رسمی نتوانستیم پرهیز کنیم، زیرا در اینجا هم نتایج علمی منفرد، نتایج مشاهدات تازه، به‌ظاهر در برابر عقیدهٔ رسمی قرار گرفته است. اگر درست است که هماهنگی در یک جامعه با رابطه‌اش با «یکتا» ایجاد می‌شود — هرطورکه بخواهد دربارهٔ «یکتا» حرف بزند — به‌سادگی می‌توان فهمید که چگونه تناقضی ظاهری میان نتیجهٔ علمی منفرد استواری، و شیوهٔ بیان رسمی دربارهٔ «یکتا»، می‌تواند مسئله‌ای جدّی شود. تاریخ دهه‌های اخیر نمونه‌های زیادی از مشکلات سیاسی را نشان می‌دهد که نقطهٔ آغازشان درست همین‌جا بوده است. از همین‌جا می‌آموزیم که مسئله بر سر کشمکش میان دو نظریّهٔ متناقض، مثلاً ماده‌گرایی و انگاره‌گرایی نیست، بلکه مسئله بر سر نزاع میان روش علمی، یعنی کاوش در جزئیّات از یک‌سو، و رابطهٔ مشترک با «یکتا» ازسوی دیگر است. کامیابی بزرگ روش علمی با آزمون و خطا، در عصر ما هر تعریفی از حقیقت را رد می‌کند، که معیارهای سخت‌گیرانهٔ این روش را در نظر نگیرد. امّا درعین‌حال به نظر می‌رسد که یک نتیجهٔ مطمئن در علوم اجتماعی این باشد که تعادل درونی یک جامعه دست‌کم به میزانی بر رابطهٔ مشترک با «یکتا» استوار است. درست به همین دلیل است که جست‌وجوی «یکتا» نمی‌تواند دستخوش فراموشی شود.

اگر علم جدید به حلّ این مسئله کمک کرده، به این دلیل نبوده که به‌سود یا به‌زیان یکی از این نظرها تصمیم گرفته است؛ مثلاً گمان کنیم که در سدهٔ نوزدهم به سود ماده‌گرایی و به زیان فلسفهٔ مسیحی، یا آن‌طورکه من حالا عقیده دارم به سود انگاره‌گرایی افلاطون و به‌زیان ماده‌گرایی تصمیمی گرفته شده است. به‌عکس در این مسائل، تنها زمانی می‌توانیم از پیشرفت علم جدید در درجهٔ اول استفاده کنیم که بیاموزیم چگونه باید با حزم با زبان و معنای کلمات رفتار کنیم. به‌این دلیل مایلم در آخرین بخش حرف‌هایم چند تذکار دربارهٔ مسئلهٔ زبان در علوم جدید و در فلسفهٔ کهن بدهم.

اگر در اینجا محاورات افلاطون را پی بگیریم، می‌بینیم که مرزهای ناگزیر وسایل بیان ما، خود موضوع اصلی در فلسفهٔ سقراط بوده است؛ حتی می‌توان گفت که همهٔ زندگی او نبرد دائم با این مرزها بوده است. سقراط هرگز خستگی به خود راه نداد تا به همشهریان خود در خیابان‌های آتن توضیح دهد که آن‌ها شاید به‌درستی ندانند که چه منظوری از کلماتی دارند که آن‌ها را به کار می‌برند. به‌نقل از تاریخ، گویا یکی از مخالفان سقراط، که

سوفسطایی بوده، و از این بابت ناراحت که سقراط بازهم به نارسایی زبان باز می‌گردد، زبان به انتقاد ازو می‌گشاید و می‌گوید: «راستی سقراط، خیلی کسالت‌آور است که تو بازهم همان حرف‌ها را تکرار می‌کنی.» سقراط هم در جواب می‌گوید: «شما سوفسطایی‌ها، که خیلی هم با هوشید، شاید هرگز همان چیز را دربارهٔ همان چیز نگویید.»

دلیل اینکه سقراط این قدر به مسئله زبان اهمیّت می‌دهد، شاید این باشد که او از طرفی می‌دانست که چقدر کاربرد شتابزدهٔ زبان به سوءفهم می‌انجامد، و چقدر مهم است از اصطلاحات دقیق استفاده کنیم و به تبیین مفاهیم بپردازیم، پیش از آنکه آن‌ها را به کار بگیریم. ازطرف دیگر برایش کاملاً روشن بود که این امری است که سرانجام حل‌ّشدنی نیست. وضعی که به‌هنگام کوشش در راه «فهمیدن» با آن روبه‌رو می‌شویم، می‌تواند این نتیجه را ناگزیر به‌بار بیاورد، که وسایل بیانی موجود ما، تشریحی روشن و بی‌ابهام از امرواقع را ممکن نمی‌کند.

تنش میان خواستهٔ ما از تبیینی که بیشترین دقّت را داشته باشد، و نارسایی ناگزیر مفاهیم موجود، چیزی است که بر علم جدید تأثیر گذاشته است. در فیزیک اتمی از زبان ریاضی بسیار متکاملی استفاده می‌کنیم که از حیث وضوح و دقّت همهٔ درخواست‌های ما را برآورده می‌کند، امّا درعین‌حال می‌دانیم که پدیده‌های اتمی را نمی‌توان به‌طریقی به زبان معمول بی‌ابهام تشریح کرد. برای مثال، نمی‌توانیم از رفتار الکترون در داخل اتم حرف بزنیم.

این هم نتیجه‌ای شتابزده است که بخواهیم از مشکلات پرهیز کنیم، درحالی‌که گمان می‌کنیم می‌توانیم خود را به زبان ریاضی محدود کنیم. مسلّم است که این راه واقعی نیست، چون نمی‌دانیم تاچه اندازه می‌توان از زبان ریاضی دربارهٔ این پدیده‌ها استفاده کنیم. و علم باید سرانجام به زبان معمول اعتماد کند، زیرا این تنها زبانی است که در آن می‌توانیم رویدادها را با اطمینان بفهمیم.

این وضع، نوری بر آن تنش، که پیشتر از آن حرف زدیم و میان روش علمی ازیک طرف است، می‌اندازد، و ازطرفی دیگر بر رابطهٔ جامعه با «یکتا» که از اصول اساسی در پس پدیده‌هاست. این امر هم مسلّم به‌نظر می‌رسد که رابطهٔ اخیر نمی‌تواند یا نباید در زبانی بسیار پیچیده با دقّتی زیاد بیان شود که کاربردش در واقعیّت دنیای بیرون شاید خیلی محدود باشد. برای این منظور فقط زبان طبیعی مناسب است که هرکسی می‌تواند آن را بفهمد. نتایج مورد اعتماد علم را هم فقط اخبار بی‌ابهام می‌تواند تضمین کند؛ و در اینجا دیگر نمی‌توانیم با چیزی کنار بیاییم که دقّت و شفاقیّت زبان انتزاعی ریاضی را نداشته باشد.

این ضرورت که باید دائم از زبانی به زبان دیگر برویم، بدبختانه یکی از ریشه‌های همیشگی سوءفهم است، زیرا غالباً از لغات یکسانی در هر دو زبان استفاده می شود. از این دشواری نمی‌توان پرهیز کرد. شاید به‌نوعی کمکی بر ما باشد تا این نکته را همواره به‌خاطر آوریم که علم جدید از هر دو زبان استفاده می‌کند که کلمه‌ای می‌تواند معانی بسیار مختلفی در هر دو زبان داشته باشد، و معیارهای مختلف حقیقت در آنجا مصداق دارد و به‌این دلیل نباید شتابزده از تناقض حرف زد.

اگر بخواهیم به «یکتا» با مفاهیم زبان علمی دقیق نزدیک شویم، باید توجّه‌مان را به مرکز علم، به معنایی که افلاطون در نظر دارد، بکشانیم، یعنی به جایی که تقارن‌های ریاضی یافت می‌شود. در شیوهٔ فکری این زبان باید به این حکم که «خداوند ریاضی‌دان است» بسنده کنیم، زیرا ما از روی اراده نگاه خود را به حوزهٔ وجود محدود کرده‌ایم که می‌تواند به معنای ریاضی کلمهٔ «فهمیدن» درک شود، که منطقاً می‌توان آن را تشریح کرد. افلاطون خود به این محدودیّت رضایت نمی‌داد. پس از آنکه خود امکانات و مرزهای زبان دقیق را به‌بهترین وجهی نشان داد، سراغ زبان شعر رفت که در شنونده تصویرهایی را برمی‌انگیخت که خود نوعی کاملاً متفاوت از فهمیدن را به او منتقل می‌کرد. در اینجا هم مایل نیستم شرح دهم که این نوع فهمیدن درواقع چه معنایی دارد. شاید این تصاویر با صورت‌های ناآگاه فکر ما رابطه دارد که روان‌شناسان آن را صورت نوعی می‌نامند، یعنی صورت‌هایی با خصلت عاطفی شدید که به‌طریقی ساختارهای درونی جهان را بازتاب می‌دهد. امّا هرچه بخواهد توضیحی بر آن دیگر صورت‌های فهم باشد، زبان رمز و تمثیل شاید تنها شیوه‌ای باشد که به «یکتا» از راه حوزه‌های عمومی‌تر نزدیک می‌شود. اگر هماهنگی در جامعه‌ای بر تفسیر مشترک از «یکتا» استوار است، یعنی بر اصل واحد همهٔ رویدادها، پس شاید در آنجا زبان شعر، اهمیّتی بیش از زبان علم داشته باشد.

١٤

فهم گوته از طبیعت و دنیای علم و فنّاوری[۲۲]

دیدگاه گوته از طبیعت و دنیای علم و فنّاوری به همان اندازه قدیم است که اهتمامش بر فهم از طبیعت، کارش در علمی که خود بنیاد گذارده بود، زیرا گوته سرآغاز دنیای علم و فنّاوری را، که امروز ما را دربر گرفته، خود به چشم دیده بود. گوته خود دراین‌باره بسیار گفته است، و همچنین معاصرین او، و بسیاری از طبیعت‌پژوهان و فیلسوفانی که پس از او به این مسئله پرداخته‌اند. مدّت‌هاست می‌دانیم چقدر این مسئله در زندگی گوته اهمیّت داشته؛ و اگر بخواهیم دستاوردهای علمی- فنّی دنیای خود را با خواسته‌های گوته بسنجیم، می‌بینیم که تا چه‌حدّ به بسیاری از چیزهای دنیای امروزی خود با تردید می‌نگریم. به این نکته هم بسیار اشاره شده که گوته با چه حساسیّتی به شکاف میان نظریهٔ رنگ، که خود وضع کرده بود، و نورشناسی نیوتونی، که به‌طور عام پذیرفته شده بود، از خود واکنش نشان می‌داده و تا چه‌حدّ جدلش با نیوتون گاه پرحرارت بوده و گاه موضوعیّت نداشته؛ و به این نکته هم اشاره شده که نقد او از رمانتیسیسم، نظر اساساً منفی او به هنر رمانتیک، نشان از میل درونی او داشت که در جدلش برضدّ جریان علم حاکم پدیدار می‌شود. دربارهٔ همهٔ این‌ها آن‌قدر گفته و نوشته شده، مشکلاتی که در پس آن‌ها بود، آن قدر از همه‌سو از بنیان روشن شده، که شاید اصلاً چیز دیگری نماند جز آنکه آن افکار را بازهم کمی بیشتر دنبال کنیم و با شناختی که از دنیای علمی- فنی امروزی داریم، به‌خصوص از تازه‌ترین پیشرفت‌های علم، آن‌ها را بررسی کنیم. با انجام این کار، نباید از همان آغاز خود را به نظری ازسر بدبینی بسپاریم، آن‌طورکه از یاسپرس بر می‌آید که چون گوته در را بر دنیای فنّی تازه‌وارد بر خود بست، چون او درنیافت که چه راهی را باید انسان در این دنیای جدید بیابد، پس او چیزی هم امروز برای گفتن ندارد. کار ما، به‌عکس، بیشتر این است تا به خواسته‌های گوته ازسر صبر گوش کنیم، آن‌ها را رودرروی دنیای نو بگذاریم، زیرا درست به‌این دلیل که گمان نمی‌کنیم دلایل زیادی بر بدبینی داشته باشیم. در یک‌صدوپنجاه سالی که گذشته، از زمانی که گوته در وایمار به پدیدهٔ بنیادی پیدایی رنگ فکر می‌کرد و شعر می‌سرود، دنیا آن‌طورکه گوته آرزو می‌کرد، پیش نرفت. امّا دنیا آن طور هم، به‌عکس

---

[۲۲] سخنرانی در مجمع عمومی مؤسِسهٔ گوته در شهر وایمار در تاریخ بیست‌ویکم ماه می ۱۹۶۷. این نوشته برای اوّلین بار در اینجا منتشر شده است: گوته، شمارهٔ جدید کتاب سال مؤسّسهٔ گوته. انتشار از اندره‌آس ب. واکس‌موت، جلد ۲۹. وایمار (جانشین هرمان بول‌آوس) ۱۹۶۷، صفحه‌های ۲۷ تا ۴۲.

آنچه بسیاری از منتقدین تندوتیز گوته گمان می‌کردند، یکسره به دست شیطان نیفتاد، که فاوست با او پیمانی پرخطر بسته بود. پس در اینجا یک‌بار دیگر نگاهی به آن مناقشهٔ کهن می‌افکنیم تا آن را با چشم امروزی خود بنگریم.

گوته کار مشاهدهٔ طبیعت و فهم از آن را با تأثیرات مستقیم حسّی آغاز می‌کند؛ یعنی نه با پدیدهٔ منفردی که دستگاهی آن را پالایش‌شده به ما ارائه می‌دهد، طبیعت آن را به‌نحوی ناگزیر کرده باشد، بلکه با پدیدهٔ طبیعی آزادی که مستقیم به حواس ما رسیده باشد. سراغ جای دلخواهی از بخش «رنگ‌های فیزیولوژیکی» در نظریّهٔ رنگ گوته می‌رویم. پایین‌آمدن از سراشیبی‌ای پوشیده از برف در تپه‌های بروکن در شبی زمستانی سبب این مشاهده شد: «طیّ روز، از رنگ زردی که از برف برمی‌خاست، سایه‌هایی رو به بنفش کم‌رنگ می‌رفت، که دیده می‌شد؛ آن‌ها را باید آبی پررنگ نامید، درحالی‌که قسمت‌های روشن از خود رنگ زردی بیرون می‌فرستاد که به نارنجی می‌رفت. همین‌که خورشید به غروب‌کردن نزدیک می‌شد و پرتوهایش، که حالا از میان مه غلیظی می‌گذشت، با رنگ قرمز بسیار زیبایی همهٔ دوروبر من را پر کرده بود، رنگ سایه سبز می‌شد، سبزی که در روشنی به سبز دریا می‌رفت، در زیبایی به سبز زمرّدی می‌مانست. این منظره دلنشین‌تر می‌شد، چون هرچیزی پوشیده از دو رنگ زنده و به‌خوبی هماهنگ بود تا سرانجام خورشید غروب کرد، و آن پدیدهٔ باشکوه در شفقی خاکستری و اندک‌اندک در نور ماه و درخشش ستارگان گم شد.» گوته به این مشاهدهٔ مستقیم بسنده نکرد. او به‌خوبی می‌دانست که راهنمایی روابطی که در آغاز ازسر حدس و گمان است و سپس در کامیابی به‌یقین می‌رسد، از این راه است که تأثیر مستقیم هم شناخت می‌شود. من در اینجا برای مثال بندی از پیشگفتار بر نظریّهٔ رنگ را نقل می‌کنم: «از نگاه‌کردن تنها به چیزی، نمی‌توان نصیب چندانی داشت. هر نگاهی به ملاحظه‌ای می‌انجامد، هر ملاحظه‌ای به تفکّری، و هر تفکّری به پیوندی، به‌طوری‌که می‌توان گفت که با هر نگاهی ازسر دقّت به طبیعت، درواقع نظریّه‌پردازی می‌کنیم. امّا برای اینکه خود را از خطر سوءاستفادهٔ احتمالی از این نظر انتزاعی — که از آن بیم داریم — در امان نگاه داریم، برای اینکه آن استنتاج عملی که بدان امید داریم، به‌واقع مفید و زنده باشد، باید نظریّه‌پردازی کنیم، بی‌آنکه از یاد ببریم که با پرداختن به این کار، به نظریّه‌پردازی ازسر آگاهی و با شناخت از خود، ازسر آزادی می‌پردازیم – برای اینکه از جسارت استفاده از آن به کنایه گفته باشیم.»

«انتزاعی که از آن بیم داریم.» در اینجا به‌دقّت مشخص شده است که در چه جایی راه گوته از راه علوم پذیرفته‌شده جدا می‌شود. گوته می‌داند که هر شناختی به تصوّری، به ارتباطی، و به ساختارهایی نیازمند است که بدان معنایی بدهد. بدون این‌ها، شناخت ممکن

نیست. راه به این ساختارها، امّا ناگزیر در زمان دیگری به انتزاع می‌انجامد. گوته خود به این مسئله در پژوهش‌هایش دربارۀ ریخت‌شناسی گیاهان رسیده بود. در گوناگونی گیاهان، که خود به‌خصوص در سفر به ایتالیا دیده بود، پیش خود گمان کرد که با مطالعۀ عمقی‌تر بتوان اصل یکتایی را در بنیان همۀ آن‌ها روشن‌تر شناخت. او حرف از «صورت اساسی‌ای به‌میان آورد که طبیعت با آن همواره بازی می‌کند، و درحین بازی تنوّع در حیات را به وجود می‌آورد»، و از همین جا بود که به تصوّر از رویدادی بنیادی، یعنی به صورت نوعی گیاه رسید. گوته می‌گوید «با این نمونه» و «کلید آن»، می‌توان گیاهان را زین پس بی‌شمار پیدا کرد، که اگر هم وجود نداشته باشند، می‌توانند وجود داشته باشند و حقیقتی و ضرورتی درونی دارند.» در این جا گوته در مرز آن انتزاعی قرار دارد که از آن بیم دارد. گوته خود در عبور از این مرز ناکام ماند. او به فیزیک‌دانان و فیلسوفان هشدار و اندرز می‌دهد تا چنین کنند. «امّا اگر چنین پدیدۀ بنیادینی پیدا شده باشد، بلا بازهم پابرجاست تا آن پدیده را پدیدۀ اصلی ندانیم، و در پس آن و فراتر از آن بازهم به جست‌وجو بپردازیم، هرچند برایمان پیش می‌آید که به مرزهای شناخت رسیده باشیم. طبیعت‌پژوه بهتر است پدیده‌های اصلی را در آرامش جاوید و شکوه دیرین خود پابرجا بگذارد.» پس نباید از مرز انتزاع فراتر رفت. آنجا که به مرز مشاهده رسیده‌ایم، دیگر نباید با جایگزین‌کردن مشاهده با فکر انتزاعی راه را ادامه دهیم. گوته یقین داشت که بریدن از دنیای محسوس واقع و پاگذاشتن در حوزۀ بی‌کرانۀ انتزاع، بیشتر به بدی می‌انجامد تا به نیکی.

اما علم از زمان نیوتون، به راه دیگری رفته بود. علم از همان آغاز از انتزاع بیم نداشت و کامیابی‌هایش در توضیح نظام سیّارات، در کاربرد عملی مکانیک، در ساخت دستگاه‌های نوری و بسیاری چیزهای دیگر به‌ظاهر به آن حق داده بود، به طوری‌که همۀ آن‌ها به‌سرعت سبب شد تا هشدارهای گوته شنیده نشود. نتیجه آن شد که علم از زمان اثر بزرگ نیوتون، یعنی «فلسفۀ طبیعی اصول ریاضیات»، تا امروز به‌کلّی به خط مستقیم و منطقی تکامل پیدا کند. تأثیرات آن بر فنّاوری، چهرۀ زمین را دگرگون کرد.

در این علم متداول، انتزاع در دو جای کم‌وبیش متفاوت به کار می‌رود؛ و وظیفۀ ما این است که در تنوّع رنگارنگ پدیده‌ها، امر ساده را بشناسیم. پس سعی فیزیک‌دانان باید این باشد تا از پیچیدگی گیج‌کنندۀ پدیده‌ها، پدیده‌های ساده را بیرون بکشند. امّا امر ساده یعنی چه؟ جواب این سؤال از زمان گالیله و نیوتون تاکنون چنین است: امر ساده، رویدادی است که بتوان سیر قانونمند آن را از نظر کمّی، در همۀ جزئیّات، بدون دشواری با ریاضی نمایاند. پس پدیدۀ ساده آن نیست که طبیعت به ما بی‌واسطه ارائه می‌دهد؛ بلکه فیزیک‌دان باید گاهی با دستگاه‌های پیچیده، پدیده را از ملغمۀ رنگارنگ پدیده‌ها در ابتدا جدا کند، مهم را

از دیگر زواید غیرضرور پاک کند، تا یک پدیدهٔ «ساده» به تنهایی و به روشنی نمایان شود، به‌طوری‌که بتواند از همهٔ پدیده‌های ثانوی چشم‌پوشی کند، یعنی بتواند آن را منتزع کند. این شکلی از انتزاع است و گوته نظرش دراین باره این است که با این کار درحقیقت خود طبیعت را بیرون رانده‌ایم. او می‌گوید: «امّا حالا به ادّعای جسورانه‌ای برمی‌خوریم، یعنی اینکه این بازهم طبیعت است، و آن را دست‌کم با لبخندی آرام، با سرتکان‌دادنی آهسته بر زبان می‌آوریم؛ و بالاخره به کلّهٔ هیچ معماری هم خطور نمی‌کند تا کاخش را با اردوگاهی کوهستانی و جنگلی عوض کند.» صورت دیگر انتزاع، در استفاده از ریاضیات در نمایش پدیده‌هاست. در مکانیک نیوتونی برای نخستین بار نشان داده شد — و این مسئله دلیل موفقیت‌های بزرگش بود — که تشریح ریاضی حوزه‌های بسیار بزرگ تجربه می‌تواند یکجا جمع‌بندی شود و درنتیجه به‌سادگی فهم شود. قوانین سقوط گالیله، حرکت ماه به دور زمین، حرکت سیّارات به دور خورشید، نوسان‌های آونگ، مسیر سنگی که پرتاب شده، همهٔ این پدیده‌ها از فرض بنیادی مکانیک نیوتونی، یعنی از معادلهٔ: نیرو = شتاب × جرم، با قانون گرانش، از راه ریاضی به‌دست آمد. پس معادله‌ای که با ریاضی نمایش دادیم، کلید انتزاعی بر فهم یکپارچهٔ بسیاری از حوزه‌های طبیعت شد؛ و گوته درست برضدّ اعتماد به این نیروی گشایندهٔ کلید، بیهوده مبارزه می‌کرد. او در نامه‌ای به کارل فریدریش سلتر می‌نویسد: «و این درست بزرگ‌ترین بلایی است که بر سر فیزیک جدید آمده است، که انسان و آزمایش را از هم جدا کنیم، و طبیعت را از راهی بشناسیم که ابزارهای دست‌ساختهٔ ما نشان می‌دهد، و آنچه را طبیعت می‌خواهد نشان دهد، از این راه محدود کنیم. همین‌طور هم کار با محاسبه است. و این هم حقیقت است که بسیاری از چیزها وجود دارد، که پای حساب نمی‌آید، همان‌طور که بسیاری چیزهاست که پای تجربهٔ معیّن نمی‌آید.»

آیا گوته حقیقتاً نیروی نظم‌دهنده، دستاورد شناخت روش علمی، تجربه و ریاضیات را نشناخته بود؟ آیا او رقیب را،که در نظریّهٔ رنگ و در بسیاری از جاهای دیگر بی‌وقفه برضدّش مبارزه می‌کرد، دست‌کم گرفته بود؟ یا اینکه او نمی‌خواست این نیرو را بپذیرد، زیرا برایش ارزش‌هایی دست‌اندر کار بود که او راضی به فداکردن آن‌ها نبود؟ باید جواب داد که او نمی‌خواست قدم در راه انتزاعی به‌سوی فهم یکپارچه بگذارد، زیرا این راه در چشمش پرخطر می‌آمد.

گوته هیچ‌گاه خطرهایی را که از آنها بیم داشت، به‌درستی روشن نکرد. امّا فاوست، مشهورترین اثر ادبی او، این امکان را برایمان فراهم می‌کند تا به حدس و گمان پی ببریم که او چه می‌خواهد بگوید. فاوست، در کنار دیگر شخصیّت‌ها، خود فیزیک‌دانی دلسرد است. دوروبرش در اتاق کار پر است از دستگاه‌های علمی. بااین‌حال چنین می‌گوید: «ادوات

و آلات شما مطمئناً به من ریشخند می‌زنند، چرخ، دنده، غلطک و دسته: من جلوی در ایستاده‌ام، شما باید کلیدی ی‌ر آن باشید؛ هرچند ریش شما فرفری است، کلون در را بلند نکنید.» نشانه‌های پررمزورازی که او در کتاب نوستراداموس در پی آن است، شاید کم‌وبیش با نشانه‌های ریاضی خویشاوند باشند. و همهٔ این دنیای نشانه‌ها و ادوات، همهٔ آن پافشاری سیراب‌نشدنی بر شناخت انتزاعی بیشتر، بر شناخت گسترده‌تر، بر شناخت عمقی‌تر، انگیزه‌ای برای آن دیرباور شد، تا با شیطان پیمان ببندد. راهی که از زندگی طبیعی به شناخت انتزاعی می‌انجامد، می‌تواند به شیطان ختم شود. این همان خطری بود که تعیین‌کنندهٔ نظر گوته به دنیای علم و فنّاوری بود. او ردّی از نیروهای شیطانی‌ای را می‌دید که در این سیر مؤثّر بودند، و پیش خودش گمان می‌کرد که باید از آن‌ها دوری کند. شاید ما هم ناگزیر باشیم این طور جواب دهیم که از دست شیطان هم چندان به‌آسانی نمی‌توان گریخت.

گوته خیلی زود ناگزیر به مصالحه شد؛ مهم‌ترین آن بی‌شک موافقتش با فهم از جهان کوپرنیک بود که حتّی او هم یارای تاب‌آوردن در برابر قدرت اقناع آن را نداشت. گوته همین جا هم می‌دانست که چقدر باید ازخودگذشتگی نشان دهد. من بازهم از نظریّهٔ رنگ چیزی می‌آورم: «مسلّماً در میان همهٔ اکتشافات و عقاید، هیچ چیز بیشتر از نظریّهٔ کوپرنیک بر فکر بشر تأثیر نگذاشته است. دیری نپاییده بود که جهان را گرد و بسته برخود دانسته، که باید از این امتیاز مهیب دست می‌کشید که مرکز عالم است. شاید تاکنون مطالبهٔ بزرگ‌تری از بشریت نشده باشد؛ چه چیزها که دیگر با قبول این نکته دود نشد و به هوا نرفت: بهشتی دیگر، دنیای بی‌گناهی، هنر شعرسرودن و پرهیزکاری، شهادت حواس، یقین به عقیدهٔ شعری-مذهبی؛ جای شگفتی نیست که نخواسته باشیم همهٔ این‌ها به راه بیفتد، که همه به مخالفت با چنین نظری درهمه‌حال برخیزند؛ نظری که کسانی را که آن را پذیرفته بودند، آزادفکر و با ذهن باز قلمداد می‌کرد و برحق می‌دانست، درحالی‌که پیشتر چنین نبودند و شاید هم اصلاً خوابش را هم ندیده بودند.» این نوشته را باید در مقابل آن کسانی هم قرار داد که برای پرهیز از خطری که گوته از آن بیم دارد، در زمان ما می‌کوشند به درستی و به اطمینان‌بخشی علم جدید شک کنند. به این نکته هم اشاره می‌شود که علم نظرش را طی زمان تغییر می‌دهد و یا اصلاح می‌کند، برای مثال مکانیک نیوتونی را امروزه دیگر درست نمی‌دانیم، درحالی‌که آن را با نظریّهٔ نسبیّت و کوانتومی جایگزین کرده‌ایم؛ درست به‌همین دلیل به ادّعای این علم شک می‌کنند. امّا این اعتراض بر سوءفهمی استوار است که نمونهٔ آن در پرسش دربارهٔ جایگاه زمین در نظام سیّارات مطرح است. این حرف درست است که نظریّهٔ نسبیّت اینشتین این امکان را باز می‌گذارد تا زمین ساکن باشد و خورشید به دورش بچرخد. امّا با این حرف هم اصلاً چیزی در ادّعای قطعی

نظریّه نیوتون تغییر نمی‌کند که خورشید با اثر گرانشی قوی‌اش مسیر سیّارات را تعیین می‌کند؛ و بنابراین نظام سیّارات را می‌توان درواقع این‌طور هم فهمید که خورشید را در مرکز آن بدانیم، یعنی خورشید را در مرکز نیروی جاذبه بدانیم. در اینجا - به‌خصوص باید تأکید کنیم - که وقتی روش علم جدید را می‌پذیریم، دیگر نمی‌توانیم نتایج آن را کنار بگذاریم؛ این روش چنین است: مشاهده که آن را با آزمایش پالوده‌ایم، و تحلیل منطقی که شکل دقیق خود را با نمایش ریاضی می‌پذیرد. اگر آزمایش و تحلیل منطقی را بپذیریم، دیگر نمی‌توان به درستی نتایج به‌جدّ شک کرد. اما شاید بتوان در برابر تحلیل منطقی، این پرسش دربارهٔ ارزش را مطرح کرد: آیا شناختی که از این راه به‌دست آمده باارزش است؟ اگر از همان ابتدا در پی این پاسخ به معنایی که گوته از آن می‌فهمد، نباشیم، بلکه مطابق با آنچه فکر زمانهٔ ما از آن برداشت می‌کند، برآییم، و به استدلال دربارهٔ فایده هم چندان با شک ننگریم، آن وقت است که می‌توان به دستاوردهای علم و فنّاوری جدید اشاره کرد؛ به زدودن مؤثّر بسیاری از کاستی‌ها، به پزشکی جدید در کاستن درد بیمار، به راحتی در رفت‌وآمد و بسیاری از چیزهای دیگر. مسلّماً گوته، که می‌خواست در زندگی مشارکت فعال داشته باشد، به این دلایل روی خوش نشان می‌داد. اگر به شرایط انسان در این دنیا درست بنگریم، به مشکلاتی که بر او وارد می شود، به خواسته‌هایی که دیگران از او دارند، آن وقت است که می‌توان کار کسی را ارزشمند دانست که این امکان را می‌یابد تا به‌طور مؤثّر فعّال باشد، به دیگران کمک کند، و شرایط زندگی را به‌طور کلّی بهبود دهد. برای اینکه بدانیم گوته با چه جدیّتی به این وجه مسئلهٔ ما توجّه کرده است، لازم است قسمت‌های زیادی از کتاب «سال‌های سیروسلوک» یا بخش‌های آخر «فاوست» را بخوانیم. از وجوه مختلف دنیای علم و فنّاوری، وجه عملی آن برایش بهتر از همه فهمیدنی بود. گوته امّا در اینجا هم نتوانست خود را از این بیم برهاند که شیطان در اینجا هم دستی در کار دارد. در پردهٔ آخر «فاوست»، موفقیّت، پرباری زندگی فعال، با قتل فیلمون و باوسیس به پوچی می‌گراید. اما آنجا هم که دست شیطان به‌طور مستقیم و آشکارا دیده نمی‌شود، بیم از بروز رویداد پابرجاست. گوته پی برده بود که شکل‌دهی دوباره به جهان، که ارتباط میان علم و فنّاوری بیش‌ازپیش به دنبال آن است، چیزی نیست که بتوان وقفه‌ای در آن ایجاد کرد. او در این‌باره در کتاب «سال‌های سیروسلوک» با نگرانی چنین می‌گوید: «من از سلطهٔ ماشین درد می‌کشم و می‌ترسم. مثل طوفان است، آرام‌آرام همه‌جا را در می‌نوردد، می‌داند چه سویی می‌رود، از راه می‌رسد و ضربه‌اش را می‌زند.» گوته می‌دانست که چه در پیش است، و فکر می‌کرد چگونه این رویداد بر رفتار آدمی تأثیر خواهد گذاشت. در نامه‌ای به سلتر می‌نویسد: «دارایی و چالاکی چیزی است که دنیا آن را می‌ستاید و در پی آن است. راه‌آهن،

نامه‌رسانی سریع، کشتی بخاری و همهٔ دیگر امکانات ارتباطی، چیزی است که که دنیای فرهیختگان چشم به آن دارد تا خود را به آن بیاراید و تجهیز کند، و با آن هم بر میانگی پافشاری کند. درست‌تر بگوییم، سدهٔ ما، سدهٔ آدم‌هایی است که سرشان به تنشان می‌ارزد، آدم‌هایی که درکی سریع دارند، و چون برخی مهارت‌ها را دارند، خود را از همگان برتر می‌دانند، هرچند خود شاید چندان هم بااستعدادترین میان آن‌ها نباشند.» و یا در جای دیگری از «سال‌های سیروسلوک» آمده است: «اکنون زمان یک‌جانبه‌گرایی است؛ خوشا به حال آن که می‌فهمد، و برای خود و دیگران با این فکر در سر کاری می‌کند.» گوته بخش بزرگی از راه را پیش‌بینی می‌کند، و به آنچه در پیش است با دلواپسی بسیار می‌نگرد. دراین‌میان هم دوباره نزدیک به یک‌صدوپنجاه سال گذشته است، و ما هم می‌دانیم که این راه امروز به کجا رسیده است. هواپیمای جت، ماشین حساب الکترونیکی، موشک ماه‌پیما و بمب اتمی، همهٔ این‌ها آخرین نشانه‌های بزرگی است که در کنار راهمان به آن‌ها برخورد کرده‌ایم. جهانی که علم نیوتونی بر آن حاکم است، و گوته امید داشت تا بتواند از آن دور بماند، اکنون حقیقت ماست، و این هم اصلاً کمکی به حال ما نمی‌کند در این فکر باشیم که شریک فاوست دستی در آن در کار دارد. باید به آن رضایت بدهیم، همان‌طورکه در همهٔ زمان‌ها به آن رضایت داده‌ایم. و چندان هم معلوم نیست که به آخرش رسیده باشیم. شاید چندان هم دور نباشد زیست‌شناسی را در فرایند رشد فنّی بگنجانیم. اینکه چنین چیزی خطری چندین برابر بزرگ‌تر از خطر سلاح اتمی دارد، گاهی از آن گفته شده؛ شاید هم کاریکاتوری که هاکسلی ازسر دل‌سنگی ذیل عنوان «دنیای قشنگ نو» از دنیای آینده ترسیم کرده، بیشتر از همه گویا باشد. این امکان تا انسان‌هایی را پرورش دهیم که برای مقصودی به‌وجود آمده‌اند، همهٔ عمر در این فکر بودن تا به هرچیزی روی زمین ازنظر عقلی بنگریم، یعنی در پی سودمندی باشیم، و با این کار زندگی را از هر معنایی تهی کنیم، چیزی است که نتایج ناگوار آن به پوچی انجامیده است. اما نیازی نیست تا زیاد دور برویم تا پی ببریم که سودمندی به‌خودی‌خود ارزش نیست، بلکه تنها مسئلهٔ ارزش را از جایی به جای دیگر برده است، یعنی به این پرسش: آیا ارزشی در هدفی وجود دارد تا دانش و امکانات خود را برای آن به‌کار بگیریم و آن‌ها را در خدمت آن بگماریم؟

طبّ جدید بسیاری از بیماری‌های واگیردار را از روی زمین ریشه‌کن کرد. زندگی بسیاری از بیماران را نجات داد، رنج‌های وحشتناک بسیاری از انسان‌ها را از میان برداشت، امّا به انفجار جمعیّت کرهٔ زمین هم انجامید، که اگر در آیندهٔ نسبتاً نزدیکی با اقدامات مسالمت‌آمیز سازمان‌ها، جلوی آن گرفته نشود، به فجایع وحشتناکی می‌انجامد. چه کسی می‌تواند بداند آیا پزشکی جدید همه جا اهدافش درست است؟

علم جدید دانشی ارائه می‌دهد که نمی‌توان به درستی آن به‌طور کلّی شک کرد؛ و فنّاوری‌ای که از آن عاید می‌شود به این دانش امکان می‌دهد تا در راه هدف‌های گسترده‌تری از آن استفاده شود. امّا آیا این پیشرفتی که به دست آمده، ارزشمند است یا نیست، چیزی است که نمی‌توان دربارهٔ آن اینجا حکم کرد. حکم در این باره به تصوّر از ارزش‌ها مرتبط است که به هنگام تعیین هدف راهنمای ماست. تصوّر از ارزش نمی‌تواند خود نتیجهٔ علم باشد؛ درهرحال فعلاً نتیجهٔ آن نیست. اعتراضی که گوته باقطعیّت به روش‌شناسی علم پس از نیوتون می‌کند، متوجّه جدایی مفاهیم «درستی» و «راستی» در این روش‌شناسی است. ازنظر گوته راستی را نمی‌توان از مفهوم ارزش جدا کرد. «یکتایی، نیکی، راستی» در چشم او، مانند نظر فیلسوفان دوران باستان، تنها قطب‌نمای ممکن است که بشر توانسته راه خود را طی سده‌ها، بر اساس آن بیابد. امّا علمی که هنوز هم درست باشد، علمی است که در آن، مفاهیم «درستی» و «راستی» از هم جداست، علمی است که نظام الهی دیگر به‌خودی‌خود جهت آن را تعیین نمی‌کند، و بنابراین بسیار در معرض خطر است، و برای آنکه دوباره به «فاوست» برگردیم، بسیار در معرض دست‌یازی شیطان است. به‌این دلیل گوته آن را نمی‌پذیرفت. در دنیای که تاریکی آن را فراگرفته، دنیایی که دیگر این نور در مرکز، یعنی «یکتایی، نیکی، راستی» بر آن نمی‌تابد، چنانچه اریش هلر آن را به زبان آورده است، پیشرفت‌های فنّی چیزی جز کوششی ازسر نومیدی نیست تا دوزخ را به جای دلپذیرتری برای اقامت بگزینیم. و بر این مسئله باید به‌خصوص در مقابل کسانی تأکید کنیم که که گمان می‌کنند با اشاعهٔ تمدّن استوار بر فنّاوری و علم، می‌توان حتّی در دورترین نقاط زمین، همهٔ پیش‌شرط‌های اساسی برای پیدایی عصر طلایی را فراهم کرد. گریختن از دست شیطان امّا، چندان هم آسان نیست.

پیش از اینکه بررسی کنیم که آیا درستی و راستی در علم جدید به‌واقع کاملاً از هم جداست، آن‌طورکه تاحال چنین می‌نمود، باید این سؤال مخالف را مطرح کنیم: آیا گوته با علم، آن‌طورکه خود می‌پنداشت، با نوع نگاهش به طبیعت، چیز مؤثّری در برابر دنیایی گذارد که پس از نیوتون در جهان علم و فنّاوری پدید آمده است؟ می‌دانیم که باوجود تأثیر زیادی که شعر گوته در سدهٔ نوزدهم برجای گذاشت، افکارش در علم تنها برای جمع کوچکی شناخته شد و ثمربخش بود. امّا شاید در افکارش بذری بود که می‌توانست با مراقبت خوب، رشد کند؛ آن هم درست در زمانی که عقیدهٔ ساده‌انگارانه به پیشرفت در سدهٔ نوزدهم، دیگر جایی بر ملاحظهٔ دقیق‌تر موضوع برجا نگذاشت. در اینجا باید دوباره سؤال کنیم که واقعاً چه چیزهایی شاخصهٔ دیدگاه گوته از طبیعت است، درحالی‌که می‌دانیم شیوهٔ او در نگاه به طبیعت با نظر نیوتون و کسانی که پس از او آمده‌اند، فرق دارد. در اینجا

باید بیش از هرچیز بر این نکته تأکید کنیم که نگاه گوته به طبیعت، مستقیماً با انسان آغاز می‌شود، که در آن، انسان و تجربهٔ مستقیمش از طبیعت، مرکز را درست می‌کند که در آنجا پدیده‌ها در نظمی معنادار یکی پس از دیگری جای خود را پیدا می‌کند. چنین فرمول‌بندی‌ای درست است و اختلاف بزرگ میان نگاه گوته به طبیعت و نظر نیوتون به طبیعت را روشن می‌کند. اما یک نکتهٔ کاملاً اساسی را در نظر نمی‌گیرد که بنا بر عقیدهٔ گوته، انسان در طبیعت آشکارا رودررو با نظم الهی است. تجربهٔ منفرد فرد از طبیعت، هرچند به گوتهٔ جوان الهام داده باشد، برای گوتهٔ سالخورده مهم نبود، بلکه نظم الهی بود که در این تجربه فهمیدنی می‌آمد. برای گوته دیگر این فقط صورت خیال شعری نیست که در شعر «میراث ادیان کهن پارسی» می‌آید، که مؤمن را بر می‌انگیزد تا با نگاه به خورشید که از بالای کوه‌ها طلوع می‌کند، بگوید: «خداوند را از اورنگش می‌شناسیم، او را خداوندگار چشمهٔ زندگی می‌نامیم، آن نگاه شکوهمند را می‌ستاییم، و در نور او پیش می‌رویم.» او عقیده دارد که تجربهٔ طبیعت باید با روش علمی هم سازگار باشد، و درنتیجه جست‌وجوی پدیدهٔ اولیّه را باید پژوهش دربارهٔ آن ساختارهایی دانست که به دست خداوند در بنیان پدیده‌ها نهاده شده، که نه فقط با عقل بنا نمی‌شود، بلکه می‌توان به‌طور مستقیم به آن‌ها نگریست و آن‌ها را احساس کرد. ازنظر گوته «پدیدهٔ اولیّه» را نمی‌توان با «اصلی اصولی برابر دانست، که نتایج گوناگونی به دست می‌دهد، بلکه باید آن را رویدادی بنیادی دانست که در درون آن، تکثّر را می‌توان دید. دیدن، دانستن، پی‌بردن، عقیده‌داشتن، و همهٔ آن چیزهایی که آن‌ها را حسگر می‌نامیم، که با آن‌ها جهان را لمس می‌کنیم، اگر بخواهیم وظیفهٔ خود را، هرچند سنگین، انجام دهیم، همه باید باهم کار کنند.» گوته به‌روشنی در می‌یابد که ساختارهای اصلی باید این‌گونه باشد که دیگر نمی‌توان دربارهٔ آن‌ها حکم کرد که آیا آن‌ها به جهان عینی تعلق دارد یا به روح آدمی، زیرا آن‌ها پیش‌فرض‌هایی بر هردوی آن‌هاست. درنتیجه امیدش این است که با «دیدن، دانستن، پی‌بردن، عقیده‌داشتن» آن‌ها اثرگذار شوند. اما باید سؤال کنیم از کجا می‌دانیم یا گوته از کجا می‌دانست که درواقع این عمیق‌ترین روابط به‌این نحو مستقیماً آشکار می‌شود، و خود را نمایان می‌کند؟ آیا این‌طور نیست که گوته گمان می‌کند نظم الهی پدیده‌های طبیعی آن‌گاه بر ما با همهٔ وضوح آشکار می‌شود که در بالاترین سطح باشد؟ آیا علم جدید نمی‌تواند در اینجا پاسخی بدهد که شاید بتواند در برابر همهٔ خواسته‌های گوته از ارزش تاب بیاورد؟

پیش از اینکه به بحث دربارهٔ چنین سؤال‌های مشکلی بپردازیم، باید چند کلمه‌ای از این بگویم که چرا گوته جریان ادبی رمانتیسیسم را رد می‌کند. گوته در نامه‌ها، نوشته‌ها و گفت‌وگوهایش دربارهٔ این جریان هنری دوران خود، به تفصیل بحث می‌کند. و همیشه هم

این سرزنش‌ها مطرح است: ذهنی‌گرایی، شیفتگی، که به‌نهایت خود می‌رسد، حتّی به بی‌کرانی می‌رسد، حساسیّت بیمارگونه، گرایش به دوران باستان، درماندگی ازسر ضعف، و سرانجام خوش‌خدمتی و دورویی. انزجار گوته از آنچه به‌ظاهر در رمانتیسیسم بیمارگونه است، شمّ او به سیر معیوب احتمالی آن، آن قدر شدید بود که چندان به او میدان نداد تا دستاورد هنری آن را ببیند، چه رسد به اینکه آن را بشناسد. هر هنری که مانند هنر رمانتیک از دنیا دور افتاده باشد، و دیگر در پی بیان واقعیّت آن بر نیاید، بلکه تنها در پی بازتاب آن در ذهن هنرمند باشد، در چشم او به‌همان اندازه رضایت خاطری فراهم نمی‌آورد که علمی که طبیعت آزاد موضوع بررسی‌اش نیست، بلکه پدیده‌های منفرد، که از راه دستگاه‌ها پالوده شده، و کم‌وبیش مهیّا شده است. رمانتیسیسم را دست‌کم باید جزئاً واکنشی به جهانی دانست که با عقل‌گرایی، علم و فنّاوری به این کار آغاز کرده است تا خود را به پیش‌شرط عملی ازسر واقع‌بینی برای زندگی در بیرون تبدیل کند، به‌طوری‌که دیگر برای شخصیّتش در کلیّت آن، برای آرزوهایش، امیدهایش و دردهایش هیچ جای درستی پیشنهاد نمی‌دهد. به‌این دلیل، این شخصیّت به درون خود باز می‌گردد؛ و جدایی از دنیای واقعی رودررو، که در آن کار ما نتایجی دارد که باید با آن مواجه شویم، شاید چیزی در حدّ زبان احساس می‌شد؛ امّا گوته از آن بیم داشت که با این کار ساده‌تر – شاید هم نه‌چندان راحت‌تر – به دنیای رؤیا بگریزیم، خود را به سرمستی شوروشوق بسپاریم، مسئولیت خود و دیگران را دور بیندازیم، و به خوش‌گذرانی در پهنهٔ بی‌کران احساس بپردازیم. گوته گام‌نهادن در هنری را، که در پی آن است تا جهان را در هیئت جهانی درآورد که واقعیّتی بی‌واسطه دارد، آن را به نمایشی بدل می‌کند که از ورطه‌های روح انسان زیاده می‌گوید، به همان اندازه نمی‌پسندد که گام‌نهادن در انتزاعی که علم، خود را ناگزیر بدان می‌دانست.

نزدیکی انگیزه‌های گوته در نپذیرفتن هر دو مورد بازهم کمی بیش از این است. اگر گوته از انتزاع در علم بیم دارد، اگر از بی‌حدوحصری آن هراس دارد، به‌این سبب است که گمان می‌کند در آن ردّ نیروهای شیطانی‌ای را دیده باشد، که نمی‌خواهد خود را در معرض تهدید آن‌ها بگذارد. او آن‌ها را به هیئت مفیستو در آورد. در رمانتیسیسم، او همان نیروها را دست اندر کار می‌بیند؛ همان بی‌حدوحصری را، همان دورافتادگی از دنیای واقع با معیارهای درست و استوارش را، همان خطر سقوط در حالت بیمارگونگی را. شاید بعدها در فکر گوته این نکته اهمیّت پیدا کرده باشد که این عالی‌ترین شکل هنری مرحلهٔ بعدی در همهٔ عمرش برایش ناآشنا ماند. ریاضیات، که آن را شاید در اینجا بتوان شکل هنری انتزاع نامید، هیچ‌گاه نتوانست گوته را شیفته یا گرفتار خود کند، هرچند برایش احترام زیادی قائل بود. موسیقی که در رمانتیسیسم آلمانی، به گمان من عالی‌ترین دستاوردهای هنری را به

وجود آورد، هرگز نتوانست گوته را برانگیزد، آن‌طورکه شعر و نقّاشی با او کرد. اگر زبانی که در موسیقی با آن حرف می‌زنیم، مثلاً زبانی که شوبرت در سی‌ماژور در اجرای پنج‌نوازی‌اش با آن حرف می‌زند، به او رسیده بود، گوته چه نظری دربارهٔ رمانتیسیسم پیدا کرده بود؟ این چیزی است که نمی‌دانیم. شاید او این‌طور احساس می‌کرد که نیروهایی که از آن‌ها بیم داشت و همان‌ها در این موسیقی با شدّت بیشتری، درمقایسه با هر اثر هنری دیگری در رمانتیسیسم، دست اندرکارند، دیگر از مفیستو برنمی‌خیزند، دیگر قدرت او را اعلان نمی‌کنند، بلکه از قلمرویی نورانی می‌آیند که هرچند شیطان هم از آنجا می‌آید، امّا در آنجا هم دست رد بر سینه‌اش نهادند. چندان هم جای تعجب ندارد که در اینجا هم، در داوری دربارهٔ ارزش رمانتیسیسم، زمانهٔ پس از گوته اندرز بزرگ‌ترین شاعر آلمان را گوش نکرده باشد، که هنر به میزان چشمگیری رو به اهداف و کارهایی کرد که رمانتیسیسم برای نخستین بار همّ خود را به آن‌ها مصروف کرده بود. تاریخ موسیقی، نقاشی و ادبیّات در سدهٔ نوزدهم نشان می‌دهد که چقدر کوشش‌های رمانتیسیسم پربار بوده است. این تاریخ درواقع نشان می‌دهد اگر در سدهٔ خود رمانتیسیسم را پی بگیریم، چقدر نگرانی و اعتراض گوته در این مورد بجا بوده، درست مانند مورد علم و فنّاوری. شاید بتوان برخی از نشانه‌های اضمحلالی را که در هنر از آن‌ها شکوه داریم — مانند در فنّاوری در استفاده از بمب اتمی — نتیجهٔ ازدست‌رفتن آن میانگی‌ای بدانیم که گوته خود همهٔ عمر در پی حفظ آن بود.

امّا برگردیم به این سؤال که آیا دانشی که گوته در علم در پی آن بود، یعنی دانش به بالاترین نیروهای شکل‌دهندهٔ طبیعت، که او آن‌ها را الهی می‌دانست، به‌یک‌باره در آنچه در آغاز علوم طبیعی «درست» می‌نامیدیم، به‌کلّی از میان رفته است. «می‌دانم که چیزی جهان را از درون نگاه می‌دارد، نگاه کن به نیروهایی که دست اندرکار دارند، به دانه‌ها، و دیگر در پی حرف‌های بی‌مغز مباش!» یعنی آن خواسته چنین بوده است. گوته در راه آنجا، با نگریستن به طبیعت، به پدیدهٔ اولیّه رسید، در ریخت‌شناسی گیاهان، به گیاه اولیّه رسید. امّا این پدیدهٔ اولیّه، نباید اصلی اساسی باشد که پدیده‌های اولیّه گوناگون را بتوان از آن‌ها اشتقاق کرد، بلکه رویدادی بنیادی است که در چارچوب آن کثرت را می‌توان دید. بااین‌حال، شیلر در اوّلین دیدار مشهورش در شهر ینا در سال ۱۷۹۴، که سرآغاز دوستی‌اش با گوته بود، این نکته را بر او روشن کرد که پدیدهٔ اولیّه‌اش درواقع یک رویداد نیست، بلکه یک مثال است؛ باید افزود، مثال به معنای فلسفهٔ افلاطون؛ و چون کلمهٔ «مثال»، چیزی به خود در حدّ رنگی ذهنی، گرفته است، شاید بهتر باشد کلمهٔ «ساختار» را به جای «مثال» در این جا قرار دهیم. گیاه اولیّه، صورت اولیّه، همان ساخت اولیّه است، همان اصل

شکل‌دهندهٔ گیاه است، که هرچند نمی‌توان آن را با عقل بنا گذاشت، می‌توان به آن در آگاهی خود به‌طور مستقیم یقین کرد.

اختلافی که گوته در اینجا ارزش زیادی برای آن قائل است، یعنی میان علم حضوری بی‌واسطه و استنتاج منطقی صرف، به‌درستی با آن اختلافی مطابقت می‌کند که میان دو نوع معرفت، یعنی معرفت حضوری و معرفت منطقی در فلسفهٔ افلاطون وجود دارد؛ علم حضوری به‌درستی همان آگاهی مستقیم است که می‌توان در حدّ آن توقّف کرد و نیازی به آن نیست تا فراتر از آن در پی چیزی باشیم. معرفت منطقی همان توانایی به تحلیل در جزئیّات است، همان توانایی به تحلیل نتیجهٔ قیاس منطقی است. و در فلسفهٔ افلاطون هم به‌روشنی دیده می‌شود که تنها علم حضوری، یعنی نوع اوّل معرفت، ارتباط با حقیقت را، با آنچه به‌ذات واقعی است، با دنیای ارزش‌ها به دست می‌دهد، درحالی‌که معرفت منطقی شناختی به دست می‌دهد که خالی از هرگونه ارزشی است. آنچه شیلر می‌خواست به‌هنگام بازگشت، پس از شنیدن سخنرانی‌ای که باهم مستمع آن بودند، برای گوته روشن کند، به‌یقین فلسفهٔ افلاطون نبود، بلکه فلسفهٔ کانت بود. در اینجا کلمهٔ «مثال» معنایی اندکی متفاوت دارد، یعنی معنایی بیشتر ذهنی دارد؛ و درهمه‌حال مثل همیشه از پدیده کاملاً جداست، به طوری‌که ادّعای شیلر مبنی براینکه گیاه اولیّه یک مثال است، گوته را عمیقاً ناراحت کرد. او در جواب می‌گوید: «خیلی خوشحالم از اینکه مثال‌هایی در سر دارم، بی‌آنکه بدانم، که حتّی می‌توانم با چشمانم ببینم.» در بحث بعدی، آن‌طورکه گوته گزارش می‌دهد، بر سر همین مسئله جدال سختی میان آن دو در می‌گیرد، و شیلر در جواب می‌گوید: «چطور می‌توان تجربه‌ای به دست داد، که مناسب بر مثالی باشد، چون در آن همین امر خاص اخیر قرار دارد، که هیچ‌وقت نمی‌تواند تجربه‌ای هماهنگ با آن باشد.» در فلسفهٔ افلاطون، بحث چندان بر سر اختلاف نظر در این باره نیست، که مثال چه چیزی است، بلکه بیشتر دراین باره است که چه عضو شناختی آن را بر ما آشکار می‌کند. اگر گوته می‌تواند مثال را با چشم خود ببیند، پس به‌یقین آن چشم‌ها با آنچه امروز ما از آن حرف می‌زنیم، فرق دارد. مسلّم است که آن‌ها را نمی‌توان با میکروسکوپ یا با یک صفحهٔ عکاسی جایگزین کرد. هر حکمی که بخواهیم دربارهٔ این اختلاف نظر بدهیم، گیاه اولیّه مثال هم هست، و خود را با همین عنوان هم تثبیت می‌کند؛ با همین ساختار بنیادی چون کلیدی، آن‌طورکه گوته می‌گوید، می‌توان گیاهان را تا بی‌نهایت ابداع کرد. درست با همین گیاه اوّلیّه است که ساخت گیاه را می‌فهمیم، و «فهمیدن» یعنی: بازگشتن به اصلی ساده، اصلی یکتا.

این مسئله در زیست‌شناسی امروزی چگونه است؟ در اینجا هم یک ساختار اصلی وجود دارد که نه تنها شکل همهٔ گیاهان را، بلکه شکل همهٔ موجودات زنده را معیّن می‌کند. این

ساختار اصلی شیئی بسیار کوچک است که دیدنی نیست، مولکولی رشته‌ای است، یعنی همان زنجیرهٔ دوگانهٔ مشهور اسید نوکلئیک که ساختار آن را پانزده سال پیش، کریک و واتسون در انگلستان روشن کردند و همهٔ میراث ژنتیکی موجود زنده را در خود دارد. تجربیّات پرشمار در زیست‌شناسی امروزی دیگر جایی برای شک باقی نمی‌گذارد که همین رشتهٔ مولکولی ساختار موجود زنده را تعیین می‌کند، که همهٔ نیروی شکل‌دهنده، کم‌وبیش از این مولکول نشئت می‌گیرد، که ساختار ارگانیسم را معیّن می‌کند. طبیعتاً در اینجا نمی‌توان دربارهٔ جزئیّات آن چیزی گفت. باتوجّه به درستی این گزاره، آنچه پیشتر دربارهٔ درستی گزاره‌ها در علم به‌طور کلّی گفتیم، اینجا هم درست است. درستی بر روش‌شناسی علمی استوار است، بر اساس مشاهده و تحلیل منطقی است. زمانی که مراحل اوّلیّهٔ قطعی‌نبودن در سیر علمی خاصّی برطرف شد، آن وقت درستی، مرتبط با تأثیر شمار زیادی از واقعیّت‌های منفرد خاص بر یکدیگر است، مرتبط با رشته‌ای از تجربه‌های پیچیده و پرشمار است که به گزارهٔ ما قطعیّت خدشه‌ناپذیر می‌دهد.

آیا می‌توان ساختار بنیادینی را که در بالا به آن اشاره کردیم، همان زنجیرهٔ دوگانه از اسید نوکلئیک را با گیاه اولیّهٔ گوته به‌نحوی مقایسه کرد؟ ریزی مشاهده‌نشدنی این شیء عجالتاً این مقایسه را غیرممکن کند. اینکه این مولکول در چارچوب زیست‌شناسی همان کارایی‌ای را دارد که گیاه اولیّه گوته در گیاه‌شناسی مدّعی آن بود، چندان جایی برای جدال باقی نمی‌گذارد. در هر دو مورد، مسئله بر سر فهم نیروهای شکل‌دهنده است، نیروهایی که آن صورت را در طبیعت زنده می‌سازد، تا آن نیروها را به چیزی ساده بکاهیم که در همهٔ صورت‌های حیاتی، مشترک است. و این درست همان کاری است که در زیست‌شناسی مولکولی امروزی با نمونهٔ اوّلیّه انجام شده است، که هنوز بسیار ابتدایی‌تر از آن است که بتوان آن را موجود زندهٔ اولیّه نامید. این موجود زندهٔ اولیّه هنوز به‌هیچ‌وجه همهٔ کارایی‌های یک موجود زندهٔ کامل را ندارد؛ امّا این هم شاید ما را از این کار باز ندارد که آن را این‌طور یا چیزی شبیه به آن بنامیم. این نمونهٔ اولیّه هم این وجه اشتراک را با گیاه اولیّهٔ گوته دارد که نه فقط ساختاری بنیادی است، مثال است، تصور است، نیرویی شکل‌دهنده است، بلکه شیء است، پدیده است، هرچند با چشم‌های خود به‌طور معمول دیده نمی‌شود، بلکه آن را می‌توان فقط غیرمستقیم بررسی کرد. به این شیء فقط با میکروسکوپ‌های با وضوح زیاد و با تحلیل منطقی می‌توان پی برد، پس این شیء کاملاً واقعی است و به‌هیچ‌وجه ساخته‌ای ذهنی نیست. تا این میزان، شیء ما همهٔ آن مطالباتی را برآورده می‌کند که گوته از پدیدهٔ بنیادین خود انتظار داشت. و در اینجا، چه بخواهیم آن را به معنایی که گوته در نظر دارد، یعنی با «دیدن، احساس کردن، پی‌بردن» بشناسیم، به عبارت دیگر، چه آن را موضوع

«معرفت»، شناخت ناب، به‌صورتی‌که در صورت‌بندی افلاطون آمده، بدانیم، بازهم جای شک باقی می‌ماند. به‌طور معمول، به واحد بنیانی زیست‌شناختی نباید چنین نگریست. تنها می‌توانیم نزد خود تصوّر کنیم که شاید در چشم مکتشفین برای اولیّن بار چنین آمده باشد. اگر از رابطهٔ درستی و راستی در علم سؤال شود، مسلّماً ناگزیر به تأیید این نکته‌ایم که وجه عملی این دو مفهوم کاملاً از یکدیگر جداست. امّا در جایی مانند زیست‌شناسی، که در آن موضوع تمیز آن ارتباط‌های بزرگ مطرح است که در طبیعت از همان آغاز وجود داشته، و ساختهٔ دست بشر نیست، باید بتوانیم به‌نحوی این شکاف را پر کنیم، زیرا همهٔ ارتباط‌های بزرگ در ساختارهای اصلی نمایان می‌شود، در مثال‌های افلاطونی که باید خود را بنمایانند؛ و چون این مثال‌ها مژدهٔ وجود نظامی کلّی را می‌دهد که در پس آن است، شاید هم حوزه‌های دیگری از روان آدمی، جز حوزهٔ محض عقل، بتواند آن‌ها را دریافت کند، که خود آن‌ها هم در رابطهٔ مستقیم با آن نظام کلّی و درنتیجه با دنیای ارزش‌ها قرار دارد.

این مسئله به‌خصوص وقتی روشن می‌شود که به سوی قانونمندی‌های کلّی‌ای برویم که حوزه‌های زیست‌شناسی، فیزیک و شیمی را در می‌نوردد و در دهه‌های اخیر به سبب فیزیک ذرّات بنیادی پدیدار شده است. پس در اینجا مسئله بر سر ساختارهای بنیادی طبیعت یا جهان به‌طور کلّی است که بسیار عمیق‌تر از ساختارهای زیست‌شناسی است، و به‌این دلیل انتزاعی‌تر است و حواس ما هم کمتر به آن‌ها به‌طور مستقیم دسترسی دارد. آنها به همان اندازه هم ساده‌تر است، زیرا باید فقط عام را نشان دهد، نه اصلاً خاص را. درحالی‌که ترکیب اولیّه زیست‌شناسی نه تنها باید ارگانیسم زنده را فی‌نفسه نشان دهد – از راه آرایش‌های گوناگون ممکن بعضی از گروه‌های شیمیایی در زنجیره – بلکه باید ارگانیسم‌های گوناگون بی‌شماری را بشناسند، ساختارهای بنیادی همهٔ طبیعت تنها به این نیاز دارد تا وجود همین طبیعت را نشان دهد. در فیزیک جدید، این فکر را این‌طور محقّق می‌کنیم: به زبان ریاضی قانونی بنیادی در طبیعت را صورتبندی می‌کنیم، یا آن‌طورکه آن را عموماً چنین می‌نامیم، «فرمولی جهانی» می‌یابیم که همهٔ پدیده‌های طبیعت از آن پیروی کند، یعنی تا اندازه‌ای امکان محض و وجود طبیعت را نشان دهد. ساده‌ترین راه‌حل‌های این معادلهٔ ریاضی، ذرات بنیادی گوناگون را نشان می‌دهد که درست به همان معنا، صورت‌های بنیادی طبیعت است، آن‌طورکه افلاطون اجسام منتظم ریاضی را – مکعّب، چهاروجهی، و غیره را – صورت‌های بنیادی طبیعت می‌داند. برای اینکه بازهم به بحث میان شیلر و گوته باز گردیم، می‌گوییم که این‌ها «مثال» است، درست همان‌طورکه گیاه اولیّهٔ گوته چنین بود، هرچند آن‌ها را نمی‌توان با چشمان معمولی دید. اینکه آن‌ها را به معنای گوته بتوان دید، به این

امر مرتبط است که با کدام یک از عضوهای شناخت با طبیعت رودررو می‌شویم. اینکه این ساختارهای بنیادی بی‌واسطه با نظام بزرگ جهان در کلیّت خود مرتبط است، امری است که دیگر نمی‌تواند چندان محلّ جدل باشد. امّا این مسئله هم در اختیار ماست که از این ارتباط بزرگ کدام بخش را، بخشی که برای عقل فهمیدنی است، بخش مضیق آن را بخواهیم.

یک بار دیگر نگاهی به تکامل تاریخی می‌اندازیم. در علم، همچنان‌که در هنر، جهان از زمان گوته تاکنون راهی را رفته است که گوته ما را از پاگذاشتن در آن برحذر می‌داشت، و آن را بسیار پرخطر می‌دانست. هنر از واقعیّت مستقیم روی گرداند و به درون روح انسانی باز گشت، علم گام در انتزاع نهاد و به پهنۀ وسیع فنّاوری جدید رسید، و تا جایی پیش رفته که به ساخت‌های اولیّه در زیست‌شناسی و صورت‌های بنیادی رسیده، که در علم جدید با اجسام افلاطونی مطابقت دارد. خطر هم درعین‌حال در کمین است، آن‌طورکه گوته آن را پیش‌بینی کرده بود. ما هم به این فکر افتاده‌ایم تا نیروی کار را از روحش و از شخصیّتش بزداییم، در سودای بیهودۀ سلاح‌های تازه‌ایم یا گریز به دیوانگی، که هیئت حرکتی سیاسی را به خود گرفته بود. شیطان شخص قدرتمندی است. آن حوزۀ روشنی که پیشتر از آن حرف زدیم، در جایی مرتبط با موسیقی رمانتیک، که گوته توانست همه‌جا آن را از راه طبیعت بشناسد، در علم جدید هم دیدنی است، جایی که مژدۀ نظام بزرگ یکتا در جهان را می‌دهد. ما حتّی امروز هم می‌توانیم از گوته بیاموزیم تا نگذاریم هرچیز دیگری به سود آن عضو، یعنی تحلیل عقلانی، به ضعف بگراید؛ که باید بیشتر برایمان اهمیّت داشته باشد تا با همۀ حواسی که داریم واقعیّت را دریابیم، و اطمینان داشته باشیم که این واقعیّت سرانجام جوهر اشیاء یعنی «یکتایی، نیکی، راستی» را بازتاب خواهد داد. امیدمان این است که آینده در این راه کامیابی‌ای بیش از آن چیزی بیابد که دوران ما نصیبش شده، و نسل ما به آن رسیده است.

۱۵

گرایش به انتزاع در هنر و علم جدید[۲۳]

موضوع کلّی هم‌نشست امروز این است: اهمیّت شناخت علوم جدید - طب، فیزیولوژی، فیزیک - در هنر و در آموزش هنر، و بیش از همه در موسیقی و آموزش موسیقی. من نمی‌خواهم به وجه فنّی این موضوع در این‌جا بپردازم. مسلّم است که برای یک فیزیک‌دان این کار هم ممکن است تا با صوت‌شناسی جدید، برای مثال با تولید صدا در ابزارهای الکترونیک، آغاز کند و نتایجی را که آن برای موسیقی در پی خواهد داشت، بررسی کند. امّا به‌جای این کار می‌خواهم به موضوع، بیشتر از نظر اصولی، و یا شاید از نظر فلسفهٔ فرهنگ، بپردازم و این پرسش را مطرح کنم که آیا بر گرایش‌هایی که در هنر جدید یا به‌طور خاص‌تر در موسیقی جدید پدید آمده است، و عموماً هم به‌نظر ما نامفهوم و غریب می‌رسد، می‌توان مانندی در شکلی از پدیده‌های علم جدید یافت - و غالباً هم چنین ادّعا می‌شود - و آیا با این مقایسه در علم جدید، می‌توان چیزی دربارهٔ این رویدادهای غریب آموخت؟ امّا در اینجا هم موضوع اشکال منفرد یا فنون هنر و علم جدید در میان نیست، بلکه بیشتر شکل کلّی آن‌ها مطرح است. غالباً گفته می‌شود که هنر امروزی از هنر قدیم انتزاعی‌تر است، یعنی خود را از زندگی هر روز ما بیشتر گسسته است، و این هم با علوم و فنون جدید مرتبط است، که در آن این امر در بالاترین میزان خود مصداق دارد. امّا اکنون می‌خواهم برای لحظه‌ای این مطلب را کنار نهم که تا چه حدّ اصطلاح «انتزاعی» می‌تواند این پدیده‌ها را در هنر امروزی مشخّص کند. این مسلّم است که در علوم جدید انتزاع اهمیّتی قطعی دارد. به‌همین سبب هم می‌خواهم این فرایند را به‌اختصار نشان دهم، جبر درونی آن را روشن کنم و نشان دهم که این فرایند در پیشرفت علوم جدید اهمیّتی قطعی داشته است؛ و همچنین بیفزایم که هیچ‌کس پیدا نمی‌شود که به پیشرفت علم دل‌بستگی داشته باشد، امّا در دلش بخواهد این فرایند به‌عقب برگردانده شود. سپس می‌کوشم تا نشان دهم آیا در سیر هنر جدید هم چیزی همانند این روی می‌دهد یا روی داده است. من در اینجا به این بسنده می‌کنم تا این مقایسه را، که بسیار از آن حرف زده می‌شود، درست‌تر از آنچه عموماً صورت می‌گیرد، انجام دهم. امّا بر این نکته هم باید تأکید کنم که من به‌خصوص شایستگی پاسخ به این پرسش را ندارم، زیرا سیر هنر را تنها از دست‌دوم

---

[۲۳] سخنرانی ورنر هایزنبرگ در هم‌نشستی در بنیاد کارایان در شهر زالتس‌بورگ، ۱۹۶۹.

می‌شناسم، و خود شخصاً آن را عمیقاً مطالعه نکرده‌ام و به همین سبب هم رویاروی با این خطرم که داوریم از روی سطحی‌نگری باشد. و همچنین این نکته هم بر من روشن است که من با کار مقایسه، تنها به بخش کوچکی، و شاید کم‌اهمیّتی از حوزهٔ گستردهٔ «هنر انتزاعی» می‌توانم بپردازم. امّا شاید هم انگیزه‌ای بر بحث دراین‌باره شود.

گرایش به انتزاع در علوم جدید را با مثالی از تکامل زیست‌شناسی آغاز می‌کنم. پیشتر، شاید در پایان سدهٔ هجدهم، زیست‌شناسی از دو رشتهٔ فرعی جانورشناسی و گیاه‌شناسی تشکیل شده بود؛ و دانشمندان هم صورت‌های گوناگون موجودات زنده را برمی‌شمردند، مشابهت‌ها و تفاوت‌های آن‌ها با یکدیگر را مشخّص می‌کردند، خویشاوندی آن‌ها با یکدیگر را معیّن می‌کردند و می‌کوشیدند تا در انبوه رویدادها نظامی برپا کنند. امّا همین علم، که مستقیماً به حیات توجّه می‌کرد، نمی‌توانست در پی دیدگاه‌های واحدی نباشد، که بر اساس آن‌ها بتوان اشکال مختلف حیات را یکجا دریافت. حتّی کسی همچون گوته هم، که به قول خودش از هرگونه انتزاعی بیم داشت، در پی گیاه نخستینی، و یا بهتر است بگوییم نمونهٔ نوعی گیاهی برآمد، که دیگر گیاهان هم از آن اشتقاق پیدا کرده باشد و هم از آن، همهٔ دیگر گیاهان را بتوان فهمید. و شیلّر هم ناگزیر شد به خود زحمت زیادی بدهد تا بر گوته این نکته را روشن کند که گیاه نخستین، یک مثال، یعنی همان مثال گیاه است، که خود این کار هم به معنای انتزاع است. گذشت زمان آن وجه مشترک میان موجودات زندهٔ گوناگون را ابتدا در کارکردهای متفاوت حیاتی یافت، یعنی در سوخت‌وساز، تولید مثل، و مانند آن‌ها. و سپس در پی فرایندهای فیزیکی–شیمیایی برآمد، که از راه آن‌ها در ارگانیسم چنین کارایی‌هایی ممکن می‌شود، و به‌همین سبب ناگزیر شد تا به‌سوی فهم از کوچک‌ترین اجزاء ارگانیسم، و زیست‌شناسی مولکولی پیش رود. آن ساختار بنیادی مشترک میان همهٔ موجودات زنده هم سرانجام در زمان‌های اخیر در یک مولکول رشته‌ای، یعنی در اسید نوکلئیک شناسایی شد، که آن را می‌توان با میکروسکوپی با قدرت تفکیک بالا مشاهده کرد و آن را جزء سازندهٔ بنیادی هر مادهٔ زنده به‌حساب آورد. بر این مولکول رشته‌ای، که در اینجا مسلماً نیازی به دانستن جزئیّات آن نیست، همهٔ میراث ژنتیکی ارگانیسم مورد مطالعهٔ ما به‌زبان شیمیایی ثبت است، و بر اساس این ثبت است که در فرایند تکثیر، موجودات زندهٔ نو ساخته می‌شود. امّا در اینجا می‌توانیم، درصورتی‌که بخواهیم، این مولکول رشته‌ای را، اسید نوکلئیکی را، با گیاه نخستین گوته مقایسه کنیم. امّا ازاین‌پس دیگر زیست‌شناسی مولکولی به این معناست که به فرمول‌های پیچیدهٔ ساختاری شیمیایی بپردازیم، که با آن‌ها هم دیگر به‌یقین نمی‌توان آن رابطهٔ مستقیمی را برقرار کرد، که پیش‌تر با موجودات زنده داشتیم.

از همین تکامل تاریخی که به‌اختصار بیان کردیم، می‌توان به‌روشنی آن عناصری را شناخت که مسئولیّت گرایش به انتزاع را برعهده دارد. فهمیدن به معنای شناخت ربط است، و مورد منفرد را چون حالت خاص از چیزی کلّی‌تر دیدن. گام به‌سوی کلّی‌تر همواره اوّلین گام در راه انتزاع است، و درست‌تر بگوییم: مرحلهٔ بعدی بالاتر در انتزاع است. امّا چون کلّی‌تر انبوه چیزهای منفرد گوناگون را، یا فرایندها را ذیل دیدگاهی واحد به هم می‌پیوندد، و درعین‌حال هم از برخی از خصیصه‌های کم‌اهمیّت‌تر صرف‌نظر می‌کند، پس به بیان دیگر به انتزاع می‌پردازد.

فرایندی به‌مانند آنچه در بالا ترسیم کردیم در دیگر رشته‌های علوم، مانند شیمی و فیزیک هم جریان دارد. امّا من در اینجا می‌خواهم از تکامل آن‌ها تنها به دو واقعه در جریان پیدایی فیزیک اتمی جدید بپردازم، تا آنکه اندکی بعد بتوانم برای مقایسه با تکاملی در هنر، که شاید متناظر با آن باشد، بپردازم. در سدهٔ ما دو گسترش بسیار بزرگ در فیزیک اعمال شده است: با بازخوانی ساختار زمان–مکان با نظریّهٔ نسبیّت، و با صورت‌بندی در فیزیک اتمی از قوانینی که در نظریّهٔ کوانتومی معتبر است. در هر دو مورد فیزیکی که ازنو پدیدار شده است بسیار ناروشن‌تر از پیش است و به این معنا با این کار گامی از انتزاع از مرتبه‌ای بالاتر در فیزیک برداشته شده است. به‌علاوه در هر دو مورد – و این به‌خصوص آن چیزی است که می‌خواهم در اینجا نشان دهم – از گام در مرحلهٔ بالاتر انتزاع، مرحلهٔ میانی‌ای از دودلی و سردرگمی‌ای برخاسته است، که چند سالی هم به‌درازا کشیده است. امّا حالا می‌خواهم اینجا این مرحلهٔ میانی را بهتر بنمایم. در نظریّهٔ نسبیّت دودلی زمانی آغاز شد که کوشیدیم تا حرکت زمین در فضا را با وسایل الکترومغناطیسی نشان دهیم. مفهوم حرکت روشن نبود. معلوم نبود که منظور، حرکت زمین نسبت به خورشید بود، یا نسبت به دیگر کهکشان‌ها یا نسبت به فضا ؟ و اصلاً آیا چیزی به‌نام حرکت نسبت به فضا وجود دارد؟ ازاین‌پس هم، مفهوم هم‌زمانی روشن نبود. این پرسش به‌این ترتیب مطرح شد: وقتی می‌گوییم که رویدادی مثلاً در سحابی آندرومدا با رویداد دیگری بر روی زمین هم‌زمان است، آیا اصلاً می‌دانیم که معنای این حرف چیست؟ چنین احساس می‌شد که معنای این حرف را دیگر نمی‌دانیم، امّا در وضعی هم نبودیم تا روابط واقعی دقیق را صورت‌بندی کنیم. بدتر از این وضع همان مرحلهٔ تردید و سردرگمی بود که با پیدایی مکانیک کوانتومی همراه بود. در اینجا اگرچه می‌توانستیم مسیر الکترون را در اتاقک ابر دنبال کنیم، یعنی آنکه آشکارا الکترون و مسیر الکترون وجود داشت، امّا در اتم نشانی از مسیر الکترون وجود نداشت. این احساس را هم داشتیم که دیگر به‌درستی نمی‌دانستیم که کلماتی مانند «مکان» یا «سرعت» الکترون در اتم به چه معنایی است، امّا مدّت‌ها هم بود که دیگر در

وضعی نبودیم تا به شیوه‌ای منطقی دربارهٔ رویدادها در درون اتم حرفی بزنیم. این مرحلهٔ ابهام و سردرگمی تا زمان پیدایی نظریّهٔ کوانتومی بیست‌وپنج سال طول کشید، و به هیچ‌وجه هم مرحله‌ای نبود که به سرعت بتوان آن را پشت سر گذاشت. شاید در اینجا هم بد نباشد تا چند کلمه‌ای دربارهٔ کسانی بگوییم که در این علم کار می‌کردند. آن‌ها همگی به سبب این سردرگمی نومید بودند، و می‌دانستند که هیچ شناخت ماندگاری از آن عاید نخواهد شد. هیچ کس هم در این سودا نبود تا فیزیک قدیم را ویران و یا نفی کند. امّا فیزیک‌دانان خود را در برابر کاری یافتند که از آن دیگر گزیری نداشتند: سرانجام هم باید این کار ممکن باشد تا بتوان به زبان منطقی دقیقی گفت که در درون اتم چه می‌گذرد. چنین کاری هم دیگر با مفاهیم فیزیک قدیم به‌طور آشکار امکان نداشت. امّا محتوایی هم وجود داشت، یعنی همان نتایج تجربه‌های بسیار بر روی اتم، که باید به آن‌ها سامان می‌دادیم. آن ارتباط درونی آشکار، که میان این تجربه‌ها وجود داشت، باید به‌روشنی بیان می‌شد. و این کار هم برای مدّتی مدید دشوار می‌آمد. امّا همین‌که فیزیک‌دانان به کامیابی‌ای رسیدند، به‌ناگاه چنین احساس کردند که در علمشان دوباره نظمی پابرجاست. آشکارشدن آن نظم نوین برای فیزیک‌دانانی که دست در این کار داشتند، خاطره‌ای شگفتی‌آور و از یادنرفتنی شد. و آن‌هایی که در حوزه‌های حسّاس دست‌اندرکار بودند، به ناگاه دریافتند که در اینجا چیزی بسیار نو و کاملاً به‌دور از انتظار روی داده است. امّا من هم نمی‌خواهم در اینجا بیش از این به ترسیم این خاطرات بپردازم. امّا یک نکتهٔ دیگر به‌جا مانده که می‌خواهم آن را هم بگویم، زیرا برای مقایسهٔ بعدی ما مهمّ است. ریاضیات، و به‌خصوص صورت نو و فنّی‌شدهٔ آن، یعنی اجرای آن در ماشین‌های محاسبهٔ الکترونیکی، در همهٔ این فرایندها اهمیّتی ثانوی و فرعی داشت. ریاضیات آن صورتی است که ما در آن فهم خود از طبیعت را بیان می‌کنیم؛ امّا ریاضیات در اینجا محتوای آن نیست. گمان می‌کنم اگر در علم بر اهمیّت عناصر صوری بیش از اندازه بیفزاییم، به سوءفهمی از آن می‌رسیم، و این نکته در مورد سیر هنر هم در جایی حسّاس مصداق دارد.

امّا حالا می‌خواهم پس از آنکه به‌اختصار آن تصاویر را نمایاندیم، به سراغ همان مقایسه با فرایندهایی بروم که در سیر هنر پدیدار شده است. در ابتدا می‌خواهم به همان مسئله‌ای که در بالا اشاره کردم، یعنی به صورت و محتوا بپردازم، که در اینجا به گمان من جایگاهی مرکزی دارد. این هم درست است که هنر کاری غیر از علم دارد. درحالی‌که علم به توضیح می‌پردازد، و فهمی به دست می‌دهد، هنر کارش این است که بنمایاند، روشنایی بتاباند، بنیاد زندگی بشری را روشن کند. امّا با این حال مسئلهٔ صورت و محتوا در هر دو رشته به‌یکسان مطرح می‌شود. پیشرفت هنر به این شیوه است که در آغاز، روند تاریخی کندی،

که زندگی انسان‌ها را تغییر می‌دهد، بی‌آنکه فرد بتواند چندان تأثیری بر آن داشته باشد، محتوای تازه‌ای با خود می‌آورد. این محتوا در دوران باستان همان درخشش خدایان در صورت پهلوانان است، در پایان سده‌های میانه اطمینان خاطر دینی است، در پایان سدۀ هجدهم دنیای احساس است، که ما آن را با روسو و «ورتر» گوته می‌شناسیم، هر هنرمند صاحب‌ذوقی می‌کوشد تا این محتوا را روشن‌تر بنمایاند، یا شکلی بدان بدهد که بر گوش فهم‌پذیرتر باشد، و بر این کار هنرمند به مصالحی که هنرش با آن سروکار دارد، به رنگ‌ها یا ابزارها، این امکان را می‌دهد تا برای بیان چیزی نو به‌چنگ آورد. این بازی، یا بهتر است بگوییم این کشمکش میان محتوای بیان و محدودیّت ابزار بیان، به نظرم – هم‌چنان‌که در علم نیز این چنین است – همان پیش‌شرط اجتناب‌ناپذیر است تا هنر واقعی پدیدار شود. امّا اگر محتوایی نباشد که بر نمایاندن خود اصرار ورزد، در آن‌صورت زمینه‌ای هم نخواهد بود که هنر بتواند بر آن رشد کند. و اگر محدودیّت ابزار بیان در کار نباشد، یعنی اگر برای مثال در موسیقی بتوانیم هر صدایی را ایجاد کنیم، دیگر این کشمکش هم نخواهد بود، و کوشش هنرمند، تاحدودی به‌عبث خواهد گرایید.

امّا اکنون که این مطلب را می‌دانیم، چگونه باید در مورد سیر هنر نو داوری کنیم، و چگونه می‌توان آن را با تکامل علم جدید مقایسه کرد؟ آنچه امّا در اینجا به چشم می‌آید، همان تفاوت‌های جدّی است. این نکته هم بر همگان آشکار است که جهاتی خاص در هنر جدید از راه نفی برخی از صورت‌ها تعریف می‌شود؛ به‌همین سبب هم حرف از موسیقی «بی‌آهنگ» یا از نقّاشی «بدون موضوع» در میان است. در اینجا مسلّماً حرف از محتوا نیست، و از صورت تنها در شکل نفی آن حرف است. وضعی این چنینی مسلماً در علم پدیدار نشده است. و اگرچه گاه از فیزیک غیرکلاسیک حرف در میان بوده است، امّا هیچ‌کس آن را در شمار رشته‌ای علمی نیاورده است. نبود برخی از صورت‌ها، به گمان من، هرگز نمی‌تواند شاخصۀ واقعی هنر یا علم باشد؛ زیرا این نکته هم در ماهیّت این کوشش‌های فکری است تا محتوا را شکل دهیم، و همچنین صورت‌ها را بسازیم. امّا مسلّم است که شاخه‌های بزرگ هنر جدید هم طور دیگری، به‌غیر از راه نفی صورت، شناخته شده است.

امّا در اینجا تفاوت دیگری هم آشکار می‌شود. در علم جدید طرح پرسش همواره از راه فرایندی تاریخی است؛ یعنی کوشش دانشمندان بر پاسخ به آن سؤالات بوده. به نظر می‌رسد در هنر جدید طرح پرسش خود دارای ابهام است. یا آنکه می‌توانیم آن را این‌گونه هم صورت‌بندی کنیم: در علم هرگز این پرسش موضوع بحث نیست، که چه‌چیز باید روشن شود، بلکه حرف از این است که چگونه باید روشن شود؛ در هنر به‌عکس این روزها

این معضل پدیدار شده است که چه‌چیز را باید بنمایانیم، که بر آن هم به‌جای آنکه شمار اندکی پاسخ باشد، شمار زیادی پاسخ وجود دارد. در هنر جدید، به‌عکس علم جدید، گاهی چنین به‌نظر می‌رسد که محتوا، که باید آن را بنمایانیم، خود موضوع بگومگو باشد، یا اصلاً ملموس نباشد. اگر بخواهیم این پرسش را پاسخ دهیم که چرا در هنر جدید همه چیز متفاوت با علم جریان دارد، باید با همهٔ دقّت هم پرسش دربارهٔ محتوا را مطرح کنیم. چه چیز می‌تواند یا باید محتوای هنر امروزی باشد؟

هنر در همهٔ زمان‌ها، فکر دورهٔ خود، بنیاد زندگی، احساس زندگی را نشان می‌دهد؛ پس باید بپرسیم که چه‌چیز احساس زندگی است، و به‌ویژه چه‌چیز احساس زندگی جوانان در دنیای کنونی است؟ در اینجا هم به ناگاه کوشش در راه گسترش، در راه توسعه به چشم می‌خورد، که دوره‌های پیشین به این صورت با آن آشنا نبود. جوان امروزی زندگی خود را دیگر در پیوند با سنّت، با دیار خود، با جامعهٔ فرهنگی خود، که در آن پرورش یافته است، نمی‌بیند، بلکه آن را در همهٔ جهان می‌بیند، که او آن را در اصل یکتا می‌انگارد. این گرایش که جهان را، یا کیهان را به‌مانند فضای زندگی خود احساس کنیم، که سرنوشت هریک از ما وابسته بدان است، به‌یقین در آینده شدّت بیشتری پیدا خواهد کرد. و این گرایش با همان گرایشی در علم همخوانی دارد که همهٔ طبیعت را یکپارچه می‌بیند، و در پی صورت‌بندی قوانینی است که در همهٔ رشته‌ها به کار آید. تحقّق این کار، چنانچه پیش‌ازاین شرح دادیم، علم را همواره به سوی مرحلهٔ بالاتری از انتزاع کشانده است، و به‌این‌ترتیب می‌توان تصوّر کرد که اگر این آمادگی را داشته باشیم تا به دیگر حوزه‌هایی که از زندگی درعمل به‌دور است، ورود پیدا کنیم، در آن صورت می‌توان رابطهٔ زندگی را هم با ساختار فکری و اجتماعی روی زمین از منظر هنر نمایاند.

امّا در کنار این گرایش به گسترش فضای زیستی برای فرد، ویژگی دیگری، با خصیصهٔ بیشتر منفی در احساس به زندگی در نسل جوان دیده می‌شود، که روان‌شناسان به‌تفصیل به تشریح آن پرداخته‌اند. می‌توان آن را کوششی در راه دوری‌جستن از شکل دانست، یعنی می‌توان آن را کوششی بر «شکل‌زدایی» نامید. این خصیصه به‌خوبی برای مثال در موسیقی جاز مشهود است، و در تداوم آن، که در نزد بخشی از جوانان بسیار مورد پسند است، به‌طوری‌که گاه آن را چون نگرشی از جهان درمی‌یابند. در اینجا ابهام در شکل یک مشخّصه است که هم در هارمونی و هم در وزن به چشم می‌آید. صدا در اینجا دیگر نباید خالص باشد، بلکه باید درهم باشد، وزن هم در اینجا به وزن اصلی و وزن آهنگین بخش می‌شود و به‌این‌ترتیب در آن، توازن معمول در موسیقی پیشین به‌وجود می‌آید. در آواز، به‌جای متن آواز سرانجام تنها هجاهای بدون ارتباط با یکدیگر یا صوت‌های طنین‌وار خارج

می‌شود، امّا صورت زبانی هم ناپدید می‌شود. امّا در اینجا صورتی نو به‌جای آن نیامده است. این ویژگی‌های موسیقی جاز را روان‌شناسان مشخّصهٔ خلق‌وخوی جوانان می‌دانند. همهٔ احساسات در اینجا نشان از سربه‌هوایی چشم‌گیر، گنگی، و بی‌مبالاتی دارد؛ و این سرسری‌بودن هم بر نبود ارتباط‌های شخصی و واقعی استوار است، یعنی بر دوری از واقعیّت، که درعین‌حال هم به تشدید آن می‌پردازد. و گونتر آندرس هم دربارهٔ جوانان ما می‌گوید: «آن‌ها برای زمان نامعلوم دیگری‌اند، که حالا وقت آن در این دنیا نیست.»

من می‌خواهم بگویم که این صفحه از احساس ما به زندگی امروزی، یا شاید بهتر باشد بگویم از احساس به زندگی نزد جوانان ما، مسئلهٔ اصلی هنر امروزی است. امّا به نظر می‌رسد که این نکته را هم نمی‌توان انکار کرد که این گرایش به شکل‌زدایی، نفی همهٔ هنر باشد، که راه‌یابی بر هر هنری را به‌جدّ می‌بندد؛ زیرا هنر یعنی شکل‌دادن. در برابر گرایش به شکل‌زدایی، دست‌زدن به هر تجربه‌ای در صورت، مانند روش‌های ساخت موسیقی از راه پردازش الکترونیک، و مانند آن‌ها کمکی نمی‌کند؛ زیرا آنجا که محتوا دیگر بر شکل‌دادن اصرار ندارد، هر کمکی بی‌فایده است تا صورت‌های تازه‌ای بیابیم.

و شاید بتوان در این فرایند «شکل‌زدایی» نظیرهایی در پیدایی علم جدید، به‌ویژه در فیزیک اتمی، بیابیم. پیش‌ازاین به این نکته اشاره کردم که پیش از صورت‌بندی نظریّهٔ نسبیّت و نظریّهٔ کوانتومی مرحلهٔ غریبی از سردرگمی به‌وجود آمده بود، که فیزیک‌دانان در آن این احساس را داشتند، که همهٔ مفاهیمی، که با آن‌ها در حوزهٔ طبیعت به‌درستی کنار آمده بودند، دیگر کاملاً مناسب نبود، بلکه آن مفاهیم را فقط باتقریب و باابهام می‌توانستند به‌کار بندند. مسلّم است که این مرحله از علم چندان رضایت خاطر آن‌ها را فراهم نمی‌آورد، بلکه بیشتر مرحلهٔ نفی علم بود. و هرکس می‌دانست که این مرحله نمی‌تواند نتایج ماندگاری با خود بیاورد؛ امّا این مرحله برای تدارک آن صورت آتی کارکردی جدّی داشت. همین مرحله آن فضای آزادی را پدیدار کرد، که بدان نیاز بود تا به آن مفاهیم انتزاعی‌ای نزدیک شویم که با آن‌ها بعدها توانستیم به حوزه‌های بزرگ مرتبط با یکدیگر نظم دهیم.

امروز هم وضع به همین صورت است، که گرایش به «شکل‌زدایی» از احساسی از زندگی برمی‌خیزد، که نه‌تنها به همهٔ صورت‌های کنونی بی‌اعتماد است، بلکه در پس آن‌ها به روابطی گمان می‌برد که شاید بعدها زندگی با خود بیاورد. ممکن است این مهم‌ترین محتوای هنر جدید باشد.

امّا اگر این مقایسهٔ میان مراحل تکامل هنر جدید را با علم جدید یک‌بار انجام دهیم، درمی‌یابیم که امروز دیگر نباید از هنر انتزاعی حرف بزنیم. هنر انتزاعی درواقع پیش‌تر پدیدار شده بود – مانند هنر پیرایش عربی در آغاز قرون وسطی یا هنر فوگ نزد باخ – و

به‌یقین بازهم دوباره پدیدار خواهد شد. بخش‌های مهم هنر جدید را درواقع باید هنر نامعیّن یا هنر نامفهوم نامید، و یا آن‌چنان‌که خود، گاه خود را می‌نامد، هنر نفی و هنر رهایی خواند - درحالی‌که باید به این نکته توجّه داشت که این هنر در بیان خود هنوز هم به صورت‌های پیشین آویخته است، که در اینجا هنوز هم به‌طور مبهم کورسو می‌زند؛ زیرا آن به‌هم‌ریختگی محض کاملاً بی‌اهمیّت است.

امّا اگر بخواهیم گرایش‌های هنر جدید را از این منظر داوری کنیم - و من هم پیش‌تر تأکید کردم که این دیدگاهی کاملاً خاص است - باید آن مهم‌ترین نقطهٔ قوّت را گرایش به کلّی‌شدن بنامیم. هنر نمی‌تواند خود را به سنّت‌های حوزهٔ فرهنگی خاصّی پای‌بند کند، بلکه می‌خواهد آن احساسی از زندگی را بنمایاند که احساس همهٔ انسان‌ها به همهٔ دنیاست، گویی که از ستارهٔ دیگری به‌نحوی به کلیّت زمین می‌نگرد. این که چنین گرایشی با وجود این هم از ابزارهای صوری سنّتی بتواند بهره بگیرد، چیزی است که سرودهٔ سنت‌اگزوپری هوانورد به‌درستی نشان از آن دارد. صورت همیشه در برابر محتوا بی‌اهمیّت است. زبانی نو را، که این احساس فراگیر به زندگی را بر همگان بی‌واسطه بنمایاند، هنوز نیافته‌ایم، زیرا هنوز درواقع دستیافتنی نیست. امّا از بهترین کارهای هنر امروزی می‌توان دریافت که برای یافتن این زبان در چه جهاتی باید جستجو کرد.

و شاید هم بتوانیم همهٔ آن چیزی را که در هنر پدیدار می‌شود، و ازقضا هم غریب است، با آن پیش‌مرحلهٔ سردرگمی آشنا در علم مقایسه کرد، که هرچند در آغاز در جزئیّات رضایت‌بخش نبود، بر شناخت ما از روابط جدید و برای زبان نو، فضایی به‌وجود آورد. از این منظر هم می‌توانیم دربارهٔ آیندهٔ هنر کاملاً خوش‌بین باشیم، زیرا چنین پیش‌مرحله‌ای هم به پایان خواهد رسید و به زمانی از وضوح در نمایاندن خواهد انجامید. امّا تا آن زمان هم نباید دربارهٔ آنچه تاکنون روی داده است، گزافه‌گویی کرد. برای مثال وقتی در اثری مهم دربارهٔ نقاشی در سدهٔ بیستم چنین جمله‌ای گفته می‌شود: «حقیقت آن است که ما با فهم خود از زندگی، فرهنگ‌های جهان را ویران کرده‌ایم، امّا آنچه مرده است در نسوج آن که زنده است، هنوز زندگی می‌کند و دست‌اندرکار است»، به نظرم حرف‌های خیلی گنده‌ای دربارهٔ چیزی بد گفته‌ایم. همین وضع برای علم هم پیش آمده است. کوشش‌های بسی بزرگ می‌بایستی، تا راه را اکنون به نهج درست بازگردانیم.

موضوع کلّی هم‌نشست امروز این است: «اهمیّت شناخت و تجربه‌های علم جدید در هنر». به همین سبب شاید کار ما این باشد، تا با توجّه به مقایسه‌ای که مکرّر بدان اشاره کردیم، به صورت‌بندی برخی از تجاربی بپردازیم که ما فیزیک‌دانان از تکامل علم خود آموخته‌ایم، و گمان می‌کنیم که برای تکامل هنر هم در آینده می‌تواند سودمند باشد.

در اینجا می‌خواهم نتیجه‌گیری خود را با پرسشی آغاز کنم، که به کلمه‌ای باز می‌گردد که در زمان ما بر سر همهٔ زبان‌هاست، و آن هم کلمهٔ «انقلاب» است. از انقلاب در علم، در هنر و در جامعه بسیار سخن گفته شده است. پس این پرسش را هم، باید بتوان مطرح کرد که: انقلاب در علم چگونه پدیدار می‌شود؟ پاسخ این است که: این انقلاب وقتی پدیدار می‌شود که بکوشیم تاحدّممکن چیزی را تغییر ندهیم، که همهٔ کوشش خود را در این راه به‌کار بندیم تا بر حلّ مسئله‌ای خاص، که تاکنون راهی بر آن نیافته‌ایم متمرکز شویم، و تا آنجا که ممکن است با احتیاط به‌پیش رویم. و حتّی در جایی که آن تازگی مسئله خود را به ما تحمیل کرده باشد، جایی که آن کم‌وبیش از بیرون می‌آید و نه از ما، بازهم‌آن تازگی، در زمان دیگری، توان دگرگونی را دارد. و شاید در آن زمان بتواند سبب تغییرات بزرگی شود. تجربهٔ ما در علم به ما می‌آموزد که هیچ چیز بی‌حاصل‌تر از این اصل نیست که بگوییم باید به هر قیمتی چیزی نو آورد. به همین ترتیب در علم ما هم، یعنی در فیزیک اتمی، جستجوی امکانات صوری جدید، گرته‌های ریاضی جدید، هیچ حاصلی، تا پیش از اینکه محتوای روابط جدید بر ما آشکار شود، نداشت. و از این هم ناپخته‌تر این نظر است که بگوییم باید همهٔ صورت‌های قدیم را ویران کنیم، تا آنکه نو به‌خودی‌خود پدیدار شود. با چنین قاعده‌ای در علم، به‌یقین ما هرگز گامی به جلو برنداشته بودیم؛ زیرا اوّلاً بدون صورت‌های قدیم، هرگز نمی‌توانستیم صورت‌های جدید را بیابیم، و ثانیاً در علم و هنر هیچ چیز به خودی خود پدیدار نمی‌شود. در اینجا باید خود به نو شکلی دهیم. و سرانجام نباید این تذکار را فراموش کرد که: اگرچه در پایان موضوع شکل‌دهی و ساخت صورت‌های نو در میان است، صورت‌های نو تنها می‌تواند از محتوای نو پدیدار شود؛ و این کار هرگز نمی‌تواند به‌عکس باشد. پدیدآوردن هنر جدید، گمان می‌کنم به این معنی باشد که محتواهای نو را آشکار کنیم، یا بر گوش فهم‌پذیر کنیم، و نه آنکه فقط در پی صورت‌های جدید برآییم.

شاید بجا باشد تا محتوای این صحبتم را در چند جمله خلاصه کنم که آن را مدخلی بر این بحث می‌دانم. در هنر، مانند علم، اهتمام به کلّیت دیده می‌شود. در علم کوشش ما بر این است تا همهٔ رویدادهای فیزیکی را یک‌پارچه تفسیر کنیم، همهٔ موجودات زنده را از دیدگاهی واحد فهم کنیم. در این راه هم مسیری دراز را پشت سر گذاشته‌ایم. در هنر هم می‌خواهیم بنیادی بر زندگی را بنمایانیم که از آنِ همهٔ انسان‌ها بر روی زمین است. این اهتمام به یگانگی و به ایجاز هم ناگزیر به انتزاع می‌انجامد، و شاید در هنر و هم در علم. آنچه را امروز در هنر پیش روی خود داریم، گمان نمی‌کنم که از آن این مرحله از انتزاع باشد؛ شاید آن با پیش‌مرحله‌ای از سردرگمی‌ای متناظر باشد که در علم هم ناگزیر به عبور

از آن شدیم. در اینجا چنین احساس می‌کنیم که صورت‌های کنونی دیگر تکافو نمی‌کند، تا محتوای جدید را یک‌پارچه‌تر بنمایاند، تا آن را، گرچه نه روشن است و نه چندان هم پرجنب‌وجوش، بتواند در شکلی دریابد.

و این همان تصویر کسی است که از تکامل علم بر هنر داوری می‌کند، امّا می‌داند که این داوری، هم می‌تواند نادرست باشد، هم سرسری.

۱٦

تغییر انگاره‌های فکری در سیر پیشرفت علم[۲۴]

آنچه در اینجا از آن باید حرف بزنیم تغییر در انگاره‌های فکری در سیر پیشرفت علم است. به این هم باید اعتراف کنم که در اصل صورت‌بندی‌ای از موضوع را در نظر داشتم که کمی تندوتیزتر از آن چیزی است که حالا از آن می‌گویم. قصدم این بود تا این موضوع را برگزینم: «چگونه می‌توان انقلاب کرد؟» امّا از این بیم داشتم که آن‌وقت دیگر انتظارات شما از سخنرانی‌ام بیش از این‌ها شود، و شاید هم ترسم از این بود که مستمعین به‌غلط اینجا بیایند. چنین شد که با احتیاط بیشتر موضوع «تغییر انگاره‌های فکری» را به‌کار بردم. امّا شاید هم باید بپذیریم که در این صدسالهٔ اخیر آن‌قدر این تغییر انگاره‌های فکری دست‌کم در تاریخ علم ما، یعنی فیزیک ریشه‌دار است که شاید اصلاً بتوانیم از یک انقلاب یا حتّی از چندین انقلاب حرف بزنیم. و به‌این معنی: به‌جای کلمهٔ «تغییر انگاره‌های فکری»، کلمهٔ «انقلاب» را در اینجا به‌کار می‌بندم.

شاید بهتر باشد در آغاز به تغییر انگاره‌های فکری ازنظر تاریخی بنگریم، که از زمان نیوتون در فیزیک محقّق شده است. و این هم منطقی است تا فیزیک نیوتونی را نقطهٔ شروع بدانیم، زیرا روش علم امروزی دربارهٔ آزمون و تشریح دقیق پدیده‌ها و ارتباط آن‌ها با یکدیگر، اصلاً با این فیزیک درست شده و پیشرفت کرده است. در آن زمان‌ها به حرکت اجسام تحت تأثیر نیرو دل بسته بودیم. با کامیابی‌هایی که علم با فیزیک نیوتونی به آن رسیده بود، و با حجّت آشکار گزاره‌های آن در بیشتر موارد – امّا نه همیشه – این تصوّر پدیدار شد که شاید بتوان همهٔ پدیده‌های فیزیکی را بر پایهٔ این تصوّر فهمید. مهم‌ترین مفاهیم هم در اینجا زمان، فضا، جسم، جرم، مکان،سرعت، شتاب، و نیرو بود. نیرو هم کنشی از جسمی بر جسم دیگر بود.

زمان درازی هم توانستیم مکانیک نیوتونی را با حفظ همین نظام مفهومی گسترش چشم‌گیری بدهیم. برای مثال هیدرومکانیک از مکانیک نیوتونی به‌دست آمد، به‌طوری‌که برای این کار تنها لازم بود تا به مفهوم جسم کمی کلّی‌تر بنگریم. آب مسلّماً جسمی صلب نبود. امّا در همین‌جا هم می‌توانستیم اجزاء حجمی مایع را بازهم به معنای فیزیک نیوتونی در نظر بگیریم؛ و با همین کار هم توانستیم نمایشی ریاضی از سینماتیک و دینامیک

---

[۲۴] سخنرانی ایرادشده در مجمع دانشمندان آلمان در مونیخ در سال ۱۹۶۹.

مایعات را بیابیم که در تجربه هم استوار برجا ماند. اندک‌اندک به این فکر عادت کردیم تا در پی فهم حرکت اجسام یا کوچک‌ترین اجزاء مادّه تحت تأثیر نیرو برآییم.

درست در سدهٔ نوزدهم بود که برای اوّلین بار به مرزهای چنین شیوهٔ تفکّر و طرح پرسشی برخورد کردیم. این دشواری‌ها در دو جای مختلف و به دو شیوهٔ کاملاً متفاوت باهم پدیدار شد. در نظریّهٔ الکتریسیته مفهوم نیرو، آنچه جسمی بر جسم دیگر اعمال می‌کند، نشان از کمبود داشت. و پیش‌تر از همه هم فارادی بود که به این نکته اشاره کرد که اگر نیرو را تابعی از زمان و مکان بدانیم، اگر نیرو را هم‌سنگ با توزیع سرعت یا توزیع تنش در مایعی یا در جسم کشسانی بدانیم، پدیده‌های الکتریکی را بهتر می‌فهمیم. به‌عبارت دیگر: اگر به مفهوم میدان نیرو گذار کنیم. این چنین گذاری از دیدگاه فیزیک نیوتونی تنها زمانی مقبول بود که فرض کنیم که در فضا مادّه‌ای به‌نام اتر، که توزیعی یکسان دارد، وجود دارد که می‌توان میدان تنشش یا واپیچشش را با میدان نیروی الکترودینامیکی یکسان دانست. امّا بدون این چنین اتر فرضی‌ای هم نمی‌توانستیم الکترودینامیک را با مجموعهٔ مفاهیم نیوتونی تفسیر کنیم. پس از گذشت دهه‌ها تازه متوجّه شدیم که این اتر فرضی درواقع هم کاملاً غیرضروری بود، که این اتر اصلاً در پدیده‌ها ورود پیدا نمی‌کرد یا نباید پیدا می‌کرد، و در نتیجه درست‌تر این است که به میدان نیرو واقعیّت فیزیکی خاصّ خود را بدهیم که مستقلّ از همهٔ اجسام باشد. با ورود این واقعیّت فیزیکی سرانجام هم چارچوب فیزیک نیوتونی به‌طور قطعی شکسته شد. پس باید پرسش‌های دیگری مطرح می‌کردیم، چنانچه آن‌ها را پیش‌تر در فیزیک قدیم مطرح می‌کردیم. به‌طور کلّی شاید بتوان گفت که تغییر در انگاره‌های فکری به‌این سبب در بیرون پدیدار می‌شود، که کلمات معنای دیگری، جز آنکه پیش‌تر داشتند، پیدا می‌کنند، و اینکه پرسش‌هایی هم مطرح می‌کنیم جز آنکه پیش‌تر مطرح می‌کردیم،

دومین جایی که این نارسایی تصوّر کهن نیوتونی پدیدار شد، در نظریّهٔ گرما بود، درحالی‌که دشواری‌ها در اینجا بسیار ظریف‌تر بود، و کمتر از نظریّهٔ الکتریسیته به‌چشم می‌آمد. در آغاز همه‌چیز خوب پیش می‌رفت. مثلاً می‌توانستیم آمار را در مورد حرکت شمار زیاد مولکول‌ها به‌کار گیریم و با این کار قانونمندی‌های نظریّهٔ گرما را ازنظر پدیدارشناختی فهمیدنی کنیم. امّا همین‌که خواستیم به این کار دست بزنیم تا فرضیّهٔ آنتروپی را، که متعلّق به همین آمار بود، اثبات کنیم، متوجّه شدیم که در اینجا ناگزیریم چارچوب فیزیک نیوتونی را رها کنیم. اوّلین کسی که به این نکته با دقّت هرچه تمام‌تر پی برد، همان گیبس بود. امّا دهه‌های پی‌درپی هم به‌درازا کشید تا نظر گیبس از نظریّهٔ گرما دست‌کم تاحدودی در کلیّت خود راهی برای خود یافت و شاید هم‌امروز هم باز برای بسیاری غریب باشد و نفهمیدنی. فهم

این نظریّه امّا خواستار تغییری در انگاره‌هاست، زیرا در آن مفهوم وضع مشاهده پدیدار می‌شود، که در فیزیک نیوتونی جایی ندارد، و هم آنکه در اینجا، بی‌آنکه خود از آن آگاه باشیم، گاهی هم پرسش‌های دیگری مطرح می‌کنیم.

تغییرات ریشه‌داری که درواقع در مبانی فکر فیزیکی پدیدار شد، با نظریّهٔ نسبیّت و نظریّهٔ کوانتومی در آغاز سدهٔ بیستم بر ما تحمیل شد. در نظریّهٔ نسبیّت این نکته بروز کرد که اگر حرف از پدیده‌هایی باشد که در آن‌ها حرکت با سرعت‌های بسیار زیاد ورود پیدا کند، دیگر از مفهوم زمان در مکانیک نیوتونی نمی‌توان استفاده کرد. امّا از آنجایی‌که استقلال مکان و زمان از یکدیگر، از شرایط مبنایی فکر پیشین بود، اگر می‌خواستیم روابط میان زمان و مکان را، آن‌طورکه نظریّهٔ نسبیّت آن را از ما می‌خواست، بپذیریم، ناگزیر به‌تغییری در آن انگارهٔ خود بودیم. مفهوم مطلق همزمانی، آن طورکه مکانیک نیوتونی آن را مسلّم فرض کرده بود، باید رها می‌شد و با مفهوم دیگری جایگزین می‌شد که وابسته به وضع حرکت مشاهده‌گر بود. آن انتقادهایی که به نظریّهٔ نسبیّت مکرّر روا می‌داشتیم، آن مردوددانستنی که برخی از فیزیک‌دانان و فیلسوفان ازسر تلخکامی به زبان می‌آوردند، همهٔ آن‌ها ریشه در همین‌جا داشت. آن تغییری که در انگارهٔ ما مطالبه می‌شد، برای آن‌ها به‌نظر کاری بی‌دلیل می‌آمد. امّا این را هم می‌دانیم که این انگاره امروز پیش‌شرطی بر فهم از فیزیک است.

و سرانجام آنکه، در مکانیک کوانتومی بازهم خواسته‌های بیشتری داشتیم. آن تشریح عینی از طبیعت به‌معنای نیوتونی آن، که در آن به اجزاء تعیین‌کنندهٔ نظام، مانند مکان، سرعت، انرژی، مقادیر معیّنی را نسبت می‌دادیم، از آن هم باید به‌سود تشریحی از اوضاع مشاهده دست می‌کشیدیم، که در آن‌ها تنها به برخی از نتایج، احتمالاتی را می‌توانستیم نسبت دهیم. آنچه دربارهٔ پدیده‌های اتمی به زبان می آوریم، در اینجا دیگر جای‌شک دارد. از موج یا ذرّه می‌توان حرف زد، و درعین‌حال هم ناگزیر بودیم تا ببینیم که در اینجا اصلاً حرف از تشریحی دوگانه از پدیده‌ها نیست، بلکه حرف از تشریحی سرتاپا یکتا از آن‌هاست. معنایی که پیش‌تر به کلمات می‌دادیم، حالا تاحدودی رنگ‌پریده بود. این را هم می‌دانیم که حتّی فیزیک‌دانان بنامی مثل اینشتین، فون لاوئه، شرودینگر حاضر نبودند، یا در وضعی نبودند تا این تغییر را در انگاره‌های فکری خود عملی کنند.

درکلّ می‌توانیم با نگاه به گذشته بگوییم که در سدهٔ ما دو انقلاب بزرگ در علم روی داده است، که بنیان‌های فیزیک را جابه‌جا کرده است و با این کار هم کلّ بنای علم را دگرگون کرده است. امّا حالا باید بپرسیم که چگونه این تغییرات قاطع پدیدار شده است، یا – برای آنکه آن را بهتر به زبان جامعه‌شناختی بیان کنیم، امری که آن را کاملاً هم به کژراهه

می‌برد. - چگونه گروه کوچکی از فیزیک‌دانان توانستند این تغییرات را به دیگران در ساختار علم و در ساختار فکر تحمیل کنند. اینکه دیگران هم در آغاز برضدّ آن از خود سرسختی نشان دادند، یا برضدّ آن ناگزیر به مقاومت شدند، چیزی است که نیاز به گفتن آن نیست. امّا در اینجا هم باید جلوی ایراد آشکاری را بگیرم که در اینجا جزئی از آن به‌درستی وارد است. شاید بتوان گفت که قیاس از انقلاب در علم، با انقلاب در جامعه کاملاً گمراه‌کننده باشد، زیرا در علم تنها با درست یا نادرست سروکار داریم، درحالی‌که در جامعه با مطلوب یا کمتر‌مطلوب. این ایراد شاید بخشی از آن به‌حقّ باشد. امّا بازهم باید پذیرفت که به‌جای مفاهیم «درست» یا «نادرست» در جامعه، می‌تواند «ممکن» و «غیر‌ممکن» بیاید، زیرا ذیل شرایط بیرونی داده‌شده‌ای، هرشکل اجتماعی‌ای نمی‌تواند به‌هیچ‌وجه ممکن باشد. امکان تاریخی هم خود معیار درستی عینی‌ای است مانند آزمون در علم. امّا هرچه هم باشد، باید از خود بپرسیم چگونه این انقلاب‌ها واقع می‌شود.

شاید بجا باشد با تاریخچۀ نظریّۀ کوانتومی آغاز کنم که آن را از همه دقیق‌تر می‌شناسم. هنگامی‌که در پایان ثلث سوم سدۀ پیشین به این عقیده رسیده بودیم که هم نظریّۀ آماری حرارت را و هم تابش الکترومغناطیسی را کاملاً فهمیده‌ایم، باید هم به این نتیجه می‌رسیدیم که این کار هم برایمان مقدور خواهد بود تا قانون تابش به‌اصطلاح «جسم سیاه» را هم از آن استنتاج کنیم. امّا در همین‌جا بود که به دشواری‌های دور از انتظاری برخورد کردیم که احساس بی‌اطمینانی را برانگیخت. کاربرد قوانین ترمودینامیک آماری، که تاحال به آن‌ها جز اطمینان چیزی نداشتیم، بر نظریّۀ تابش به نتیجه‌ای عبث رسید که به‌هیچ‌وجه نمی‌توانست درست باشد. امّا این هم به‌هیچ‌وجه این کار را در پی نداشت تا دسته‌ای از فیزیک‌دانان اعلام خطر کنند و دگرگونی فیزیک را از همگان بخواهند. اصلاً در چنین وضعی محلّی‌ازاعراب هم در آن نبود، زیرا فیزیک‌دانان نیک‌نفس می‌دانستند که بنای فیزیک کلاسیک آن قدر استوار است و آن‌قدر با هزاران آزمون در کلّیتش در خود تنیده است، که تغییری جبری در آن تنها به تناقض می‌انجامد. پس آن کاری را کردیم که ازهمه عقلانی‌تر بود، یعنی همان کاری را که در چنین مواردی در اوّل انجام می‌دهیم، منتظر ماندیم تا ببینیم که آیا با پیشرفت‌های بعدی دیدگاه‌هایی بروز نمی‌کند که در چارچوب فیزیک کلاسیک به راه‌حلّی برای زدودن این دشواری‌ها بینجامد. در میان این فیزیک‌دانان که به چنین مسئله‌ای می‌پرداختند، فیزیک‌دانی بود با روحیّه‌ای به‌تمام‌معنا محتاط که به انتظارکشیدن خشک‌وخالی هم رضایت نمی‌داد، بلکه عقیده داشت که همواره با تحلیل ازسر دقّت بیشتر، و بنیانی‌تر مسئله شاید بتوان به دیدگاه‌های تازه رسید. آن شخص ماکس پلانک بود. پلانک اصلاً چنین سودایی در سر نداشت تا فیزیک کلاسیک

را دور بیاندازد، بلکه آشکارا می‌خواست تا آن مسئلهٔ هنوز حل‌نشدهٔ «جسم سیاه» را روشن کند. امّا سرانجام با بهت‌زدگی پی برد که برای تفسیر این تابش باید فرضیّه‌ای پیش بکشد که در چارچوب فیزیک کلاسیک نمی‌گنجید، و حتّی از دیدگاه فیزیک قدیم هم درواقع کاملاً دور از عقل به‌نظر می‌رسید. سپس کوشید تا فرضیّهٔ کوانتومی‌اش را کمی ملایم‌تر کند تا تناقضات فیزیک کلاسیک کمتر عیان شود. امّا در این راه توفیقی نیافت.

سپس گام بعدی را برداشت، که سرآغاز انقلابی واقعی را بشارت می‌داد. اینشتین پی برده بود که مشخّصه‌های نظریّهٔ کوانتومی پلانک، که فیزیک کلاسیک را نقض می‌کرد، در پدیده‌های دیگری، مثلاً در گرمای ویژهٔ اجسام صلب یا در تابش نور هم دیده می‌شد. از اینجا به‌بعد، پای نظریّهٔ کوانتومی به ساختار اتم، به شیمی، به نظریّهٔ اجسام صلب کشیده شد، و هرچه بیشتر هم جاهایی را می‌یافتیم که فرضیّهٔ کوانتومی به‌طور آشکار خصلتی مهم از طبیعت را تشریح می‌کرد، که تا آن روز بر ما پوشیده بود. با این فکر هم کنار آمدیم که تناقضات درونی فیزیک، که دست‌کم به‌طور موقّت هم گزیری از آن‌ها نبود، فهمی واقعی از فیزیک را غیرممکن می‌کند.

شما هم می‌دانید که سرانجام این کار چه بود. در آغاز در میانهٔ سال‌های بیست بالاخره بر ما روشن شد، که این تغییر بنا، که شامل همهٔ بنای فیزیک، و به‌ویژه بنیان‌های آن بود، تا چه‌حدّ ریشه‌دار بود. درست در همین زمان‌ها بود، که ایستادگی‌های نیرومندی در برابر آن نظریّهٔ پایان‌یافته بروز کرد. تا اینجا هم اصلاً نیازی نبود تا نظریّهٔ کوانتومی را به‌واقع جدّی بگیریم، زیرا نظریّه هنوز گرفتار تناقضات درونی خود بود و نمی‌توانست به‌یقین هم قطعی باشد. از نیمهٔ دوم سال‌های بیست، نظریّه دیگر پایان‌یافته بود و بی‌ابهام. آن‌که قصد فهمیدن آن را داشت، ناگزیر بود دست‌کم در رشتهٔ فیزیک انگارهٔ فکری‌اش را تغییر دهد، و هم باید پرسش‌ها و تمثیل‌های روشن دیگری جز آنچه در گذشته بود، مطرح کند. این نکته را هم می‌دانید که این امر برای بسیاری از فیزیک‌دانان بیشترین دشواری‌ها را به‌بار آورد. حتّی کسانی چون اینشتین، فون لاوئه، پلانک، و شرودینگر حاضر نبودند این وضع تازه را که پس از آن انقلاب پدیدار شده بود، چیزی قطعی بدانند. امّا بازهم باید به این نکته تأکید کنم که در هیچ‌زمانی در تاریخچهٔ نظریّهٔ کوانتومی هم، فیزیک‌دانی و یا دسته‌ای از فیزیک‌دانان پیدا نشد که بخواهد بنای فیزیک را سرنگون کند.

امّا حالا هم این سیر نظریّهٔ کوانتومی را با دیگر انقلاب‌هایی که در تاریخ فیزیک روی داده است، مقایسه می‌کنیم. پس این پرسش را مطرح می‌کنیم که چگونه نظریّهٔ نسبیّت پدید آمد؟ نقطهٔ شروع آن در اینجا همان الکترودینامیک اجسام متحرّک بود. چون‌که امواج هرتز را ارتعاشات محیط فرضی اتر می‌دانستیم - یا بنا به مجموعهٔ مفاهیم نیوتونی باید آن را

چنین در نظر می‌گرفتیم – پس باید از خود سؤال می‌کردیم که چه پیش می‌آید اگر در تجربه‌ای اجسامی در کار باشد که نسبت به اتر درحال حرکت باشد. در اینجا به نظرهای کاملاً مبهمی رسیدیم که حتّی به سبب پیچیدگی‌اشان نادرست به نظر می‌آمد. مسلّم است که خیلی هم گیرایی داشت دراین‌باره بکاویم که چه وقت فرمول پیشنهادشده‌ای نادرست می‌آید و چه وقت نمی‌آید. امّا من می‌خواهم در اینجا از این مطلب دور بمانم و بیشتر این را یادآوری کنم که بسیاری از فیزیک‌دانان به مفهوم «حرکت نسبت به اتر» در همان زمان‌ها هم با سوءظنّ می‌نگریستند، زیرا اتر را به‌هیچ‌صورت نمی‌توانستیم ببینیم. فیزیک‌دانان احساس می‌کردند به‌نحوی در بیشه‌زاری تاریک وارد شده‌اند، و به‌همین سبب دلشاد بودیم که حرکت زمین نسبت به اتر را آزمایش مشهور مایکلسون بررسی کرده بود. نتیجهٔ این کار، چنان‌که می‌دانیم این بود که در اینجا هم از اتر چیزی ندیدیم. دنبالهٔ آن هم این بود که شکّی کلّی از تصوّر از اتر دامن‌گیر فیزیک‌دانان شد و هم بر محاسبات آن‌ها مبتنی بر تصوّر از اتر جایی برای تردید ماند. امّا در همان زمان هم هیچ دسته‌ای از فیزیک‌دانان نبود که زنگ خطری به‌صدا در بیاورد و بشارت سرنگونی فیزیک پابرجای آن‌روزی را بدهد. به‌عکس کوشیدیم تا راه‌حلّی در چارچوب همان فیزیک بیابیم و تا سرحدّ امکان هم چندان تغییری در آن به‌وجود نیاوریم. ازاین‌رو لورنتس پیشنهاد کرد تا در نظام‌های مرجع متحرّک، زمان آشکار را وارد کند، که با زمانی که در نظام مرجع ساکن اندازه‌گیری می‌شد با تبدیلات لورنتس پیوند داشت؛ و بپذیرد که در پس‌افتادگی میان تابش‌های مختلف نور این زمان آشکار تعیین‌کننده است. پس از آن اینشتین متوجّه شد که اگر این زمان آشکار تبدیلات لورنتسی را با زمان واقعی یکی بدانیم، کلّ آن تصویر بسیار ساده‌تر خواهد شد. امّا با این کار هم تبدیلات لورنتسی گزاره‌ای شد دربارهٔ ساختار مکان و زمان. اگر این گزاره را درست می‌دانستیم، کلماتی مانند «مکان» و «زمان» معنای دیگری جز فیزیک نیوتونی پیدا می‌کرد. مفهوم همزمانی هم امری نسبی شده بود، و انگارهٔ فکری ما در فیزیک هم، که مفاهیم «زمان» و «مکان» را پیش‌شرط می‌دانست، تغییر کرده بود. و درست در برابر این انقلاب هم پس از آن ایستادگی‌های نیرومندی بروز کرد، که بحث‌های بی‌شماری را دربارهٔ نظریّهٔ نسبیّت برانگیخت. امّا حالا فقط می‌خواهم بر این نکته تأکید کنم که این انقلاب هم در فیزیک روی داد، بی‌آنکه کسی این نیّت را داشته باشد تا بنای فیزیک کلاسیک را ویران کند یا ازریشه‌وبن آن را دگرگون کند.

اگر اندکی بیشتر به تاریخ برگردیم، به نظریّهٔ ماکسول دربارهٔ نظریّهٔ آماری گرما، امروز دیگر چندان هم به این نکته آگاه نیستیم که در اینجا هم حرف از تغییرات بنیانی در انگارهٔ فکری ما از فیزیک بود. امّا این تغییرات را هم دیگر نمی‌توانیم چندان مستقلّ از آن تغییراتی

بدانیم که بعدها در نظریهٔ نسبیّت و نظریهٔ کوانتومی روی داد. معرّفی مفهوم میدان به‌دست فارادی و ماکسول را شاید بتوان اولّین گام در این راه دانست که در اینجا میدان، واقعیّت مستقلّ خود را با حذف بعدی تصوّر از اتر یافت، و در نظریهٔ آماری گرما در شکل گیبسونی آن هم، مفهوم وضع مشاهده پیش‌بینی شده بود که بعدها در نظریهٔ کوانتومی اهمیّتی قطعی پیدا کرد. و برای آنکه نشان دهیم که در اینجا تغییرات مهمّی در انگارهٔ فکری در فیزیک به‌وجود آمده بود، شاید بهترین راه آن باشد تا آن را از روی آن ایستادگی‌ای بشناسیم که مدّت‌ها در برابر این نظریّه‌ها اعمال می‌شد. امّا این وجه مسئله هم موضوع صحبت بعدی ماست. در هردو مورد هم چیزی مصداق دارد که پیش‌تر دربارهٔ نظریهٔ نسبیّت و نظریهٔ کوانتومی گفته بودیم: در هیچ‌مرحله‌ای در این سیر فیزیک هیچ‌فیزیک‌دانی سرنگونی فیزیک موجود را در سر نداشت. به‌عکس، مدّت‌های دراز امید داشتیم تا پدیده‌های تازه را در چارچوب فیزیک نیوتونی بفهمیم، و این تازه در مرحلهٔ پایانی کار بود که نشانه‌های جابه‌جایی بنیان‌های فیزیک مشاهده شد.

امّا حالا هم چندکلمه‌ای دربارهٔ آن ایستادگی‌های نیرومند بگوییم که با هرتغییری در انگاره‌های فکری مخالف بود. آن‌که در علم کار می‌کند، به این کار عادت دارد تا سرتاسر عمر هم با رویدادهای تازه یا تفسیرهای نو از پدیده‌ها آشنا شود، یا شاید اصلاً آن‌ها را خود کشف کند. چنین کسی این آمادگی را دارد تا فکرش را به مضمون‌های تازه آکنده کند. چنین کسی اصلاً هم جانب احتیاط را به‌معنای معمول آن نمی‌گیرد تا بخواهد به عادت‌های دیرین خود پای‌بند بماند. و درست به‌همین دلیل است که سیر پیشرفت علم عموماً بدون ایستادگی‌های به‌تمام‌معنا نیرومند و نزاع‌های بزرگ طی شده است. امّا همین وضع طور دیگری است، اگر بروز دسته‌ای از پدیده‌های تازه بخواهد تغییراتی به انگارهٔ فکری ما تحمیل کند. در اینجا حتّی فیزیک‌دانان صاحب‌نام هم دشواری‌های زیاد دارند، زیرا مطالبهٔ تغییر انگارهٔ فکری می‌تواند این احساس را بیدار کند که دیگر زیر پایمان خالی شده است. عالمی که سال‌ها در دوران جوانی‌اش با انگارهٔ فکری‌ای که بدان خو کرده و به کامیابی‌هایی در علم رسیده است، دیگر نمی‌تواند حاضر باشد به‌دلیل برخی از تجربه‌های تازه، به‌آسانی انگارهٔ فکری‌اش را تغییر دهد. در بهترین صورت شاید پس از سال‌ها کشمکش فکری با اوضاع تازه، تغییری در آگاهی او پیدار شود تا راه را بر آن شیوهٔ تازهٔ فکری بگشاید. گمان می‌کنم دشواری در این راه را هم نباید دست‌کم گرفت. آن‌که آن نومیدی‌ای را آزموده است که در علم مردان زیرک و آشتی‌جوی در برابر خواستهٔ تغییر انگارهٔ فکری از خود نشان داده‌اند، آن کس به‌عکس، درواقع شگفت‌زده می‌شود که چنین انقلاب‌هایی در علم اصلاً پدیدار شده باشد.

امّا این انقلاب‌ها اصلاً چگونه پدیدار شده است؟ نزدیک‌ترین پاسخ، امّا شاید هم پاسخی نامربوط این باشد: چون در علم «درست» و «نادرست» داریم، و چون تصوّرات تازه درست است و تصوّرات کهن نادرست. این پاسخ پیش‌شرطش این است که در علم همواره آنچه درست است راه را بر خود می‌گشاید. امّا این حرف هم اصلاً بجا نیست. برای مثال تصوّر درست از منظومهٔ سیّارات خورشیدمرکز، که آریستارخورس بنیان نهاده بود، به‌سود نظر زمین‌مرکز بطلمیوس رها شد، درحالی‌که این نظر نادرست بود. آنچه‌که بازهم مسلّماً نامربوط است، دلیل دیگری است که بر کامیابی انقلاب‌ها اقامه می‌کنیم: انقلاب‌ها راه خود را می یابد، چون فیزیک‌دانان از روی میل به مرجعیّت شخصیّت بزرگ انقلابی‌ای مانند اینشتین می‌گروند. از این موضوع هم به‌یقین نمی‌تواند حرفی در میان باشد، چون ایستادگی‌های درونی در برابر تغییری در انگاره‌های فکری نیرومندتر از آن است تا بتوان با مرجعیّت یک فرد بر آن‌ها چیره شد. دلیل درست آن این است: چون کسانی که در علم دست‌اندرکارند متوجّه می‌شوند که با انگاره‌های فکری نو به کامیابی‌های بزرگ‌تری در علم می‌رسند تا با انگاره‌های قدیم؛ و هم آنکه آن انگارهٔ نو ثمربخشی خود را احراز می‌کند. آن‌که یک‌بار عزم کرده باشد تا به علم بپردازد، آن کس اگر پا در راه‌های تازه بگذارد، چون به این کار هم رغبت دارد، آن کس بیشتر پیشرفت می‌کند. و این کار هم رضایت‌خاطر او را فراهم نمی‌کند تا بازهم آنچه را کهن است و مکرّر گفته شده است، تکرار کند. به‌همین سبب دل به طرح پرسش‌هایی می‌بندد که در آنجا مثلاً «کاری می‌شود کرد»، که در آنجا او چشم‌اندازی از کاری ثمربخش را پیش رو دارد. درست به‌همین شیوه نظریّهٔ نسبیّت و نظریّهٔ کوانتومی راهی برای خودش باز کرد. و مسلّماً با این کار هم معیار ارزشی‌ای در بالاترین سطح مطرح می‌شود، و ما هم هرگز نمی‌توانیم به‌طور مطلق یقین داشته باشیم که سرانجام آنچه درست است همواره راهی برای خود می‌یابد. مثال مشهوری که نقیض آن را نشان می‌دهد، بازهم همان نجوم بطلمیوسی است. امّا در اینجا هم درهمه‌حال نیروهایی دست‌اندرکار است که شاید توانمندتر از آن ایستادگی‌های درونی ما برضدّ تغییری در انگاره‌های ما باشد.

دوباره از مرحلهٔ پایانی انقلابی در علم به مرحلهٔ آغازین آن باز می‌گردیم. با مثال‌هایی که تاحال برشمردم، گمان می‌کنم بتوانیم این نکته را ببینیم که در طول تاریخ هرگز این خواسته پدیدار نشده است تا بنای فیزیک را ازبنیان دگرگون کنیم. و همواره هم بیشتر این‌طور بوده که مسئلهٔ خیلی خاصّی، در چارچوب معیّن مضیقی، پدیدار شده است که راه‌حلّی در چارچوب سنّتی بر آن نبود. انقلاب را در اینجا آن پژوهشگرانی به ثمر می‌رسانند که می‌کوشند همین مسئلهٔ خاص را به‌واقع حلّ کنند، امّا راغب‌اند تا در علم موجود زمان

خود هم تا سرحدّ ممکن چیز زیادی را تغییر ندهند. و درست همین بی‌رغبتی به تغییر زیاد هم این نکته را روشن می‌کند که مواجهه با چیز نو همان مواجهه با امر مقیّد است؛ که تغییر در انگارهٔ فکری از پدیده‌ها را طبیعت خود بر ما تحمیل می‌کند و نه این یا آن مرجعیّت در علم در میان انسان‌ها.

و در اینجا می‌پرسیم که آیا مجازیم این تحلیل را به دیگر انقلاب‌هایی تسرّی دهیم که مثلاً در هنر یا در جامعه پدیدار شده است؟ امّا حالا هم که به پایان حرف‌هایم رسیده‌ام، به پرسشی باز می‌گردم که در آغاز مطرح کردم: «چگونه انقلاب می‌کنیم؟» من هم مایلم لحظه‌ای برای امتحان بپذیرم، بی‌آنکه بخواهم با مورّخین وارد بحث شوم، که این پاسخ در همهٔ حوزه‌ها درعین‌حال مصداق دارد. پس جواب این خواهد بود: با این کار که بکوشیم تاحدّ ممکن تغییر *اندکی* بدهیم. اگر مثلاً قبول کنیم جایی مسئله‌ای هست، که در چارجوب سنّتی تن به‌حل‌شدن نمی‌دهد، به‌نظر می‌رسد آن‌وقت باید همهٔ نیروها را بر حلّ همین یک مسئله متمرکز کنیم، بی‌آنکه بخواهیم عجالتاً در سر سودای تغییرات دیگری را در دیگر حوزه‌ها بپرورانیم. و پس از آن – دست‌کم در علم – بیشترین احتمال وجود دارد تا از این راه، تاجایی‌که ضرورتی بر این مبانی نو وجود داشته باشد، انقلابی اصیل روی دهد. امّا ما هم درست همین پیش‌شرط را قرار داده بودیم، و بدون این ضرورت هم کاملاً به‌یقین هیچ‌چیزی روی نمی‌دهد که با انقلاب قیاس شود. من هم می‌خواهم در اینجا فکرکردن به این مسئله را به مورّخینی که در میان شما هستند، واگذار کنم که آیا آن پاسخی که بیان کردیم در تاریخ هم مصداق دارد؟ امّا برای آنکه مثالی هم بتوانم دربارهٔ این نظر بیاورم، نهضت اصلاح دین به‌دست لوتر را ذکر می‌کنم. نیاز به اصلاح دین را همان زمان‌ها، هم او و هم دیگران احساس کرده بودند، بی‌آنکه در آغاز تبعاتی به‌بار آورده باشد. پس از این بود که لوتر متوجّه شد که با تجارت آمرزش‌نامه‌ها، اعتقادات دینی مردم سرسری گرفته شده بود، و به‌همین سبب هم کاملاً به‌نظرش ضروری می‌آمد تا آن را چاره کند. او اصلاً غرضش این نبود تا دین را تغییر دهد یا در کلیسا شکافی به‌وجود آورد. لوتر در آغاز همهٔ توانش را به‌کار گرفت تا همین یک مسئلهٔ تجارت آمرزش‌نامه‌ها را حلّ کند، امّا در پی آن نهضت اصلاح دین آمد، که آشکارا ازنظر تاریخی اجتناب‌پذیر نبود.

امّا چرا این کار نادرست است که مطالبهٔ سرنگونی همهٔ وضع موجود را بکنیم، گرچه بازهم در پی آن انقلابی روی می‌دهد؟ پاسخ از همان‌چه گفتیم تقریباً به‌خودی‌خود بر می‌آید: زیرا با این کار خطری را به‌جان می‌خریم، تا در آنجایی هم نسنجیده خواهان تغییری شویم که قوانین طبیعت در همهٔ زمان‌ها در همان جا هر تغییری را غیرممکن کرده است. در علم فقط خیال‌پردازان و دیوانگان، مانند آن مبدعین ماشین حرکت دائمی‌اند، که می‌کوشند

قوانین استوار طبیعت را سهل‌وساده نادیده بگیرند، و از این کوشش‌ها هم مسلّماً چیزی عاید نمی‌شود. تنها آن‌که می‌کوشد تاحدّ امکان کمتر تغییری بدهد، کامیاب می‌شود، زیرا هم او آن قیود را آشکار می‌کند؛ و آن تغییرات کوچکی که او سرانجام ضروری می‌پندارد، انگارهٔ فکری ما را شاید طی سال‌ها یا دهه‌ها وادار به تغییر کند، یعنی بنیان‌ها را جابه‌جا کند.

من این تحلیل از سیر تاریخی فیزیک را برایتان نقل کردم، چون بیم دارم کلمهٔ باب روز، «انقلاب»، بتواند ما را به کژراهه‌های زیادی بکشاند. برای احتراز از آن کژراهه‌ها شاید تفکّر به تاریخچهٔ فیزیک جدید کمکی باشد. امّا همان‌طورکه گفتم، این کار را به شما واگذار می‌کنم تا دراین‌باره بیندیشید که قیاس از انقلاب در علم را تا کجا با انقلاب در جامعه می‌توان پیش برد؛ این چنین قیاسی همیشه نیمه‌ای از آن درست است، امّا آن را هم اینجا پیش کشیدیم تا به فکرکردن ترغیب کند.

۱۷

مفهوم زیبایی در علوم دقیق[۲۵]

اگر قرار باشد یکی از طرف‌داران علم در مقابل جمعی در فرهنگستان هنرهای زیبا سخنرانی‌ای ایراد کند، به‌یقین چندان این شهامت را ندارد تا دربارهٔ هنر نظری بیان کند، زیرا از حوزهٔ کاری او بسیار به‌دور است. امّا شاید هم به خود اجازه دهد تا به مسئلهٔ زیبایی بپردازد، زیرا صفت «زیبا» در اینجا بر توصیف هنر به‌کار می‌رود، درحالی‌که حوزهٔ زیبایی از میدان عمل خود بسیار فراتر می‌رود. مسلّم است که این حوزه دیگر حوزه‌های زندگی فکری را هم دربر می‌گیرد؛ و زیبایی طبیعت هم در زیبایی علم بازتاب می‌یابد.

شاید بهتر باشد تا در آغاز پیش از آنکه بخواهیم به تحلیل فلسفی مفهوم «زیبا» بپردازیم، از خود سؤال کنیم که در پیرامون علم، با زیبایی در چه جایی رویارو می‌شویم؟ شاید برای پاسخ بهتر باشد با خاطره‌ای شخصی آغاز کنم. وقتی جوانی کم‌سنّ‌وسال بودم و در دبیرستان ماکس، اینجا در مونیخ، کلاس اوّل را می‌خواندم، به اعداد دلبستگی داشتم. این کار مرا دل‌شاد می‌کرد تا خواصّ آن‌ها را بشناسم، برای مثال بدانم که آیا عددی اوّل است، یا آنکه این کار را بیازمایم که آیا آن عدد را می‌توان به صورت مجموعی از اعداد مربّع نوشت، یا آنکه سرانجام نشان دهم که تعداد اعداد اوّل بی‌پایان است. امّا چون برای پدرم سواد من در زبان لاتینی مهم‌تر از دلبستگی من به اعداد بود، روزی از کتابخانهٔ ملّی کتابی به زبان لاتینی از رسالهٔ کرونکر ریاضی‌دان برایم آورد، که در آن از خواصّ اعداد درست با رابطهٔ آن‌ها در مسئلهٔ هندسی تقسیم دایره به قسمت‌های مساوی حرف می‌زد. اینکه پدرم چگونه به فکر این مسئله افتاده بود که به اواسط سال‌های سدهٔ پیش باز می‌گشت، برایم روشن نیست. مطالعهٔ رسالهٔ کرونکر امّا بر من اثری عمیق باقی گذاشت، زیرا چیزی را مستقیماً زیبا می‌یافتم، که به تقسیم دایره بازمی‌گشت، و با ساده‌ترین مورد آن در مدرسه آشنا بودیم، امّا این بار با پرسش‌هایی به‌گونهٔ دیگر دربارهٔ نظریّهٔ مقدّماتی اعداد آشنا می‌شدم. این پرسش هم دورادور به نظرم می‌رسید که آیا اصلاً اعداد درست و اشکال هندسی وجود دارد، یعنی آیا این‌ها در بیرون از فکر آدمی هم وجود دارد یا آنکه آن‌ها را فکر، برای فهم از جهان چون ابزاری ساخته است. دربارهٔ این مسائل امّا در آن زمان هنوز

---

[۲۵] سخنرانی ورنر هایزنبرگ در فرهنگستان هنرهای زیبای بایرن، مونیخ، ۱۹۷۰.

نمی‌توانستم بیندیشم. آنچه می‌دانستم تنها تأثیری بود که این زیبایی به صورتی مستقیم، عمیقاً باقی گذاشته بود، و این هم دیگر دلیل و برهان نمی‌خواست.

امّا آنچه اینجا زیبا بود، به‌راستی چه چیز بود؟ در دوران باستان دو تعریف از زیبایی وجود داشت، که تاحدودی در تقابل با یکدیگر بود. جدال بر سر این تعریف به‌خصوص در دوران نوزایش بسیار زیاد است. یک دسته زیبایی را تطابق کامل اجزا با یکدیگر و با کلّ می‌دانست، درحالی‌که دستهٔ دیگر که به فلوطین استناد می‌کرد، بی‌آنکه به اجزاء نظر داشته باشد، زیبایی را درخشش شکوه جاوید «یکتایی» از راه پدیدارهای مادّی می‌دانست. امّا با مثال ریاضی‌ای که در بالا آوردیم، ما در اینجا تنها به تعریف اوّل پای‌بند می‌مانیم. آن اجزاء در اینجا همان خواصّ اعداد درست است، قوانین دربارهٔ اشکال هندسی است، و کلّ هم، آشکارا همان نظام اصول متعارفی ریاضی است که در پس آن قرار دارد، که حساب و هندسهٔ اقلیدسی هم به آن تعلّق دارد؛ به‌این‌ترتیب بی‌ابهامی نظام اصول متعارفی، به آن نظام بزرگ اعتبار می‌دهد. ما درمی‌یابیم که اجزاء منفرد با یکدیگر سازوار است، و این اجزاء به کلّ تعلق دارد، و همچنین یکپارچگی و سادگی این نظام از اصول را احساس می‌کنیم، و آن را بدون تأمّل زیبا می‌یابیم. پس زیبایی با مسئلهٔ کهن «یکتا» و «چند» – که پیش‌تر در پیوند نزدیک با مسئلهٔ « بودن» و «شدن» بود – سروکار دارد، که در مرکز فلسفهٔ یونان باستان قرار دارد.

امّا چون ریشه‌های علوم دقیق هم درست در همین جاست، شاید بجا باشد جریان‌های فکری آن دورهٔ پیشین را در کلیّات آن ترسیم کنیم. فلسفهٔ طبیعی یونانی در آغاز، پرسش دربارهٔ این اصل بنیادین را مطرح می‌کند که بر اساس آن گوناگونی پرتنوّع پدیدارها را می‌توان فهم کرد. پاسخ مشهور تالس که «آب اصل نخستین مادّی همهٔ چیزهاست»، هراندازه که در نظر ما شگفت باشد، از نظر نیچه سه خواست فلسفی بنیادین دارد، که در سیر بعدی خود اهمیّت بیشتری می‌یابد. یعنی، اوّل آنکه باید در جستجوی این اصل اساسی یکتا بود، دوم آنکه، پاسخ به این سؤال باید فقط منطقی باشد، یعنی آنکه نمی‌تواند بر اساس اشاره‌ای به افسانه‌ای باشد، و سوم و سرانجام آنکه، وجه مادّی جهان باید در اینجا اهمیّت قطعی زیادی بیابد. در پس این خواسته‌ها مسلماً این شناخت ناگفته هم هست که فهمیدن همواره به این معناست که: به‌هم پیوستگی‌ها، یعنی خصیصه‌های واحد را، نشانه‌های خویشاوندی با یکدیگر را، در آن گوناگونی دریابیم.

امّا اگر این چنین اصل نخستین واحد همهٔ اشیاء وجود دارد، ناگزیر این پرسش مطرح می‌شود – و این گام بعدی در این شیوهٔ تفکّر است – که چگونه از این اصل می‌توان تغییر

را فهمید. دشواری این کار در تناقض مشهور پارمنیدس است. تنها، بود هست؛ نبود، نیست. امّا اگر فقط بود هست، پس باید هیچ‌چیز دیگر خارج از بود نباشد، که این بود را بتواند به جزء تقسیم کند، در آن تغییری ایجاد کند. پس باید آن بود را ابدی و یک‌سان، انگاشت که در زمان و مکان نامحدود است. پس تغییراتی را که ما می‌آزماییم، باید ظاهری دانست.

تفکّر یونانی امّا نمی‌توانست به سبب این تناقض معطّل بماند. تغییر همیشگی نمودها بی‌وقفه بود، آنچه می‌ماند تنها توضیح آن بود. امّا برای اینکه این دشواری را هم بزداییم، فیلسوفان هریک راه فکری خود را پیمودند. یک راه هم به نظریّهٔ اتمی دموکریت انجامید. در کنار بود می‌تواند، نبود، بازهم چون امکان وجود داشته باشد، یعنی چون امکان حرکت، و شکل، و این را فضای خالی می‌نامیم. بود تکرارشدنی است، و از همین جاست که به تصویر اتم در فضای خالی می‌رسیم- و این همان تصویری است که بعدها در بنیاد علم نشان از ثمربخشی بسیار دارد. امّا از این راه هم نباید بیش از این در اینجا حرفی باشد. در اینجا باید بیشتر آن راهی را درست‌تر نشان دهیم، که به افکار افلاطون انجامید و ما را مستقیماً به مسائل زیبایی می‌رساند.

این راه در مکتب فیثاغورس آغاز می‌شود. در این مکتب این فکر پدیدار شده است که ریاضیات، نظم ریاضی، اصلی اساسی است که از آن گوناگونی رویدادها را می‌توان فهمید. در مورد شخص فیثاغورس، چیز چندانی نمی‌دانیم. جمع دانش‌آموزان او امّا به‌نظر می‌رسد که فرقه‌ای مذهبی باشد، که تنها تعالیم دربارهٔ گردش ارواح و تدوین معروفات و منکرات دینی-آیینی خود را به فیثاغورس منتسب می‌کند. درجمع این دانش‌آموزان امّا، چیزی که بعدها اهمیّت زیادی پیدا می‌کند، پرداختن به موسیقی و ریاضیات است. اینجاست که به‌نظر می‌رسد فیثاغورس این کشف بزرگ را کرده باشد که اگر دو زه را، که طول آن‌ها نسبت به یکدیگر عددی درست است، و هردو به یک اندازه تحت تنش است، یکی را به ارتعاش واداریم، هردو به‌طور هماهنگ باهم صدا تولید می‌کند. این ساختار ریاضی، یعنی نسبت عددی درست، همان سرچشمهٔ یگانگی بود - و این به یقین یکی از کشفیّاتی بود که بیشترین نتایج را دربر داشت، که تاریخ بشر تاکنون شناخته است. طنین هماهنگ دو زه، آوایی خوش می‌دهد. گوش انسان ناهمخوانی را، که در اثر ضربهٔ گوش‌خراش پدید می‌آید، آزاردهنده حسّ می‌کند، امّا آرامش آن هماهنگی را، آن هم‌خوانی را زیبا می‌یابد. رابطهٔ ریاضی بدین‌ترتیب سرچشمهٔ زیبایی شد.

زیبایی، بنا بر تعریفی از دوران باستان، تطابق درست اجزا با یکدیگر و با کلّ است. در اینجا هم اجزاء همان نُت‌های منفرد است، و کلّ همان آوای هماهنگ. رابطهٔ ریاضی در اینجا

می‌تواند دو جزئی را که در آغاز از یکدیگر مستقلّ بود، در یک کلّ درهم آمیزد و به‌این‌ترتیب زیبایی را پدید آورد. همین کشف بود که در تعالیم فیثاغورسیان راه را بر اشکال کاملاً نوی تفکّر گشود و به آنجا انجامید که اصل نخستین هر بودی دیگر چیزی مانند مادّه‌ای محسوس – مانند آب در نزد تالس – نیست، بلکه یک اصل فکری صورت است. با این کار، اصل اساسی فکری‌ای بیان شد، که بعدها بنیاد همهٔ علوم دقیق شد. ارسطو دربارهٔ فیثاغورسیان در «متافیزیک» می‌نویسد: «آن‌ها در آغاز به ریاضیات می‌پرداختند، و آن را به پیش می‌بردند، در آن پرورش یافتند، و اصول آن را برای هر بودی درست می‌دانستند. و در اعداد ویژگی و دلایل یگانگی در طبیعت را می‌دیدند، و چون چنین به نظرآن‌ها رسید که هر چیزی به سبب طبیعت کلّی‌اش همانند با اعداد ساخته می‌شود، یعنی اعداد اوّلین در کلّ طبیعت است، آن‌ها چنین نتیجه گرفتند که اجزاء عدد، اجزاء همه چیز است، و همهٔ کیهان، یگانگی و عدد است.»[۲۶]

فهم از این گوناگونی بسیار پدیده‌ها از این راه هم پدیدار شد که ما در آن، اصل واحد صورت را درمی‌یابیم، که به‌زبان ریاضی می‌تواند بیان شود. بدین‌ترتیب ارتباطی نزدیک میان معقول و زیبایی برقرار شد. پس اگر زیبایی را مطابقت اجزاء میان هم و با کلّ بدانیم، و اگر از طرفی هم هر فهمی از راه این ارتباط صوری پدیدار می‌شود، پس باید هم تجربهٔ زیبایی با تجربهٔ فهم از رابطه‌ای که درمی‌یابیم، یا دست‌کم بدان گمان می‌بریم، تقریباً یکسان باشد.

گام بعدی در این راه را افلاطون با صورت‌بندی خود از نظریّهٔ مُثُل برداشت. او در برابر اشکال ناقص جهان محسوس اجسام، صورت‌های ریاضی کامل را نهاد، یعنی آنکه تاحدودی در برابر مسیر دایروی ناقص ستارگان، دایرهٔ کامل را قرار دهیم که در ریاضی تعریف می‌شود. چیزهای مادّی پس رونوشت‌هایی است، یعنی سایه‌هایی از اشکال واقعی آرمانی. و آن‌چنان‌که امروز هم شاید در این فکر باشیم تا آن راه را ادامه دهیم، این اشکال آرمانی به‌فعل وجود دارد، زیرا در رویدادهای مادّی به «فعل» در می‌آید. افلاطون در اینجا به‌روشنی میان وجود مادّی که حواس به آن‌ها دست‌یابی دارد، و وجود مثالی محض فرق می‌نهد، که نه از راه حواس، بلکه از راه فعل عقل فهم می‌شود. امّا در اینجا این وجود مثالی به‌هیچ‌وجه به تفکّر بشر نیاز ندارد، تا آنکه از آن بیرون بیاید، بلکه به‌عکس، این وجود حقیقی است، که جهان مادّی و فکر بشری رونوشت‌هایی از آن است. فکر بشر در فهم از

---

۱۵ و چون فهم از متن آلمانی بسیار دشوار بود، به ترجمهٔ انگلیسی راس نگریستیم: (Ross's translation a I, 5, 985b –1986) (یادداشت بر نسخهٔ فارسی).

مثال، آن‌چنان‌که این نام خود گویای آن است، شهود هنری محض است، گمانی نیمه‌آگاه است به‌مانند شناختی بر بنیاد فهم. و این یادآوری‌ای از آن صورت‌هاست، که در روح، پیش از آنکه بر روی زمین هستی بیابد، کاشته شده است. مثال اصلی همان مثال زیبایی و نیکی است، که در آن امر الهی بر ما آشکار می‌شود و از مشاهدهٔ آن بال‌های روح جان می‌گیرد. جایی در فایدروس این فکر این چنین بیان شده است: روح می‌ترسد، و از تماشای زیبایی برخود می‌لرزد، زیرا احساس می‌کند چیزی در درونش بیدار می‌شود، که از راه حواسش به او نرسیده است، بلکه در او، جایی در ژرفای ناآگاهی‌اش پیش‌تر وجود داشته است.

امّا اکنون دوباره به فهمیدن و به علم باز می‌گردیم. گوناگونی رنگارنگ رویدادها را، آن‌چنان‌که فیثاغورس و افلاطون می‌گویند، می‌توان فهم کرد، زیرا اصل صورت واحدی در بنیان آن‌هاست، که به زبان ریاضی می‌توان بیان کرد. این اصل همهٔ آن چیزی است که از کار علوم دقیق انتظار می‌رود. امّا در دوران باستان نمی‌توانستیم چنین اصلی را به کار گیریم، زیرا معرفت تجربی بر جزئیّات آن در رویدادهای طبیعی را در اختیار نداشتیم.

اولّین کوشش بر راهیابی بر این جزئیّات، تا آنجا که می‌دانیم، در فلسفهٔ ارسطو است. امّا به‌سبب جزئیّات بی‌شماری که در اینجا بر هر پژوهندهٔ طبیعت از همان آغاز عرضه می‌شد، و به‌سبب نبود مطلق دیدگاهی، که از راه آن بتوان نظمی را دریافت، اصول صورت واحدی که فیثاغورس و افلاطون به دنبال آن بودند، ناگزیر شد تا در آن هنگام در برابر تشریح از جزئیّات عقب‌نشینی کند. عکس آنچه گفتیم پدیدار شد، به‌طوری‌که تا امروز هم بحث میان فیزیک نظری و فیزیک تجربی ادامه دارد. جدال میان تجربه‌گرا، که با کار دقیق و ژرف‌نگری در جزئیّات شرایط بر فهم از طبیعت را فراهم می‌آورد، و نظریّه‌پرداز که طرح‌های ریاضی را می‌سازد که بر اساس آن‌ها به طبیعت می‌توان نظم داد و بدین‌ترتیب به فهمی از آن رسید - کار این تصاویر ریاضی تنها این نیست تا تجربه را به‌درستی بنمایاند، بلکه بیشتر هم این است تا با سادگی و زیبایی خود آن افکار حقیقی‌ای را نشان دهد که در بنیاد این رویدادها در طبیعت قرار دارد. ارسطوکه خود یک تجربه‌گراست، از فیثاغورسیان انتقاد می‌کند که «با نظر به واقعیّات در پی توضیح آن‌ها یا نظریّه‌ای نیستند، بلکه با نگاه به برخی نظریّات و عقاید مورد پسند خود، واقعیّات را به‌دنبال خود می‌کشند، و اگر بتوان گفت، در هیئت نظام‌دهندگان جهان ظاهر می‌شوند». امّا اکنون اگر به تاریخ علم بازگردیم شاید بتوانیم بگوییم که نمایش درست رویدادهای طبیعی از تنش میان دو نظر متضاد با یکدیگر اندک‌اندک بیرون آمده است. نظرپردازی محض ریاضی بی‌ثمر است، زیرا از بازی با انبوهی از صورت‌های ممکن، راه خود به شمار اندک از صورت‌ها را بازنمی‌یابد، که بر پایهٔ آن‌ها طبیعت درواقع ساخته شده است. و تجربه‌گرایی محض بی‌ثمر است، زیرا سرانجام در میان

شمار بی‌پایان جداول حاصل از کار، که رابطه‌ای از درون میان آن‌ها نیست، غرق خواهد شد. تنها از تنش، از بازی میان انبوه واقعیّات، و شاید صورت‌های ریاضی سازوار با آن‌هاست، که به پیشرفتی جدّی می‌رسیم.

امّا این تنش را در دوران باستان اصلاً نمی‌توانستیم بپذیریم، و به همین سبب هم راه به علم مدّتی دراز از راه به زیبایی دور ماند. اهمیّت زیبایی بر فهم از طبیعت آن زمانی دوباره بر ما آشکار شد که با آغاز عصر جدید دوباره از ارسطو به افلاطون روی آوردیم. و با این چرخش بود که ثمربخشی شیوهٔ فکری‌ای، که فیثاغورس و افلاطون آغازگر آن بودند، به‌یک‌باره بر ما آشکار شد.

این نکته امّا با آزمایش‌هایی که گالیله دربارهٔ سقوط اجسام انجام داد، که ازقضا هم از فراز برج کج پیزا نبود، به‌روشن‌ترین وجهی نشان داده شد. گالیله با مشاهدات دقیق خود آغاز کرد، بی‌آنکه مرجعیّت ارسطو را به‌حساب آورد، امّا می‌کوشید تا با پیروی از آموزه‌های فیثاغورس و افلاطون، صورت‌های ریاضی‌ای را بیابد که با واقعیّاتی که از راه تجربه به‌دست آورده بود، مطابقت داشته باشد. و همین‌طور شد که به قانون سقوط اجسام دست یافت. امّا برای آنکه بتواند زیبایی صورت‌های ریاضی را در پدیده‌ها بشناسد – و این همان نکتهٔ مهمّ است – ناگزیر شد واقعیّات را به شکلی آرمانی درآورد، یا آن‌چنان‌که ارسطو بدان خورده می‌گیرد، آن‌ها را تحریف کند. ارسطو چنین می‌آموزد که هر جسم متحرّکی، که تحت تأثیر نیروهای خارجی نباشد، سرانجام به سکون می‌رسد، و این هم تجربه‌ای کلّی بود. گالیله به‌عکس مدّعی شد که اجسام بدون اثر نیروهای خارجی، به حرکت یکنواخت خود ادامه می‌دهد. او جرئت تحریف این واقعیّت را به خود داد، زیرا توانست به این نکته اشاره کند که اجسام متحرّک همواره در معرض مقاومت مالش است و حرکت درعمل هرچه بیشتر بتوانیم از نیروهای مالشی بکاهیم، بیشتر پابرجا می‌ماند. او بر این تغییر واقعیّت، بر این شکل آرمانی، قانون ریاضی ساده‌ای یافت، که خود آغازگر عصر جدید علمی شد.

چند سالی بعد کپلر به این کار دست یافت تا از مشاهدات دقیق خود دربارهٔ مدار سیّارات، صورت‌های ریاضی تازه‌ای بیابد و سه قانون مشهور خود دراین‌باره را صورت‌بندی کند. اینکه کپلر به چه میزان با این کشف خود را به سیر فکری فیثاغورس نزدیک حس می‌کرد، و به چه میزان زیبایی این روابط در آن صورت‌بندی او را در کارش راهبری می‌کرد، از این نکته بر می‌آید که او گردش سیّارات به دور خورشید را با ارتعاشات یک زه مقایسه کرد، و از طنین هماهنگ مدار سیّاره‌های گوناگون، و از یگانگی کرات، سخن به میان آورد، و سرانجام در پایان اثر خود دربارهٔ یگانگی جهان، غریو شادی سر داد: «من تو را سپاس می‌گویم، ای خدای بزرگ، ای آفرینندهٔ ما، که به من اجازه دادی تا زیبایی کارگاه آفرینش

تو را تماشا کنم.» کپلر غرق در این فکر بود، که او در اینجا با ارتباط اصلی رودررو شده، که تاکنون به فکر هیچ کس دیگری نرسیده است، و برای او محفوظ مانده بود تا او برای اوّلین‌بار آن نهایت زیبایی را دریابد. چند دهه پس از کپلر، اسحاق نیوتون در انگلستانِ این ارتباط را به‌صورت کامل نشان داد و در کار بزرگ خود «اصول ریاضی فلسفهٔ طبیعی» جزئیّات آن را تشریح کرد. با این کار راه بر علوم دقیق نزدیک به دو سده گشوده شد.

امّا آیا به‌راستی در اینجا تنها حرف از علم بود یا زیبایی هم در میان بود؟ و اگر از زیبایی هم حرفی در میان بود، در این‌صورت چه اهمیّتی زیبایی در کشف این روابط داشت؟ دوباره به تعریف زیبایی در دوران باستان باز می‌گردیم: «زیبایی یعنی مطابقت درست اجزاء میان یکدیگر و با کلّ.» اینکه چنین معیاری را بر ساخته‌ای مانند مکانیک نیوتونی در حدّ اعلای خود بتوان به کار بست، نیازی به توضیح ندارد. اجزاء در اینجا رویدادهای منفرد مکانیکی است؛ آن‌هایی را که می‌توانیم به‌دقّت با دستگاه‌های خود به‌طور منفرد نشان دهیم، و یا آن‌هایی که در بازی رنگارنگ رویدادها، بی‌آنکه بتوان آن‌ها را از هم جدا کرد، پیش روی ما جریان دارد. و کلّ هم همان اصل واحد صورت است، که همهٔ رویدادها با آن سازوار است و نیوتون آن را در نظامی ساده از اصول متعارف ریاضی مشخّص کرده است. یکپارچگی و سادگی هردو، درواقع یک چیز نیست. امّا این واقعیّت که در چنین نظریّه‌ای در برابر چند، یکتا را قرار داده‌ایم، و در یکتا چند به‌یکدیگر می‌پیوندد، به‌خودی‌خود این نتیجه را دربر دارد که ما آن را ساده و زیبا می‌یابیم. اهمیّت زیبایی در راه‌یابی به حقیقت در همهٔ زمان‌ها، هم شناخته‌شده بوده و هم بر آن تأکید شده است. این اصل به‌زبان لاتینی، که بر سر همهٔ زبان‌هاست، یعنی: «سادگی، مهر حقیقت است»، که با حروف بزرگ در تالار بزرگ فیزیک در دانشگاه گوتینگن نوشته شده است، هشداری بر همهٔ کسانی است که در پی کشف چیزی نواند. اصل دیگر به لاتینی هم: «زیبایی شکوه حقیقت است»، می‌تواند این طورهم تفسیر شود که پژوهنده، حقیقت را ابتدا از شکوه آن، از درخشش آن می‌شناسد.

دوبار دیگر در تاریخ علوم دقیق این درخشش نظام بزرگ، نشانی جدّی بر پیشرفتی مهمّ شده است. من به دو رویداد در فیزیک زمان خود می‌اندیشم، یعنی به پیدایی نظریّهٔ نسبیّت و نظریّهٔ کوانتومی. در هر دو مورد انبوهی از جزئیّات سرگیجه‌آور پس از سال‌ها کوشش بی‌حاصل بر فهم آن‌ها، به‌ناگاه سامان یافت. و اگرچه بسیار ناروشن، امّا از جوهر آن سرانجام آن ارتباط ساده بیرون جست، که به‌سبب کامل بودن آن، و زیبایی انتزاعی‌اش به‌یک باره در همگان یقین به بار آورد – و این یقین را در کسانی پدید آورد که این چنین زبان انتزاعی‌ای را فهم می‌کنند و بدان سخن می‌گویند.

امّا اکنون به جای آنکه سیر تاریخی آن را بیشتر پی بگیریم، این پرسش را می‌خواهیم مطرح کنیم که: چه چیز در اینجا می‌درخشد؟ و چه شد که در این درخشش زیبایی در علوم دقیق، آن ارتباط بزرگ را می‌توان شناخت، حتّی پیش از آنکه آن را در جزئیّات فهم کنیم، پیش از آنکه بتوانیم آن را از راه منطق بنمایانیم؟ این قدرت درخشش در چه‌چیز است، و چه‌چیز سبب آن در ادامهٔ سیر علم خواهد شد؟

شاید بجا باشد در آغاز آن پدیده‌ای را به یاد آوریم که آن را گشوده‌شدن ساختارهای انتزاعی می‌توان نامید. این نکته را می‌توان با مثالی از نظریّهٔ اعداد نمایاند، که در آغاز حرف از آن بود، امّا می‌توان به فرایندهای مشابهی در سیر هنر نیز اشاره کرد. برای آنکه بنیاد ریاضی حساب، یا نظریّهٔ اعداد را، بنهیم، تنها چند اصل ساده کفایت می‌کند، که درواقع تنها آن چیزی را تعریف می‌کند، که آن را شمردن می‌نامیم. امّا با این شمار اندک از اصول بازهمآن انبوه از صورت‌ها را قرار دادیم، که در سیر دراز تاریخی خود در آگاهی ریاضی‌دانان پدیدار شده است، مانند نظریّهٔ اعداد اوّل، نظریّهٔ مانده‌های مربّع، و یا نظریّهٔ هم‌نهشتی‌های عددی و مانند آن‌ها. می‌توان گفت که ساختارهای انتزاعی در اعداد، که طیّ تاریخ ریاضیات آشکار شده است، و این ساختارها انبوهی از احکام و روابط را پدیدار کرده است، امروز محتوای علم پیچیدهٔ نظریّهٔ اعداد را می‌سازد. به همین شیوه هم در آغاز یک سبک هنری، مثلاً در معماری، برخی از اشکال بنیادی ساده، مانند نیم‌دایره و مربّع در معماری سبک رومی پدیدار شده است. از این اشکال ساده طی تاریخ، اشکال تازه، پیچیده‌تر و تغییریافته‌ای پدیدار شده است که آن‌ها را هم می‌توان به‌نوعی در همین شمار دانست. به همین سبب از ساختارهای بنیادین، شیوهٔ تازه‌ای در بنا پدیدار می‌شود. گاه چنین احساس می‌کنیم که این اشکال آغازین گویی که امکان گسترش را از همان ابتدا در خود دیده است؛ زیرا در غیراین‌صورت نمی‌توان فهمید که هنرمندان بااستعداد بسیاری این چنین شتابان بر این کار عزم کرده باشند تا به دنبال این امکانات تازه بروند.

این چنین گسترشی از ساختارهای بنیادین انتزاعی به‌یقین در مواردی هم پدیدار شده است که من در تاریخ علوم دقیق برشمردم. این رشد، این گسترش شاخه‌های هر روز نو، در مکانیک نیوتونی تا نیمهٔ سده پیش ادامه پیدا کرد. با نظریّهٔ نسبیّت و نظریّهٔ کوانتومی هم در سدهٔ کنونی همین تجربه را آموختیم، هرچند رشد این دو هنوز به پایان نرسیده است.

امّا این فرایند در علم و هنر وجه اخلاقی و اجتماعی مهمّی هم دارد، زیرا انسان‌ها در آن‌ها مشارکت فعّال دارند. اگر قرار بود در قرون وسطی کلیسای جامعی بسازیم، استاد بنّایان و صنعت‌گران بسیاری به کار می‌پرداختند. ذهن آن‌ها آکنده از تصوّر زیبایی‌ای بود که اشکال اوّلیه در آن‌ها پدیدار کرده بود، و با کار خود ناگزیر بودند تا این اشکال را با کار دقیق در

جزئیّات آن اجراء کنند. درست به همین شیوه در دویست سالی که پس از کشف نیوتون سپری شده است، بسیاری از ریاضی‌دانان، فیزیک‌دانان و کاردانان هم باید به مسائل منفرد مکانیکی با روش‌های نیوتون می‌پرداختند، آزمایش‌هایی را اجراء کنند، یا کاربردهای فنّی آن‌ها را در نظر بگیرند. در اینجا هم همواره نهایت دقّت لازم بود تا در چهارچوب مکانیک نیوتونی به آنچه ممکن است دست یابند. شاید بتوان به‌طور کلّی گفت که به سبب ساختارهایی که در بنیاد چنین کارهایی است، و در این مورد در بنیاد مکانیک نیوتونی است، معیارهایی یا رهنمودهایی وضع کردیم که به کمک آن‌ها به‌طور عینی بتوان به این پرسش پاسخی داد که آیا از انجام کاری، که بر عهده داشتیم، خوب یا بد فراغت یافته‌ایم. درست به‌همین سبب در اینجا خواسته‌های معیّنی مطرح شده است، که فرد می‌تواند با کار کوچک خود در راه رسیدن به هدف‌های بزرگ، آن‌ها را برآورده کند، و اینکه دربارهٔ کار او هم به‌طور عینی می‌توان داوری کرد، این رضایت هم پدیدار می‌شود که از سیری برخاسته است که از مشارکت گسترده‌تری از انسان‌هاست. به همین دلیل است که اهمیّت اخلاقی فنون را در زمان ما نمی‌توان کم انگاشت.

از توسعهٔ علوم و فنون برای مثال فکر هواپیما برآمده است. هر متخصّص فنّی که قطعه‌ای برای هواپیما می‌سازد، هر کارگری که آن را می‌سازد، می‌داند که او باید بیشترین دقّت و مراقبت را در کارش به‌عمل آورد، و شاید می‌داند که زندگی بسیاری از انسان‌ها به اطمینان به او وابسته است. به همین سبب هم به خود می‌بالد که کاری خوب ارائه داده است، و او هم همراه با ما، هنگامی که درمی‌یابد که هدف فنّی با ابزارهای مناسب محقّق شده است، از زیبایی هواپیما دل‌شاد می‌شود. زیبایی – چنانچه در تعریف کهن از آن به کرّات هم ذکر شده است – همان تطابق درست اجزاء با یکدیگر و با کلّ است، و این خواسته هم باید در یک هواپیمای خوب برآورده شود.

امّا با این اشاره به تکامل ساختار بنیادین زیبایی، به ارزش‌های اخلاقی و خواسته‌هایی که در سیر تاریخی این تکامل بعدها پدیدار می‌شود، بازهم به پرسشی که پیش‌ازاین مطرح کرده بودیم پاسخی ندادیم، یعنی آنکه در این ساختارها چه چیز است که می‌درخشد، و از آن، ارتباط بزرگ را می‌شناسیم، حتّی پیش از آنکه به‌طور منطقی آن را در جزئیّات فهمیده باشیم. در اینجا باید امّا از همان آغاز این امکان را به حساب آوریم که چنین معرفتی می‌تواند دستخوش وهم شود. امّا این نکته، که چنین معرفت بی‌واسطه‌ای وجود دارد، که ترس از زیبایی وجود دارد، چیزی است که نمی‌توان در آن تردید کرد؛ چنانچه در «فایدروس» افلاطون حرف از آن است.

در میان همهٔ کسانی که به این پرسش اندیشیده‌اند، چنین دیده می‌شود که اتّفاق نظری وجود داشته باشد، که این معرفت بلاواسطه از راه تفکّر استدلالی، یعنی تفکّر منطقی، به دست نمی‌آید. امّا در اینجا می‌خواهم دو اظهار نظر را ذکر کنم، که یکی از کپلر است، که پیش‌ازاین از او حرف زدیم، و دیگری فیزیک‌دان اهل زوریخ، ولفگانگ پاؤلی هم‌عصر ماست که با کارل یونگ روان‌شناس، دوستی‌ای داشت. متن اوّلی برگرفته از اثر کپلر «یگانگی جهان» است. در اینجا چنین می‌آید: آن قوّه‌ای که نسبت اندازه‌های درست را درمی‌یابد و می‌شناسد، آن‌گونه که به حواس ما می‌رسد و در دیگر چیزها در بیرون آن است، آن را باید به ناحیهٔ پایین روح نسبت دهیم. این قوّه بسیار نزدیک به آن قوّه‌ای است که بر حواس ما گرته‌های صوری را فراهم می‌آورد، و یا بیش از این، و درست در مجاورت با آن، توانایی زندهٔ محض روح است، که از راه استدلال نمی‌اندیشد، یعنی از راه نتایج، آن‌چنان‌که فیلسوفان به آن می‌پردازند، و هیچ روش آزموده‌ای را به‌کار نمی‌بندد، و به این سبب هم خاص به انسان نیست، بلکه در حیوانات وحشی و در دام‌های محبوب ما هم هست. اکنون می‌توان از خود سؤال کرد، این قوّهٔ روح، که با تفکّر به مفاهیم آشنا نیست، و در نتیجه به روابط هماهنگ معرفت ندارد، چگونه می‌تواند این توانایی را داشته باشد تا آنچه را در عالم خارج می‌گذرد بازشناسد. زیرا شناختن به این معنی است که آنچه در عالم خارج، حواس ما درمی‌یابد با تصاویر نخستین در درون مقایسه کنیم، و مطابقهٔ آن‌ها را با یکدیگر بسنجیم. پروکلس این نکته را به بهترین صورت با مثالی دربارهٔ رؤیایی پس از بیداری بیان می‌کند. و آن‌چنان‌که اشیایی که در عالم خارج حواس ما درمی‌یابد، یادآور آن چیزهایی است که پیش‌تر در رؤیا دریافته‌ایم، به‌همین ترتیب روابط ریاضی که نفس ما در می‌یابد، آن صورت‌های نخستین معقولی را در ما برمی‌انگیزد که ما پیش‌تر در درون خود داشتیم، آن‌گونه که اکنون به‌وضوح و به‌واقع در روح ما می‌درخشد، هرچند پیش‌تر در روح ما حضوری مبهم داشت. امّا این‌ها چگونه به درون ما راه یافته‌اند؟ در اینجا پاسخ من این است – آن‌گونه که کپلر در ادامه می‌گوید –: «همهٔ مثال‌های محض یا آن روابط نخستین صورت از یگانگی، آن‌چنان‌که پیش‌تر از آن‌ها حرف زدیم، در درون آن کسانی است، که اکنون بر فهم آن‌ها توانایی دارند. امّا این‌ها را نمی‌توان به‌روش مفهومی در ذهن پذیرفت، بلکه از شهود غریزی از کمیّت محض حاصل می‌شود، و بر این افراد فطری است، آن‌چنان‌که شمار گلبرگ‌ها یا خزانهٔ دانه‌های سیب فطری است.»

این هم حرف کپلر بود. کپلر این امکان را به ما نشان می‌دهد، که در عالم حیوانی و گیاهی پیش‌تر هم وجود داشته است، یعنی به صورت‌های نخستین فطری اشاره می‌کند که شناخت از این صورت‌ها را به ما نشان می‌دهد. در زمان ما هم به‌خصوص پورتمن به این امکانات

اشاره می‌کند. او نمونه‌ای مشخّص از رنگ‌ها را برای ما ترسیم می‌کند که در پرهای پرندگان دیده می‌شود و تنها برای پرندگانی معنایی زیست‌شناختی دارد، که از همان گونه‌اند. این توانایی به فهم هم باید فطری باشد، هم‌چنان‌که خود این نمونه فطری است. در اینجا حتّی می‌توان به آواز پرندگان توجّه کرد. از نظر حیاتی آنچه لازم است علامت صوتی معیّنی است که به پرنده کمک می‌کند تا جفت خود را، که آن علامت را درمی‌یابد، جستجو کند. امّا به میزانی که این کارایی حیاتی مستقیم، اهمیّت خود را از دست می‌دهد، به همان میزان هم گنجینهٔ آن صورت‌ها تنوع بیشتری می‌یابد، یعنی ساختارهای موسیقایی که در بنیان آن قرار دارد رشد بیشتری می‌کند، تا آنکه سرانجام همچون آوایی، آن موجود غریب، یعنی انسان را هم مسحور می‌کند. این توانایی بر شناخت از صورت‌های گوناگون باید در هر حال بر هر گونه‌ای از پرندگان فطری باشد، یعنی پرنده به تفکّر استدلالی منطقی نیازی ندارد. برای آنکه مثالی دیگر ذکر کنیم، می‌گوییم که بر انسان هم این توانایی فطری است، یعنی برای آنکه برخی از صورت‌های بنیادین زبان حرکات را فهم کند، و در پی آن تصمیمی بگیرد، که آیا دیگری منظوری دوستانه دارد یا خصمانه. این توانایی، چنانچه می‌دانیم، در زندگی انسان‌ها با یکدیگر اهمیّت بسیار زیادی دارد.

ولفگانگ پاؤلی هم در مقاله‌ای افکاری را بیان می‌کند که شبیه به افکار کپلر است. او می‌نویسد: «فرایند فهم از طبیعت، که به همراه آن، آن شادمانی‌ای می‌آید که از آگاهی بر شناختی نو حاصل می‌شود، به نظر می‌رسد بر تناظر و بر هم‌پوشانی‌ای، که در تصاویری که از پیش در روح ما وجود داشته، با اشیاء عالم خارج و رفتار آن‌ها، استوار باشد. این بینش از شناخت از طبیعت به افلاطون باز می‌گردد و کپلر هم به شیوه‌ای بسیار روشن آن را بیان می‌کند. کپلر درواقع از افکاری حرف می‌زند که در روح خداوند از پیش وجود داشته و بر ذهن آدمی، به‌مانند تصویری یکسان با خداوند، با همان خصایص، حک شده است. این تصاویر نخستین، که آن‌ها را ذهن آدمی با غرایز فطری می‌تواند دریابد، کپلر صورت نوعی می‌نامد. در اینجا، مطابقهٔ زیادی با آن تصاویر نخستین، یا با آن صورت‌های نوعی وجود دارد، که در روان‌شناسی جدید کارل یونگ وارد کرده است، که کارایی‌ای چون نمونه‌های غریزی انگارسازی دارد. از آنجا که روان‌شناسی جدید دلیلی بر این کار دارد، که هر فهمی فرایندی طولانی است که به همراه با فرایندهایی در ناآگاهی، زمانی دراز پیش از آنکه محتوای آگاهی را بتوان صورت‌بندی کرد، می‌آید، بازهم توجّه به سوی پیش‌آگاهی رفت، یعنی به سوی آن مرحلهٔ کهن شناخت رفت. در این مرحله، جایگاه مفاهیم روشن را تصاویری با محتوای احساسی تند گرفته است، که در اصل به آن‌ها اندیشیده نشده است، بلکه همچون نقش‌هایی دیده می‌شود، گویی که در برابر دیدگان ذهن ماست. به این

میزان، این تصاویر بیانی از آن چیزی است که ما بر آن‌ها گمانی برده‌ایم، امّا هنوز واقعیّاتی ناشناخته است، و به همین دلیل بر اساس تعریفی که کارل یونگ از نمادها به دست می‌دهد، می‌توان آن‌ها را نمادی نامید. این صورت‌های نوعی، به‌مانند عمل‌گرهایی نظم‌دهنده و شکل‌دهنده در دنیای تصاویر نمادی، کارایی چون پلی، که در جستجوی آنیم، دارد، تا میان دریافت‌های حسّی و مثال‌ها برقرار کنیم، و به همین سبب هم پیش‌شرطی لازم بر پیدایی نظریّه‌ای علمی است. امّا لازم است از این کار هم حذر کنیم تا این ماتقدّم بر شناخت را در آگاهی خود قرار دهیم، و آن را با افکاری مشخّص، که از آن‌ها می‌توان صورت‌بندی‌ای منطقی ارائه داد، مربوط کنیم.»

پاؤلی در ادامهٔ بررسی خود به این نکته اشاره می‌کند که کپلر به یقین به درستی نظام کوپرنیک از راه نتایج مشاهدات نجومی خاصّی نرسیده بود، بلکه آن را از مطابقهٔ تصویر کوپرنیکی با صورتی نوعی به دست آورده بود، که کارل یونگ آن را ماندالا می‌نامد، و کپلر هم آن را نمادی از تثلیث مقدّس می‌داند. خدا، چون حرکت دهندهٔ اوّل، در مرکز یک کره است. جهان، که پسر دست اندر کار آن است، با سطح کره مقایسه می‌شود، و روح‌القدس متناظر با شعاع‌های نور است که از مرکز به سطح کره می‌تابد. و به آنچه به ماهیّت این تصاویر نخستین مربوط می‌شود، باید مسلّماً گفت که آن‌ها را نه می‌توان منطقی دانست، نه حتّی شهودی.

حتّی اگر برای کپلر یقین به درستی نظام کوپرنیکی از آن تصاویر نخستین به دست آمده باشد، بازهم پیش‌شرطی جدّی باقی می‌ماند، تا بتوانیم آن را چون نظریّهٔ علمی‌ای به‌کار گیریم که ازآن‌پس در آزمون تجربی و منطقی استوار بماند. در اینجا علم در وضعی بهتر از هنر است، زیرا در علم معیاری ضروری و سرسخت از ارزش وجود دارد، که هیچ کار علمی را از آن گزیر نیست. نظام کوپرنیکی، قوانین کپلر و مکانیک نیوتونی در تفسیر از تجربه، از نتایج مشاهدات، و در فنون آن‌چنان دقّت بسیار از خود نشان داد، که در درستی آن از زمان «اصول» نیوتون تاکنون دیگر تردیدی بر آن به جای نمی‌ماند. امّا در اینجا به آن آرمانی‌کردن پرداختیم که افلاطون آن را ضروری می‌دانست و ارسطو مذموم.

و درست همین پنجاه سال پیش بود که از تجربیّات در فیزیک اتمی به‌روشنی دریافتیم که ساختار مفهومی نیوتونی دیگر توان آن را ندارد تا پدیده‌های مکانیکی درون اتم را بنماید. پس از کشف پلانک از کوانتوم کنش در سال ۱۹۰۰، در فیزیک سرگردانی‌ای پدیدار شد. قواعد پیشین که با آن‌ها نزدیک به دویست سال طبیعت را باکامیابی تشریح کرده بودیم، دیگر رغبتی از خود نشان نمی‌داد تا با تجربه‌های نوین سازوار شود. امّا این تجربه‌ها هم در خود ابهامی داشت. فرضیّه‌ای که در تجربه‌ای خود را استوار می‌نمود، جای دیگری

مردود می‌شد. زیبایی و کمال فیزیک قدیم در نگاه ما دیگر ویران شده بود، بی‌آنکه آن کوشش‌های پراکنده بتواند به نگاه به کلّ، و روابطی از نوعی دیگر، دست یابد. نمی‌دانم آیا درست است وضع فیزیک را در بیست‌وپنج سالی که پس از کشف پلانک سپری شد، که من خود چون دانشجوی جوانی آزموده‌ام، با وضع هنر امروز مقایسه کنیم؟ باید امّا اینجا به‌زبان بیاورم، که این مقایسه همواره به ذهنم باز می‌گردد. سردرگمی در برابر این پرسش که با این پدیده‌های سرگیجه‌آور چه باید کرد، اندوه از دست‌رفتن آن روابط پیشین، که هنوز هم یقین در ما برمی‌انگیزد، همهٔ این دل‌آزردگی‌ها هنوز بر چهرهٔ هر دو رشتهٔ این چنین متفاوت، در چنین زمانی، مانده است. امّا آشکارا حرف از دورهٔ میانی ناگزیر گذرایی است که نمی‌توان آن را کنار نهاد، زیرا در تدارک گسترشی آتی است. و آن‌چنان‌که پاولی هم می‌گوید، هر فهمی فرایندی در درازمدّت است، که به ناآگاهی ما ورود پیدا می‌کند، پیش از آنکه قابلیّت صورت‌بندی منطقی آن به آگاهی ما راه یابد. آن صورت‌های نوعی، به کار خود، به‌مانند پل‌هایی که میان ادراکات حسی و انگاره‌هاست، می‌پردازند.

امّا در لحظه‌ای که آن افکار درست پدیدار می‌شود، در ذهن آن که آن‌ها را می‌بیند، جریان تند وصف‌نشدنی‌ای پدیدار می‌شود. این همان ترس شگفتی‌انگیزی است، که افلاطون در «فایدروس» از آن حرف می‌زند، و با آن، ذهن آن چیزی را به یاد می‌آورد، که همواره ناآگاه آن را در خود داشت. کپلر می‌گوید: «ریاضیات تصویر نخستین زیبایی در جهان است»، به‌جای هندسه در جملهٔ کپلر، توسّعاً ریاضی را به کار بردیم. در فیزیک اتمی این جریان در زمانی که به کمتر از پنجاه سال می‌رسد، روی داد، و علوم دقیق را دوباره به وضع یگانهٔ کمال خود رساند، که بیست‌وپنج سال تمام از دست داده بود. من هم در اینجا دلیلی نمی‌بینم روزی در هنر هم وضعی مشابه پدیدار نشود. امّا باید این را هم بیفزاییم هم هشدار دهیم که چنین چیزی را نمی‌توانیم پدید آوریم، مگر آنکه از خود بیرون تراود.

حضّار گرامی! من این روی علوم دقیق را به شما نشان دادم، زیرا در آن خویشاوندی با هنرهای زیبا روشن‌تر نمایان است، و بهتر می‌توان راه را بر آن سوءفهمی بست، که در علوم و فنون تنها مشاهدات دقیق و تفکّر منطقی، استدلالی را می‌بینند. و تفکّر منطقی هم، و اندازه‌گیری دقیق هم، در شمار کارهای طبیعت‌شناس است، مانند قلم و چکّش که از ابزارهای کار مجسّمه‌ساز است. امّا در هر دو مورد، آن‌ها ابزار کار است، نه محتوای کار.

شاید بهتر باشد در پایان حرف‌های خود دوباره تعریف دوم از مفهوم زیبایی را یادآوری کنم، که از فلوطین مانده است و در آن از جزء و کلّ دیگر حرفی در میان نیست: «زیبایی درخشش همیشگی «یکتایی» است که از اشیاء مادّی به ما می‌رسد.» دوره‌های مهمّی در تاریخ هنر هست، که این تعریف با آن‌ها مناسبت بیشتری دارد تا با تعریف اوّل، و گاه هم

پیش می‌آید که برای آن‌ها دل‌تنگ می‌شویم. امّا در زمان ما دشوار است از این روی زیبایی حرف بزنیم، و شاید هم قاعدهٔ خوبی باشد تا به رسوم آن زمانی پای‌بند بمانیم، که در آن زندگی می‌کنیم و دربارهٔ آنچه گفتنش دشوار است خاموش بمانیم. امّا حقیقت این است که این دو تعریف چندان هم از یکدیگر دور نیست. پس بیایید تا با یکدیگر به تعریف اوّل، امّا موجز زیبایی وفادار بمانیم، که به‌یقین در علم هم می‌توان آن را برآورد، و بگوییم که این تعریف هم در علم، و هم در هنر، مهم‌ترین منبع نور و اشراق است.

۱۸

آیا فیزیک پایان یافته است؟[۲۷]

فیزیک ذرّات بنیادی، امروز در کانون توّجه علم فیزیک قرار دارد، و گاهی این پرسش مطرح می‌شود که آیا با حلّ مسائل در این حوزه، ما هم درعین‌حال به پایان فیزیک در کلیّت آن می‌رسیم؛ زیرا می‌توان چنین دلیل آورد که هر ماده و هر تابشی از ذرّات بنیادی تشکیل شده است. اگر چنین باشد پس باید شناخت کامل خواص آن‌ها و رفتار قوانینی که دربارهٔ آن‌ها تعیین‌کننده است، چیزی در شکل «فرمولی جهانی»، اساساً بتواند چارچوب همهٔ رویدادهای فیزیکی را معیّن کند. و اگر حتّی بتوان به فیزیک کاربردی و فنّاوری بازهم پیشرفت‌های گسترده‌تری را افزود، درآن‌صورت آن پرسش‌های اصولی روشن شده و می‌توان گفت که پژوهش‌های بنیادی در فیزیک هم پایان یافته است.

تجربهٔ دوران‌های پیشین این پیش‌نهادهٔ اتمام محتمل فیزیک را نقض می‌کند. در آن زمان‌ها ما به‌غلط به پایان نزدیک فیزیک فکر می‌کردیم. ماکس پلانک جایی گفته است که معلّم او فیلیپ فون‌جولی، تحصیل در فیزیک را به او توصیه نمی‌کرد، زیرا گمان می‌کرد که فیزیک در کلیّت خود پایان یافته است، به‌طوری‌که دیگر برای کسی که بخواهد فعّالانه به پژوهش علمی بپردازد، ارزش ندارد تا در این حوزه مشغول شود. امروز دیگر کسی مایل نیست چنین پیش‌بینی‌های نادرستی بکند و به‌این دلیل، این سؤال مطرح می‌شود که آیا در تاریخ کنونی فیزیک دست‌کم حوزه‌های فرعی‌ای وجود دارد که در آن‌ها به صورت‌بندی نهایی قوانین طبیعی رسیده باشیم، به‌طوری‌که بتوانیم اطمینان داشته باشیم که هزارها یا میلیون‌ها سال دیگر، یا جای دیگری مثلاً در منظومه‌ای از ستارگان دوردست هم، رویدادها سیری درست مطابق با قوانین ریاضی‌ای داشته باشد که ما صورتبندی کرده‌ایم.

مسلّم است که چنین حوزه‌های فرعی‌ای وجود دارد. مثالی خاصّ را پیش می‌کشیم: قانون اهرم‌ها را ارشمیدس نزدیک به دوهزار سال پیش وضع کرده، درحالی‌که امروز شک نداریم که آن‌ها در همهٔ زمان‌ها و در همه جا معتبرند. مثلاً مسافران ماه که در کارشان بر روی آن از اهرم استفاده می‌کنند، درست‌بودن و نتیجه‌بخشی قوانین کهن ارشمیدس را پیش‌فرض کار خود قرار می‌دهند. همین نکته دربارهٔ قوانین مکانیک نیوتونی هم مصداق دارد. مسافران ماه بی‌تأمل به اخباری که از آن مکانیک به دستشان می‌رسد، اعتماد می‌کنند و بر اساس آن عمل می‌کنند. امّا همین‌جا می‌توان معترض شد که مگر نظریّهٔ نسبیّت و

---

[۲۷] نوشتهٔ ورنر هایزنبرگ در روزنامهٔ زوددویچه، در تاریخ ششم اکتبر ۱۹۷۰.

نظریّهٔ کوانتومی، مکانیک نیوتونی را بهبود نداده است؟ آیا مسافران ماه نباید، آنجایی که پای دقّت زیاد در میان است، این ظرافت‌ها را در نظر بگیرند؟ و اگر آن‌ها ناگزیر چنین کاری کنند، آیا این اصلاحات دلیلی بر این نیست که مکانیک هم هنوز در اصل کارش تمام نشده است؟

برای آنکه در این‌جا جوابی پیدا کنیم، باید عجالتاً خاطرنشان کنیم که در صورتبندی جامع قوانین طبیعی، آن‌طورکه نخستین بار در مکانیک نیوتونی ممکن شد، مسئله بر سر صورت آرمانی واقعیّت است و نه بر سر واقعیّت فی‌نفسه. صورت آرمانی از این راه پیدا می‌شود که ما به واقعیّت با برخی از مفاهیمی نزدیک شویم که در تشریح پدیده‌ها استوار مانده و به آن‌ها اعتباری می‌دهد؛ مانند مفاهیمی که در مکانیک است، از قبیل مکان، زمان، سرعت، جرم و نیرو. ما هم با این کار تصویر واقعیّت را محدود می‌کنیم – یا بهتر است بگوییم آن را به سبک خاصی درمی‌آوریم – چون ما در حالی از همهٔ آن ویژگی‌هایی در پدیده‌ها چشم‌پوشی می‌کنیم که دیگر نمی‌توان به آن‌ها با این مفاهیم دسترسی یافت. اگر به این محدودیّت‌ها آگاه باشیم، آن‌وقت می‌توان ادّعا کرد که مکانیک با نظریّهٔ نیوتون کامل شده است؛ و منظورمان این است که پدیده‌های مکانیکی، تاجایی‌که می‌تواند اصولاً با مفاهیم فیزیک نیوتونی تشریخ شود، درست مطابق با قوانین همین فیزیک جریان می‌یابد. آن‌طورکه گفتیم، ما یقین داریم این اخبار میلیون‌ها سال دیگر و بر روی دورترین منظومهٔ ستارگان هم صدق می‌کند، و عقیده داریم فیزیک نیوتونی در چارچوب مفاهیم خود دیگر اصلاح‌شدنی نیست. ما هم به‌هیچ‌وجه نمی‌توانیم ادعا کنیم که همهٔ پدیده‌ها را می‌توان با این مفاهیم تشریح کرد.

با قید احتیاطی که ذکر آن رفت، می‌توان گفت که مکانیک نیوتونی نظریّه‌ای کامل است. مشخّصهٔ چنین نظریّهٔ «کاملی» این است که بر نظامی از تعاریف و اصول متعارفی استوار است که مفاهیم اساسی و ارتباط آن‌ها بایکدیگر را معیّن می‌کند؛ به‌علاوه، با این خواست که حوزهٔ بزرگی از تجارب، از پدیده‌های مشاهده‌شدنی وجود دارد که با این نظام با دقّت بالایی می‌تواند تشریح شود. پس نظریّه، صورت آرمانی این حوزهٔ تجربی برای همهٔ زمان‌هاست.

اما حوزه‌های تجربی دیگری هم وجود دارد، و به‌این دلیل نظریّه‌های کامل دیگری. در سدهٔ نوزدهم، نظریّهٔ حرارت، به‌طور خاص، که اخباری آماری دربارهٔ نظام‌هایی با درجات زیاد آزادی به دست می‌داد، شکل نهایی خود را به این معنا پیدا کرد. اصول متعارف بنیانی این نظریّه، مفاهیمی مانند دما، آنتروپی و انرژی را تعریف، و آن‌ها را به یکدیگر مرتبط می‌کند، و درحالی‌که دو مفهوم اوّل، یعنی دما و آنتروپی، در مکانیک نیوتونی اصلاً پیش

نمی‌آید، مفهوم آخر، یعنی انرژی در هر حوزهٔ تجربی دیگری، و نه فقط در مکانیک، اهمیّتی اساسی دارد. نظریّهٔ آماری حرارت هم در پی کارهای گیبس نهایی و کامل شد، و ما هم نمی‌توانیم شک کنیم که قوانین آن همه‌جا و در همهٔ زمان‌ها با دقّت زیاد درست است – مسلّماً فقط در مورد پدیده‌هایی که به‌همراه آن‌ها مفاهیمی مانند دما، آنتروپی و انرژی پیش می‌آید. این نظریّه هم صورتی آرمانی است؛ و ما می‌دانیم که حالات بسیاری، مانند مادّهٔ گازی‌شکل، وجود دارد که در آن‌ها نمی‌توان از دما حرف زد، یعنی نمی‌توان قوانین حرارت را در آنجا به کار برد.

از آنچه در بالا گفتیم این نکته روشن می‌شود که در فیزیک، درهمه‌حال، نظریّه‌های کاملی وجود دارد که می‌توان به آن‌ها چون صورت‌های آرمانی در حوزه‌های محدود تجربی نگریست و در همهٔ زمان‌ها هم اعتبار دارد. بدین‌ترتیب از پایان فیزیک به‌طور کلّی هم دیگر نمی‌تواند حرفی در میان باشد.

در دویست سال اخیر هم، تجربه حوزه‌های تجربی کاملاً جدیدی بر روی ما گشود. پدیده‌های الکترومغناطیسی از زمان پژوهش‌های بنیادی گالوانی و ولتا بازهم با دقّت بیشتری مطالعه شد، و با کارهای فارادی روابط آن با شیمی، و با هرتز رابطهٔ آن با نورشناسی روشن شد. واقعیّت‌های اساسی فیزیک اتمی هم در آغاز با تجربیّات شیمیایی بر ما روشن شد، و سپس با آزمایش‌هایی دربارهٔ الکترولیز، پدیدهٔ تخلیهٔ بار الکتریکی در گازها، و سرانجام دربارهٔ پرتوزایی در همهٔ جزئیّات آن مطالعه شد. برای پاگذاشتن در این سرزمین‌های دست‌نخورده، نظریّه‌های کاملی که پیشتر می‌شناختیم، دیگر تکافو نمی‌کرد. به‌این دلیل، نظریّه‌های جامع تازه‌ای به‌وجود آمد که در حوزه‌های تجربی جدید اعتبار داشت و صورت‌های آرمانی آن‌ها بود. نظریّهٔ نسبیّت از الکترودینامیک اجسام درحال حرکت به وجود آمد که به دید تازه‌ای از ساختار فضا و زمان انجامید. نظریّه کوانتومی هم به حساب رویدادهای مکانیکی درون اتم رسیدگی می‌کرد، و مکانیک نیوتونی را موردی مرزی می‌دانست، درصورتی‌که خواسته باشیم آنچه را در درون اتم می‌گذرد کاملاً به‌عین بنگریم و از برهم‌کنش میان شیء مورد مطالعه و مشاهده‌گر چشم‌پوشی کنیم.

نظریّهٔ نسبیّت را هم می‌توان مانند مکانیک کوانتومی نظریّهٔ کامل دانست، یعنی صورت آرمانی جامع از حوزه‌های تجربی کاملاً وسیع، که می‌توانیم بر اساس قوانین آن‌ها بپذیریم که آن‌ها همه‌جا و در همهٔ زمان‌ها اعتبار دارند — و این را هم بیفراییم تنها در آن حوزه‌هایی که در آنجا با این مفاهیم سروکار داریم.

در ده‌های اخیر هم، سرانجام مطالعهٔ تابش‌های کیهانی و به‌خصوص کمک شتاب‌دهنده‌های عظیم (مانند آنچه در برکلی، ژنو، بروک‌هافن و سرپوخوف است)، فیزیک

ذرّات بنیادی را گسترش بیشتری داد. همین کارها سبب شد تا ویژگی‌های تازه‌ای در پدیده‌ها بروز کند که بر مسئلهٔ قدیمی کوچک‌ترین ذرّهٔ ماده نوری تازه تاباند. پیشرفت‌های فیزیک در زمان‌های گذشته همواره نشان از آن دارد ساختارهایی را که در آغاز کوچک‌ترین قسمت ماده می‌پنداشتیم، با استفاده از نیروهای بزرگ‌تر همواره به ساختارهای کوچک‌تری تقسیم شده است. اتم شیمی‌دان‌ها را که نمی‌توانستیم با وسایل شیمیایی خرد کنیم، این‌بار با لامپ‌های تخلیه، یعنی تحت تأثیر نیروهای الکتریکی قوی، به هستهٔ اتم و الکترون‌هایی که به دور آن در چرخش بود، شکستیم. در برخورد هسته‌های اتمی پرانرژی، هسته‌های اتمی بازهم تقسیم شد و از همین‌جا هم فهمیدیم که همهٔ هسته‌های اتمی از دو سنگ بنای بنیادی، یعنی از نوترون و پروتون تشکیل شده است، و آن‌ها را هم مانند الکترون، ذرّات بنیادی به‌حساب می‌آوریم. درست به‌همین دلیل، این فرض هم چندان غریب نبود که گمان کنیم اگر نیروهای قوی‌تری به کار بگیریم، مثلاً آن ذرّات را با انرژی‌های بسیار زیاد وادار به برخورد بایکدیگر کنیم، شاید بتوان پروتون و نوترون را هم شکست. درست به‌همین دلیل این کار را با شتاب‌دهنده‌های عظیم آزمایش کردیم، ولی معلوم شد که در چنین برخوردهایی چیز دیگری روی می‌دهد. انرژی بزرگ حرکتی ذرّات بنیادی، که نتیجهٔ برخورد ذرّات بایکدیگر است، به ماده تبدیل می‌شود، یعنی در برخورد، ذرّات بنیادی تازه‌ای به وجود می‌آید که به‌هیچ وجه کوچک‌تر از ذرّاتی نیست که آن‌ها را به برخورد بایکدیگر واداشتیم. پس دیگر در اینجا حرف از «تقسیم‌شدن» نمی‌تواند باشد. امروز ما با ذرّات بنیادی شناخته‌شده و با شتاب‌دهنده‌های عظیمی که با آن‌ها بر روی ذرّات بنیادی آزمایش می‌کنیم، به مرزی رسیده‌ایم که در آن، مفهوم تقسیم‌شدن دیگر معنای خود را از دست داده است. به‌این دلیل می‌توانیم با وجدان آسوده گمان کنیم ذرّات بنیادی که تاکنون بر ما شناخته شده، درواقع کوچک‌ترین قسمت‌های ماده است، مشروط به اینکه بتوانیم اصولاً به این مفهوم معنایی بدهیم.

این حوزهٔ تجربی جدید، یعنی فیزیک ذرّات بنیادی را نتوانستیم با نظریّه‌های کاملی که پیشتر وضع شده بود، مانند نظریّهٔ نسبیّت و نظریّهٔ مکانیک کوانتومی نشان دهیم، هرچند این نظریّه‌ها خود صورت‌های آرمانی کاملاً جامعی بود. مکانیک کوانتومی، درست مانند مکانیک نیوتونی قدیم، پیش‌فرضش وجود نقاط مادّی تغییرناپذیر بود، و در آن از تبدیل انرژی به ماده حرفی در میان نبود. نظریّهٔ نسبیّت به‌عکس، به ویژگی‌های طبیعت که با کوانتوم کنش پلانک مرتبط بود، توجّهی نمی‌کرد، و عینی‌بودن پدیده‌ها به معنای فیزیک کلاسیک همواره پیش‌فرضش بود. پس برای فیزیک ذرّات بنیادی باید در جست‌وجوی صورت آرمانی جامع‌تر و تازه‌ای بر می‌آمدیم که نظریّهٔ نسبیّت و نظریّهٔ کوانتومی هردو را

موارد مرزی می‌انگاشت و طیف پیچیدهٔ ذرّات بنیادی را درست همان‌طور فهم‌پذیر می‌کرد که مثلاً مکانیک کوانتومی می‌توانست طیف نوری پیچیدهٔ اتم آهن را روشن کند. جای شک نیست که این صورت آرمانی را می‌توان روزی به زبان ریاضی نشان داد؛ امّا اینکه آیا آن صورت ریاضی‌ای که تاکنون بر این کار پیشنهاد شده است، تکافو می‌کند، چیزی است که تجربیّات بعدی و مطالعات نظری نشان خواهد داد. صرف نظر از این مسئلهٔ آخر، که نمی‌توان در اینجا دربارهٔ آن بحث کرد، می‌توان از خود پرسید که آیا با این صورت آرمانی، فیزیک دیگر کامل شده است؟ و چون همهٔ اشیای فیزیکی متشکّل از ذرّات بنیادی است، نتیجه بگیریم که شناخت کامل قوانینی که رفتار ذرّات بنیادی را تعیین می‌کند، به همان اندازه اهمیّت دارد که شناخت کامل قوانینی که بر رفتار همهٔ اشیای فیزیکی حکم‌فرماست، درنتیجه بگوییم که می‌توان از پایان فیزیک حرف زد.

چنین نتیجه‌گیری‌ای پذیرفتنی نیست، زیرا نکتهٔ نسبتاً مهمّی را در نظر نگرفته است. حتّی نظریّه‌ای کامل از ذرّات بنیادی را — چه آن را «فرمول جهانی» بنامیم و چه ننامیم — باید صورتی آرمانی دانست؛ اگرچه این نظریّه، تصویری از حوزهٔ بسیار وسیعی از پدیده‌ها را به‌درستی نشان می‌دهد، ممکن است بازهم پدیده‌های دیگری وجود داشته باشد که در این مفاهیم نگنجد. آشکارترین دلیل بر این امکان، زیست‌شناسی است. هرچند همهٔ اشیای زیست‌شناختی درواقع از ذرّات بنیادی تشکیل شده است، مفاهیمی که می‌کوشیم تا با آن ها به پدیده‌های زیست‌شناختی بپردازیم، برای مثال مفهوم حیات، در صورت آرمانی پدیدار نمی‌شود؛ پس باید چشم‌به‌راه پیشرفت‌های دیگری در فیزیک در این جهت ماند. شاید بتوان در نهایت معترض شد که در اینجا حرف از فیزیک نیست، بلکه حرف از زیست‌شناسی است و فیزیک دیگر کامل شده است. اما مرزهای میان فیزیک و علوم همسایه‌اش آن‌قدر روان است که از این فرق‌ها چیز زیادی عایدمان نمی‌شود. به‌این دلیل بیشتر فیزیک‌دانان عقیده دارند که درست به‌سبب همین مرزهای تعریف‌نشده با حوزه‌های همسایه، نمی‌تواند حرف از پایان فیزیک باشد.

برخی از فیزیک‌دانان حتّی با این نظر هم مخالف‌اند که کار فیزیک در حوزهٔ مضیق فیزیک ذرّات بنیادی در آیندهٔ نزدیکی محقّق شود. نکته‌ای که خاطرنشان شده این است که با ساخت شتاب‌دهنده‌های عظیم‌تر، به انرژی‌های بیشتر ناشی از برخورد ذرّات بنیادی می‌رسیم و با این کار به امکان دستیابی به سرزمین‌های ناشناختهٔ تازه. امّا این نظر بر گمانی استوار است که نه تجربه آن را اثبات می‌کند و نه نظریّه، یعنی اینکه با افزایش انرژی پدیده‌هایی تازه ازنظر کیفی نتیجه شود. در تابش‌های کیهانی، که انرژی آن‌ها نسبت به انرژی‌ای که از برخورد ذرّات بنیادی در درون بزرگ‌ترین شتاب‌دهنده‌های امروزی پدید

می‌آید، هزارها بار بیشتر است، هیچ پدیده‌ای که ازنظر کیفی تازه باشد، دیده نشده. ذرهٔ «کوارکی» هم که وجود آن را برخی از نظریّه‌پردازان به‌طور نظری نزد خود گمان می‌کنند، هنوز کشف نشده است. پس نه ازنظر تجربی و نه نظری، دلیلی بر وجود این سرزمین نامکشوف وجود ندارد، هرچند وجود آن هم منتفی نیست.

تا زمانی‌که این نوع از حوزه‌های تجربی پدیدار نشده باشد، باید به‌هنگام پرسش دربارهٔ پایان فیزیک، پیش از هرچیز به مرزهای روان با حوزه‌های همسایه اندیشید و به تشکیل مفهوم‌هایی از نوعی دیگر که در این حوزه‌های همسایه می‌تواند کاربرد داشته باشد. مسلّم است که در اینجا تنها حرف از علوم طبیعی نیست. به این حوزه‌های مرزی، ریاضیات، نظریّهٔ اطلاعات و فلسفه هم تعلّق دارد؛ و شاید هم در آینده گاهی دشوار باشد تا به‌درستی حکم کنیم آیا با پیش‌برد علم، حرف از پیشرفت در فیزیک، در نظریّهٔ اطلاعات یا در فلسفه است، یا اینکه فیزیک به زیست‌شناسی تسرّی پیدا کرده است، یا اینکه زیست‌شناسی از روش‌های فیزیک و طرح پرسش هرچه بیشتر استفاده می‌کند. پس فقط زمانی می‌توان از پایان فیزیک حرف زد که به‌دلخواه برخی از روش‌ها و نمونه‌های مفهومی را فیزیکی بدانیم و راه‌هایی را نشان دهیم که طرح پرسش در علوم دیگر را مطرح می‌کند. امّا چندان هم محتمل نیست که چنین اتّفاقی بیفتد؛ زیرا شاخصهٔ پیشرفت در آینده، درست همان یکپارچگی در علم است، همان ازمیان‌برداشتن مرزهای تاریخی است که میان مفردات رشته‌های مختلف به‌وجود آمده است.

۱۹

علم در دانشگاه‌های امروزی[۲۸]

جشن‌های پانصدمین سال تأسیس دانشگاه مونیخ انگیزه‌ای است تا دربارهٔ اهمیّت علم در دانشگاه‌های امروزی، یا بهتر است بگوییم در مورد تشکیل دانشگاه‌های امروزی بیندیشیم. وقتی دانشگاهی می‌تواند به تاریخ پانصدسالهٔ خود نظر بیفکند، وقتی دانشگاهی در سیر تاریخی‌اش از این‌گول‌اشتات تا لندس‌هوت به سمت مونیخ، همه‌جا بی‌درنگ چون نهاد یکسانی به حساب می‌آید، پس این امر تنها از این راه ممکن شده که این دانشگاه ضمن حفظ سنّت طی سده‌ها متحوّل شده، خود را به‌دفعات با زندگی آن روز وفق داده، یا آن‌طورکه امروزه می‌گوییم خود را با وضع جامعهٔ آن‌روزی سازگار کرده است. طی یک‌صدوپنجاه سال اخیر، قوی‌ترین نیروهایی که سبب تغییر شده، همیشه از تعامل علم و فنّاوری برآمده است. فنّاوری، که به‌خصوص از زمان آزادشدن انرژی اتمی در بیست‌وپنج سال پیش همهٔ مرزهای پیشین را درنوردیده، درست به‌این دلیل اوّلین چیزی است تا از تأثیرات نیروی عظیمش در دانشگاه‌های امروزی پرسش کنیم. پیش از اینکه بخواهم دربارهٔ این مسئله صحبت کنم، باید به جهتی هم عذرخواهی کنم. من از زمان آخرین جنگ، از زندگی دانشگاهی بیش‌ازپیش دور افتاده‌ام، در زندگی دانشگاهی به‌طور فعّال شرکت نداشته‌ام و به‌این دلیل دغدغه‌ها و نیازهای آن را مستقیم نیازموده‌ام. پس باید از دور به دانشگاه نگاه کنم؛ شاید هم بتوان از دور مناسبات و اهمیّت نسبی تک‌تک حوادث را بهتر از نزدیک شناخت، و درهرحال ناگزیرم در همهٔ آنچه پس از این می‌گویم، این نکته را ملحوظ بدانم.

در آغاز مسئلهٔ تأثیرات مستقیم در میان است که بر زندگی دانشگاهی به این دلیل وارد می‌شود که باید علم و فنّاوری را در دانشگاه آموخت و کار پژوهشی در این حوزه‌ها به‌طور گسترده‌ای در دانشگاه انجام می‌شود و تجهیزات لازم برای اجرای آن در حوزه‌های تازه به‌طرزی بی‌سابقه گران است. سپس باید از تغییرات عمیقی حرف زد که در دانشگاه‌ها از این راه وارد می‌شود و جامعه یا چشم‌انداز سیاسی آن تغییر می‌کند، درحالی‌که دانشگاه خود در پیکرهٔ آن قرار دارد. ازجملهٔ این تبعات، برای مثال بحران‌های پنج سال اخیر را می‌توان نام برد که به دلیل کشمکش جوانان دانشجو با دنیای علم و فنّاوری و با ساختار اجتماعی آن پدیدار شده است. سرانجام باید این پرسش اصلی مطرح شود که آیا می‌توان در این

---

[۲۸] سخنرانی ورنر هایزنبرگ در جشن پانصدمین سال تأسیس دانشگاه مونیخ در سال ۱۹۷۲.

دنیای علم و فنّاوری هنوز هم در پی آزادی و توسعهٔ فکر برآمد که انتقال آن در نظر ما همواره یکی از مهم‌ترین وظایف دانشگاه بوده است.

حرفمان را با گسترش رشته‌های علمی در دانشگاه‌ها شروع می‌کنیم. در آغاز در دانشگاه‌ها، علوم طبیعی به علوم انسانی تعلّق داشت و اهمیّتی ثانوی داشت. چهار دانشکده هم بیشتر وجود نداشت، دانشکدهٔ الهیّات، حقوق، طبّ و همان دانشکدهٔ علوم انسانی که بعدها، فلسفه، زبان‌شناسی و علوم، و برخی دیگر هم جزو آن شدند. در آن زمان، آن‌طورکه آن‌ها را می‌نامیدیم، علوم سودآور، یعنی علومی که منفعتی دربر داشت، حقوق و طبّ بود، و به دانش‌آموختگان این علوم، جامعه بیش از هرکس دیگری نیاز داشت. در سدهٔ شانزدهم برای اوّلین بار، دانشکدهٔ هنر، تبدیل به دانشکدهٔ فلسفه شد، و با این کار هم دعوای میان علوم جدید و قدیم آغاز شد. در قرن هفدهم هم به‌سبب رابطهٔ نزدیک شیمی و گیاه‌شناسی با طبّ، این دو اهمیّت زیادی پیدا کرد. در قرن هجدهم، جریان روشنگری بر پژوهش تجربی-منطقی فضای وسیع‌تری گشود و با شروع قرن نوزدهم پیشرفت پیروزمندانهٔ علم عملی آغاز شد که برآمده از تأثیر متقابل علم و فنّاوری بود که حالا بنا داشت زندگی جامعه را از بنیان تغییر دهد. در نیمهٔ دوم قرن نوزدهم، مدارس عالی فنی به وجود آمد که در آن‌ها روش‌های علمی فنّاوری جدید تدریس می‌شد و توسعه می‌یافت. امّا تازه در سال ۱۹۳۷ در شهر مونیخ بود که دانشکدهٔ فلسفه در شکل قدیمی‌اش به دانشکده‌های علوم طبیعی و علوم انسانی تقسیم شد. در دهه‌های اخیر، دانشکدهٔ علوم دوباره آن‌قدر بزرگ و شلوغ شده بود که به رشته‌هایی تقسیم شد که هر‌یک کم‌وبیش مستقل بود. علوم طبیعی هم در سیر تاریخی خود در مدارس عالی اهمیّتی روزافزون می‌یافت و ناگزیر تحت تأثیر آن‌ها تغییراتی در ساختار فکری دانشگاه، در شیوهٔ کار در رشته‌های مختلف آن، و در سازمان تحصیل در آن به‌وجود آمد. ما هنوز در میانهٔ این تغییراتیم و هیچ‌کس نمی‌داند که شکل نهایی - اگر اصولاً چنین چیزی وجود داشته باشد - چه خواهد بود.

آنچه در این میان در آغاز روی داد، همان شعله‌ورشدن دوبارهٔ دعوای قدیمی‌ای بود که در عصر روشنگری اهمیّت زیادی پیدا کرده بود. پرسشی که مطرح شده بود این بود که آیا دانشگاه را باید مجموعه‌ای از مدارس فنّی جدا از یکدیگر دانست که در آن‌ها تحصیل در رشته‌های تحصیلی کاملاً مجزا از هم، یعنی در نظام آموزشی گسترده‌ای انجام می‌شود، یا باید دانشگاه با چشم‌اندازی از علوم مختلف، از رابطهٔ میان رشته‌ها، آموزش علمی گسترده‌ای ارائه دهد؛ آیا دانشگاه باید فکر علمی نقّاد و هدف فکری آگاه را، که در فهم از اصول پرورش یافته باشد، بپروراند که بعداً کاربرد خود را در حرفه پیدا خواهد کرد؟ دانشجو، در مورد دوم، آزادی زیادی در انتخاب رشته و برنامهٔ تحصیل دارد؛ او سرانجام می‌تواند

کاملاً مستقل تصمیم بگیرد چه چیزی به یادگرفتن و دانستنش می‌ارزد. ویلهلم فون هومبولت، در نظرش دربارهٔ اصلاح دانشگاه در آغاز قرن نوزدهم، مسلماً چنین فکری در سر داشت. امروز هم هنوز، فکر او تصویری آرمانی برای بسیاری از کسانی است که به کار ساماندهی دانشگاه‌های امروزی می‌پردازند. حتّی در آن زمان هم هنوز دانشگاه از آن صورت که دانشگاه را مجموعه‌ای از مدارس تخصصی می‌دید، نبریده بود؛ و این چیزی است که امروزه هم چندان محتمل نیست، زیرا جامعه بیش از هرچیز به افراد متخصص، حقوق‌دان، طبیب و معلّم، و در زمان ما به شیمی‌دان، فیزیک‌دان و ریاضی‌دان نیاز دارد. هراندازه ساختار اقتصادی و اجتماعی که بار زندگی اجتماعی را می‌کشد، پیچیده‌تر باشد، همان‌قدر به افراد متخصّص مجرّب هم بیشتر نیاز است؛ و همان‌قدر هم مهم است افرادی وجود داشته باشند که بتوانند نگاهی به فراتر از رشتهٔ تخصصی خود بیفکنند.

تنها در یکجا سنگینی بار علم با نظر هومبولت هم‌خوانی دارد: پژوهش و به‌همراه آن فکر علمی امروزه اهمیّتی بیش از دانش و بیش از عالم‌بودن دارد. در برابر انبوه بی‌کران دانش‌های ممکن، دیگر به این کار خو گرفته‌ایم که دانش می‌تواند در کتابخانه ذخیره شود. فکر علمی، فقط روش است که به پیدایی دانشی نو، به فهم ریشهٔ خطاهای ممکن، به دقّت در تدارک راهی فکری می‌انجامد، که یادگیری همهٔ آن‌ها، و تمرین در آن‌ها آن چیزی است که وظیفهٔ واقعی دانشگاه است. نتایج عظیم علمی و سیاسی توسعهٔ علم به اینجا انجامید که امروزه محقّق و مخترع از احترام بیشتری برخوردار باشند تا عالم. آن‌ها کار تحقیقاتی را در هاله‌ای به دور خود پیچیده‌اند که همیشه در خدمت این امر، یعنی در خدمت ساماندهی به دانشگاه نیست، زیرا مانند نظر هومبولت به نظامی با دو طبقه در امر آموزش، و به جدایی قشر تحصیل‌کردهٔ دانشگاهی از مردم می‌انجامد؛ به‌همین سبب ارزش‌نهادن بیش از اندازهٔ کار تحقیقاتی موفق، به ترغیب فکر طبقاتی در علم می‌انجامد که خود به‌دلیل معیارهای یک‌سویه، سبب نارضایتی در میان آن‌هایی می‌شود که خود بار فکر دانشگاهی را بر دوش دارند. در این ارزیابی زیاد کار پژوهشی، به‌آسانی از این نکته غفلت می‌شود که معلم دانشگاهی‌ای که شمار زیادی شاگرد برجسته را آموزش می‌دهد، می‌تواند عضوی مفیدتر در جامعه باشد تا کس دیگری که نوشته‌های پژوهشی پرشمار منتشر می‌کند. امّا فکر علمی نقّاد، باز به‌این‌صورت یا آن‌صورت اهمیّت بیشتری دارد تا علم جامع.

توسعهٔ علم، دستیابی به بسیاری از حوزه‌هایی که پیشتر ناشناخته بود،کار بر روی روش‌های بی‌شمار تازه، در نیمهٔ اوّل سدهٔ ما، با تأسّف به سیر معیوبی در دانشگاه‌های آلمان انجامید که مبارزه با آن و به‌عقب برگرداندن آن یکی از مهم‌ترین کارها در سال‌های پیش رو

خواهد بود. منظور من طولانی‌کردن میانگین زمان تحصیل است. درحالی‌که پنجاه سال پیش، دانشجویان عموماً پس از گذراندن هشت نیم‌سال تحصیلی، یعنی پس از چهار سال تحصیل، می‌توانستند امتحان دکتری یا آزمون حرفهٔ معلّمی را بگذرانند، امروزه همین کار، به هشت تا ده سال زمان نیاز دارد. ماکس پلانک در بیست‌ویک سالگی به درجهٔ دکتری رسید — که البته امروز نزدیک به صدسال از آن می‌گذرد – و هنوز تا پنجاه سال پیش هم اخذ درجهٔ دکتری در این سنین چندان هم چیز نادری نبود. امّا امروزه دانشگاهیان ما در بیست‌وهشت یا سی‌سالگی در زندگی حرفه‌ای وارد می‌شوند. دلیلی که بر این کار می‌آوریم، همواره این است که مواد درسی بیشتر شده است، و علم جدید، که پیچیدگی‌های بیشتری دارد، این امکان را به ما نمی‌دهد تا فیزیک‌دانی، ریاضی‌دانی یا طبیب جوانی را پس از چهار سال تحصیل روانهٔ زندگی شغلی کنیم. و این نکته را هم می‌گویند که کوتاه‌کردن دورهٔ تحصیل، ممکن نیست به کاهش سطح سواد نینجامد. شاید گاهی هم این فکر پراهمیّت جلوه می‌کند، که کار تحقیقاتی استاد، تنها با همکارانی می‌تواند پیش رود که خوب درس خوانده باشند، مانند دانشجویان نامزد درجهٔ دکتری، که زمان طولانی دورهٔ تحصیل را پشت سر گذاشته‌اند؛ کسان دیگری جز این‌ها، چندان هم همیشه در دسترس نیستند. در برابر همهٔ این دلایل، این خواست قرار دارد که جوانی بیست‌وپنج ساله که در اوج فعّالیّت جسمی و فکری خود است، باید در جامعه پذیرای مسئولیّت باشد، باید در جامعه روی پای خود بایستد، و دیگر رغبتی ندارد سر میز مدرسه بنشیند و فقط پذیرای محض درس باشد. به گمان من این خواسته را نمی‌توان نادیده گرفت. این نکته را هم باید در نظر داشت که حتّی آموزشی که بسیار عمقی باشد، نمی‌تواند به‌تنهایی تکافو کند تا دانشی کسب کنیم که کفاف بقیّهٔ زندگی شغلی را بدهد؛ زیرا علم و فنّاوری آن‌قدر به سرعت تغییر می‌کند که آموزش تکمیلی شغلی همیشه لازم است. به این مسئله هم باید پیش از هرچیز اشاره کنیم که مدت تحصیل طولانی بلایی است که خاص آلمان است. شاید ریشهٔ آن در تمایل اغراق‌آمیز ما به انجام کار اصولی باشد، یا در نقص استعداد ما در دستیابی به سازشی منطقی، یا کوشش ما در راه کمال باشد. درهرحال، مناسبات دانشگاهی در کشورهای دیگر، در غرب و چه در شرق، در انگلستان، آمریکا و همین‌طور در روسیه و چین نشان می‌دهد که میانگین مدت تحصیل کوتاه‌تر ممکن است. ما باید از دیگران هم هرچه زودتر بیاموزیم، چون در اینجا اصلاح برنامهٔ درسی به‌یقین امری است ضروری.

در اینجا در مسئلهٔ دیگری وارد می‌شویم، یعنی در مسئلهٔ رابطهٔ دانشگاه با جامعه و حکومت، زیرا با اهمیّت بیشتری که علم و فنّاوری می‌یابد، این رابطه هم ناگزیر نزدیک‌تر از آنچه که در گذشته بوده است، می‌شود. درست به‌همین دلیل است که پیشتر شاهزادگان مشاورین

خود را از میان قشر تحصیل‌کردهٔ دانشگاهی برمی‌گزیدند؛ دستگاه قضا، حقوق‌دان خوب مطالبه می‌کرد و مراقبت از سلامت، طبیب حاذق. امّا دانشگاه بازهم توانست در حوزه‌ای ابراز وجود کند، که کاملاً مجزّا از جامعه بود؛ استقلال و خودگردانی دانشگاه زمینه را برای دوری متناسب آن فراهم می‌کرد، و وسایل معیشتی اندکی که لازمهٔ فکر و تحقیق بود غالباً امکان زندگی بدون مزاحمت در برج عاج علم را ممکن می‌کرد. امّا از اوایل قرن نوزدهم، اهمیّت نتایج کارهایی که در دانشگاه انجام می‌شد، در زندگی جامعه در همه‌جا دیده می‌شد؛ زمین‌شناسی، اصول علمی استخراج معدن را فراهم آورد، شیمی سبب پیشرفت عظیم کشاورزی شد، برق و فنّاوری ارتباطات هم نتیجهٔ پیشرفت‌های علم فیزیک بود. تاریخ دانشگاه مونیخ پر از موفقیّت است، حتّی موفقیّت در بسیاری از زمینه‌های علوم کاربردی. نتیجهٔ مستقیم چنین رشدی هم، تجهیز بهتر دانشگاه‌ها به دست دولت و گاهی هم صنعت است. پژوهش‌های تجربی تازه، در بسیاری از جاها به دستگاه‌های پیچیده و درنتیجه گران‌قیمت نیاز دارد، به‌همین سبب هم بودجهٔ مؤسّسات دانشگاهی افزایش می‌یابد. امّا ازآنجاکه بودجهٔ همهٔ مؤسّسات رشدی یکسان دارد، در رشته‌هایی که از دستگاه‌های گران‌قیمت استفاده می‌شود، بودجه آن‌چنان به‌سرعت به مرز انتهایی خود می‌رسد که اصلاح آن به تنهایی کفایت نمی‌کند.

دو راه گریز امتحان شد: یکی در تأسیس مؤسّسات پژوهشی ممتاز بود که یا با دانشگاه رابطهٔ اندکی داشت یا کاملاً از آن جدا بود - برای مثال مؤسّسات انجمن ماکس پلانک؛ دیگری تشکیل نقاط متمرکز در خود دانشگاه‌ها بود، یعنی ایجاد حوزه‌های پژوهشی خاص. در هر دو مورد، ازقضا به عمومیّت دانشگاه خدشه وارد می‌شد. و این به این معنا بود که دیگر این امکان وجود ندارد تا در هر دانشگاهی، هر رشتهٔ علمی‌ای با آخرین وسایل تحقیقاتی به کارش ادامه دهد. یکی از نتایج مسئله‌برانگیز این سیر این بود که این امر مسلّم به‌نظر می‌رسید تا به‌تقریبی مدیران همهٔ مؤسّسات بکوشند منابع مالی را از اینجا و آنجا به‌هرقیمتی فراهم آورند.

این مطالبات چقدر به‌حقّ است؟ این نکته درواقع درست است که بعضی از کارهای تحقیقاتی را تنها می‌توان با منابع مالی خیلی زیاد پیش برد. وقتی کسی تصمیم به انجام پژوهش در رشته‌ای می‌گیرد، باید منابع زیاد هم در اختیار داشته باشد. امّا باید پذیرفت حتّی زمانی که بودجهٔ مؤسّسه ناچیز باشد، ممکن است بتوان کارهای پژوهشی‌ای پیدا کرد که با همان منابع ناچیز به آن‌ها می‌توان پرداخت، به‌طوری‌که شاید نتایج آن‌ها مهم‌تر از کارهایی باشد که با دستگاه‌های گران‌قیمت ممکن بود به‌دست آمده باشد. پس باید در انتخاب موضوع‌های تحقیقاتی بیشتر از قبل فکر کنیم، زیرا ما موظّف هستیم دراین‌باره

تأمّل کنیم که آیا نیازهای عام جامعه اجازه می‌دهد تا برای تحقیقات علمی هزینه صرف کنیم؟ از آنچه در آمریکا می‌گذرد، می‌توانیم در اینجا درس‌های زیادی بگیریم؛ مسلّم است که نباید چشم‌بسته از همهٔ آن چیزهایی تقلید کنیم که آنجا اتّفاق می‌افتد. برای مثال در رشتهٔ خود من، این تصور ریشه دوانده است که می‌توان حتّی مسائل مشکل را به‌سادگی با سازماندهی حلّ کرد. با مبالغ میلیاردی که در اختیار باشد، می‌توان هزارها فیزیک‌دان تربیت کرد و شتاب‌دهندهٔ عظیم گران‌قیمتی ساخت. به عبارت دیگر، می‌توان زمین تحقیقات را با غلطکی بخاری هموار کرد، به این امید که بعدها همگان به آن دسترسی خواهند داشت. امّا اگر دقیق‌تر بررسی کنیم که در چه جاهایی فیزیک‌دانان آمریکایی در دهه‌های اخیر بیشترین موفقیّت‌ها را به دست آورده‌اند، متوجّه می‌شویم که بسیاری از این موفقیّت‌ها و شاید مهم‌ترین آن‌ها، به کسانی در بیرون از این دایره مربوط می‌شود که با منابع ناچیز راه خود را رفته‌اند، و نه کسانی که — برای آنکه اصطلاح آمریکایی آن را به آلمانی برگردانم — همراه ارکستر موسیقی راه افتاده‌اند، بلکه کسانی که طی سال‌ها نتایج تحقیقات خود را، که کسی انتظار آن‌ها را نمی‌کشید، دور از انظار عموم در جایی امن قرار داده بودند. برای مثال، پژوهش‌های جو وبر در امواج گرانشی را یادآوری می‌کنم.

منابع بزرگ دولتی برای پژوهش‌های دانشگاهی وجه دیگری هم دارد که به‌طور جدّی باید دربارهٔ آن‌ها تأمّل کرد؛ و آن نفوذ هرچه بیشتر دولت بر دانشگاه است. مسلّم است که وقتی جامعه‌ای منابع بزرگی برای تحقیق آماده می‌کند، ناگزیر خواستار بررسی کلّی استفاده از آن‌ها به سود هدف‌های جامعه هم می‌شود، یعنی منظورهایی که در چشم جامعه اهمیّت دارد. به این دلیل این خطر پدیدار می‌شود که استفادهٔ فنّی از نتایج تحقیقات، مهم‌ترین معیار ارزشی آن شود، و پژوهش‌های بنیادی از نظر دور بماند. این نتایج به‌خصوص به‌روشنی در کشورهای با نظام تک‌حزبی دیده می‌شود که در آنجا دستگاه دولتی دانشگاه‌ها را سفت‌وسخت اداره می‌کند. برای مثال در چین، مائو تسه‌تونگ در یکی از فرمان‌های معروفش، کارخانهٔ ماشین‌ابزار در شانگ‌های را نمونه‌ای قرار داد که چگونه دانشگاه‌ها باید کارگران فنّی طبقهٔ کارگر را آموزش دهند. مسلّماً ما ازسر بی‌میلی دانشگاه‌های خود را تا این‌حدّ مستقیم درگیر نیازهای صنعت می‌کنیم، و عقیده داریم که تحقیقات بنیادی، یعنی پژوهش در راه شناخت محض، که خود بخش مهمّی از زندگی علمی است، بازهم به سود جامعه است. درست در همان زمان، کمی پس از انقلاب فرهنگی چین، مدّت تحصیل در دانشگاه‌ها بسیار کوتاه شد؛ دلیلی که برای این کار می‌آوردند این بود که مدّت طولانی تحصیل، فکر غلط نخبه‌بودن را در میان دانشجویان ترغیب می‌کند. در مقاله‌ای رسمی در روزنامه خلق پکن، چنین آمده بود که: این خطر وجود دارد تا دانشجویان، کارگران و

دهقانان را پایین‌تر از خود بدانند و خود را مردان بزرگ ببینند؛ به‌همین سبب لازم بود به آن‌ها پند بدهیم تا این اداواطوارها را کنار بگذارند.

در دولت‌هایی که دموکراسی پارلمانی مسئول ادارهٔ نسبتاً آزاد آن است، نه فقط نفوذ دولت بر دانشگاه، بلکه به‌عکس هم نفوذ محافل علمی بر سیاست آموزشی و پژوهشی دولت تشدید می‌شود. همه‌جا کمیته‌های آموزشی تشکیل می‌شود، به‌طوری‌که نمایندگان دولت و علم مشترکاً در مورد تقسیم منابع تحقیقاتی شور می‌کنند و خطوط کلّی سیاست آموزشی و پژوهشی دولت را به بحث می‌گذارند. مسلّم است که در اینجا به‌صراحت حرف از مشاوره است، و نه از مشارکت در تصمیم‌گیری. درست به‌همین دلیل، در پانزده‌سال گذشته در کشورمان توفیق پیدا کردیم در همین نقطه رابطهٔ اعتماد متقابل محض را میان متولّیان علم و دستگاه دولتی به وجود آوریم، و به‌این دلیل، به نظر من این کمیته‌های مشورتی کارهای بسیار ارزشمندی انجام داده‌اند. معلّمان دانشگاه نه فقط با این کار می‌آموزند تا علایق دانشگاه و پژوهش را، بلکه درعین‌حال هم منافع جامعه را با نظر به همین مسئولیّت در نظر بگیرند و بر همین اساس عمل کنند. در مواردی هم اهل علم حتّی، باتوجّه به همین احساس مسئولیّت، بر تصمیمات در سیاست عمومی کشور اثرگذار بودند. بیانیهٔ هجده استاد دانشگاه گوتینگن دربارهٔ تجهیز ارتش آلمان به سلاح اتمی و این واقعیّت را به یاد می‌آورم که همین دانشگاه چندسال پیش وزیر فرهنگ ساکسونی سفلی را مجبور به استعفا کرد، زیرا او، به نظر دانشگاه، تماس نزدیکی با محافل ناسیونال‌سوسیالیست‌ها برقرار کرده بود. گمان می‌کنم که این تأثیرگذاری دوسویه و برقراری رابطهٔ اعتماد، که پیش‌شرطی بر آن تأثیرگذاری است، فرصت خوبی برای پیشرفت جمهوری فدرال آلمان در سال‌های پس از جنگ بوده، و ما هم باید بکوشیم تا این رابطهٔ اعتماد را حتّی در دولت‌های بعدی — که می‌تواند تغییر کند - حفظ کنیم.

و سرانجام، در پی اهمیّت فزایندهٔ علم و فنّاوری، روابط بین‌المللی تغییر کرده، مستحکم‌تر شد؛ و همچنین روابط میان دانشگاه‌ها و دولت‌ها. همکاری‌های بین‌المللی میان دانشگاه‌های کشورهای مختلف، یا حتّی دانشگاه‌های کشور با مراکز تحقیقاتی بین‌المللی، امری است متداول در پژوهش‌های علمی امروزی. و به‌تقریبی هم قاعده این شده است که دانشگاهیان جوان به کارهای تحقیقاتی خود چندسالی در خارج از کشور با کمک‌هزینهٔ تحصیلی ادامه می‌دهند تا در آن کشورها با روش‌های پژوهشی تازه و راه‌های تحقیق آشنا شوند. در کشور آلمان، بنیاد الکساندر فون هومبولت، سالانه به سیصد تا چهارصد دانشگاهی جوان خارجی هزینهٔ تحصیلی می‌دهد تا یک تا دو سال در کشور ما کارهای علمی خود را دنبال و معلومات خود را تکمیل کنند. به‌تازگی هم وابسته‌های فرهنگی ما در

سفارت‌خانه‌های مهم به این فکر افتاده‌اند تا به تبادل تجربه در حوزه‌های علوم و فنون، که به‌سود هردو طرف است، تا حدّ ممکن بیفزایند. سیاست فرهنگی، امروزه بخش بسیار مهمی از سیاست خارجی شده است، به‌خصوص آنکه اهمیّت بخش علمی-فنّی آن را به‌دشواری می‌توان نادیده گرفت.

به‌این ترتیب، شاید به دورنمای کلّی از دگرگونی‌هایی دست یافته باشیم که به‌طور مستقیم برآمده از گسترش علم در حوزهٔ دانشگاه است؛ تغییراتی که تأثیری جدّی بر ساختار دانشگاه می‌گذارد. پس اکنون باید حرف از آن تغییرات ژرف در زندگی دانشگاهی باشد که ریشه در جامعه‌ای دارد که درحال تغییر است، و به‌طور غیرمستقیم علم و فنّاوری سبب بروز آن‌ها شده است. دراین‌مورد باید به این نکته آگاه باشیم که: همهٔ رویدادهای سیاسی سریع، مانند انقلاب، پیروزی، شکست، و فتح دیگر سرزمین‌ها، هراندازه که منفرداً ترس‌آور باشد، تنها نواهایی است که به همراه آن تغییرات آرامی می آید که در عمق بنیان‌های زندگی بشری روی می‌دهد، که طیّ صدوپنجاه سال اخیر علم و فنّاوری به‌وجود آورده است. توده‌های عظیم انسانی زمانی به این مسئله آگاهی یافت که نخستین بمب اتمی در سال ۱۹۴۵ بر فراز ژاپن فرود آمد. مسلّم است که این دگرگونی‌ها خیلی پیشتر آغاز شده بود. فاجعهٔ هیروشیما زنگ خطری برای ما بود تا ما را از انجام کارها به سیاق گذشته برحذر بدارد.

پیشرفت فنّاوری امّا در آغاز موفقیّت بزرگی بود. باوجود همهٔ پیش‌بینی‌هایی که در سدهٔ نوزدهم ازسر بدبینی کرده بودیم، فقر توده‌ها در کشورهای صنعتی خوشبختانه به‌کلّی ازمیان برداشته شد؛ معاش طبقاتی که پیشتر در فقر بودند، به سطح معاش بورژواها رسید، اختلاف میان طبقات محو شد، و بر همین اساس، به‌ظاهر رضایتمندی این طبقات امروزه بیش از قبل است. یکی از نتایج گسترش رفاه عمومی، حق تحصیل است که اکنون بسیاری از مردم آن را مطالبه می‌کنند و سبب بروز ازدحام در مدارس عالی شده است. این حق بجاست و باید خوشنود باشیم که شمار آن روبه‌رشد است و مردم بیشتری یاد گرفته‌اند دیدی انتقادی داشته باشند و با احتیاط به امور فکر کنند. اگرچه تحصیل دانشگاهی پشتوانهٔ مطمئنی بر نداشتن پیش‌داوری و توّهمات آرمان‌گرای نیست، شاید بتواند جلوی کوته‌بینی را بگیرد. به‌هرحال، با رشد شمار دانشجویان، دانشگاه وظیفهٔ دشواری دارد که بدون تغییر در ساختار داخلی‌اش چندان نمی‌تواند ازپس آن‌ها برآید. دربارهٔ اصلاح دانشگاه، کمی بعد مختصری خواهم گفت.

یکی دیگر از نتایج سیاسی این پیشرفت فنّی روبه‌رشد، به‌خصوص فنّاوری اتمی، تشکیل فضاهای بزرگ سیاسی است که به تدریج جای دولت‌های ملی مستقل قبلی را می‌گیرد. این فرایند برای دانشگاه از این نظر مهم است که رویدادها در دانشگاهی در کشوری، بر

دیگر دانشگاه‌ها در خارج از کشور به‌سرعت تأثیر می‌گذارد؛ به‌خصوص در کشورهایی که در همان بلوک قدرت است. جوانان دانشگاهی ما، ادامهٔ تحصیل یا کار تحقیقاتی در خارج از کشور را، یعنی در کشوری که در همان فضای سیاسی است، امری مسلّم می‌دانند، و آن را به‌هیچ‌وجه گسستگی‌ای خاصّ در کار خود نمی‌دانند. تنها کار مهاجرت زودگذر به کشوری با همان فضای سیاسی، یعنی جایی که ساختار جامعه از اساس طور دیگری است، خود نوعی ماجراجویی است. همبستگی جوانان دانشگاهی با یکدیگر در کشورهای مختلف، و با نژادهای مختلف، امروزه بسیار گسترده‌تر از همبستگی میان ملّت‌هاست؛ پیشرفتی که بر دل‌گرمی ما می‌افزاید، امّا اهمیّت سیاسی‌اش را هم نباید از نظر دور داشت.

سرانجام، مهم‌ترین تأثیر گسترش علم و فنّاوری در سبک زندگی خود ما پدیدار می شود، یعنی در وابستگی روزافزون فرد به خدماتی که دولت اداره می‌کند، مانند مراقبت‌های پزشکی، تأمین آب و برق، وسایل رفت‌وآمد عمومی و ایجاد راه، نظارت بر بازرگانی و تجارت و امثال آن‌ها. جامعه هم می‌کوشد تاحدّامکان خطرهایی را، که تهدیدی برای فرد است، کم کند. امّا شاید دراین‌باره کمتر تأمّل شده که حوزهٔ زندگی فردی می‌تواند باتوجّه‌به روابط انسانی بسیار تنگ‌تر شود. ما خود را با این خطر رودررو می‌بینیم که به «دنیای قشنگ نو»، که ازنظر فنّی کامل است، نزدیک شویم که هاکسلی آن را در توصیف دهشت‌آفرینش، خیال‌آبادی می‌داند که باید از آن دوری جست.

به‌این دلیل برای ما مایهٔ خوشبختی است که مرزهای گسترش فنّاوری اکنون کاملاً روشن شده، و علم در دانشگاه‌ها – و جامعه‌شناسی و حقوق هم – با وظایف تازه و مهمی رودررو است. فنّاوری، که هر روز بر گسترهٔ آن افزوده می‌شود، در کشورهای صنعتی محیطی را که ما در آن زندگی می‌کنیم، آن‌قدر تغییر داده که زیان‌ها و خطرهایی برای مردم پدیدار کرده است. به این مسئله به‌تازگی از جوانب مختلف اشاره شده است و من هم لازم نمی‌دانم در این مورد حرفی بزنم. به‌یقین تلاش‌های زیادی لازم است تا این پیشرفت را در راه درستی هدایت کنیم. شاید بتوان این وظیفه را که بر دوش ماست، به‌طور کلّی این چنین مطرح کرد: برای اینکه بدانیم چقدر فضا باید به گسترش فنّاوری بدهیم، باید ببینیم چقدر این کار در خدمت واقعی جامعهٔ انسانی است و چقدر به‌طور منطقی نیاز آن را تاحدّ ممکن برآورده می‌کند. امّا ما اجازه نداریم کارهایی را بکنیم که ازنظر فنّی می‌توانیم انجام دهیم. آنچه وظیفه دانشگاه است، این نیست که همه جا تنها در پی کار بر روی مسائل محیط زیست باشیم؛ امری که به‌یقین بیهوده است. پژوهش‌های بنیادی و کاربردی باید در همهٔ حوزه‌های مختلف انجام شود، زیرا اگر از شناختی تازه استفادهٔ درست شود، می‌تواند مفید باشد. مسلّم است که همکاری مستقیم میان دانشگاه‌ها، صنایع، و دستگاه دیوانی برای حلّ

مسئلهٔ مهم مهار فنّاوری کاری است که فوریّت دارد. شاید مقایسهٔ ذیل بجا باشد: همان‌طور که در دو قرن گذشته، تحقیقات بنیادی هم تحت تأثیر فکر استفادهٔ ممکن از آن بوده است — چه استفاده را معیاری بر درستی آن بدانیم، چه آن را محصول ثانوی مفیدی بدانیم — کار علمی هم شاید در آینده بتواند محرّک‌هایی قوی از این فکر دریافت کند که چگونه می‌توانیم دوباره آقای خودمان شویم، یعنی فنّاوری را کاملاً در خدمت نیازهای واقعی خودمان بگیریم. در اینجا حتّی علم اقتصاد هم می‌تواند کارهای مقدّماتی مهم را انجام دهد. رشد تولید سالانهٔ کالا هنوز هم مهم‌ترین معیار بر اقتصاد سالم است. امّا شاید در آینده روزی فرا رسد که کاهش میزان تولید کالا برای رفاه مردم مفیدتر باشد تا افزایش آن، و کار به جایی برسد که فرقی میان کالاهایی بنهیم که کاملاً ضروری است و کالاهایی که می‌توان از آن‌ها به‌خوبی صرف‌نظر کرد. جدل با این مسائل حاد می‌تواند برای آینده مهم‌تر از بحث نظری تکراری دربارهٔ مزیّت‌های نظام‌های اقتصادی موجود بر یکدیگر باشد. مسلّم است که وضع کنونی رشد اقتصادی به‌یقین همواره پایدار نیست و پرسش فقط این است که آیا خط ترمز فعلی آن‌قدر طولانی هست که بتواند از فاجعه‌های مهیب‌تر جلوگیری کند؟ مسلّماً باید کوشش‌های زیادی کرد تا بتوان به توازن اقتصادی رسید و چون در اینجا، هم مسئله پاسخ به پرسش‌های منفرد مطرح است و هم مسئلهٔ تصمیم‌های اساسی مهم در میان است، برای نسل جوان در دانشگاه‌ها انبوهی از کارهای مهم برجای می‌ماند که حلّ آن‌ها کاملاً به سود خود او خواهد بود.

شاید بتوان امید داشت که از این منظر ممکن باشد به مسئلهٔ محدودترشدن روابط انسانی پرداخت که به نظر می‌رسد همراه با پیشرفت‌های فنّی و رفاه می‌آید و نسل جوان دانشجو به‌حقّ در برابر آن ایستادگی می‌کند. در زندگی دانشگاهی این محدودیّت، یا بی‌پرده بگوییم انزوا، در این است که هرچند ما برای دانشجویی جوان، هزینهٔ تحصیلی، خوابگاه دانشجویی و همهٔ دیگر کمک‌های ممکن را تضمین می‌کنیم تا تحصیلش را به‌قاعده دنبال کند، در کلاس‌های شلوغ درس و پرسش‌وپاسخ ارتباط کمی با استاد و مربی دارد؛ و همچنین مراوده با شاغلین در گروه‌های دیگر، که پیشتر در پاتوق‌های دانشجویی به‌خودی‌خود اتّفاق می‌افتاد، حالا دیگر در خوابگاه‌های دانشجویی روی نمی‌دهد. و حالا نمی‌توانیم انتظار داشته باشیم که دانشجو پس از طی تحصیلش که این چنین به‌درستی سازمان‌یافته، امّا ازنظر ارتباط با دیگر انسان‌ها به‌این میزان فقیر است، بدون دشواری شخصی، کم‌وبیش جایی برای خود، چون ابزار یدکی ماشینی، در درون سازوکار عظیم جامعه‌ای که سرتاسر برنامه‌ریزی شده است و بر منطق استوار است، بیابد که خود درجاتی از آزادی دارد و ازپیش برنامه‌ریزی شده است. مسلّم است که هیچ نسل جوانی برای این کار آماده نشده است، و

ما هم اصلاً نمی‌توانیم آرزوی چنین چیزی را داشته باشیم. برای جوانان، دنیا همیشه از اوّل شروع می‌شود؛ و آن‌ها هم نمی‌توانند به‌آسانی وارد دنیایی شوند، که نسل پیشین برای آن‌ها تدارک دیده است، و بی‌قیدوشرط هم به آن خوشامد بگویند.

نتیجه این شد که به بحران دانشگاهی پنج سال گذشته رسیدیم، به شورش دانشجویان، که هم عمیقاً به زندگی دانشگاهی یورش برد و هم تاانداز‌ه‌ای آن را تباه کرد. این شورش نه در آلمان، بلکه در غرب آمریکا، در برکلی آغاز شد، و به‌این‌دلیل سرتاپا نادرست است مقصّر بحران را، به‌خصوص در میان دانشجویان دانشگاه‌های آلمان، استادان و دانشگاه‌های آلمان جست‌و‌جو کنیم. این شورش دانشجویی در کشور ما، نه اوّلین شورش دانشجویی بوده، نه آخرین آن خواهد بود. در جشن وارت‌بورگ در سال ۱۸۱۷، جوانان دانشجو به نهضت نوپای وحدت ملت آلمان روی آوردند، امّا سه‌سال بعد، همین جنبش در واکنش به قتل نویسنده کوتسه‌بو، به دست دانشجوی الهیّات زاند، از پای درآمد. در سال ۱۸۴۸، دانشجویان و بخشی از استادان مشترکاً تظاهراتی برای ایجاد اصلاحات آزادی‌خواهانه و مردمی و برضدّ وضع موجود شاهزاده‌نشینی برپا کردند. گرچه پایه‌گذاری امپراطوری بیسمارک به‌واقع بخشی از این خواسته‌ها را برآورده کرد، یعنی شاهزاده‌نشینی را ازمیان برداشت، اصلاحات آزادی‌خواهانه و مردمی چندان محقّق نشد. جنبش جوانان پنجاه‌سال پیش کوشید از تنگنای دنیای بورژوازی بیرون بیاید، که به‌ظاهر توخالی شده بود و دیگر اعتمادی به آن نبود، و در گسترۀ زندگی اجتماعی در طبیعت وارد شود، ارتباط مستقیم با همۀ انسان‌ها در همۀ طبقات مردمی ایجاد کند، یعنی ارتباطی که سنت‌های فرهنگی مشترک پشتوانۀ آن بود. امّا در اواخر سال‌های دهۀ بیست، بخش بزرگی از جوانان دانشجو به ناسیونال‌سوسیالیسم روکردند؛ آشوب‌های دانشجویی در دانشگاه مونیخ در سال ۱۹۳۱ نشان داد که ناسیونال‌سوسیالیست‌ها قدرت را در تشکیلات دانشجویی به دست گرفته بودند؛ نه فقط در دانشگاه مونیخ، بلکه در همۀ دیگر دانشگاه‌ها.

در پنج سال اخیر هم دوباره کلاس‌های درس مختل شد، از انتخابات به‌زور جلوگیری شد. این حوادث را خودم تجربه نکردم، و چون بنا داشتم رویدادها را فقط از دور نظاره و تشریح کنم، شاید هم مجاز باشم تا در پی بیان ویژگی‌های مشترک این چهار آشوب دانشجویی برآیم. در آغاز، در همۀ موارد، آگاهی‌یافتن به‌خودی‌خود دانشجویان به پشت‌کردن یک‌باره به وضع موجود بود، که نمی‌توان دلیلی عقلی برای آن آورد. گرچه می‌توان نقایص موجود پیشین را توضیحی بر آن دانست، که البته بخشی از حقیقت را در خود دارد، همۀ ویژگی‌های اساسی رویدادها را دربر ندارد. مسلّماً قیاس با مهاجرت پرندگان در پاییز به سمت جنوب، بخش دیگری از حقیقت را در خود دارد. یاکوب بورک‌هارت در این باره می‌گوید: «پیام به

هوا می‌رود، و بر سر چیزی که برای همه مهم است، ناگهان همگی موافقند، همه چیز باید تغییر کند، حتّی اگر آن نقطهٔ سیاهی باشد.» در این مرحلهٔ آغازین، ویژگی‌های مثبت جنبش غالب است، نگاه هنوز به دوردست‌ها دوخته شده، به امکانات تازه و وسوسه‌انگیز، و حتّی سردرگمی در همین آشوب‌های روزهای نخستین نشان می‌دهد که هنوز حرف از ارزش‌های اصیل است، نه از تصاحب قدرت به تنهایی. امّا اوضاع نمی‌توانست این طور بماند و زمانی رسید که قدرت‌های سیاسی قدیمی کوشیدند تا آب‌های گوارای این چشمهٔ تازه را به جریان شاید گل‌آلود و راکد منظورهای سیاسی خود سرازیر کنند. پس از سال ۱۸۴۸، امپراطوری بیسمارک پا به میدان گذاشت. امّا در سال‌های دههٔ بیست، جریان‌های دیرپای تاریخی سوسیالیسم و ناسیونالیسم موجود بود که با پیوندی نامقدس میان سوسیالیسم و ناسیونالیسم، یعنی ناسیونال‌سوسیالیسم، ذهن جوانان را آشفته کرد. آن که آن زمان را به‌چشم خود دیده، هنوز با وحشت به خاطر می‌آورد که چگونه، حتّی نزد جوانان بااستعداد، آنانی که ذهنشان گشوده بر پهنهٔ گیتی بود، ناگهان نگاهشان به تنگی گرایید، چگونه نگاهشان تنها بر برخی از عیوب آشکار خیره شده بود، که زدودن آن‌ها به گمانشان وعدهٔ رهایی از همهٔ بدی‌ها را می‌داد. پیام‌آورانی که همواره در چنین زمان‌هایی ظاهر می‌شوند، زبان تازه‌ای ابداع کردند که فهم آن برای کسانی که جنبش را خود درک نکرده بودند، بیش از هروقت دیگری دشوار بود؛ و سرانجام اقبال پیدایی چیزی خوب از آنچه در آغاز درحال رشد بود، بیش‌ازپیش کم و کم‌تر می‌شد. این تنگی میدان دید و این شیفتگی مرامی، می‌توانست به جایی بینجامد تا جوانان از آن کسانی پیروی کنند که دیگر از حقیقت چیزی به زبان نمی‌آوردند، آن کسانی که برای برقراری صلح به میدان می‌آمدند، امّا در سودای درگرفتن جنگ داخلی بودند، کسانی که از آزادی حرف می‌زدند، امّا در فکر سرکوب آن بودند. نبردی که کورکورانه جریان می‌انجامد، به‌دشواری می‌تواند در خدمت مقصودی درست باشد. چنین چیزی نباید دوباره اتفاق بیفتد. در بحران کنونی هم باید همهٔ تلاشمان را به‌کار گیریم تا از تنگ‌شدن افق دید خود جلوگیری کنیم. اینکه چنین خطری امروزه هم وجود دارد، نمونه‌ای از آن را ذکر می‌کنم: به‌آسانی دیده می شود که از علم می‌توان سوءاستفاده کرد، مانند آنچه در ساخت سلاح می‌بینیم. امّا چندان هم ندیده‌ایم که سوءاستفاده‌های خطرناک از روان‌شناسی را بگویند. خطرناک‌ترین کار این است که برای توجیه رفتار دگراندیشان انگیزه‌های ناصواب به آن‌ها نسبت بدهیم؛ امری که ناگزیر بی‌اعتمادی و دشمنی را در پی خواهد داشت.

امّا چقدر می‌توانیم به مطالبات دانشجویان تن در دهیم؟ به این پرسش، نمی‌توانم پاسخ بدهم، زیرا دیگر در فعالیّت‌های دانشگاهی شرکت ندارم. امّا شاید اجازه داشته باشم

توصیه‌ای بکنم. تاجایی‌که خواسته‌های جوانان واقعاً به بهبود وضع دانشگاه‌ها مربوط می شود – بهبود باتوجّه‌به اهدافی که جامعه برای دانشگاه معیّن کرده است – باید همّت کنیم با تلاش مشترک با آن‌ها، با فهم درست از مشکلات بزرگ آن‌ها، وضع آن‌ها را در جاهایی که اصولاً این کار ممکن است، بهبود دهیم. و نباید با اشاره به برخی از کژراهه‌ها، ازسر تنبلی پا در آن راه‌های قدیمی بگذاریم. امّا آن جایی که جوانان می‌کوشند از راه دانشگاه، جامعه را از بنیان دگرگون کنند، در آنجا باید آن‌ها را روشن کنیم که دانشگاه اصلاً برای این کار محل مناسبی نیست. دانشگاه در زندگی سیاسی اهمیّتی بسیار کمتر از آن دارد که ما پیش خود تصوّر می‌کنیم. برای تودهٔ مردم، عمل همیشه از فکر مهم‌تر بوده است.

امّا چند کلمه‌ای هم در مورد اصلاحات دانشگاهی بگوییم که درحال حاضر دربارهٔ آن‌ها خیلی بحث می‌شود. وظیفهٔ من این نیست پیشنهادی بدهم. سازگارکردن دانشگاه با زمان، که تغییر می‌کند، حتماً لازم است، امّا اینجا هم اصلاً مسئلهٔ پیشنهاد مطرح نیست، بلکه مسئلهٔ اجراست. و برای انجام این کار لازم است در وسط زندگی دانشگاهی باشیم، یا در مرز میان زندگی اجتماعی و زندگی دانشگاهی. دربارهٔ پیشنهادهای تازه، شاید لازم باشد یادآوری کنم که در حرف‌های رئیس دانشگاهی در سال ۱۸۹۹ از «احساس دل‌زدگی» گفته شده، که «به‌سراغ کسی می‌رود که معلّم دانشگاهی را می‌بیند که بازهم قدم در راه کار بیهودهٔ پیشنهاد اصلاح دانشگاه برمی‌دارد، هرچند مردان برجسته‌ای نسل‌هاست که به این کار پرداخته‌اند.» پس من هم پیشنهاد تازه نمی‌دهم. از فوریّت کوتاه‌کردن مدّت تحصیل هم پیشتر حرف زدم. درضمن می‌خواهم بر نکتهٔ مهم دیگری تأکید کنم، که به مفهوم دموکراسی مرتبط است. دعوا بر سر درصد معیّنی از آراء در تصمیم‌گیری مشترک، در چشم من مثل دعوای بچه‌ها بر سر اسباب‌بازی است، که به‌وقت نزاع آن را شکسته‌اند و دیگر این مسئله برایشان مهم نیست که تکّهٔ کدام‌یک بزرگ‌تر است. تنها چیزی که در زندگی دانشگاهی مهم است، برقراری رابطهٔ اعتماد میان استاد و دانشجوست. اگر چنین رابطهٔ اعتمادی وجود داشته باشد، آن وقت با هر درصدی از آراء هم، همکاری درست ممکن است؛ و اگر این طور نباشد، آن وقت از این یا آن کار چیز زیادی عاید نمی‌شود. دموکراسی مسلّماً تنها مجموعه‌ای از قوانین بازی سیاسی نیست، بلکه راه زندگی است که با این آغاز می شود که دیگری را کاملاً به حساب بیاوریم، او را از نظر شخصی جدّی بگیریم و درصدد یافتن راه‌حلّی با او و نه برضدّ او برآییم.

امّا حالا از موضوع سخنرانی‌ام، یعنی «علم در دانشگاه‌های امروزی» کمی دور شده‌ام و می‌خواهم به این سؤال برگردم: آیا شیوهٔ تفکر علمی که در دانشگاه‌ها آشکارا جایی برای

خود یافته است، با میل به آزادی فکر و به وسعت فکری سازگار است، که برای ما همواره مهم‌ترین هدف تحصیل دانشگاهی به نظر آمده است.

عجالتاً این نکته را به یاد می‌آوریم که در آغاز عصر جدید، علم سبب شد تا از تنگنای فکر جزمی سده‌های میانه، که از راه سنّت به ما رسیده بود، خود را برهانیم. بعدها با مطالبهٔ دقّت بیشتر و موشکافی در جزئیّات، میدان دید ما هم گاه‌وبی‌گاه تنگ‌تر می‌شد. امّا وقتی ایراد به فکر تخصّصی کارشناسی خبره رفع می‌شود، آن وقت است که می‌توانیم اهمیّت این نکته را نشان دهیم که چگونه این تصویر طیّ پنجاه سال اخیر دگرگون شده است؛ چگونه در علم امروزی، متخصّصی که ازسر وجدان کار می‌کند و نگاهش مضیق است، همیشه اهمیّت زیادی دارد، امّا کار راهبری را دیگر ندارد؛ زیرا چه در فیزیک، شیمی، زیست‌شناسی و چه در طب باشیم، بازهم ناگزیریم، اگر بخواهیم پیشرفت‌های چشم‌گیری بکنیم و چیزی بفهمیم، تا در حوزه‌های مرزی و گاهی فراتر ار این حوزه‌ها تا فلسفه پیش برویم. افزون بر این، اهمیّت تربیتی و اخلاقی پژوهش علمی را هم باید در نظر بگیریم. اهمیّت عملی کارهای پژوهشی، ما را مجبور می‌کند به مسائل اخلاقی ازنو فکر کنیم، به‌خصوص به این پرسش که آیا باید هر کاری از دستمان بر می‌آید، انجام دهیم. دقّت تفکّر علمی به ما می‌آموزد که دربارهٔ درست و نادرست درنهایت به‌طور عینی حکم می‌شود، و عقیدهٔ ذهنی و تعهّد شخصی هرچند در کار مهم است، به‌تنهایی برای صحّت آن کفایت نمی‌کند، چون شاید بعدها معلوم شود حق با ما نبوده است. و این مسلّماً تجربه‌ای بسیار ثمربخش است. و سرانجام علم در فیزیک اتمی و زیست‌شناسی به مرزهای معرفت‌شناختی فکر منطقی برخورد می‌کند، و در آنجا می‌کوشد آن‌ها را با ابزارهای کمکی منطقی علم علامت‌گذاری کند. به‌این‌ترتیب در همین‌جا هم دانشجو با همهٔ جریان‌های فکری رودررو می شود که هومبولت در چارچوب آموزش آرمانی خود، شناخت آن‌ها را خواهان است. گسترهٔ فکر حتّی در علوم طبیعی پیش‌شرط مهمی است.

این را هم باید پذیرفت، که همهٔ این‌ها هنوز هم رضایت جوانان را فراهم نمی‌آورد. این جوانان امید دارند در رودررویی با دانشگاه، جواب‌هایی به پرسش‌های خود در زندگی بیابند، یعنی قطب‌نمایی پیدا کنند که به آنان، جهت حرکت را نشان دهد. دانشگاه به‌معنای یک نهاد، به‌یقین نمی‌تواند، امروز هم مثل دیروز، همهٔ این‌ها را مهیّا کند. دانشجو شاید امروزه این خوش‌اقبالی را داشته باشد در دانشگاه با شخصیّتی مهم آشنا شود که به او کمک کند؛ چنین آشنایی‌ای می‌تواند بر سراسر زندگی او تأثیر بگذارد — و این هم دیگر فرقی نمی‌کند که او در کدام رشتهٔ علمی درس می‌خواند. در دانشگاه مونیخ همیشه چنین شخصیّت‌هایی بوده‌اند. ما باید ازسر صدق به جوانان بگوییم که آنان نباید دل‌گرم به چنین چیزی باشند.

شاید در زمان تحصیل دوستانی پیدا کنند که در جمع آن‌ها راه زندگی را ساده‌تر پیدا کنند؛ و اگر غیر از این باشد، باید به این حقیقت تلخ تن دردهند، که ما همیشه در تصمیمات مهم تنهاییم.

به‌این‌ترتیب، به مسئلهٔ ارزش آزادی رسیدیم. آزادی همیشه دو وجه دارد؛ آزادی از چیزی و آزادی به چیزی. در آزادی فکری، از یک‌سو مسئلهٔ آزادی از پیش‌داوری، از قیود جزمی، از القائات فکری، از تحمیل عقیده در میان است؛ از سوی دیگر این امکان تا به افکار تازه بیندیشیم، به واقعیّات موجود از دیدگاه دیگری بنگریم، به افکار دیگران، حتّی زمانی که روشن نیست، خودمان فکر کنیم و فراتر از آن‌ها برویم. از علم می‌توان در اینجا در درجهٔ اول آموخت که آزادی تنها در شناخت قانون است. پزشک تنها وقتی می‌تواند بیمار را از درد برهاند که قوانین زیست‌شناختی‌ای را خوب بشناسد و از آن‌ها استفاده کند که حاکم بر آن پدیده در بدن است. آزادی به پرواز‌کردن، بر شناخت قوانین آئرودینامیک استوار است. و به‌همین منوال، آزادی در تصمیم‌هایی که در زندگی می‌گیریم، تنها از راه پایبندی به هنجارهای سنّتی ممکن است، و آن که بخواهد این پایبندی را چون قیدی بداند که می‌توان آن را نادیده گرفت، آن کس نمی‌تواند آزادی را با چیزی جز بی‌بندوباری جایگزین کند؛ چون علم چیزی بسیار مهم‌تر می‌آموزد و آن این است که آزادی دشواری دارد. برای آنکه در چارچوب قوانین طبیعی مسلّم روابط تازه را بشناسیم، امکانات نو را بکاویم، به‌شیوه‌ای غیرمعمول بیندیشیم، کامیابی زمانی نصیبمان می‌شود که برای آن تلاش زیادی کرده باشیم. آن که این کار را بسیار دشوار می‌یابد، نباید با نادیده‌گرفتن قوانین موجود از سر مسامحه به کژراهه برود. از این کار اصلاً نتیجه‌ای عایدش نمی‌شود، بلکه تنها زمانی نصیبی دارد که در چارچوب آنچه موجود است، بماند و به کار دقیق بپردازد. این کار همیشه به زحمتش می‌ارزد. اگر ویلهلم فون هومبولت این خواسته را پیش کشیده باشد تا به دانشگاه تفکّر علمی و فکر نقّاد، ارادهٔ فکری آگاه بیاموزد، که بر اصولی مبتنی بر سنّت استوار باشد، به‌یقین بازهم گسترش علم سدّ راهی بر این هدف نیست.

ولی امروز بازهم در دانشگاه‌ها نارضایتی‌های زیاد و ناآرامی وجود دارد. شاید برای بسیاری از آنان که خواهان آزادی و دموکراسی بیشترند، آزادی و دموکراسی دشوار بیاید. دموکراسی نمی‌بایست در اصل این باشد، زیرا خواستهٔ جدّی‌گرفتن دیگری چون فرد، مستلزم آن است تا با حسن‌نیّت آن را محقّق کنیم، حتّی اگر دیگری سدّ راه ما شود. امّا در روزگار ما، یعنی در زمانی که به بسیاری از ارزش‌های کهن تشکیک شده است، در زمانی که حقیقت و غیرحقیقت ناگزیر در سردرگمی‌ای در فهم زبانی، درهم آمیخته است، بسیار دشوار است که راه خود را به تنهایی بیابیم. به‌استقلال تصمیم بگیریم که زمین زیر پایمان کجا تاب

می‌آورد و کجا شروع به لرزیدن می‌کند. ما نباید جوانان را ازین بابت سرزنش کنیم که نمی‌خواهند بار آزادی را بر دوش کشند. اگر صادق باشیم، به آنان نصیحت می‌کنیم تا به معیارهای ارزشی کهن، که در ادیان بزرگ محفوظ‌اند، محکم وفادار بمانند. زمان آن نرسیده است که شرعیّات نو بنویسم. تحلیلی منطقی از مناسبات اجتماعی به‌یقین بر این کار تکافو نمی‌کند.

رابطهٔ انسانی میان پیر و جوان این را هم ایجاب می‌کند تا ویژگی‌های غیرمنطقی جنبش جوانان، چه امروز، و چه دیروز را انگیزه‌ای ندانیم تا از فهم آن دست بکشیم. تأثیر نافذ علم و فنّاوری آن چنان زیاد بر وجه منطقی دنیای ما تأکید کرده که ناگزیر به واکنش برضدّ این زیاده‌روی باشیم. یا، برای آنکه نیچه را نقل کنیم، بگوییم که در نومیدی ازسر پوچی و رنج در این دنیا، خدای دیونیسوس باید دوباره ظهور کند. شاید همهٔ این رویدادهای غیرمنطقی، ناآگاهانه بیان اشتیاق به دیدن آن سرزمینی باشد که در آن ذهن بیش از خبر است، عشق بیش از آمیزش جنسی است و علم بیش از گردآوری داده‌های تجربی و تحلیل آنهاست. پس سپاسگزار باشیم که بازهم از خود زندگی، جوششی پدیدار می‌شود که در «دنیای قشنگ نو» هاکسلی، که پیشتر از آن گفتیم، ازپیش برنامه‌ریزی نشده است. در این اوضاع، مهم‌ترین کار برای دانشگاه این است که وسعت نگاه خود به جوانان را حفظ کند، فکر آن‌ها را طوری به حرکت دربیاورد که از روی‌آوردن به تحجّر در شکل جزمیّات بی‌ارزش بگریزند، آن‌ها را در امکانات عظیمی که دورهٔ گذار برایمان فراهم کرده، سهیم کند. چنین چیزی هم می‌تواند در علوم طبیعی روی دهد و هم در دیگر علوم، هم در تمرکز بر روی مسئله‌ای منفرد به دست آید و هم در نگاه جامع به حوزه‌های بزرگ.

دانشگاه مونیخ پانصد سال تمام در گذر زمان هم چشمهٔ اندیشه‌های پرثمر، هم منبع آن‌ها بوده است؛ و امروز هم ازپس وظیفه‌ای که زمانهٔ ما بر آن گمارده است، به‌درستی بیرون خواهد آمد.

۲۰

حقیقت علمی و حقیقت دینی[۲۹]

افتخاری که شما امروز از روی لطف نصیبم کردید، و من هم از شما سپاسگزارم، با نام *رومانو گواردینی* پیوند دارد. این افتخار به این سبب ارزشی ویژه دارد که دنیای فکری گواردینی خیلی پیش‌تر تأثیری عمیق بر من نهاده است. به هنگام جوانی نوشته‌های او را خوانده‌ام و به شخصیّت‌های آثار *داستایوفسکی* از دید او نگریسته‌ام، و اکنون در دوران کهن‌سالی با شادمانی شخصاً با او آشنا می‌شوم. دنیای گواردینی، دنیای سراسر دینی مسیحی است. به همین سبب دشوار می‌نماید آن را با دنیای علم پیوند دهیم که من از دوران تحصیل تاکنون در آن کار می‌کنم. همچنان‌که می‌دانید، از زمان محاکمهٔ مشهور *گالیله* تاکنون، همواره در جریان پیشرفت علم این نظر ابراز شده است که حقیقت علمی را با تفسیر دین از جهان نمی‌توان سازوار کرد. هرچند من اکنون به خدشه‌ناپذیری حقیقت علمی در حوزهٔ خود اطمینان دارم، امّا هیچ‌گاه این کار را ممکن ندیدم تا اندیشهٔ دینی را به یک‌باره به‌مانند جزئی از سطح آگاهی بشری، که شاید در آینده بتوانیم از آن چشم‌پوشی کنیم، به کنار نهم. به همین سبب در طول زندگی همواره ناگزیر شدم به رابطهٔ میان این دو دنیای فکری بیندیشم، زیرا هیچ‌گاه به واقعیّتی که آن دو بدان اشاره دارد، تردید نداشتم. آنچه در پی می‌آید نخست دربارهٔ خدشه‌ناپذیری و ارزش حقیقت علمی، سپس دربارهٔ حوزهٔ بسیار گسترده‌تر دین است - تا جایی که به مسیحیّت مربوط می‌شود - که گواردینی خود به شیوه‌ای اطمینان‌بخش نگاشته است، و سرانجام و از همه دشوارتر رابطهٔ میان این دو حقیقت است.

«سادگی قوانین طبیعت» در برابر «تجر بهٔ مستقیم»

هرگاه سخن از سرآغاز علوم جدید است، یعنی از ابداعات *کوپرنیک*، *گالیله*، *کپلر* و *نیوتون*، غالباً حرف از آن است که در گذشته در کنار حقیقت الهام دینی، که در کتاب مقدّس و در نوشته‌های پدران کلیسا ضبط است، و بر تفکّر قرون میانه حکم رانده است، حقیقت تجربهٔ حسّی نیز پدیدار شده است که هرکسی که حواسّ پنج‌گانهٔ سالم داشته باشد می‌تواند آن را به نوبهٔ خود بیازماید، به‌گونه‌ای که سرانجام در صورت توجّه کافی نمی‌توان بدان تردید

---

[۲۹] سخنرانی ورنر هایزنبرگ در فرهنگستان کاتولیک بایرن، به هنگام دریافت جایزهٔ رومانو گواردینی، در بیست‌وسوّم مارس ۱۹۷۳.

کرد. امّا همین گام اوّل در توصیف تفکّر جدید هم، تنها نیمی از آن درست است، زیرا ویژگی‌هایی مهمّ را نادیده می‌گیرد، که بدون آن‌ها توانمندی این تفکّر نوین فهمیده نمی‌شود. مسلّم است که نمی‌توان این امر را تصادفی انگاشت که آغاز پیدایی علوم جدید با روی‌گردانی از *ارسطو* و با روی‌کردن به *افلاطون* پیوند دارد. ارسطو در دوران باستان به‌مانند یک تجربه‌گرا، *فیثاغورسیان* را، که افلاطون نیز در شمار آن‌هاست، نکوهش می‌کند - می‌کوشم تا حدودی کلمه به کلمه نقل کنم - که آن‌ها نظریّه‌ها و تبیینات خود را با واقعیّات نمی‌نگرند، بلکه به برخی از نظریّه‌ها و افکار دلخواه خود توجّه دارند که واقعیّات را به دنبال خود می‌کشد، و شاید بتوان گفت که خود را در هیئت نظام‌دهندهٔ عالم می‌نمایانند. امّا درعمل، علوم جدید از تجربه به معنای مستعمل ارسطو، یعنی از تجربهٔ مستقیم دور ماند. بهتر است به حرکات سیّارات بیندیشیم. تجربهٔ مستقیم به ما می‌آموزد که زمین ساکن است و خورشید به دور آن در حرکت. می‌توان با دقّت امروزی حتّی گفت که واژهٔ «ساکن‌بودن» به این معناست که زمین ساکن است و ما هر جسم دیگری را ساکن می‌دانیم که دیگر در برابر زمین حرکت نمی‌کند. اگر واژهٔ «ساکن‌بودن» را این‌چنین فهم کنیم، و عموماً هم به‌همین معناست، در این‌صورت *بطلمیوس* درست می‌گفت و *کوپرنیک* نادرست. امّا هنگامی که به مفهوم حرکت و سکون می‌اندیشیم، و آن‌گاه که بفهمیم که حرکت، خبری دربارهٔ رابطهٔ میان دو جسم می‌دهد، در آن صورت می‌توانیم آن رابطه را برعکس کنیم، یعنی وقتی خورشید در مرکز منظومهٔ سیّارات ساکن باشد، در آن‌صورت می‌توانیم تصویری بسیار ساده‌تر، یک‌پارچه‌تر از آن به‌دست آوریم، که نیوتون سال‌ها بعد نیروی بیانگر آن را به‌درستی شناخت. به این معنا، به تجربهٔ مستقیم، کوپرنیک عنصری کاملاً نو افزود که من در اینجا آن را «سادگی قوانین طبیعت» می‌نامم و در همهٔ احوال هم با تجربهٔ مستقیم هیچ رابطه‌ای ندارد. همین وضع در مورد قانون سقوط اجسام *گالیله* مصداق دارد. تجربهٔ مستقیم به ما می‌آموزد که اجسام سبک‌تر آهسته‌تر از اجسام سنگین فرود می‌آید. امّا گالیله به جای آن مدّعی شد که در فضای خالی از هوا، همهٔ اجسام با سرعت یکسان فرود می‌آید و سقوط آن‌ها با قوانین ریاضی را، قوانین سقوط اجسام گالیله به‌درستی بیان می‌کند. امّا مشاهدهٔ حرکت در خلأ، در آن زمان ممکن نبود. در اینجا شکل آرمانی تجربه، جای تجربهٔ مستقیم را گرفته است، زیرا ساختارهای ریاضی در درون پدیده را می‌نمایاند. جای تردید نیست که در این مرحلهٔ آغازین علوم جدید، آشکارشدن قانونمندی‌های ریاضی، بنیاد قدرت آن‌ها در ایجاد یقین بود. این قوانین ریاضی بیان روشن ارادهٔ خداوند بود، چنانچه *کپلر* آن را به زبان می‌آورد. کپلر دراین‌باره با شادمانی اعلام می‌کند که او اوّلین کسی است که زیبایی کارگاه الهی را دریافته است. مسلّم است که این

حرف به‌هیچ‌وجه به معنای روی‌گردانی از دین نبود. اگر هم یافته‌های نوین ما تعالیم کلیسا را اینجاوآنجا نقض می‌کرد، این امر چندان اهمیّتی نداشت، زیرا می‌توانستیم خدا را این‌چنین بی‌واسطه دست‌اندرکار طبیعت ببینیم.

امّا خدا، آن خدایی که اینجا از او حرف می‌زنیم، خدای نظم است که در نگاه نخست نمی‌دانیم که آیا او همان خدایی است که ما در تنگ‌دستی به او رو می‌کنیم، و زندگی خود را از آن او می‌دانیم. شاید بتوانیم بگوییم در اینجا توجّه ما به یک جزء از کار خدا معطوف شده است و بدین‌ترتیب این خطر پدیدار شود که نگاه به کلّ، یعنی نگاه به نظام بزرگ‌تر از دست برود. امّا درست همین نکته دوباره دلیلی بر پرباری گستردهٔ علوم جدید بود. دربارهٔ نظام بزرگ، فیلسوف‌ها و متکلّمین بسیار گفته بودند، به‌گونه‌ای که چیز تازه‌ای قابل بیان نبود. فکر فیلسوفان مدرسی خسته شده بود، امّا جزئیّات رویدادهای طبیعی هنوز آشکار نشده بود. در این کار شمار زیاد دیگری از صاحب‌فکران به میدان آمدند و کار به آنجا کشید که بر علم به جزئیّات فایده‌ای عملی متصوّر بود. در برخی از مجامع علمی، که آن روزها پدیدار شده بود، حتّی این اصل پذیرفته شد که تنها حرف دربارهٔ جزئیّاتی باشد که مشاهده شده و نه دربارهٔ نظام بزرگ. این واقعیّت که در اینجا، نه از تجربهٔ مستقیم، بلکه از تجربهٔ آرمانی حرف در میان بود، به پیشرفت فنّ جدید تجربه کردن و اندازه‌گرفتن انجامید، که در آن می‌کوشیدیم تا به شرایط آرمانی نزدیک شویم. آنچه به‌دست آمد، این بود که دربارهٔ نتیجهٔ آزمون‌ها، سرانجام توانستیم همواره با یکدیگر توافق کنیم. امّا این امر به‌خودی‌خود هم امری مسلّم نبود، آن‌چنان‌که در سده‌های بعد چنین می‌نماید، زیرا پیش‌شرط آن این است که ذیل شرایط یکسان همواره همان پدیدار شود. سپس این تجربه را آموختیم که هرگاه پدیده‌های مشخّصی، با شرایط تجربی به‌دقّت معیّن شود، و از پیرامون خود جدا شود، قانونمندی‌های آن‌ها به‌درستی آشکار خواهد شد، و زنجیرهٔ علّی روشنی آن‌ها را می‌شناساند. اطمینان یافتن از جریان علّی رویدادها، که آن‌ها را عینی و مستقلّ از مشاهده‌گر می‌انگاشتیم، بدین‌گونه تا مرتبهٔ اصل اساسی علوم جدید بالا رفت. این اصل طیّ چندین سده به‌درستی پایداری کرد، به‌طوری‌که تازه در دوران ما بود که آزمایش بر روی اتم‌ها ما را متوجّه حدودی کرد که بر این پیشرفت اعمال می‌شود. حتّی وقتی این تجربیات را هم به‌حساب آوریم، به معیاری از حقیقت دست یافته‌ایم که به‌ظاهر خدشه‌ناپذیر است. توانایی در تکرار تجربه، سرانجام ما را همواره بر سر رفتار حقیقی طبیعت به وحدت می‌رساند.

به‌همراه این جهت کلّی علوم جدید، خصلتی شاخص، یعنی تأکید برکمیّت، که بعدها از آن بسیار سخن به‌میان آمده است، نمایان شد. این خواستهٔ ما مبنی بر شرایط دقیق تجربی،

اندازه‌گیری دقیق، و زبان دقیق بدون ابهام، و بیان ریاضی پدیده‌های آرمانی، چهرهٔ علوم ما را ترسیم کرد و بدان نام «علوم دقیق» نهاد. این نام، گاه علوم جدید را می‌ستاید، گاه هم نکوهش می‌کند. ستایش به‌سبب یقین، دقّت و خدشه‌ناپذیری، و نکوهش به آن سبب که نمی‌تواند انبوه بی‌پایان تجربه‌های مختلف کمّی را به‌درستی بیان کند، زیرا چارچوب آن مضیق است. در زمان ما، این وجه علم، و فنونی که از آن می‌تراود، بیش‌ازپیش نمایان است. تنها کافی است به خواسته‌های بی‌شماری بیندیشیم، که فرود بر روی ماه، در دقّت، ما را بدان ملزم می‌کند، به میزان باورنکردنی از یقین و دقّت بیندیشیم که در اینجا نشان داده می‌شود، تا دریابیم علوم جدید تا چه میزان بر بنیادی مستحکم استوار است.

دوگانگی علم

مسلّم است که در اینجا باید این پرسش را هم طرح کنیم که دستاوردهایی که بر این وجه جزئی، بر این جزء خاصّ از واقعیّت انباشته شده، به چه میزان ارزشمند است. زمان ما به این پرسش پاسخی دوگانه می‌دهد. امروزه حرف از دوگانگی علم است. ما دریافته‌ایم که در آن بخش‌هایی از دنیا که پیوند میان علوم و فنون جایی برای خود پیدا کرده، فقر مادّی اقشار محروم به میزانی گسترده زدوده شده، که طبّ نوین از مرگ‌ومیر انسان به‌سبب بیماری‌های عفونی جلوگیری کرده، که وسایل آمدوشد، و فنون اطّلاع‌رسانی زندگی را آسان‌تر کرده، امّا از سویی هم از علوم این‌گونه سوءاستفاده شده تا سلاحی با مهیب‌ترین قدرت تخریب بسازد، فضای زیستی ما به‌سبب استفادهٔ نامناسب از فنون تهدید شود و آسیب ببیند. حتّی اگر از این خطرهای مستقیم هم چشم‌پوشی کنیم، معیارهای ارزشی در حال جابه‌جایی است. نگاه ما بیش‌ازاندازه به تنگنای رفاه مادّی معطوف است، درحالی‌که دیگر اصول زندگی از نظر دورمانده است. حتّی اگر بتوانیم علوم و فنون را وسیله‌ای برای رسیدن به هدف بدانیم، بازهمنتیجه وابسته بدان است که آیا این اهداف خوب است که ما می‌کوشیم برای رسیدن به آن‌ها از این وسایل استفاده کنیم. تصمیم دربارهٔ هدف نمی‌تواند در چارچوب علوم و فنون اتّخاذ شود. چنین تصمیمی، اگر نخواهیم از کژراهه‌ها سر دربیاوریم، باید در جای دیگری گرفته شود؛ آن جایی که نگاه به سوی کلّ بشر است، به سوی کلّ واقعیّت است، نه متوجّه به گزیده‌ای کوچک از آن. واقعیّت امّا، چیزهای بسیاری دارد که تاکنون حرفی از آن در میان نبوده است.

این یک واقعیّت است که بشر توانمندی‌های فکری خود را تنها در پیوند با اجتماع می‌تواند گسترش دهد. آنچه او را از همهٔ دیگر موجودات زنده متمایز می‌کند، درست همان توانایی‌های اوست تا به فراتر از داده‌های حسّی مستقیم دسترسی یابد، و پیوندهای گسترده

را دریابد که بر آن‌ها استوار است، و آنکه او در جامعه‌ای متشکّل از موجودات متکلّم و متفکّر محصور است. تاریخ به ما می‌آموزد که چنین اجتماعاتی در تکامل خود نه تنها شکل ظاهری، بلکه شکلی فکری هم می‌یابد، و در این اشکال فکری، چنان‌که می‌دانیم، یافتن رابطه با نظام معنادار کلّ، یافتن رابطه با آنچه در ورای تجربه و حسّ است، همواره اهمیّتی تعیین‌کننده داشته است. درست در میان این شکل فکری، و در میان این «درسی» که در اجتماع معتبر است، او به دیدگاه‌هایی دست می‌یابد که کردار خود را می‌تواند با آن‌ها همسو کند؛ و این چیزی بیش از واکنش در برابر وضع بیرون است. پرسش دربارهٔ ارزش، اینجا پاسخ خود را می‌یابد. این شکل فکری نه تنها اخلاق، بلکه کلّ زندگی فرهنگی اجتماع را مشخّص می‌کند. تنها در همین میدان است که ارتباط تنگاتنگ میان خوبی، زیبایی، و حقیقت آشکار می‌شود؛ و درست در همین جاست که می‌توان از معنای زندگی فرد حرف زد. ما این شکل فکری را دین اجتماع می‌نامیم. با این معنا، واژهٔ دین مفهومی عام‌تر در برابر آنچه معمول است می‌یابد، همهٔ محتوای فکری اجتماعات فرهنگی متعدّد، و همهٔ زمان‌ها را در بر می‌گیرد؛ حتّی در آن جایی که مفهوم خدا پدیدار نشده است، و حتّی در نزد کسانی که به دنبال شکل تفکّر جمعی هستند، یعنی حتّی در نهادهای حکومتی توتالیتر، جایی که متعالی را به‌هیچ‌وجه به‌حساب نمی‌آوریم، می‌توان شک داشت که نتوان مفهوم دین را به معنای درست به کار برد.

تأثیر عمیق دین بر سیمای اجتماع بشری و زندگی فرد را هیچ‌کس بهتر از *گواردینی* در کتابش دربارهٔ شخصیّت‌های رمان‌های *داستایوفسکی* نشان نداده است. زندگی این شخصیّت‌ها در نبرد بر سر حقیقت در هر لحظه آکنده از آن است، یعنی به میزانی مشحون از فکر مسیحی است، و در این راه فرقی هم نمی‌کند که از میدان نبرد بر سر نیکی پیروز به درآیند یا مقهور. حتّی بزرگ‌ترین نابکاران در میان شخصیّت‌ها هنوز می‌دانند چه‌چیز خوب است و چه چیز بد، و کردار خود را با سرمشق‌هایی می‌سنجند که اعتقاد به مسیحیّت به آن‌ها داده است. اینجاست که اعتراض معروف به دین مسیح سبب بروز شکاف می‌شود، زیرا انسان‌ها در دنیای مسیحیّت به‌همان‌اندازه بد رفتار کرده‌اند که در خارج از آن. هرچند متأسّفانه این نکته درست است، امّا انسان‌ها در آن به‌درستی قدرت تمیز میان خوب و بد را درمی‌یابند و درست جایی که آن قدرت وجود دارد، امید به بهبود هم هست. جایی که دیگر هیچ راهبری نیست تا راه را به ما بنمایاند، هم مقیاس ارزش‌ها ناپدید می‌شود، هم معنای کردار و آلام ما؛ و آنچه در پایان راه می‌ماند، چیزی جز نومیدی و انکار نیست. به این سبب است که دین بنیاد اخلاق است و اخلاق پیش‌شرط زندگی؛ زیرا ما در زندگی

روزانه، همواره خود را در برابر تصمیم می‌یابیم، و باید ارزش‌هایی را بشناسیم، یا دست‌کم گمان کنیم، تا بتوانیم بر اساس آن‌ها رفتار کنیم.

اینجاست که تفاوت مشخّص ادیان را، با اشکال فکری مضیق دوران خود درمی‌یابیم؛ در اولّی حوزهٔ معنوی، یعنی نظام مرکزی معنوی امور، اهمیّتی اساسی دارد، درحالی‌که دومی تنها به شکل شناخت‌پذیر اجتماع بشری بازمی‌گردد. این اشکال فکری، هم در دموکراسی لیبرال غربی وجود دارد، هم در ساخت‌های حکومتی توتالیتر شرق. هرچند درست است که در اینجا هم اخلاقی تدوین می‌شود، امّا در این اخلاق، حرف از معیار رفتار مبتنی بر اخلاق است؛ و این معیار از یک جهان‌بینی، یعنی از دیدن جهان شناخت‌پذیر، از مشاهدهٔ جهانی که مستقیماً مرئی است، منتج می‌شود. امّا در دین حقیقی، حرف از معیار نیست، بلکه از اسوه‌هایی است که بر اساس آن‌ها باید کردار خود را بسنجیم و در بهترین صورت به آن‌ها نزدیک شویم. و امّا این نمونه‌ها نه از مشاهدهٔ مستقیم جهان مرئی، بلکه از حوزه‌ایی که در پس ساختارهای آن نهفته است، نشأت می‌گیرد، که افلاطون از آن به عالم مُثُل یاد می‌کند و دربارهٔ آن کتاب مقدّس چنین می‌گوید: خدا روح است.

امّا دین نه تنها اساس اخلاق است، بلکه بیش از هرچیز اساس اعتماد است و این نکته‌ای است که می‌توان از گواردینی آموخت. درست همان زمان، که در کودکی به آموختن زبان می‌پردازیم، و در آن فهم ممکن را مهم‌ترین عنصر اعتماد به دیگر انسان‌ها می‌یابیم، درست به همان شیوه نیز در رمز و تمثیل‌های دین، که به‌گونه‌ای زبان شعر است، اعتماد به دنیا، اعتماد به معنای هستی ما هم پدیدار می‌شود. این واقعیّت که زبان‌های گوناگون زیادی وجود دارد، و اینکه ما به‌ظاهر به‌سبب تصادف در حوزهٔ زبانی و یا مذهب مشخّصی زاییده شده‌ایم، خدشه‌ای بر این فکر وارد نمی‌کند. مهمّ آن است که ما به دنیا پا می‌نهیم و این کار در هر زبانی ممکن است. برای انسان‌هایی از ملّت روس، که برای مثال، در رمان‌های داستایوفسکی وارد می‌شوند و گواردینی دربارهٔ آن‌ها می‌نویسد، عمل خدا در دنیا، همواره تجربه‌ای تکرارپذیر و مستقیم است، و اعتماد آن‌ها نیز هر بار نونو می‌شود، هرچند از درماندگی در بیرون، که به‌ظاهر همواره در میانهٔ راه ایستاده است، گزیری ندارند.

و چنان‌که گفتیم، سرانجام دین برای هنر اهمیّتی اساسی دارد. هرگاه با دین شکل فکری‌ای را ترسیم می‌کنیم، چنان‌که تاکنون کردیم، که در آن اجتماعی بشری رشد می‌کند، در این‌صورت تقریباً مسلّم است که هنر هم بیانی از دین باشد. نگاهی به تاریخ حوزه‌های فرهنگی به ما می‌آموزد که بشر می‌تواند درعمل شکل فکری دوره‌های پیشین را از آثار هنری به‌جای‌مانده دریابد، هرچند از آن آموزهٔ دینی، که در آن، شکل فکری تدوین شده است، دیگر هیچ نمی‌داند.

ستیز میان دو حقیقت

مسلّم است که آنچه دربارهٔ دین گفتیم، چیزی نو برای این جمع نبود. تنها به این نکته تأکید کردیم که اگر اهل علم هم می‌کوشد تا دربارهٔ رابطهٔ حقیقت دینی و حقیقت علمی بیندیشد، او هم باید مفهوم جامع دین را در جامعهٔ بشری بشناسد، و اینکه بداند که ستیز میان این دو حقیقت بر تاریخ فکری اروپا، از قرن هفدهم تاکنون تأثیری عمیق نهاده است. سرآغاز این ستیز را عموماً محکمهٔ تفتیش عقاید رم برضدّ *گالیله* در سال ۱۶۱۶ می‌دانیم، که در آنجا حرف از نظریّهٔ *کوپرنیک* بود، و پانصدمین زادروزش را چند هفته پیش جشن گرفتیم. اکنون که نقطهٔ آغازین ما این است، بهتر است دربارهٔ آن مشروح‌تر حرف بزنیم. گالیله نظریّهٔ کوپرنیک را ارائه کرد که بر اساس آن – به‌عکس جهان‌بینی بطلمیوس که آن روزها عموماً نظریّهٔ غالب بود – خورشید در مرکز منظومهٔ سیّارات آرمیده است و زمین به دور آن می‌چرخد و در هر بیست‌وچهار ساعت هم یک دور به دور خود می‌زند. *کاستلی*، که یکی از شاگردان گالیله بود، چنین حکم داده بود: متکلّمین باید اکنون امّا بنگرند تا کتاب مقدّس بر اساس واقعیّت‌های مشخّص علم تبیین شود. این چنین سخنی می‌توانست به معنای حمله به کتاب مقدّس فهمیده شود؛ به همین سبب *کاکسینی* و *لورینی*، دو کشیش دومینیکن، این موضوع را به محکمهٔ تفتیش عقاید بردند. دادنامهٔ ۲۲ فوریه ۱۶۱۶، هردو جملهٔ منسوب به کوپرنیک، یعنی اوّلاً: «خورشید مرکز عالم است و در نتیجه غیرمتحرّک»، و ثانیاً: «زمین نه مرکز عالم است و نه غیرمتحرّک، بلکه هر روز هم به دور خود حرکت می‌کند»، مستخرج از ادّعانامه را، از نظر فلسفی عبث و بدعت اعلان کرد. با موافقت پاپ *پل پنجم*، اسقف *بلّارمینه* مأمور شد تا به گالیله هشدار دهد از نظریّهٔ کوپرنیک چشم‌پوشی کند. درصورتی هم که او از این کار امتناع کند، اسقف *بلّارمینه* باید به او حکم کند تا چنین نظری را بپذیرد، و نه از آن دفاع و یا گفتگو کند. گالیله مدّتی هم از این حکم تاحدودی اطاعت کرد، درحالی‌که فکر می‌کرد – به‌ویژه پس از آنکه *اوربان* هشتم بر کرسی پاپ نشست – که باید بتواند پژوهش‌هایش را آشکارا ادامه دهد. پس از انتشار احتجاجات مشهور خود، یعنی «گفتگو»، در سال ۱۶۳۲، کار به محاکمهٔ دوم کشید که در آن گالیله باید نظریّه کوپرنیک را در همهٔ اشکالش انکار می‌کرد. امروز دیگر نیازی نیست که به جزئیّات آن محاکمه، یا به بی‌کفایتی‌های انسان‌ها، که در هر دوطرف نمایان است، بپردازیم. بیش از هر چیز اهمیّت دارد دلایل عمیق‌تر این ستیز را جویا شویم.

در ابتدا باید این نکتهٔ مهمّ را در نظر داشته باشیم، که هر دو طرف اعتقاد داشتند که حقّ با آن‌هاست. مقامات کلیسا و گالیله، هر دو به‌یکسان باور داشتند که ارزش‌های بالایی در

معرض خطر است و وظیفه‌شان دفاع از آن‌هاست. گالیله آموخته بود - چنان‌که در آغاز دربارۀ آن گفتم - که از مشاهدۀ دقیق پدیده‌ها بر روی زمین و در آسمان، از سقوط سنگ‌ها و یا حرکت سیّارات، قانونمندی‌های ریاضی‌ای آشکار می‌شود که مرتبه‌ای از سادگی در پدیده‌ها را نمایان می‌سازد که تاکنون در آن‌ها سراغ نداشتیم. گالیله دریافته بود که از این سادگی امکانی نو از فهم مستخرج می‌شود، که با فکر خود می‌توانیم نظم جزئی در نظم همیشگی دنیای پدیده‌ها را دریابیم. تفسیر کوپرنیک از منظومۀ سیّارات ساده‌تر از تفسیر سنّتی بطلمیوس بود. این تفسیر، به شیوه‌ای نو، جهتی به‌دست می‌داد و گالیله هم نمی‌خواست به‌هیچ‌وجه این فهم نو، و این نگاه در نظم الهی را از دست بدهد. کلیسا به‌عکس عقیده داشت به‌هیچ‌وجه نباید تصویر جهان را، که طیّ چند صد سال به تفکّر مسیحی به‌طور مسلّم تعلّق داشت، در صورتی که دلایل کاملاً الزامی دیده نشود، بی‌سبب لرزاند. این دلایل الزامی را نه کوپرنیک توانست احراز کند، نه گالیله. در علم، گزارۀ اوّل نظریۀ کوپرنیک، آنچه اینجا مطرح است، به قطع و یقین نادرست بود. حتّی علم، امروز نمی‌گوید که خورشید در مرکز عالم است و در نتیجه بی‌حرکت. دربارۀ گزارۀ دوم که به زمین مربوط است، ابتدا باید روشن کنیم که واژه‌های سکون و حرکت به چه معناست. اگر به این دو واژه معنای مطلق دهیم، آن‌چنان‌که هر ساده‌اندیشی چنین می‌کند، می‌توان به‌سادگی گفت که بنا بر این تعریف زمین ساکن است، و ما هم عموماً آن را به همین معنا - و نه به معنای دیگر - به کار می‌گیریم. امّا آنگاه که درمی‌یابیم، که مفاهیم معانی مطلق ندارد، که در اینجا حرف از رابطۀ میان دو شیء است، اینکه ما زمین یا خورشید را ساکن و یا متحرّک بدانیم امری است کاملاً به‌دلخواه. پس دلیلی هم به‌درستی وجود ندارد تا تصویر جهان را تغییر دهیم.

می‌توان با این حال گمان برد که اعضای دادگاه تفتیش عقاید، طیّ کار دریافته باشند که چه نیرویی در پس مفهوم سادگی نهان است که گالیله آن را آگاه یا ناآگاه نمایانده است؛ و در سطح فلسفی هم به پشت‌کردن به ارسطو و روی‌آوردن به افلاطون مرتبط است. به‌علاوه قضات دادگاه بیشترین احترام را به مرجعیّت علمی گالیله قائل بودند، و به همین سبب مایل نبودند تا او را از ادامۀ کار تحقیقاتی‌اش باز دارند، بلکه می‌خواستند تا از ایجاد ناآرامی و ناامنی که ممکن بود در تصوّر سنّتی مسیحیّت از جهان پدیدار شود جلوگیری کنند؛ و این همان تصویری بود که در ساختار جامعۀ قرون وسطی سهمی تعیین‌کننده داشت و امروز هم چنین است. نتایج علمی غالباً و به‌ویژه به‌هنگامی که تازه است، هنوز دستخوش برخی تغییرات می‌شود، به‌طوری‌که داوری نهایی دربارۀ آن‌ها، گاه تا دهه‌ها پس از طی دوران تثبیت اعلام می‌شود. چرا گالیله نباید در کار انتشار شتاب می‌کرد؟ همچنین

باید پذیرفت که دادگاه تفتیش عقاید در محاکمهٔ اوّل کوشید تا به‌نوعی مصالحه برسد و به تصمیمی معقول هم رسید. امّا پس از آنکه سال‌ها بعد، گالیله از آن حدودوثغوری که در اخطار به او مشخّص شده بود فراتر رفت، در محاکمهٔ دوم، کسانی توانستند کار را به‌پیش ببرند که برایشان توسّل به قهر آسان‌تر از کوشش در راه مصالحه می‌نمود، و به همین سبب آن حکم غلیظ مفتضح بر ضدّ گالیله صادر شد که پس از آن به کلیسا آسیب بسیار وارد کرد.

امروزه این دلیل چقدر اهمیّت دارد که نباید شتاب‌زده، ناآرامی و ناامنی را به تصویری از جهان انتقال دهیم که به‌مانند عنصری از ساختار جامعه سهمی در ایجاد سازواری در زندگی اجتماع دارد؟ به این حجّت ما، بسیاری از صاحب‌فکران تندرو با تمسخر جواب خواهند داد. آن‌ها به این نکته اشاره خواهند کرد که در اینجا تنها صحبت بر سر بقای ساختارهای فرسودهٔ قدرت بوده و باید به‌عکس می‌کوشیدیم تا چنین ساختارهای اجتماعی هرچه زودتر تغییر می‌کرد یا تعطیل می‌شد. این صاحب‌فکران تندرو را باید به تأمّل واداشت که ستیز میان علم و جهان‌بینی مسلّط، حتّی در زمان ما هم وجود دارد، و در این میان، به‌ویژه در نهادهای حکومتی توتالیتر، که در آنجا ماتریالیسم دیالکتیک از اصول فکر است. مثلاً برای فلسفهٔ رسمی در اتّحاد شوروی دشوار بود تا با نظریّهٔ نسبیّت و نظریّه کوانتوم کنار بیاید و به‌ویژه در پرسش‌های دربارهٔ کیهان‌شناسی، نظرها در آنجا به‌شدّت در تقابل با یکدیگر بود. به‌همین سبب، در سال ۱۹۴۸ سرانجام همایشی دربارهٔ پرسش‌های اصولی اخترشناسی در لنینگراد برپا شد تا تبیین مسائل ستیزبرانگیز از راه بحث و توافق به سرانجام رسد. این همایش هم به مصالحه انجامید.

حقیقت این است که در اینجا، به‌مانند محاکمهٔ گالیله، حرف از مسائل واقعی نیست، بلکه از ستیز میان شکل فکری یک اجتماع است، که بنا بر ماهیّتش باید تا حدودی ایستا باشد، با تجارب علمی روبه‌گسترش و نوشونده و شیوه‌های فکری است، یعنی با ساختار پویای اجتماعی است. حتّی جامعه‌ای هم که پس از تغییرات انقلابی سر برون می‌کند، به دنبال انسجام است، به دنبال تثبیت میراث فکری خود است، که بنیاد همیشگی اجتماع جدید را باید بیفکند. بی‌اعتمادی تام به همهٔ معیارها یقیناً در دراز مدّت قابل تحمّل نخواهد بود. امّا علم روبه‌گسترش است. حتّی اگر علوم طبیعی، و یا هر علم دیگری، قرار باشد اساس جهان‌بینی ما را تشکیل دهد – همان‌گونه که در ماتریالیسم دیالکتیک به دنبال مشابه آن هستیم – این علم همواره باید علم دهه‌های گذشته و یا سده‌های گذشته باشد، و تثبیت زبانی هم، همواره شرایط برای ستیزهای بعدی را فراهم می‌آورد. به همین سبب بهتر است تا نظام بزرگ را از ابتدا با زبان رمز و تمثیل روشن کنیم، یعنی با زبان شعر، با زبانی که

گشوده بر ارزش‌های بشری، با زبانی که آکنده از نمادهای زنده باشد، و نه با زبان علوم طبیعی.

باوجود این دشواری‌های کلّی لازم است تا یک‌بار دیگر به مسائل حقیقی در محاکمهٔ گالیله بپردازیم. آیا حقیقتاً برای جامعهٔ مسیحی این نکته اهمیّت داشت که کوپرنیک برخی از مشاهدات نجومی را متفاوت با بطلمیوس تفسیر می‌کرد؟ حقیقت این است که برای فرد، در گذران زندگی مسیحی خود، این نکته هیچ اهمیّتی نداشت که کره‌های بلورین، در آسمان باشد یا نباشد، یا آنکه به دور سیّارهٔ مشتری اقماری می‌چرخد یا نمی‌چرخد، یا زمین در مرکز عالم است یا خورشید. برای او، برای انسان، زمین در مرکز بود، برای او زمین زیستگاهش بود. امّا به این میزان هم این نکته بی‌اهمیّت نبود. درست دویست سال بعد، گوته با بیم، امّا به نکویی از فداکاری‌هایی حرف می‌زند که با پذیرش نظریّهٔ کوپرنیک همراه بود. اگرچه او با بی‌میلی آن‌ها را نقل می‌کند، امّا خود شخصاً به‌درستی نظریهٔ کوپرنیک اطمینان داشت. و شاید نزد قضات دادگاه تفتیش عقاید هم، آگاه یا ناآگاه، این شک برانگیخته شد که علم گالیله تغییر خطرناکی در خطّ دید پدیدار خواهد کرد، هرچند آن‌ها نمی‌توانستند منکر شوند که طبیعت‌دانی چون گالیله یا کپلر با ساختارهای ریاضی درون پدیده‌ها، نظم جزئی در نظام الهی جهان را یافته است. امّا شاید همین نگاه به جزءهای فریبنده توانست از درخشش نگاه به کلّ بکاهد. شاید سبب شد تا به همان میزانی که انسجام کل در آگاهی فرد نهان است، انسجام زندهٔ اجتماع بشری، که تهدید به تباهی می‌شود، آسیب ببیند. جایگزین کردن شرایط زندگی طبیعی، با جریان‌های فنّی فایده‌گرا، نوعی دوری میان فرد و اجتماع پدیدار می‌کند که ناپایداری‌های خطرناکی را سبب می‌شود. برتولت برشت در نمایشنامهٔ «گالیله» از زبان راهبی می‌گوید: «حکم برضدّ کوپرنیک مخاطراتی را در من بیدار کرد که پژوهش افسارگسیختهٔ تمام‌عیار برای بشریّت در خود نهان دارد». اینکه چنین انگیزه‌ای به چه میزان در گذشته اهمیّت داشته است، چیزی است که نمی‌دانیم. امّا در این میان هم آموختیم که خطر به‌چه میزان بزرگ است.

زبان رمز و تمثیل

اکنون که چیزهای زیادی از پیشرفت علم در دنیای اروپا، که متأثّر از مسیحیّت است آموختیم، باید در بخش پایانی بیشتر دربارهٔ آن حرف بزنیم. پیش‌تر کوشیدم تا چنین بگویم که رمز و تمثیل دینی نوعی زبان است که فهم از نظام محسوس، نهان در پس پدیده‌ها را ممکن می‌کند، که بدون آن نمی‌توانیم نه اخلاقی و نه مقیاسی از ارزش داشته باشیم. مسلّم است که این زبان هم می‌تواند علی‌الاصول با هر زبان دیگری جایگزین شود. چنانچه

در بخش‌های دیگر دنیا زبان‌های دیگری وجود داشته و دارد که در خدمت همین فهم است. امّا ما در حوزهٔ زبانی معیّنی زاییده شده‌ایم. زبان ما، زبان نظم است که با ما خویشاوندی بیشتری دارد تا زبان علم که بر دقّت بنا شده است. به همین سبب کلمات در هر دو زبان گاه معانی مختلف دارد. آسمانی که در کتاب مقدّس از آن گفته شده، با آسمانی که ما در آن هواپیماها و موشک‌ها را به پرواز درمی‌آوریم، بستگی اندکی دارد. در جهان نجوم، زمین ذرّهٔ ناچیزی از غبار در درون منظومه‌های بی‌شمار راه‌شیری است، درحالی‌که برای ما مرکز عالم است، و به‌درستی هم مرکز عالم است. علم می‌کوشد تا به مفاهیم خود معنایی عینی دهد. امّا زبان دین، به‌عکس، باید مانع انقسام جهان به وجه عینی و ذهنی شود، زیرا به‌راستی چه کسی می‌تواند مدّعی شود که وجه عینی واقعی‌تر از وجه ذهنی است. به همین سبب نباید این دو زبان را با یکدیگر درآمیخت. ما باید در قیاس با آنچه تاکنون معمول بوده، ظریف‌تر بیندیشیم.

پیشرفت علم در صد سال اخیر علاوه بر آنکه به حوزهٔ خاصّ خود مربوط بود، ما را هم به تفکّر ظریف‌تر واداشت. از آنجا که دیگر دنیای تجارب مستقیم را موضوع پژوهش خود نمی‌دانیم، بلکه دنیایی را، که با ابزارهای فنون جدید تنها می‌توانیم بکاویم، زبان زندگی روزمره دیگر کافی نیست. سرانجام، هرچند توفیق یافتیم این دنیا را درک کنیم، یعنی ساختارهای نظم آن را به زبان ریاضی بنمایانیم، امّا هرگاه بخواهیم دربارهٔ آن حرف بزنیم، باید به زبان رمز و تمثیل، یعنی به همان زبان دین بسنده کنیم. در این میان نیز آموختیم که با زبان با هوشیاری بیشتری رفتار کنیم و دریافتیم که تضادّهای ظاهری در عدم‌کفایت زبان نهفته است. علم جدید قانونمندی‌های فراگیرتری را بر ما روشن کرد که بسیار جامع‌تر از آن‌هایی است که گالیله و کپلر بدان می‌پرداختند. امّا در اینجا به یک‌باره روشن شد که با فزونی هرچه بیشتر گسترهٔ این انسجام، درجهٔ بالاتری از انتزاع پدیدار می‌شود و به همراه آن دشواری بیشتری در فهم. حتّی خواست عینیّت، که مدّت‌ها پیش‌شرطی برای همهٔ علوم محسوب می‌شد، امروز در فیزیک اتمی به این سبب محدودیّت پیدا کرده است، که دیگر تفکیک پدیدهٔ مورد مشاهده از مشاهده‌گر ممکن نیست. پس اکنون تقابل حقیقت علمی و حقیقت دینی در کجاست؟

ولفگانگ پاؤلی فیزیک‌دان، یک بار دراین‌باره از دو تصوّر حدّی حرف زده است که هر دو در تاریخ تفکّر بشری هم بسیار بارور شده است، امّا با هیچ یک از آن‌ها واقعیّتی انطباق ندارد. یکی از آن دو کران، تصوّر از جهانی عینی است که مستقلّ از هر ذهن مشاهده‌گری در مکان و زمان بر اساس قوانین جریان دارد. این تصوّر سرمشق علم جدید بود. کران دیگر امّا، تصوّر ذهنی است که به وحدت جهان، عارفانه می‌نگرد و در برابرش هیچ شیئی،

هیچ جهان عینی قرار ندارد. این هم سرمشق عرفان آسیایی بود. امّا جایی در این میان، در میان این دو تصویر حدّی، فکر ما در حرکت است. ما باید تنشی را تحمّل کنیم که از این تقابل ناشی می‌شود.

علاوه بر مراقبتی که باید مصروف شود تا بتوان این دو زبان را، یعنی زبان علم و زبان دین را، جدا از هم نگاه داشت، این را هم باید به‌حساب آورد که از تضعیف محتوای هریک به‌سبب درهم‌آمیزی با دیگری پرهیز شود. به‌درستی نتایج علمی تثبیت‌شده نمی‌توان به شیوه‌ای معقول، با تفکّر دینی تردید کرد، و به‌عکس، خواسته‌های اخلاقی، که از بطن تفکّر مذهبی برمی‌خیزد، نمی‌تواند با دلایل منطقی برگرفته از حوزهٔ علم سست شود. جای تردید نیست که گسترش امکانات فنّی هم مسائل اخلاقی جدیدی را مطرح می‌کند که به آسانی نمی‌توان راهی برای آن‌ها یافت. برای نمونه پرسش دربارهٔ مسئولیّت پژوهشگر را در برابر به‌کارگیری عمل نتایج پژوهش‌هایش ذکر می‌کنم و یا این پرسش دشوارتر از رشتهٔ طبّ نوین را، که پزشک تا چه زمانی باید، یا می‌تواند، بیمار درحال مرگ را زنده نگاه دارد. تفکّر به چنین مسائلی به سست‌شدن اصول اخلاقی مربوط نمی‌شود. و همچنین نمی‌توانم تصوّر کنم تنها بتوان به چنین پرسش‌هایی با ملاحظهٔ فایده بر مبنای مصلحت‌اندیشی پاسخ داد. بیش از هر چیز لازم است اینجا نظام کلّ را به یادآوریم که در زبان دین بیان شده است و اصول اخلاقی ریشه در آن‌ها دارد.

شاید بتوانیم، امروز دوباره بهتر سنجش کنیم؛ سنجشی که به‌سبب گسترش وسیع علوم و فنون در صد سال اخیر به تعویق افتاده است. مقصودم از این سنجش اهمیّتی است که بر شرایط مادّی و معنوی جامعهٔ بشری قائلیم. شرایط مادّی یقیناً مهمّ است و این وظیفهٔ جامعه است تا تنگدستی مادّی اقشار گستردهٔ مردم را بزداید، زیرا علوم و فنون چنین امکانی را فراهم آورده است. امّا پس از آنکه این کار هم به انجام رسید، باز تیره‌روزی زیادی برجای ماند، و این نشان داد که فرد در آگاهی از خود، و یا در فهم از خود، نیازمند مراقبتی است، که شکل فکری اجتماع می‌تواند برایش فراهم آورد. شاید در اینجا مهم‌ترین وظایف ما مطرح باشد. اینکه امروز در میان جوانان دانشجوی ما، تیره‌روز زیاد است، دلیل آن، نیاز مادّی نیست، بلکه فقد اعتماد است که کار فرد را به‌قدری دشوار می‌کند که نتواند به زندگی‌اش معنایی دهد. ما باید بکوشیم تا بر انزواگرایی غلبه کنیم، زیرا فرد را، در دنیایی که بر آن سودمندی سیطره دارد، تهدید می‌کند. تا زمانی که نتوانیم با عمل مستقیم، تعادل طبیعی در شرایط مادّی و معنوی زندگی را بازیابیم، از تفکّر نظری دربارهٔ مسائل روان‌شناسی یا ساختار اجتماعی کمک چندانی برنمی‌آید. این کار وقتی ممکن است که به ارزش‌هایی که در شکل فکری اجتماع ریشه دارد در زندگی روزانه دوباره جان دهیم و به

آن‌ها آن‌قدر توان پرتوافشانی دهیم که زندگی فرد دوباره بر اساس آن‌ها به خود جهت دهد.

امّا وظیفهٔ من این نیست دربارهٔ جامعه، و حتّی دربارهٔ رابطهٔ حقیقت دینی و حقیقت علمی حرف بزنم. علم در صدسال اخیر پیشرفت‌های زیادی کرده است. حوزه‌های گسترده‌تر زندگی، که دربارهٔ آن‌ها به زبان دین سخن می‌گوییم، شاید از نظر دور مانده باشد. دراین‌باره که آیا توفیق می‌یابیم تا دوباره شکل فکری اجتماع آیندهٔ خود را به زبان کهن دینی بیان کنیم، چیزی به‌درستی نمی‌دانم. از بازی منطقی با مفاهیم و مصادیق هم کار زیادی ساخته نیست. صداقت و صراحت مهم‌ترین شرط است. امّا از آنجاکه اخلاق اساس زندگی انسان‌ها با یکدیگر است و اخلاق تنها از آن بینش‌های اساسی به‌دست می‌آید که من بدان شکل فکری اجتماع نام نهادم، باید همهٔ توان خود را به‌کارگیریم تا با نسل جوان دوباره بر سر نگرش مشترک اساسی به توافق برسیم. یقین دارم که در این راه توفیق با ما یار خواهد بود، مشروط‌براینکه تعادل درست میان دو حقیقت را یافته باشیم.[۳۰]

---

[۳۰] پیش‌تر در برابر:abgeschlossene Theorie، نظریّهٔ پایان‌یافته را برگزیده بودیم. امّا چون در ریاضی، و ذیل نظریّهٔ مجموعه‌ها هم، همین اصطلاح به‌کار می‌رود، مانند: abgeschlossene Menge، یا مجموعهٔ بسته، بیم آن می‌رفت که دو اصطلاح با هم خلط شود. به‌همین سبب اکنون «نظریّهٔ کامل» را به‌کار می‌گیریم، تا به معنای واژهٔ آلمانی: in sich vollendet=abgeschlossen، هم نزدیک شویم. در واژگان مستعمل خود: Wahrheitsgehalt, Wahrheitsanspruch، و بسیاری دیگر که در متن آمده است، ما عموماً ترکیب‌های خود را بر روی ریشهٔ «راستی» ساخته‌ایم (یادداشت بر نسخهٔ فارسی).

اعلام[۳۱]

Personenregister

Anders, Günther
Archimedes
Aristarchos von Samos
Aristoteles
Ascoli, R.

Bach, Johann Sebastian
Bayer, Adolph von
Beethoven, Ludwig van
Bellarmin, Roberto
Bessikovic 6o
Bismarck, Otto, Fürst von
Bjerrum, Niels
Böhme, Jakob
Bohr, Harald
Bohr, Niels Boltzmann, Ludwig
Born, Max
Bothe, Walter
Boyle, Robert
Brecht, Bertolt
Broglie, Louis—Victor de
Brown, Robert
Buber, Martin
Burckhardt, Carl Jacob

Caccini, Tommaso
Cäsar, Gaius Julius
Cartesius, siehe Descartes
Carus, Carl Gustav
Castelli, Benedetto
Chiewitz, O.
Columbus siehe Kolumbus
Compton, Arthur Holly
Corinth, Lovis
Crick, Francis H.

Darwin, Charles
Demokrit
Descartes, René (Cartesius)
Dirac, Paul A. M.
Dostojewski, Fjodor Michailowitsch
Dschuang Dsi

[۳۱] اعلام به املای آلمانی را از آن سبب در اینجا آوردیم، تا از دشواری در خواندن نام‌ها در زبان فارسی بکاهیم (یادداشت بر نسخهٔ فارسی).

Dürer, Albrecht

Ehrenfest, Paul
Einstein, Albert
Euklid

Faraday, Michael
Fischer, Hans
Fludd, Robert
Foster, J. S.
Fraunhofer, Joseph von
Freyer, Hans

Galilei, Galileo Galvani, Luigi
Galvani, Luigi
Gassendi, Pierre
Geiger, Hans
George, Stefan
Gibbs, Josiah
Goethe, Johann Wolfgang Von
Guardini, Romano
Gürsey, F.

Hahn, Otto
Hardy, Godfrey Harold
Haydn, Joseph
Hegel, Georg Wilhelm Friedrich
Heigel, Karl Theodor, Ritter von
Heisenberg, Annie
Heisenberg, August
Heller, Erich
Heraklit
Herglotz, Gustav
Hertz, Heinrich
Hilbert, David
Hölderlin, Friedrich
Humboldt,, Wilhelm von
Huxley, Aldous
Huygens, Christiaan

Ibsen, Henrik

Jaspers, Karl
Jolly, Philip von
Jordan, Pascual
Jung, Carl Gustav

Kamlah, Wilhelm
Kandinsky, Wassily
Kant, Immanuel
Keller, Gottfried
Kepler, Johannes
Kerner, Justinus
Klein, Oskar

اعلام ٢٤٩

Kleist, Heinrich von
Kolumbus, Christoph
Kopernikus, Nikolaus
Kortel, F.
Kotzebue, August von
Kramers, Hendrik Antony
Kronecker. Leopold

Laplace, Pierre Simon, Marquis de
Laue, Max von
Lee, Tsuang-Dao
Leonardo da Vinci (Lionardo)
Leukipp
Liebig, Justus von
Lionardo siehe Leonardo da Vinci
Lorentz, Hendrik Anroon
Lorenz, Konrad
Lorini
Ludwig 1., König von Bayern
Ludwig 11., König von Bayern
Luther, Martin

Maar
Mach, Ernst
Macke, August
Mao Tse-tung
Marc, Franz
Marx, Karl
Maximilian 11., König von Bayern
Maxwell, James Clerk
Mendel, Gregor
Michelson, Albert Abraham
Miller, Oskar von
Miller, Heinrich
Mozart, Wolfgang Amadeus
Müller, Friedrich von

Newton, Isaac
Nietzsche, Friedrich
Nostradamus (Michel de Notredame)

Ohm, Georg Simon
Oncken. Hermann

Parmenides
Paul V., Paps: (Camillo Borghese)
Pauli, Wolfgang
Paur, H.
Phidias
Planck, Max
Plato
Plotin
Portmann, Adolf
Proklos, Diadochos

Ptolemäus, Claudius
Pythagoras
Raman, Chandrasekhara Venkata
Riehl, Wilhelm Heinrich von
Riemann, Bernhard
Riezler, Sigmund, Ritter von
Rockefeller, John Davison
Röntgen, Wilhelm Conrad
Roosevelt, Franklin Delano
Rosseland, Svein
Rousseau, Jean-Jacques
Russell, Bertrand
Rutherford, Ernest, Lord Rutherford of Nelson

Saint-Exupéry, Antoine de
Sand, Karl Ludwig
Sauerbruch, Ferdinand
Schelling. Friedrich Wilhelm Joseph von
Schiller, Friedrich von
Schrödinger, Erwin
Schubert, Franz
Slater, J. C.
Smoluchowski, Marian von
Sokrates
Sommerfeld, Arnold
Steinheil, Carl August von
Sybel, Heinrich von
Thales von Milet
Thiersch, Friedrich Wilhelm
Urban VIII', Papst (Maffeo Barberin)

Urey, Harold Clayton
Volta, Alessandro, Graf
Voßler, Karl

Wagner. Richard
Watson, James Dewey
Weber, Joe
Wedekind, Friedrich
Weizsäcker, Carl Friedrich von
Wieland, Heinrich
Wien, Wilhelm
Willstätter, Richard
Wölfflin, Heinrich
Wolff, Ch.

Xenophon 91

Yang, Chen-Ning
Zelter, Karl Friedrich
Zenon der Älte